中國妖怪百科

張雲◎著

中國的妖怪和妖怪文化

　　從社會學、人類學、民族學和心理學上看，全世界恐怕很難找到一個國家像中國這般，將關於妖怪的記載、想像以及在生活中的映射，形成一種深厚的文化現象和生活思維方式，其延續時間之長、延伸範圍之廣、文學作品之多，舉世罕見。

　　中國的妖怪文化源遠流長，如同基因一般，自遠古先民的血液中一直流傳至今，深深扎根於國人的靈魂之中。《白澤圖》、《山海經》、《搜神記》、《玄怪錄》、《聊齋志異》、《閱微草堂筆記》……關於妖怪的記載，橫亙中國幾千年的文化傳承，成為傳統文化中盛開的一朵璀璨的花朵。

　　古時之民對自然認識不足，加之各種離奇現象引發的視覺、心理感應，理解不了，便視之為妖怪；更深一層地說，妖怪並不是簡單的封建迷信，而是社會狀態、人類心理、文明衍化之映射。簡而言之，妖怪存在於人心和世界的縫隙之中，人妖共存，有人的地方才有妖。因為妖怪只存在於人的頭腦、意識之中，反映的是人的深層次精神世界。中國的妖怪文化記錄著社會變遷、先人對於世界的探索和想像，是自身世界觀、價值觀和生存狀態的綜合展現。這是唯物史觀。

　　因此，不能簡單粗暴地將中國妖怪文化視為封建迷信，應該從文化學、社會學、歷史學、民族學的角度辯證看待，綜合研究、總結、歸納，將先民留給我們的這一珍貴文化遺產延續下去，使其成為世界文化夜空中光彩奪目的一顆星辰。

什麼是妖怪

研究妖怪、妖怪文化，首先要搞清楚的一個基本問題就是妖怪的定義。「妖怪」一詞約出現於距今一千八百多年前。東晉文人干寶的《搜神記》中就指出「妖怪者，蓋精氣之依物者也。氣亂於中，物變於外。形神氣質，表裡之用也。本於五行，通於五事，雖消息升降，化動萬端，其於休咎之徵，皆可得域而論矣」。（註：五行指金、木、水、火、土；五事指貌、言、視、聽、思；休咎指吉、凶、禍、福。）

干寶不僅對妖怪的確切範疇進行了界定，解釋了妖怪產生的基本原理，同時更將其與人的感官、心理等聯繫在一起，解釋了妖怪產生的原因。可以說，這是中國古人對於妖怪最為準確的定義。

從這個角度出發，「妖怪」一詞的內涵總結起來有以下三個共同特點。一是怪異、反常的事物和現象，是超越當時人類思維認知的；二是這種事物或者現象有存在的依附物，這種依附物可以是山石、植物、動物、器具等實體，也可以是人的身體，甚至是一種特定的符號或者稱呼；三是經過人的感官、心理所展現，出現在人類可以接觸的範圍，而不是人類無法證實存在的虛幻場所。按照這個界定，中國龐大的神異、志怪記載中，關於妖怪的內容就很容易界定出來。

值得注意的是，古人的相關記載往往比較籠統，常常將所有怪異、反常的事情和顯現雜糅一處，故而研究妖怪必須要釐清幾個概念。

首先，「神仙」不是妖怪。中國神靈眾多，從原始人的天神崇拜、自然崇拜到本土宗教產生出來的神尊，再到佛教等宗教傳播後出現的神靈形象，何止萬千，相關的記載更是汗牛充棟。這些不屬於妖怪的範疇（原本是妖怪，但升格為神或視之為神、以神稱呼，不在此列）。

其次，「異人」不是妖怪。中國歷代典籍中關於能夠呼風喚雨、撒豆成兵、羽化成仙的異人的描述極多，此類也應該排除於妖怪之外。

最後，「異象」不是妖怪。典籍中記載的諸如「人生三臂」、「狗兩頭」等眾多偶然的異象，雖怪異，但不屬於妖怪的範疇。

所以，所謂的妖怪指的是：來源於現實生活卻又超越人的正常認知的奇異怪誕的現象或者事物。

綜合來看，「妖怪」的具體範疇，應包含妖、精、鬼、怪四大類。

· 妖

人之假造為妖，此類的共同特點是人所化成，或是動物以人形呈現的，比如狐妖、落頭民，等等。

· 精

物之性靈為精，山石、植物、動物（不以人的形象出現的）、器物等所化，如山蜘蛛、罔象，等等。

· 鬼

魂不散為鬼，以幽靈、魂魄、亡象出現，比如畫皮、銀帳，等等。

· 怪

物之異常為怪，對於人來說不熟悉、不瞭解的事物，平常生活中幾乎沒見過的事物；或者見過同類的事物，但跟同類的事物有很大差別的，如天狗、巴蛇，等等。

中國的妖怪、妖怪文化及志怪小說

上古時期，人類對自然認識不足，認為萬物有靈，透過向神靈、自然萬物的祈禱來獲得心理安慰，其中也誕生了最早的妖怪傳說。

妖怪文化最重要的載體是妖怪文學。文學源於人類的思維活動，最早是口頭文學，然後將語言文字用於表達社會生活和心理活動，形成了語言文字的藝術。文學從人類早期就孕育而生，尤其是原始社會人類透過巫師和天地萬物溝通，產生了一系列的文學形式，和妖怪有著天然的聯繫。

中國妖怪文學源於志怪故事，志怪故事的源頭包括上古神話傳說、原始宗教傳說以及地理博物傳說。中國的上古神話傳說極為豐富，零星分散於各種典籍之中，如《左傳》、《國語》、《尚書·周書》等。主題是先民在改造和征服自然的過程中，創造出來的創世傳說、造物大神、英雄，以及湧現出來的水旱災害、毒蟲猛獸，其中孕育了奇妙的神性、變異的形體，雖然幼稚、質樸，但想像豐富、生機勃勃，是妖怪文化孕育的土壤。

原始宗教盛行於夏商周三代，夏代「事鬼敬神」，商代巫術大行，

周代雖尊禮尚施，但同樣看重星算、祈禱、祭祀等。原始宗教認為世間萬物有靈，興衰都由上天的意志決定，人的行為不符合天意，就會出現妖災。《左傳》云：「天反時為災，地反物為妖，民反德為亂。亂則妖災生……」所以，日月星辰、風雨閃電、山川草木、鳥獸魚蟲，都會與妖災聯繫在一起，加之巫術、祭祀、陰陽五行學說等的發展，成為妖怪文化的另一個發源。

地理學說和博物學早在春秋時代就已產生。因受到當時科學及視野的局限，人們的認識還很幼稚，所以在記載山川地理的時候，摻雜了自己的想像，包含了很多虛幻怪誕的東西。其中關於山川動植、異國異民的傳說，也為妖怪文化的發展，提供了滋養。

中國的妖怪文化從剛開始的口耳相傳，到後來被零星分散地記載成各類文字，最終形成了志怪小說。

有一個現象值得注意，志怪小說早期並不是獨立存在的一種體裁，而是和歷史記載交織在一起。中國重視歷史記載，商代就已設置史官。史官是博學之士，在記載歷史的時候，除了重大的歷史事件，也將各種怪異、傳聞、傳說記錄在案。隨著時間的推移，從史書中分化出博物志、地理書、野史、雜史、雜傳等準志怪小說。還有直接從史書中脫穎而出的，比如《汲冢瑣語》。也就是說，在早期，志怪和歷史是合二為一的，後來才單獨分流出來。

普遍認為，中國關於妖怪的專門記載最早的著作是《白澤圖》。《雲笈七籤·軒轅本紀》記載：「帝巡狩東至海，登桓山，於海濱得白澤神獸，能言，達於萬物之情。因問天下鬼神之事，自古積氣為物、遊魂為變者，凡萬一千五百二十種，白澤言之，帝令以圖寫之，以示天下。帝乃作〈祝邪之文〉以祝之。」東晉葛洪《抱朴子·極言》提及：「黃帝……窮神奸則記白澤之辭……」可惜的是，這本傳說中的著作今已佚失，其中的零散內容見於後世《淮南子》等諸多典籍裡。

春秋戰國時期，妖的記載往往散見於各類史書、文學作品之中，如《春秋》、《左傳》、《楚辭》等，內容樸素簡潔，是當時先民對於妖怪的記錄見證。也是在這一時期，志怪小說完成了從正史中分流、逐漸獨立成長的過程。

志怪一詞出自《莊子・逍遙遊》：「齊諧者，志怪者也。」意思是，齊諧這個人（也有說是一本書）記載的都是怪異的事情。後世把記異語怪的小說書稱為志怪，來源於此。

春秋戰國時代，尤其是戰國時代，誕生了對於志怪文學、妖怪文化最為重要的兩本著作：一本是被譽為「古今記異之祖」的《汲冢瑣語》，一本是被稱為「古今語怪之祖」的《山海經》。

《汲冢瑣語》為汲郡人盜發魏襄王墓而出，出土時十一篇，唐初就亡佚大半，如今遺文只有二十餘事。《汲冢瑣語》語言質樸，體例類《國語》，內容少數是歷史傳說，絕大多數是關於占卜、占夢、神怪一類的記載，明代胡應麟稱「《瑣語》博於妖」，是十分精確的評價。它的出現代表著志怪正式從傳統的史部著作中分離出來，成為獨立的志怪書。分析《汲冢瑣語》的內容可以看出，作為志怪源頭的神話傳說、宗教傳說、地理博物傳說都被它繼承，不僅是此類小說的集大成者，也是開創者。作為一種雜史體志怪，《汲冢瑣語》是志怪小說的開端，直接影響了《漢武故事》、《蜀王本紀》、《拾遺記》等後來的一系列經典著作。

《山海經》出於戰國時代，如今見到的版本經長時間積累、演化而成，最終成書於漢武帝時期。全書現存十八篇，含《五藏山經》五篇、《海外經》四篇、《海內經》五篇、《大荒經》四篇。內容主要是民間傳說中的地理知識，包括山川、道里、民族、物產、藥物、祭祀、巫醫等，保存了夸父追日、精衛填海、大禹治水等不少膾炙人口的遠古神話傳說和妖怪故事。眾所周知，《山海經》具有非凡的文獻價值，對於中國古代歷史、地理、文化、民俗、神話等的研究均有參考價值。而對於志怪小說來說，它是以地理博物體形式出現的志怪書的開山之作。

與《汲冢瑣語》相比，雖然《山海經》的內容有些支離破碎，很少有完整的情節，但以極其豐富的傳說、神怪極大擴展了妖怪文化的內涵，開闢了地理博物體志怪的先河，不僅直接影響了後來的《神異經》、《十洲記》、《博物志》、《述異記》等一大批志怪經典，而且因其龐大的妖怪記載，而成為妖怪文化獨一無二的寶庫！它的影響和作用比《汲冢瑣語》要大得多。

除了《汲冢瑣語》和《山海經》之外，這一時期的《禹本紀》、《歸

藏》、《伊尹說》、《黃帝說》等著作，也成為志怪小說以及中國妖怪文化的經典之作。

可以看出，先秦時代為妖怪文化的醞釀和初步形成時期，從史書中分流出來的志怪書，雖然內容還略顯幼稚，但已初露崢嶸。

這一時期的中國妖怪體現出四個特點。一是在來源上主要來自上古傳說、英雄、大自然的奇異物種，與現實生活距離較遠；二是在數量上極為龐大，為中國妖怪構建了基礎版圖，是從空白上長出來的茂密森林，後世的妖怪頂多只能選擇從空白處的縫隙中創造，或者在原有的基礎上演化；三是在形象上想像奇特、豐富多彩—半人半獸、多頭多身、吞天噬地、氣勢磅礴，充滿了雄渾的浪漫主義氣息；四是在表現形式上往往描述其形象、出處、名字，言簡意賅，關於妖怪的故事情節基本上沒有或者零碎。

這一時期是中國妖怪的「命名期」，中國大多數的妖怪誕生於此時。

接下來的兩漢時期，對於妖怪文化來說是一個特殊時期。志怪趨於成熟，多數作品仍帶有雜史、雜傳、地理博物的體例特徵，但有了較大的發展。從內容方面看，表現出三種形式。一種是雜史雜傳體，如《列仙傳》、《神仙傳》、《漢武故事》、《徐偃王志》等；一種是地理博物體，如《括地圖》、《神異經》、《十洲記》等；一種是雜記體，如《異聞記》等。

兩漢流行的神仙方術、讖緯學、陰陽五行學給妖怪文化提供了肥沃的土壤，出現了數目眾多的新神異傳說，比如神仙傳說、符命瑞應傳說，雜史、雜傳發達。而受《山海經》的影響，地理博物體志怪小說蓬勃興起，不僅擴充了《山海經》中妖怪的內容，更出現了新的演繹。

這一時期的中國妖怪文化表現出以下幾個特點。一是在來源上，雖然受上一時期影響，一部分來源於異域異聞、上古傳說等，但更多的是新的創造；二是在形象上，開始脫離半人半獸、能力巨大的「創世」級妖怪，而更加趨向於大自然；三是在故事情節上，相當一部分與著名人物、著名故事聯繫起來，有了完整的情節，雖然篇幅不長，但具有起轉承合，引人入勝。

魏晉南北朝時期是志怪的完全成熟期和鼎盛時期，作品紛出，作者眾多，題材廣泛，包羅萬象，而且有從短篇向長篇發展的趨勢，成為中

國妖怪文化的奇觀，也成為文學史上的「一朵奇葩」。這一時期，道教、佛教逐漸盛行，鬼神妖怪的傳說廣為流布，四百多年的志怪小說現存可考達近百種，大大超過以前。如祖台之的《志怪》、孔約的《孔氏志怪》、張華的《博物志》、曹丕的《列異傳》、王嘉的《拾遺記》、吳均的《續齊諧記》、王琰的《冥祥記》、干寶的《搜神記》、顏之推的《冤魂志》、陶淵明的《續搜神記》等。作品不僅數量多，而且因為作者都是飽學之士，品質也極高，不管是情節還是文字水準，都達到了新的高度，藝術想像力和表現力極為精湛。最值得注意的是，這一時期的妖怪的現實性和時代感大大增強，開始融入百姓的現實生活，或者乾脆由現實生活脫胎而出，反映了社會現實的黑暗、混亂以及民眾遭受的苦難，充分體現了當時民眾的理想、願望及內心追求。

這一時期，誕生了中國志怪文學的不朽高峰——干寶的《搜神記》。《搜神記》是一部記錄古代民間傳說中神奇怪異故事的小說集，搜集各種民間關於鬼怪、奇蹟、神異及神仙方士的傳說，也有採自正史中記載的祥瑞、異變等情況。其中的很多內容以妖怪為主角，在一定程度上反映了古代人民的思想感情。每個故事的敘述簡短精要，文學水準很高，對中國後世的妖怪文學發展影響很大。

魏晉南北朝的志怪孕育出了唐代的傳奇小說，造就了中國妖怪文化的又一高峰。

從中國文學的發展歷史上來看，中國的文言小說到了唐代，發生了重要變革。唐人傳奇在繼承了史傳文學、志怪小說的基礎上，開始有意識地創作。作者開始比較自覺地透過小說的形式，透過故事情節和人物形象來反映作者的理想，故事更生動，形象更典型。

表現在妖怪文化上，唐代的傳奇和以前大不相同。以前的志怪小說，內容主要是「列異」、「搜神」，描寫鬼怪的怪異，篇幅短小，情節粗略；但唐代的傳奇讓妖怪徹底走向人間，根植於民眾的生活之中，《山海經》中那種「創世」級的妖怪基本上消失不見，取而代之的是人所化、器具所化的妖精鬼怪，血肉豐滿，煙火氣十足。尤其是愛情題材，出現了前所未有的爆發，大量的狐精、花精等出現，為妖怪注入了一股溫柔的清流。在篇幅上，則從以前的短篇、碎語，演變成浩繁長篇，結構曲折迴盪，

文筆優美，如《古鏡記》、《枕中記》、《柳毅傳》等。

在傳奇之外，唐代的志怪小說依然保持著數目眾多的傳統體例，比如雜史雜傳體的《朝野僉載》、《渚宮舊事》，地理博物體的《嶺表錄異》、《括地志》，雜記體的《集異記》、《洽聞記》等。這一時期誕生的張鷟的《朝野僉載》，以及被魯迅稱為「選傳奇之文，薈萃為一集者，在唐代多有，而煊赫莫如《玄怪錄》」的牛僧孺的《玄怪錄》更是優秀的代表。

宋代是中國文學發展的一個高峰時期，修書之風盛行，《太平御覽》、《文苑英華》等典籍中妖怪文學鬱鬱蔥蔥，完成了史無前例的集結。尤其是《太平廣記》，其中有報應三十三卷、徵應十一卷、定數十五卷、夢七卷、鬼四十卷、妖怪九卷、精怪六卷、再生十二卷、狐九卷等，吹響了妖怪文學的「集結號」。宋代的話本則無疑對妖怪文學具有極大的推動和普及作用，如《唐太宗入冥記》、《京本通俗小說》等，皆是妖怪活躍的舞臺。

元時雜劇盛行，有吳昌齡的《唐三藏西天取經》等；明代古典小說走向巔峰，尤其是神魔小說十分風行，所出著作之多，如同滿天繁星。這一時期，羅貫中所著的《三遂平妖傳》是中國古典小說名著之一，也是妖怪文學的不朽之作。吳承恩的《西遊記》、許仲琳的《封神演義》、馮夢龍的《喻世明言》、《警世通言》、《醒世恒言》、凌濛初的《初刻拍案驚奇》和《二刻拍案驚奇》，也賦予了妖怪文學新的內涵和形式。

值得注意的是，明代妖怪與斷案結合的小說開始大量湧現。這一文學形式不同以往單純的妖怪故事，而引入了懸念、推理等手段，對妖怪文學在市井間的流傳具有極大的推動作用。

清代，妖怪文學在繼承了明代神魔小說的基礎上，出現了俠義及公案小說形式，《龍圖公案》、《彭公案》等的流行，讓妖怪與推理小說有了密切的融合。

這一時期，同樣有眾多妖怪文學的筆記著作，如《閱微草堂筆記》、《子不語》、《三異筆談》、《螢窗異草》等。

也是在這一時期，中國妖怪文學誕生了最後一部里程碑式的不朽傑作，共有短篇小說四百九十一篇的《聊齋志異》，俗名《鬼狐傳》。《聊齋志異》不僅內容豐富，藝術成就很高，而且故事情節曲折離奇，結構布

局嚴謹巧妙，堪稱妖怪文學的絕響之作。

宋元明清時期，雖然妖怪文學在數目、形式上有了新的發展，但可以明顯地看到幾個與先前時期截然不同的特點。第一，妖怪基本來源於日常生活；第二，新的妖怪並沒有大幅度增加，而是沿襲之前或者從以前的諸多妖怪中演化而來；第三，題材單一，多數是狐妖女鬼、書生佳人的愛情故事。

民國以降，由於社會動盪以及各種複雜的歷史原因，綿延幾千年的妖怪文學陷入了低谷，雖然偶爾有零散著作出現，但已經失去了社會影響力。自上古先民時就流傳下來的妖怪遺產逐漸被人遺忘，那些曾經膾炙人口、家喻戶曉的妖怪形象也逐漸淹沒在故紙煙塵中，甚為可惜，令人感嘆。

妖怪文化在日本

日本與中國一衣帶水，在文化上深受中國影響，妖怪文化亦是如此。

日本號稱八百萬神國，而在妖怪的數量上同樣多不勝數。日本著名妖怪研究學者水木茂稱：「如果要考證日本妖怪的起源，我相信至少有七成的原型來自中國。除此之外的兩成來自印度，剩下一成才是本土的妖怪。」由此可見中國妖怪文學對日本的巨大影響。若說日本的妖怪文化根植於中國妖怪文化之上，也不為過。

日本妖怪文學的真正成形在於中國唐代的文化輸出。一支支遣唐使隊伍以及民間文化交流，將中國悠久的志怪典籍和傳說帶到日本，並與日本國內的文化傳統相互融合，成就了日本如今的妖怪文化和妖怪文學。

日本最早的妖怪文學為景戒的《日本靈異記》，成書於 822 年。西元九世紀末、十世紀初，日本第一部物語作品《竹取物語》誕生，內容為典型的妖怪小說。

平安時代，日本設有兩個特殊的政府部門：神祇官和陰陽寮，類似於中國古代的欽天監、太史局和司天局。除了預報吉凶，還要幫助上層統治者解讀、解決靈異事件，從事這種職業的人被稱為「陰陽師」。平安時代被稱為「人妖共存」的時代，人們相信，平安京的大街小巷白日是

人活動的場所，晚上就群妖現身，誕生了最早的「百鬼夜行」傳說。

其實所謂的「百鬼夜行」同樣來源於中國。

中國上古時期，黃帝的元妃嫘祖去世，黃帝就命令另一妻子嫫母指揮祭祀，監護靈柩，並封嫫母為「方相氏」。在此之後，方相氏成了國之重位，負責國家的祭祀、驅疫等，成為驅邪的象徵。

《周禮·夏官·方相氏》記載：「方相氏掌蒙熊皮，黃金四目，玄衣朱裳，執戈揚盾，帥百隸而時難，以索室驅疫。」（註：原文中的「難」，同「儺」）方相氏現身驅鬼的儀式稱為「大儺」，自周代就流傳下來，到唐代最為興盛。

唐時驅儺，是一場大遊行。最前方，是方相氏四人開路，頭戴高大的冠冕，黃金做的面具上四目赫赫，披著熊皮衣服，左手持戈，右手揚盾。又跟隨十二人，赤髮白衣，各拿麻鞭，長數尺，甩鞭震耳。後跟著五百小兒，皆裝扮成各種鬼怪模樣，奇形怪狀，張牙五爪，窮凶極惡。方相氏引百鬼行走，帶出城外，寓意驅除百鬼，世間太平。這種大儺儀式在唐代時流傳甚廣，當時的朝鮮、日本國皆引而為戲。當時日本人看到方相氏面目醜陋，身後又跟著眾多鬼怪，就認為他是大鬼頭，所以稱之為「百鬼夜行」，後來統指所有的日本妖怪。

反映百鬼夜行的作品，平安時代末期誕生了《今昔物語》，共三十一卷，講述故事一千多個，分印度、中國和日本三部分，基本上是搜集了各國的妖怪故事。

到了江戶時代，出現了專門記載靈異鬼怪故事的《雨月物語》，發行於 1776 年，內容從馮夢龍的「三言」和瞿佑的《剪燈新話》中取材，並加以改編。一直到江戶時代末期，日本的妖怪文學基本上停留在搜集、借鑑中國等國家的妖怪傳說和形象上，只不過將文學內容移植於日本國土而已。但這種情況到了江戶時代末期、明治初期，有了巨大的變化。

1890 年代，井上圓了這位哲學家，發起並創立了「妖怪學」；1886年，創建了「不思議研究會」；1891 年，成立「妖怪研究會」。日本由此成為世界上第一個把妖怪當作一門學問加以研究的國家。

在井上圓了、江馬務、柳田國男等人的推動之下，日本從民俗學的角度對妖怪進行了系統性的研究和整理，他們不認為妖怪是迷信，而是

從民族心理、民族文化和民族歷史的宏大角度，研究妖怪故事的傳承與民眾心理和社會進程之間的關係，將其視為理解日本歷史和民族性格的方法之一，使得日本妖怪文學隨之蓬勃發展。

真正讓日本妖怪文學盛開為一朵鮮豔之花，並引起世界矚目的是小泉八雲。小泉八雲原名是拉夫卡迪奧‧赫恩（Lafcadio Hearn），愛爾蘭裔，是個道地的日本通，也是最早向西方介紹日本和日本妖怪的人，主要作品為《怪談》，被稱為日本新現代怪談文學的鼻祖。

1920 年代和 1930 年代，日本文學家大量運用妖怪元素進行創作，比如芥川龍之介在他的《地獄圖》、《黃粱夢》、《河童》等作品中廣泛使用妖怪題材，使日本妖怪文學登上了文學殿堂並占據了重要地位。

二次大戰結束後，日本妖怪學開始分化，呈現多元化的發展。一方面，學者們遵循柳田國男的研究路線，致力於妖怪形象的考證，發表成果；另一方面，除了文字為主的發表方式外，也透過漫畫、動畫、電影等形式，對妖怪形象進行梳理和演繹，推動了妖怪文學的影響力。

在民俗學的研究上，井之口章次、櫻井德太郎、阿部正路等多位妖怪研究學者不斷發力，不僅使日本妖怪學形成體系，而且將其提升到民族文化的高度，並取得矚目成績。

而在文學、繪畫等藝術形式上，日本走得更遠也更成功。在小泉八雲之前，日本的妖怪都是以故事的形式固定下來，妖怪的具體形象五花八門。鳥山石燕從《和漢三才圖會》和傳統的日本民間故事中搜集到大量素材，終其一生完成《畫圖百鬼夜行》、《今昔畫圖續百鬼》、《今昔百鬼拾遺》、《百器徒然袋》四冊妖怪畫卷，共描繪了二百零七種妖怪，完成了日本妖怪的形態定型，為日本妖怪的普及和傳播奠定了重要基礎。

二次大戰後，更多的圖文版妖怪研究著作面世，其中最為重要的代表人物就是水木茂，他的《妖怪事典》、《日本妖怪大全》完成了對日本妖怪的全景式集納總結，對日本妖怪研究和妖怪文化的發展產生了極大的影響。值得一提的是，水木茂注意到中國竟然沒有與妖怪相關的集成之作，深深感到惋惜，於是編輯了《中國妖怪事典》。儘管《中國妖怪事典》的內容很簡單，搜羅的中國妖怪也十分有限，但讓我們敬佩的同時，也讓我們汗顏。

此外，電影的普及使得日本妖怪文化有了新的載體。1965 年，小林正樹拍攝了影片《怪談》；1959 年，水木茂以《墓場鬼太郎》的漫畫開啟了他的妖怪王國，不斷推出漫畫和電影、電視劇。當代，在《神隱少女》、《百鬼夜行抄》、《夏目友人帳》、《妖怪少爺》等大量的電影、漫畫等多媒體形式的推動之下，妖怪學拓展到戲劇、繪畫、音樂、雕塑等各領域，還形成了「大妖怪展」的巡迴演出，使得日本妖怪走向大眾，走向市場，走向世界，產生了巨大的經濟、文化價值。

在如此成熟、積極的大環境下，二次大戰後日本妖怪文學的發展如火如荼，除了傳統的文學家進行純文學創作，妖怪通俗小說成為日本妖怪文學的主流。如夢枕貘的《陰陽師》，以平安時代的陰陽師安倍晴明為主角，將日本妖怪的形象和故事娓娓道來，取得了巨大的國際聲譽。而尤其值得注意的是，推理小說和妖怪結合，更成為推動日本妖怪被廣大民眾接受、喜愛的重要推手。小野不由美、三津田信三、宮部美雪等許多著名推理作家，將妖怪元素引入小說，不僅拓寬了日本妖怪文學的範疇，更推動了妖怪文化的發展。

其中，不得不提的一位作家就是京極夏彥。這位獨立扛起日本妖怪推理小說大旗的日本當代名家，因為對妖怪文化的研究之深，截然不同於一般的推理作家。除了小說以日本的妖怪為名，故事中不時出現的妖怪知識，更是將日本的妖怪形象透過小說的演繹得以昇華和加深，形成了對妖怪文化的大力推廣，成為日本新時期妖怪熱潮的重要因素。

雖然日本的妖怪文化、文學早期受中國影響極大，但經過兩百年一代代學者、文學家、藝術家的集體努力，使得妖怪學成為世界聞名的顯赫學說，廣受世界歡迎和接受。由此產生的文學、繪畫、漫畫、影視作品，不僅影響了全世界，也使得妖怪成為日本的文化象徵名片之一。

中、日妖怪文化研究發展之對比

妖怪文化、妖怪文學是中華文化中的珍貴遺產，歷史悠久，自古以來相關著作汗牛充棟，但民國以降，呈現出凋零敗落之勢。反觀日本的妖怪文化，雖起源於中國，但經過兩百年的集體努力，不僅使妖怪學成為顯學，更成為日本文化的代表之一，輸出的文學、影視、漫畫等影響世界。尤其在中國，如今的青年們津津樂道於日本的妖怪，對其如數家珍，卻不知道這些妖怪的原型起源於中國、創造於中國，實在是一件為之可惜、可歎、可悲之事。

造成這種狀況固然有各種因素，但與日本的文化推廣，以及學者、文學家、藝術家的努力是分不開的。

首先在觀念上，中國文化界、文學界長期將妖怪視為封建迷信，沒有看到其自身蘊含的豐富的民族文化及歷史意義，造成了對其輕視甚至是蔑視，導致了妖怪文化的凋零。而在日本，妖怪被列入民俗學、文化學，甚至被提升到民族性的高度，下大力氣進行整理、集納、發展，最終發揚光大。妖怪學不僅可以在高校開設課堂，更可以透過研究會、講座、展覽等諸多形式傳播。由此對比，可見高下。

其次是在系統性上，日本妖怪在數量上遠遠比不上中國妖怪，但在民間傳說的基礎上，能夠系統地加以整理、傳播，深入人心。中國妖怪分散於歷代典籍之中，自古至今從未有過全面的收集和整理，很難形成規範和文化合力。近些年來，雖有一些相關的著作問世，但神、怪不分，形式內容單一枯燥，達不到文化傳播效果，以致連《中國妖怪事典》這樣的著作都出自日本人之手，著實讓人為之羞愧。近兩年，雖有一些同仁做過努力，但出版的相關著作內容基本上以《山海經》為主，不成系統。有些冠以「妖怪大全」之類的名頭，卻有些急功近利，粗糙草就。

再次是在文學演繹方法上，雖然《聊齋志異》、《搜神記》等書的故事性極強，但講述故事的方法已經不能和現代社會契合，需要將妖怪的形象用現代手段和方法演繹，這個工作很少有人去做。而日本妖怪文學始終是其文學中的一股中堅力量，日本文學家尤其是推理小說家，能夠用推理小說這種民眾喜聞樂見的形式將日本妖怪形象進行現代包裝，進

而無形中普及傳播了妖怪文化。

　　最後是在文化推廣上，當代中國的妖怪形象、妖怪文學數量稀少、形式單一，難以產生規模影響力，而日本則在文學、影視、漫畫等方面形成了文化推廣合力，自然事半功倍。

結語

　　妖怪文化是中華文化綿延至今的一條重要動脈，妖怪文學是中國古代文學的半壁江山，是中華民族偉大的文化遺產，應當從民族學、文化學、人類學、歷史學、心理學、民俗學的高度，加以珍惜並發揚光大。

　　文化是民族生存和發展的重要力量，中華民族擁有五千多年的文明史，文藝是時代的號角，最能代表一個時代的風貌。作為中華文化的重要組成部分，妖怪文化應該得到足夠重視，加以系統整理、創造、推廣，用全新的眼光、視角、高度、方法，創作出積極向上、藝術性高、民眾喜聞樂見的作品來。

　　值得欣慰的是，目前的中國妖怪文化、妖怪文學方興未艾，呈現出可喜的發展態勢。自《白澤圖》、《山海經》到《搜神記》，再到《聊齋志異》，延續了幾千年的中國妖怪文學，一定會迎來屬於它百花齊放的璀璨春天。

　　筆者自幼對中華妖怪文化情有獨鍾，在深入研究中華傳統，尤其是志怪的分類和定義的基礎上，釐清「妖怪」的內涵，花費十幾年時間，從浩瀚的中國歷代典籍中搜集、整理各種妖怪故事，並參考各種民間傳說、地方誌等，結合自己的研究，重新加工、翻譯為白話文。本書以妖怪名稱加上相應故事的方式編寫，按照妖、精、鬼、怪四大部，每個部分以妖怪名稱的發音順序排列，每段故事文末列出典籍出處，方便讀者觀覽。本書記錄中國妖怪共計一千零八十種，是目前為止收錄妖怪最多、最全、篇幅最長、條理最清晰的妖怪研究專著。希望本書的出版，能為中國妖怪文化的發展盡一點綿薄之力。

　　在本書妖怪故事的選擇上，筆者已盡己所能從典籍中整理完備並標清出處，因各種原因，仍可能存在某些故事有不同版本，或者在不同地

區流傳過程中產生細節性差異的情況，歡迎廣大讀者來信交流並提供此類素材（個人郵箱：zhangyun1954@163.com），共同為中國妖怪學的發展添磚加瓦。因視野、知識所限，書中難免存在錯漏、謬誤之處，還請專家及廣大讀者批評指正。

張雲
2017 年 8 月 21 日於北京搜神館

統領

白澤、方相氏在中國妖怪中的地位極為特殊。白澤因遇黃帝而道出世間一萬多種妖怪之名，世人方知之，方相氏為百妖之統領。故而將此二妖開篇介紹。

1 白澤

　　傳說黃帝巡狩，在海濱遇到了一隻異獸，它不僅能說話，而且向黃帝詳細介紹了天下鬼神之事，還將自古以來精氣為物、遊魂為變的一萬一千五百二十種妖怪詳細告訴了黃帝。黃帝命人將這些妖怪畫成圖冊，以示天下，親自寫文章祭祀它們。

　　黃帝令人編繪的圖冊便是《白澤圖》（又稱《白澤精怪圖》）。

　　關於白澤的形象，向來說法不一。《三才圖會》中，白澤是獅子身姿，頭有兩角，長著山羊鬍子。日本人的圖繪中，白澤的形象和《三才圖會》相像，唯腋下生有三隻眼睛。

　　白澤不僅知道天下所有妖怪的名字和形象，而且知道驅除它們的方法。所以，在很早的時候，它就被當成驅鬼的祥瑞來供奉。人們將畫有白澤的圖畫掛在牆上或者貼在大門上，還有做「白澤枕」的習俗。軍隊中，「白澤旗」是常見的旗幟。到了中古時期，人們對白澤的尊崇更加隆重，《白澤圖》極為流行，人們一旦覺得自己遇到了妖怪，就會按圖索驥查找，按照上面記載的方法加以驅除。

　　因白澤，世人才得知天下妖怪的名字，所以白澤在妖怪中的地位極為特殊。

2 方相氏

　　方相氏，是上古時期嫫母的後代。嫫母為黃帝的妃子，容貌極為醜陋。黃帝巡行天下時，元妃嫘祖病逝。黃帝便命令嫫母負責祀事，監護靈柩，並且授以「方相氏」的官位，利用她的相貌來驅邪。所謂的「方相氏」，便是「畏怕之貌」的意思。

　　上古以降，方相氏都為官設，在宮廷儺祭之中成為最重要的角色。《周禮・夏官・方相氏》：「方相氏掌蒙熊皮，黃金四目，玄衣朱裳，執戈揚盾，帥百隸而時難，以索室驅疫。」（註：原文中的「難」，同「儺」。儺，指以樂舞驅逐疫鬼，音同「挪」。）

　　自上古到漢、唐，大儺延綿不絕。漢朝「儺者……季春行於國中、仲秋行於宮禁，惟季冬謂之大儺則通上下行之也」（見《大學衍義補》）。

唐代，大儺場面更加宏大。《樂府雜錄》記載：「用方相四人，戴冠及面具，黃金為四目，衣熊裘，執戈揚盾，口作儺儺之聲，以逐疫也。右十二人，皆朱髮衣白畫衣，各執麻鞭，辮麻為之，長數尺，振之聲甚厲。」（註：古代一尺約為 23 公分到 29 公分之間，依朝代略有不同。）古人認為，季春的時候，世間凶氣催發，與民為厲，方相氏則為家家戶戶驅逐邪物，作亂人間的各種鬼怪見到方相氏凶威的面目，便會自知恐怖逃走。戴著黃金面具，上生四目，披著熊皮，雙手執戈、盾，領著象徵世間精怪的「百鬼」前行的方相氏，從上古的祭司逐漸演變成百姓心目中的「大妖怪」。

　　唐時，宮廷大儺傳入日本。方相氏前行、百鬼跟隨的場景，則被日本人演化成了「百鬼夜行」。

妖部

3 鼻中人

清代，有個人叫唐與鳴，某日的白天躺在椅子上睡著了，家人看到從他的鼻子裡跑出來兩個小人，高二寸多，在地上行走如飛。家人覺得很奇怪，想抓住他們，結果這兩個小人又鑽進唐與鳴的鼻子裡，消失不見了。

後來，唐與鳴去詢問別人，才知道這兩個小人應該就是自己的元神。

——此妖記載於清代錢泳《履園叢話·叢話十四》

4 壁虱

清代，有個女子夢到一個穿著黑色盔甲的人作祟。家人很擔心，便問那個黑甲人從哪裡來，女子說從樓上來。但家裡的閣樓已經很久沒人上去了。第二天，大家去搜索，發現櫃子裡有個東西，長得幾乎和櫃子一般大，是個大壁虱，於是放火燒死了牠，從此再也沒有作祟的事情發生了。

同樣在清代，有個人在書齋裡居住，身形日漸枯瘦。家人懷疑有蹊蹺的事情發生，便在夜裡拿蠟燭來照看，只見一個大如碗口的壁虱趴在這個人的胸口上吸食血液，小的壁虱數以萬計，圍聚在他的周圍。見到燈火，這些壁虱就四散開去，鑽進了地基旁邊的洞穴裡。家人挖開洞穴，用開水將這些壁虱全部燙死，這個人很快就恢復了健康。

——此妖記載於清代樂鈞《耳食錄二編·卷二》

5 鱉寶

中國人認為鱉這種動物，極有靈氣，年歲大的老鱉身上會發生怪異的事。鱉寶這種東西，在典籍中有很多種說法，至於是什麼樣子，則各有說辭。有的說這種東西比黃豆大，喜歡喝血；有的說它長得跟人一樣，只不過很小隻。不過，所有關於鱉寶的記載都有個共同的特點，就是如果用自己的身體來滋養鱉寶，就能夠看到常人看不到的金銀寶貝，一生

榮華富貴。

　　清代，四川有個人叫張寶南，他的母親非常喜歡吃鱉。有一天，家裡的廚師買了一隻老鱉，長得很大。廚師砍掉了鱉的腦袋，看到一個大概四、五寸大的小人從鱉的脖子裡溜出來，繞著鱉的屍體跑動。廚師嚇得昏倒在地，等大家把他救醒的時候，那個小人早已不見。

　　後來，廚師剖開了鱉的身體，發現小人在裡面，不過已經死了。這個小人戴著黃色的帽子，穿著藍色的衣裳，靴子是黑色的。面目手腳和人一模一樣。後來，有人說：「這叫鱉寶，如果得到活的，割開自己手臂上的肉，把它塞進去，它就會長在裡面，靠喝人的血為生，而這個人就彷彿長了一雙透視眼，能夠看到地下的金銀珠寶。等這個人被鱉寶喝光了血而死亡，他的子孫可以繼續把鱉寶放在自己的身體裡，這樣一來，子子孫孫都可以享受榮華富貴。」

　　那個廚師聽說了之後，十分後悔，一提起這件事，就會自打耳光，後來竟然因此鬱鬱而終。

——此妖記載於清代紀昀《閱微草堂筆記・卷五》、清代蒲松齡
《聊齋志異・卷六》、清代姚元之《竹葉亭雜記・卷三》、清代湯用中
《翼駉稗編・卷二》、清代俞樾《右台仙館筆記・卷六》、
清代東軒主人《述異記・卷上》

6 變婆

　　在中國貴州省東南部的從江縣、榕江縣一帶，流傳著變婆的傳說。

　　有的人死後埋在土中，或三、五天，或七天之後，會揭開棺蓋破土而出，容貌上看起來和生前沒什麼兩樣，但全身散發著腥臭之氣，而且不能說話。

　　變婆剛從土中出來時，還保持著一點點人性，回到自己的家中，能夠料理家務。如果是婦女變的，還能給孩子餵奶。不過，她很快就會發生異變。這時，家人往往會帶著一隻公雞，將變婆送到森林中，讓變婆看顧這隻雞，然後偷偷跑掉。

公雞很快就掙脫逃了，變婆就會四處尋找，便忘記了來時的路。孤零零被拋棄的變婆，會在溪澗深谷中尋找蛤蟆、田螺之類的東西充飢，跋山涉水，毫無目的地遊走。時間長了，形體就發生了變化：手足蜷曲，長出蹄爪，遍體生毛，有的變成了老虎，有的變成了熊，自此再也不復為人。

有一個獵戶曾經打死了一隻猛虎，在死虎的前爪上發現了一隻重達八兩的銀鐲，緊緊地箍在足腕處，才知道牠是變婆所化。

——此妖記載於《榕江縣誌》、《從江縣誌》

7 卜思鬼

西南地區有一種女子，被稱為「卜思鬼」，夜裡能變成貓或狗，到人家裡偷盜。牠遇到生病的人，就會撲上去咬掉人的肉，回來吐在水裡，將之變成水蝦，然後拿出去販賣。

——此妖記載於明代徐應秋《玉芝堂談薈·卷九》

8 白鷺女

晉代建武年間，剡縣的馮法去做買賣，一天晚上船停荻塘裡，看見一個穿著喪服的女人，皮膚白皙，身形矮小，請求搭船。

第二天早晨，船正要出發，女人說：「我上岸去取出門用的東西。」她離船後，馮法少了一匹絹，這時那女人抱著兩捆草回來放在船裡。那女人上下了十次，馮法就少了十匹絹。

馮法懷疑她不是人，就捆住她的兩隻腳，那女人說：「你的絹在前面的草叢中。」說完後，身形變成一隻大白鷺。

馮法殺了大白鷺，煮來吃掉，肉味並不太好。

錢塘有個書生姓杜，有一天他坐船外出，當時天下大雪並已到黃昏，看見有個穿著白衣服的女子走過來，書生說：「你為什麼不進到船艙裡來？」女子上船後，杜某就調戲她，並且把她帶走了。沒想到，那女子

後來變成一隻白鷺飛走了，不久之後，杜某就生病死了。

——此妖記載於晉代陶潛《續搜神記・卷九》、南北朝劉義慶
《幽明錄・卷三》

9 白骨妖

　　唐代，有個叫姜皎的人，常常到禪定寺遊玩。當時京兆一帶很盛行設宴聚餐，姜皎也設宴款待朋友，等到喝酒的時候，座上有一位絕美的妓女，獻酒的時候，卻看不到她的手，眾人都感到很奇怪。有一位客人乘著酒興，開玩笑說：「你不會是六指吧？」就把她硬拉過來看。那妓女被拉倒，變成了一具枯骨架。

　　唐代，有個叫金友章的人，在蒲州中條山隱居了五年。山中有一位女子，容貌非常美麗，常帶著罐子到溪邊打水。金友章在屋裡遠遠望見那位女子，心裡很喜歡她。

　　有一天，那位女子又到溪邊打水，金友章調戲她說：「誰家的美人打水這麼勤！」女子笑著說：「澗下的流水，誰都可以來取，我和你並不熟識，而且我還沒嫁人，寄住在姨母家，還是個大姑娘，你這麼跟我說話，很沒有禮貌。」金友章就說：「你沒有嫁人，我也沒結婚，你嫁給我，行嗎？」女子說：「既然你不嫌我長得醜，我就嫁給你吧。晚上，我就過來找你。」

　　當天晚上，女子果然來了，成了金友章的妻子。兩個人感情很好，金友章讀書常讀到半夜，妻子總是伴著他。如此過了半年，一天晚上，金友章照常捧卷閱讀，而妻子有點反常。金友章問她怎麼了，她說沒什麼事，金友章就讓她睡覺。妻子說：「你今晚回房的時候，千萬不要拿蠟燭哦。」金友章覺得奇怪，就拿著蠟燭回屋上床，見他的妻子原來是一具枯骨。金友章趕緊扯過被子蓋上，過了一會兒，妻子恢復了本形，對金友章說：「我不是人，是山南的一個白骨妖，山北面有個叫恒明王的，是鬼的首領，平常每月我都要朝見一次。自從嫁給你，我半年都沒到他那裡去，剛才被鬼捉去打了一百鐵棍，所以回來才沒有變成人形，沒想

035

到讓你看見了！既然你知道了，就趕緊離開吧！在這山裡，很多東西都被精魅附了身，你不走，遲早對你不利。」說完，她哭泣嗚咽，就不見了。金友章很後悔，只能悲傷地離開了那裡。

清代，麗水縣有很多山，當地許多人在山上開墾土地。由於山裡有很多妖怪，所以大家都早去早回，從來不敢夜裡出去。

一年深秋，有個地主李某到鄉下收租子，獨自住在一棟房子裡。當地人唯恐他害怕，就沒有告訴他妖怪的事，只是警告他晚上不要出去。一天晚上，月華朗照，李某出去遊玩，忽然看到一個白色的東西跑過來，長得很奇怪。李某趕緊回屋，但那東西已經追蹤而至。幸好房門有半截柵欄擋住，那東西進不來。李某膽子大，從柵欄的縫隙裡往外看，發現是一具白骨在撞門，又腥又臭。過了不久，雞叫了，李某推開柵欄，發現一堆白骨。天亮，李某把事情告訴當地人，當地人說：「幸虧你遇到的是白骨妖，如果碰到一個白髮的老太婆假裝開店面，必然會請你抽菸，凡是抽過菸的人，沒有一個活著的！」

——此妖記載於唐代段成式《酉陽雜俎‧前集卷四》、唐代薛用弱《集異記‧補編》、清代袁枚《子不語‧卷十七》

10 白水素女

晉朝時，有個名叫謝端的孤兒，父母在他很小的時候就去世了，好心的鄰居收養了他。謝端忠厚老實，勤勞節儉，到了十七、八歲的時候，不想再給鄰居添麻煩，就自己在山坡邊搭建了一間小屋子，獨立生活。因為家中一貧如洗，他一直沒有娶妻。鄰居很關心他，但幫他說了幾次媒，都沒有成功。

謝端沒有為此失望，每天仍出門耕作。有一天早上，謝端照例去田裡工作，回家卻見到灶上有香噴噴的米飯，桌上有美味可口的魚肉蔬菜，茶壺裡有燒開的熱水。他想，一定是好心的鄰居幫他燒火煮飯。

沒想到，第二天回來又是這樣。三天，四天……天天如此，謝端心裡覺得過意不去，就到鄰居家去道謝。他走了許多家，鄰居都說不是他們做的，何必道謝呢？謝端心想，這一定是鄰居好心腸，硬是一再致謝。

鄰居笑著說：「你一定是自己娶了妻子，把她藏在家裡，為你燒火煮飯。」謝端聽了心裡很納悶，想不出個頭緒來，於是想探個究竟。

第二天雞隻一叫，謝端就像以往一樣，起了個大早，假裝離家幹活去了，但天還沒亮就往家裡趕。家裡的炊煙還未升起，謝端悄悄靠近籬笆牆，躲在暗處，全神貫注地看著自己屋裡的一切。不一會兒，他終於看到一個年輕美麗的姑娘從水缸裡緩緩走出，身上的衣裳並沒有因水而有任何濕潤。這姑娘移步到了灶前，就開始燒火、做菜、煮飯。

謝端看得真真切切，快步走進家裡，這姑娘沒想到謝端會在這個時候出現，大吃一驚，又聽他盤問自己的來歷，便不知如何是好。年輕姑娘想回到水缸中，卻被謝端擋住了去路。經過謝端一再追問，年輕姑娘沒有辦法，只得把實情告訴了他。

原來，這位姑娘是天上的白水素女。天帝知道謝端從小父母雙亡，孤苦伶仃，很同情他；又見他克勤克儉，安分守己，所以派白水素女下凡幫助他。白水素女又說道：「天帝派我下凡，專門為你燒火煮飯，料理家務，想讓你在十年內富裕起來，成家立業，娶個好妻子，那時我再回到天上去覆命。可是現在我的使命還沒完成，卻被你知道了天機，我的身分已經暴露，就算你保證不講出去，也難免會被別人知道，我不能再待在這裡了，必須回到天庭去。」

謝端聽完白水素女的一番話，感激萬分，心裡很後悔，再三盛情挽留白水素女。

但白水素女去意已決，臨走前對謝端說：「我走了以後，你的日子會艱苦一些，但你只要幹好農活，多打魚，多砍柴，生活一定會一天一天好起來。我把田螺殼留給你，你可以用它貯藏糧食，能使米生息不盡，殼裡的稻穀都不會用完。」正說話時，只見屋外狂風大作，接著下起了大雨，在雨水空濛之中，白水素女講完最後一句話便飄然離去。

謝端感激白水素女的恩德，特地為她造了一座神像，逢年過節都去燒香拜謝。而他自己依靠勤勞的雙手和白水素女的幫助，日子過得一天比一天好，幾年之後，他娶了妻子，還當上縣令。

謝端為了感謝白水素女，立了廟，就是素女祠。

——此妖記載於晉代陶潛《續搜神記‧卷五》

11 百歲鐵箆

太原有個叫王仁裕的人，家裡有個老人已經兩百多歲了，身體只有三、四尺高，兩隻眼睛變成了碧綠色，飲食很少，晚上也不睡覺。每隔一個多月，她就會消失不見，幾天後才回來，沒人知道她去了哪裡。

她的床頭放著一個柳箱，只有一尺多長，封鎖甚嚴，不讓人看。老人經常告誡子孫：「如果我出去了，一定不要打開這個箱子，不然我就回不來了。」

子孫中有個無賴，一日，他醉酒而歸，見老人不在，就來到床頭，把箱子打開，裡面只有一個小鐵箆（ㄅㄧˋ）子。這個老人從此再也沒有回來。

——此妖記載於宋代趙溍《養痾漫筆》

12 白魚

吳國少帝五鳳元年四月，會稽餘姚縣的百姓王素，有個十四歲未出嫁的女兒，容貌美麗。鄉裡的少年來求親的很多，父母因愛惜姑娘都沒有同意。

有一天，來了一個少年，姿態容貌像美玉一樣，年齡二十多歲，自稱是江郎，願意和王素的女兒結婚。王素夫婦見少年風流倜儻，就答應將女兒許配給他。

王素詢問江郎的家世，江郎說：「住在會稽。」過了幾天，江郎領了三、四個婦女，有的年老、有的年輕，還有兩個少年，來到王素家，拿來錢財作為聘禮，於是兩個人結了婚。

過了一年，王素的女兒有了身孕，到了十二月份，生了一個東西，像個絹布做的口袋，大小有一升那麼大，在地下一動不動。王素的妻子覺得很奇怪，用刀割開它，裡面全是白魚的魚子，就懷疑江郎不是人，並把想法告訴了王素。王素暗中派家中僕人等江郎脫衣睡覺時，將他的衣服取來察看，發現衣服上全都有鱗甲的痕跡。王素看了很害怕，命人用大石頭壓住衣服。等到天亮，就聽見江郎因為找不到衣服發出的咒罵聲。家中僕人打開門，只見床下有條白魚，六、七尺長，還沒死，在地

上亂跳。王素用刀砍斷了白魚，扔到江裡。他的女兒後來又另外嫁了人。

隋朝開皇末年，有一個叫大興村的地方，村民設齋飯舉行佛教祭祀活動。一個滿頭白髮、穿一身白色衣褲的老頭，來要了一點飯吃就走了。大家都不認識他，就在後面跟著，想看他住在哪裡。走了二里多的路途後，老頭鑽進一個池塘就消失不見了。大家走近後，看到水裡有一條大白魚，有一丈多長，無數條小魚跟著牠。人們殺死了那條大白魚，剖開魚的肚子，發現裡面全是米飯。又過了幾天，漕梁河突然發大水，殺死大白魚的那些人，全家都被淹死了。

──此妖記載於宋代李昉等《太平廣記‧卷第一百一十八》（引《三吳記》）、宋代李昉等《太平廣記‧卷第四百六十九》（引《廣古今五行記》）

13 皮羽女

晉代，豫章郡新喻縣，有個男子看見田野中有六、七個女人，全都穿著羽毛做的衣服，他匍匐地靠近她們，拿到其中一個女子脫下的羽衣並藏了起來。過了一會兒，其他女子都穿上羽衣飛走了，只有一個因為沒有羽衣，不能飛去，他就娶了這隻鳥做妻子，生了三個女兒。這母親叫女兒們詢問父親後，得知自己的羽衣藏在稻穀下面，便拿出來穿在身上飛走了。後來，她又拿來羽衣，迎接三個女兒，一起飛走了。

烏君山是建安縣的一座名山，在縣城西面方一百里處。有個道士叫徐仲山，從少年時代就開始追求得道成仙，並且非常專心虔誠，生活儉樸，堅守節操，時間越長越堅定。有一次，徐仲山在山路上行走，遇上大暴雨，竟然迷了路。忽然間，他在閃電中看見一處住宅，就走過去想避避雨。

到了門前，徐仲山看見一個穿華麗衣服的人，自稱是監門使者蕭衡，那個人真誠地邀請他進宅。徐仲山問：「自從有了這個山鄉，從未看見過有這麼一處住宅。」監門說：「這裡是神仙的住處，我就是監門官。」

不久，有一個女郎，梳著一對環形的髮髻，穿著紫紅色裙子、有青色花紋的綢衫，左手拿著金柄牛尾拂塵，走過來問：「使者在外面與什麼

人談話，怎麼不報告呢？」蕭衡回答說：「來人是這個鄉的道士徐仲山。」不一會兒，那女子又招呼說：「仙官請徐仲山進去。」

女郎領著徐仲山從走廊進去，到了堂屋南側的小庭院，看見一個男子，年齡大約五十多歲，身上的皮膚、鬍鬚和頭髮全都是白的，戴著紗巾圍成的帽子，穿著繡有銀色花紋的白綢披肩。這名男子對徐仲山說：「我知道你誠心修練了很多年，是個超越凡俗之人。我有個小女兒熟悉修道的方法，應當與你結為夫妻，今天正是好時辰。」徐仲山走下臺階拜謝，接著又請求拜見老夫人。這名男子阻止他說：「我喪妻已經七年了。我有九個孩子，三個兒子、六個女兒。做你妻子的，是我最小的女兒。」

婚禮結束後第三天，徐仲山參觀住宅，走到一處棚屋，看見竹竿上懸掛著十四件羽毛皮衣，一件是翠碧鳥的皮羽，其餘全是烏鴉的皮羽。烏鴉皮羽中，有一件是白烏鴉的皮羽。他又到西南面去看，有一個棚屋，衣竿上有四十九件羽毛皮衣，全是鷁鶓鳥的皮羽。

徐仲山暗自覺得這件事很怪異，回到自己的居室中後，妻子問他說：「你剛才出去走了一趟，看見了什麼？竟然情緒低落地回來了？」徐仲山沒有回答。他的妻子又說：「神仙能夠輕飄飄地升到天上去，全都是憑藉翅膀的作用。否則又怎麼能夠在片刻之間就到了萬里之外呢？」徐仲山便問：「烏鴉皮羽衣是誰的？」妻子回答說：「那是父親的羽衣。」他又問：「翠碧鳥的羽衣是誰的？」妻子回答說：「那是經常派去通話領路的女僕的羽衣。」他又問其餘的烏鴉皮羽衣是誰的，妻子回答說：「是我兄弟姐妹的羽衣。」他又問鷁鶓皮羽衣是誰的，妻子回答說：「是負責打更和巡夜的人的羽衣，就是監門官蕭衡一類人的羽衣……」

妻子的話還沒說完，忽然整個宅院的人都驚慌失措起來。徐仲山問是什麼原因，妻子對他說：「村裡的人準備打獵，放火燒山。」不一會兒，大家都說：「竟然沒來得及給徐郎製作一件羽衣，今日分別之後，就當是萍水相逢一場吧。」然後眾人都取來羽衣，四散飛去。原來看見的一片房屋，也都不見了。

從此以後，那個地方就叫「烏君山」。

　　——此妖記載於晉代干寶《搜神記‧卷十四》、南北朝蕭子開《建安記》

14 仆食

傳說雲南當地有些人，被稱為「仆食」，這種人不論男女，到了老年就會變形，變成狗、驢或者其他動物，跑到墳地前跪拜，裡面的屍體就會出來被它們吃掉。

——此妖記載於明代楊慎《滇程記》、明代謝肇淛《滇略·卷九》

15 槃瓠

上古時期，高辛氏有個女兒十分漂亮，還沒有嫁人。當時犬戎作亂，高辛氏就許下諾言，誰能平定叛亂，就將女兒嫁給他。高辛氏有條狗，名為「槃瓠」（ㄆㄢˊ ㄏㄨˋ），聽到這個消息後，狂奔而出，在三個月後殺了犬戎，叼著罪人的腦袋回來。高辛氏認為不能失信於民，就將女兒嫁給這條狗。

高辛氏在距離會稽東南方，兩萬一千里的海中，尋找到一個地方，方圓三千里，便將之賜給女兒和這條狗。這對夫妻生下的男孩是狗，生下的女孩則是美女，因此這個國家的名字就叫狗民國。

——此妖記載於晉代郭璞《玄中記》、南北朝范曄
《後漢書·卷八十六》

16 目目童

唐肅宗的時候，尚書郎房集很有權勢。閒暇之日，房集獨坐在自家廳堂裡，忽然有一個十四、五歲，頭髮齊眉的小男孩，拿著一個布袋，不知從什麼地方走來，站在他的面前。

房集一開始以為是親戚朋友家打發小孩來看望。他問話，小孩不應；他又問口袋裡裝的是什麼東西。小男孩笑道：「是眼睛。」然後就把口袋倒過來，從裡面倒出好幾升的眼睛！那些眼睛出來後，有的散落在地上，有的順著牆滾到屋頂上。房集一家人驚慌失措。不過，那些眼睛就很快不見了，那個小男孩也消失了。

過不久，房集就被處死了。

——此妖在典籍中並無確切名稱，「目目童」之名為作者所取。此妖記
載於宋代李昉等《太平廣記‧卷第三百六十二》（引《原化記》）

17 抹臉妖

清代，貴州、雲南至湖廣一帶，出現了一種名為「抹臉妖」的妖怪。

這妖怪的衣服、言語和常人沒什麼區別，或數十人一起進入城市，
或幾個人散落於野地，時隱時現，來去莫測。有的騎著馬穿行於山川之
間，有的變成彈丸，從屋頂掉下來，很快就變成人形。

與它擦肩而過的人，會忽然栽倒在地，等到扶那個人起來，就會發
現他臉上的五官全都沒有了，只剩下後半邊的腦殼。

不管是城鎮還是窮鄉僻壤，很多人深受其害。這種妖怪作祟長達八、
九個月之久，被抹掉臉的有數千人，搞得到處人心惶惶。

曾經有人看到幾個妖怪扛著一個大木桶進城，兵卒上前圍住時，那
夥妖怪立刻消失不見了。人們打開那個木桶，發現裡面有一百多張人臉，
用石灰醃著。

——此妖記載於清代東軒主人《述異記‧卷中》

18 魅

夏縣的縣尉胡頊有一次到金城縣去，住在一戶人家裡。這家人給他
準備了吃的東西，但胡頊沒吃，私自跑了出去。等到回來時，他看見一
位老太婆，二尺高，垂著稀疏的白頭髮，占著桌案正在吃，餅果都快被
她吃光了。那家的兒媳婦出來，看到她便很生氣，揪著她的耳朵拉進屋
子裡。

胡頊走上前去窺視，見兒媳婦把老太婆裝進籠子裡。老太婆的兩隻
眼睛向外窺望，紅如丹砂。

胡頊問這到底是怎麼回事，婦人說：「這個人是上七輩的祖奶奶，

已經活了三百多歲還沒死。她的身形越來越小，不需要衣服，也不怕冷熱，這種人已經成了妖怪，叫『魅』。家裡人平時把她鎖在籠子裡，偶然她也會從籠子裡跑出來，偷飯吃能吃好幾斗。」

——此妖記載於宋代李昉等《太平廣記·卷第三百六十七》

（引《紀聞》）

19 貓犬

清代康熙年間，北京大興縣有個老太太信佛，佛堂裡供著一盞油燈。

一天傍晚，老太太聽到佛堂裡傳來細微的聲響，覺得奇怪，就貼著門縫往裡面看。只見裡頭有一隻黃狗如同人一樣站著，伸出兩隻前爪舉著一隻貓，貓也直立，正在偷喝佛燈裡面的燈油。

貓吸了油，再低頭吐到狗的嘴裡，如是再三。過了一會兒，狗催促道：「快一點！老太太馬上就來了！」這隻貓和狗，都是家裡養的。老太太很吃驚，推門而入，狗和貓飛奔而出，家裡人四處尋找，也沒找到。

第二天夜裡，老太太聽到院子裡有聲音，起來查看，看見那隻貓坐在狗的背上，狗匍匐而行，老太太喊了一聲，狗和貓都消失了。

當天晚上，老太太夢見一個黃衣男子和一個白衣女子前來，對她說：「我們在主人家很長時間了，你豢養我們的大恩大德，我們不知道該怎麼回報。現在，你發現了我們，就不能留下來了，就此作別吧。」

兩個人對著老太太跪拜，轉身，變成了狗和貓，貓跳在狗的身上，騎著狗離開了。

——此妖記載於清代樂鈞《耳食錄二編·卷七》

20 貓妖

清代，靖江張某住在城南，屋子的轉角旁有一條溝，很久沒有疏通。有一年，接連下了很長時間的雨，溝裡的水漫進屋裡。

張某拿著一根竹竿去捅，捅進去一丈多長，發現竿子抽不回來，幾

個人一起拉，依然拉不動。大家以為是竹竿卡住了。雨過天晴後，那竹竿卻自動出來了，有一股黑氣如同蛇一樣，盤竿而上，頃刻之間天地昏暗。有個綠眼睛的怪物騎在黑氣上，調戲張某的小妾，屢屢幹出壞事。張某請道士來登壇作法，那股黑氣湧到壇上，直撲道士。道士覺得好像有東西在舔自己，對方的舌頭像刀一樣，舔的地方皮肉盡爛，道士嚇得落荒而逃。

道士曾經跟龍虎山的天師學過法術，就告訴張某，要除掉這個妖怪，只能請天師來。二人乘船去龍虎山，到了江中心，看到天上黑雲四起。道士大喜，對張某說道：「那個妖怪已經被天雷誅殺了。」

張某回到家，果然看到屋角天雷擊殺了一隻如同驢子般大的老貓。

同樣在清代，有個舒某喜歡唱歌，不管行立坐臥，從來不停嘴。有一天，朋友來拜訪，在家裡喝酒，一直到半夜，雙方還是高歌不停。忽然間，他們聽到窗外傳來歌聲，歌聲婉轉，妙不可言。

舒某有個書童覺得可疑，偷偷出去，發現一隻貓如同人一樣站在月光下，一邊唱歌一邊跳舞。書童趕緊叫舒某，眾人出來時，貓已經跑到了牆上。用石頭砸牠，牠一躍而起，消失得無影無蹤，只有牆外傳來的歌聲，餘音猶在。

——此妖記載於清代和邦額《夜譚隨錄·卷二》、清代袁枚
《子不語·卷二十四》

21 毛女

毛女，名為玉姜，住在華陰山裡。當地的獵人世世代代都能見到。毛女自稱是秦代的宮女，秦滅亡後，就流亡入山中，有道士教她以松葉為食，過了很久，身體長出長毛來，身輕如燕，到西漢時，已經一百七十多歲了。

——此妖記載於漢代劉向《列仙傳·卷下》

22 毛人

晉朝時，晉陵這個地方有個人叫周子文，年輕時喜歡打獵，經常出入深山。

有一天，他在山澗中看到一個人，身高五、六丈，身上長滿了白如雪霜一般的長毛，手裡拿著弓箭，大聲叫道：「阿鼠！」

周子文的小名就叫阿鼠，聽到之後，不由得應了一聲：「哎！」

那妖怪立刻拉滿弓，向周子文射了一箭。周子文回到家後，就失魂落魄，病了很長的時間。

晉朝孝武帝的時候，宣城有個人叫秦精，經常到武昌山裡採茶。有一天，遇到一個妖怪，身高一丈多，渾身長滿了長毛，從山北那邊過來。秦精見了，很害怕，覺得自己肯定要死掉了。

沒想到，毛人拉著秦精的手臂，帶著他來到山中的一大片鮮美的茶樹前，就走掉了。秦精忙著採茶，毛人很快又回來了，從懷裡掏出二十幾個橘子交給秦精，那橘子十分甘甜。秦精採完茶，滿載而歸。

——此妖記載於晉代陶潛《續搜神記·卷七》

23 蒙雙氏

古時高陽氏（即顓頊）的時候，有兩個親兄妹結成了夫妻，高陽氏把他們流放到崆峒山邊的原野上，結果兩人抱著彼此死了。後來，仙鳥用不死之草覆蓋住他們，七年後，這對男女長在一起又活了，於是成了兩個頭、四隻手、四隻腳的怪物，被稱為「蒙雙氏」。

——此妖記載於晉代干寶《搜神記·卷十四》

24 蜂翁

五代時期，盧陵有個書生去應試，晚上到一戶人家求宿。有個老頭從屋子裡出來，說：「我家房子太小，只能放下一張床。」老頭帶著書生

進到屋裡，書生發現這家有一百多個房間，但是每個房間都很小，果然只能放下一張床。

過了一會兒，書生餓了。老頭說：「我家很窮，只有一些野菜。」說完後就端上來給書生吃。書生吃了，覺得味道很鮮美，和一般的飯菜不一樣。他吃完後便睡覺，一直聽到嗡嗡嗡的聲音響個不停。

第二天醒來，書生發現自己睡在田野裡，身邊有個大蜂巢。

書生原來有頭風的毛病，從那之後就痊癒了，想來是因為吃了蜂翁給的東西吧。

——此妖記載於五代徐鉉《稽神錄·卷四》

25 地仙

南北朝時代，某甲從地裡挖出一具棺材，裡面有個女子，自稱快要修練成地仙了，求某甲不要傷害她。挖地的某甲貪圖女子的金鐲子，便砍斷她的手腕。那女子流出鮮血，化為枯骨。

清代乾隆二十七年，杭州有個姓葉的商人修造花園，挖水池的時候挖出兩個缸，上下覆合在一起。

商人讓人打開，發現裡面有一個道士雙腿盤坐，指甲有一丈多長，繞身三圈，雙目閃爍，似笑非笑。

商人問：「你是哪個朝代的人？」道士搖頭不應。商人給他茶湯、人參湯喝，他還是不說話，只是微笑對人。商人覺得可能是修練地仙而修行未滿的術師，就把缸合上，埋在地下。

商人有個叫喜兒的僕人，想拿道士的指甲向別人炫耀，就私自打開了缸，剪下道士的指甲，沒想到誤傷了他的身體，鮮血流出。道士潸然淚下，隨即倒斃，變成了一堆枯骨。

——此妖記載於唐代李延壽《南史·卷十六》、清代袁枚
《續子不語·卷三》

26 獨角人

巴郡這地方有個獨角人，頭頂上長著一隻角，據說活了幾百年。有時候這個人會忽然消失，幾年都不見，有時候不說話，但只要他開口，說的事情都很有趣。

有一天，他和家人告別，跳入江裡，變成了一條鯉魚，角還在魚頭上。後來，他經常回來，容貌和之前一樣，與子孫吃吃喝喝，往往幾天後就離開了。

——此妖記載於南北朝祖沖之《述異記》

27 東倉使者

清代，江西金溪縣有個姓周的老太太，已經五十多歲了，丈夫死了，又沒有兒子，一個人住在破屋裡面，以要飯為生。

有一天，周老太忽然聽到有人在耳邊說：「你太可憐了，我來幫助你吧。」她轉過頭，沒看見有人，非常驚慌。那聲音又說：「你不要害怕，床頭有兩百文銅錢，你可以拿著到集市上去買米做飯。」她去床頭找，果然發現有錢。

周老太就問對方什麼來頭，對方說：「我叫東倉使者。」

周老太知道對方的確是在幫助她，也就不害怕了。從此之後，或者是錢，或者是米，或者是食物，總是自動出現在家裡，雖然只夠維持一、兩天，但沒有了就會出現，偶爾還會送來幾件衣服，儘管是粗衣粗布，但可以讓周老太穿得暖和。

周老太感激東倉使者，就說：「我受你的恩惠太多了，希望能見見你，這樣一來，我就可以給你塑造神像祭拜你。」東倉使者說：「我不是什麼神靈，既然你想見我，那就在夢裡相見吧。」晚上，周老太在夢裡見到了對方，是一個鬚髮皆白的老頭。

時間長了，周老太聽說周圍的人家裡經常丟東西，就知道大概是東倉使者所為。鄉鄰有什麼吉凶之事，東倉使者都會提前告訴周老太，囑咐她不要說出去。周老太發現東倉使者說的話都被一一驗證了。

過了幾年，鄰居發現周老太有吃有喝，也不出去要飯了，就覺得奇怪，到她家裡拜訪，發現自己丟的東西也在這裡，認為是周老太偷的，扯著不放。

這時候，忽然聽到有人說話：「偷東西的是我，你家裡富足，不愁吃穿，為何不能分一點給窮苦的人呢！你再這樣糾纏，別怪我不客氣！」說完，空中有無數的瓦礫石塊飛過來，鄰居嚇得落荒而逃。

這事情傳開了，所有人都認為周老太家裡鬧了妖精，很多人前去看熱鬧。如果對東倉使者客客氣氣，它也客客氣氣，如果對它出口不遜，那就會被它毫不留情地用瓦片砸得頭破血流。不過，東倉使者很聽周老太的話，周老太不讓它砸人，它就不砸人。

有一天，一個書生喝醉了，來到周老太家，說：「是什麼妖怪在這裡幹壞事？你敢出來和我會會嗎？」如是再三，東倉使者也不露面，那書生就大搖大擺地離開了。周老太問東倉使者：「你為什麼單單怕他呢？」東倉使者說：「他是書生，讀的是聖賢書，而且又喝醉了，我不和他一般見識。」

過了幾天，那個書生又過來找事，被瓦片砸得抱頭鼠竄。周老太問為什麼這次出手了，東倉使者說：「無緣無故來找事，一次也就算了；再來，那就是他無理，我自然砸他！」

時間長了，鄉裡人都覺得很麻煩，就商量去找張真人前來。

有一天，周老太聽東倉使者哭著說：「大事不妙了，龍虎山馬上要派人來。」周老太說：「你怎麼不逃？」東倉使者說：「已經布下天羅地網，我逃不掉了。」說完，東倉使者痛哭流涕，周老太也哭了。

過了幾天，鄰居果然拿著龍虎山張天師給的符咒闖了進來，徑直走到臥室，把符咒貼在牆上。周老太很生氣，上前就要撕掉那符咒，忽然聽見霹靂一聲響，一隻大老鼠死在床頭，牠的洞穴口比窗戶還大。

從此之後，周老太又做起了乞丐。

——此妖記載於清代樂鈞《耳食錄·卷九》

048

28 大青小青

盧江樅陽附近的山野之中，有叫大青小青的妖怪，當地人聽到哭聲，能看到十幾個人，有男有女，披麻戴孝，如同舉辦喪事一樣，聚在一起哭。它們出現的地方一定會死人。如果哭聲大，那麼死的人就多；哭聲小，死的人就少。

——此妖記載於晉代干寶《搜神記·卷十二》

29 燈花婆婆

唐代，有個人叫劉積中，經常居住在長安附近的農莊裡。有段時間，妻子病重。

有一天晚上，劉積中還沒睡覺，忽然有個身高三尺、白髮蒼蒼的老太婆從燈花中走出，對劉積中說：「你妻子的病只有我能治，為什麼不向我祈禱呢？」劉積中素來是個剛直的人，知道這個老太婆是妖怪，就喝斥她。老太婆說：「你不要後悔！」說完，就消失了。

很快的，妻子心口疼得厲害，眼看就要死了。劉積中不得已，向老太婆祈禱，她就出現了。老太婆坐下來，要了一杯茶，對著茶念咒，讓人給妻子喝下，妻子的病很快就好了。從此之後，老太婆常常出入劉家，家人也不害怕。

過了幾年，老太婆對劉積中說：「我有個女兒剛成年，還請你為她找個丈夫。」劉積中不肯，老太婆說：「我不是要你找人，而是要你用桐木雕刻個木人，就行了。」劉積中就按照她說的辦了，不久，那個木人就消失了。老太婆又說：「還煩請你和妻子為這對新人鋪床，那天我會派車子來接你們。」

一天傍晚，果然有車子來到門口，劉積中和妻子沒辦法，就上了車。天黑後，他們來到一個地方，樓宇高大，陳設華麗，如同王公貴族的宮殿一般。劉積中夫妻恍恍惚惚參加了婚禮。

又過了幾個月，老太婆來了，拜謝說：「我還有個小女兒，也成年了，還請你再給找個丈夫。」劉積中十分不耐煩，拿枕頭砸過去，說：「你這

妖怪太騷擾人了！」老太婆就消失了。

不久，劉積中的妻子心疼病復發，劉積中再度祈禱，那老太婆也不出現，妻子沒多久就死了。接著，劉積中的妹妹也出現了心疼的症狀，劉積中想搬家，但發現有東西阻攔，也無可奈何。

有一天，劉積中正在讀書，忽然有個叫小碧的丫鬟進來，發出的聲音如同自己死去的朋友杜省躬，說：「我剛從泰山回來，在路上碰見一個妖怪拿著你妹妹的心肝，我就奪下來了！」說罷，舉起袖子，裡面還有東西在跳動。然後，杜省躬的聲音又說：「趕緊把東西安置好吧。」說完，屋子裡刮起大風，小碧袖子裡的東西也消失了。接著，杜省躬就離開了，小碧倒下，醒來後根本不記得這回事。

過後不久，劉積中妹妹的病就好了。

——此妖記載於唐代段成式《酉陽雜俎·前集卷十五》

30 天女

傳說從前有燕子飛入百姓家中，變成一個女子，高只有三寸，自稱天女，能夠預先知道吉凶，所以大家都把燕子稱呼為「天女」。

明代，有個叫程迥的人，有一天，有隻燕子飛入他家裡，變成一個美麗的女子，高五、六寸，見到人也不害怕，小聲地說：「我來到這裡，不是作祟，如果你們能供奉我，將會給你們帶來好事。」程家就以香火供奉。這位天女能夠預言凶吉，十分靈驗。很多人都去程家觀看，程家因此得了很多錢財。第二年，不知道為何，那天女突然飛走了。

——此妖記載於宋代《采蘭雜誌》、明代陳繼儒《珍珠船·卷一》

31 天狐

傳說狐狸活到五十歲就能變成婦人，一百歲就能變化成美女，或變化成神巫，有的則變化成男人去勾引女子，而且能夠知道千里之外的事，善於蠱惑人，使人喪失理智。狐狸活到一千歲後就能和天溝通，叫

作「天狐」。

唐太宗曾經把一個美人賜給趙國公長孫無忌。這美人非常受到恩寵，但她忽然被狐狸迷住了。那狐狸自稱叫「王八」，身高八尺有餘，經常待在美人的住所裡。美人見到長孫無忌，就拿長刀砍他。

唐太宗聽說這件事以後，招來術士去對付那隻狐狸，前前後後好幾次都失敗了。後來術士們說，只有相州的崔參軍能治好這個病。

崔參軍收到命令，便起程回京。王八悲傷地哭泣，對美人說：「崔參軍不久就要到了，怎麼辦啊？」

等崔參軍要到達京城的時候，狐狸便逃跑了。

崔參軍到達後，皇上讓他和自己一起到長孫無忌的家裡去。崔參軍擺放了几案，坐下寫了一道符。不一會兒，宅子裡井、灶、門、廁及十二辰宿等幾十位神靈，或高或矮，奇形怪狀，全站在院子裡。

崔參軍喝斥他們說：「你們作為這一家的家神，責任不小，為什麼讓一隻妖狐進到家裡來？」神靈們上前說道：「這是一隻天狐，我們的能力制不住它。」崔參軍要他們去捉拿那妖狐。片刻後他們又回來了，說剛才已經苦戰過，還被狐狸打傷了。

崔參軍又寫了一道符，這道符飛上天，忽然間天地昏暗下來，半空裡有兵馬的聲音。不一會兒，出現五個人，各有幾丈高，來到崔參軍面前，站成一排行禮。

崔參軍對他們說：「趙國公家裡有一隻妖狐，煩請各位去把牠捉來。」諸神答應一聲，就各自散去了。

皇帝問他們是什麼神，崔參軍說是五嶽神。很快的，五嶽神回來了，把一隻被綁的狐狸扔到牆下。長孫無忌非常憤怒，就用長劍去砍。那狐狸一開始並不害怕。

崔參軍說：「這狐狸已經通神，用劍攻擊牠沒好處，自討麻煩罷了。」他看著天狐，說道：「你任意做姦淫之事，是應該處死的，現在酌情裁決，打你五下。」狐狸便乞求饒命。崔參軍用桃枝打了牠五下，狐狸血流滿地。

長孫無忌不大高興，覺得處罰太輕了。崔參軍說：「五下是人間的五百下，絕對不是小刑罰。因為天府還要使用牠，殺了是不行的。」他

下令從此以後不准狐狸再到長孫無忌家來。

狐狸唯唯諾諾，消失不見。不久後，美人的病便好了。

——此妖記載於晉代郭璞《玄中記》、唐代戴孚《廣異記》

32 獺

獺這種妖怪，最擅長變化為美麗的女子或俊俏的男子與人交往。和其他妖怪不一樣，或許是因為生存條件的原因，潺潺流水賦予了獺妖別樣的美麗，它們出現時，往往是荷雨蒲風，小舟麗人，很有詩情畫意。但它們的多情，往往總是受到傷害。

河南有個人叫楊醜奴，常常到章安湖旁拔蒲草。有一天，天快黑了，他看見一個女子，穿的衣服雖然不太鮮豔，可是容貌很美。這女子坐著船，船上載著蓴菜，上前靠近楊醜奴。她說自己的家在湖的另一側，天黑了，一時回不了家，想停船借住一宿。她借楊醜奴的食器吃飯，吃完飯，兩個人說笑起來，楊醜奴為她唱了一首歌，女子則回作了一首詩，這首詩寫道：「家在西湖側，日暮陽光頹。托蔭遇良主，不覺寬中懷。」

二人相處融洽，郎有情妾有意，於是吹燈歇息。黑暗中，楊醜奴摸到女子的手，發現她的手指很短，便懷疑女子是妖怪。女子很快就察覺楊醜奴的心思，傷心地走出船艙，變成一隻水獺，跳到水中不見了。

南朝宋文帝元嘉十八年，廣陵當地，張方的女兒道香送丈夫去北方。歸來的途中天黑了，道香就在廟門前歇息。夜間，有一個東西裝扮成她丈夫的模樣出現，並且說：「我太想你，所以就回來了。」道香很快就被迷惑得失去常態。當時有個叫王纂的人擅長驅邪，他懷疑道香被妖怪迷惑了，便來到道香的家中，剛開始施法，就看見一隻水獺從道香的被子裡跑出來，跳到水巷裡消失不見。不久後，道香的病也好了。

——此妖記載於晉代干寶《搜神記·卷十八》、晉代戴祚《甄異傳》、南北朝劉敬叔《異苑·卷八》、南北朝劉義慶《幽明錄·卷三》、清代袁枚《續子不語·卷二、卷七》等

33 鈕婆

郓州有個司法姓關，不知其名。他家中有位女傭姓鈕。她的年齡漸漸大了，上下都叫她鈕婆。鈕婆還有一個孫子，叫萬兒，年齡只有五、六歲，每次都隨鈕婆一起來。關司法有個兒子，叫封六，與萬兒高矮相仿。這兩個孩子經常在一起玩耍嬉戲。每當封六做了新衣服，關司法的妻子必定把換下來的舊衣服送給萬兒。

有一天早晨，鈕婆忽然生氣地說：「都是小孩，怎麼還有貴賤之分？你們家孩子全穿新的，我孫子總是穿舊的，這太不公平了！」

關司法的妻子道：「這是我的兒子，你的孫子是他的奴僕。我念他和我兒子年齡相仿，因此才把衣服送給他，你怎麼不明事理？從此以後，萬兒連舊衣服也得不到了。」

鈕婆冷笑著對關司法的妻子說：「這兩個孩子有什麼不同呢？」

關司法的妻子說：「奴僕怎麼能跟主人相同呢？」

鈕婆說：「要弄清他們同與不同，必須先試驗一下。」隨即，她把封六和萬兒都拉到身邊，用裙子一蓋往地上按去。

關司法的妻子驚叫一聲，上前去奪，結果兩個孩子都變成了鈕婆的孫子，模樣和衣服全都一樣，怎麼也分辨不清。

鈕婆說：「你看，他們是不是相同？」

關司法的妻子嚇壞了，與丈夫一起找鈕婆乞求原諒，並表示從此以後全家會好好敬待她，再也不敢像從前那樣了。良久，鈕婆把裙子裡的兩個孩子又往地上一按，他們便各自恢復了原樣。

關司法把另一間房讓給鈕婆居住，待她很優裕，不再當傭人使喚了。

過了幾年，關司法感到十分厭煩，想暗害她。有一天，他讓妻子用酒將鈕婆灌醉，自己趴在窗戶底下，用鎬頭猛地一擊，正中鈕婆的腦袋，她「咚」的一聲倒在地上。關司法上前一看，原來是根栗木，有好幾尺長。兩口子大喜，叫手下人用斧子把栗木砍碎再燒掉。栗木剛燒完，鈕婆便從屋子裡走出來，說：「為什麼你要這樣過分地戲耍我呀？」她談笑如故，好像不介意的樣子。

不久，郓州的上上下下全都知道這件事。關司法迫不得已，想向觀

察使說明詳情。來到觀察使的下榻之處，他忽然看見已經有一個關司法，正在與觀察使談話，「他」長得跟自己一模一樣。關司法急忙回到家裡，堂前已經有一個關司法先他而到，但自己的妻子竟然沒有認出來。夫妻倆又向鈕婆乞求救助，並痛哭流涕地跪下請罪。良久，那個假關司法漸漸向真關司法靠近，直至合為一人。

從此，關司法再也不想加害鈕婆了，過了幾十年，鈕婆一直住在關家，再也沒有麻煩了。

——此妖記載於宋代李昉等《太平廣記·卷第二百八十六》

（引《靈怪集》）

34 女虎

五代十國時期，劍州永歸葭萌劍門益昌界的嘉陵江畔，經常有個五十來歲的婦人，自稱十八姨，出入尋常百姓家，從來沒人看到她吃過東西、喝過水。她經常告誡別人：「你們要做好事，家裡要和和睦睦，而且孝順。我會命令三、五隻老虎來監督你們，如果做壞事，不要怪我不客氣。」說完後就會消失不見。每年，十八姨都會出現三、五次，老百姓都知道十八姨是老虎所變，對她十分尊敬。

唐代，有個蒲州人叫崔韜，去安徽滁州遊玩，晚上到了一個叫仁義館的驛站，要求住宿。驛站的官員告訴他：「這個驛站經常鬧妖怪，還是別住了。」崔韜不聽，住了下來。

二更時分，崔韜正要睡覺時，忽然看見一隻大老虎走了進來。崔韜十分吃驚，趕緊躲起來，就見那老虎來到院中，褪去獸皮，變成了一個長相美麗的女子，躺在崔韜的床上。

崔韜走出來，問道：「我剛才看到你是老虎變的，怎麼回事？」女子回答說：「你不要驚慌，我的父親和兄長都是獵人，家裡很貧窮，沒有給我找人家。我夜裡穿上虎皮四處遊蕩，知道你住在這裡，就過來，想和你結為夫妻。」崔韜見那女子十分美麗，就答應了。

第二天，崔韜悄悄地把那虎皮丟進院子後面的枯井裡，帶著女子離

開了。後來，崔韜當上官，到宣城上任，帶著這位妻子，還有他們的孩子。

　　一個多月後，他們經過仁義館，崔韜笑著說：「這是你我初次相會的地方呀。」崔韜走到後院的枯井旁，看見當初丟棄的那張虎皮完全沒有破損，又笑著對妻子說：「你看，當年你穿的那身虎皮還在。」妻子說：「讓人取上來吧。」

　　撈上虎皮，妻子笑著對崔韜說：「我再穿上試試。」說完，妻子穿上虎皮，突然變成了一隻斑斕大虎，咆哮跳躍，吃掉了崔韜和兒子，一溜煙兒就跑掉了。

──此妖記載於唐代薛用弱《集異記・補編》、五代杜光庭
《錄異記・卷之五》

35 狸妖

　　狸，也稱「狸子」、「狸貓」、「山貓」。在中國的妖怪中，狸妖因擅長變化而出名。晉朝吳興這個地方，兩個孩子在田間工作時，他們的父親經常出現並打罵他們。這兩個孩子受不了，便把這件事情告訴母親。母親詢問父親，父親大為吃驚，知道是妖怪所為，就告訴兒子，如果下次再看到對方偽裝的自己，就殺了它。

　　第二天，兩個孩子在田間繼續工作，那妖怪卻沒有出現。父親在家中坐立不安，擔心兒子被妖怪要弄，就前往田裡查看。不料，兩個孩子以為來的是妖怪，就殺掉父親，埋了起來。至於那妖怪，早已經悄悄地來到家裡，變成了父親的容貌。

　　兩個孩子傍晚回來，一家人為殺了「妖怪」慶賀，然後過著平靜的日子。

　　很多年之後，一個修行的法師路過，告訴兩個孩子：「你們的父親身上有股大邪氣。」兩個孩子告訴父親，父親大怒。眾人說話時，法師闖入家門並施法，父親變成一隻老狸，逃進床底下。兩個孩子把牠殺了，這才知道多年前殺掉的那個「妖怪」，其實是真正的父親。為父親殯葬之後，一個兒子自殺了，另一個兒子鬱鬱寡歡，很快也過世了。

同樣在晉朝，有一個人的母親亡故了，因為家裡貧窮無法安葬，就將母親的棺槨放置在深山裡，並在母親的棺槨旁搭建茅舍守護，自己則以製作草鞋為生。

有一天，快到傍晚的時候，有個女人抱著孩子前來寄宿，孝子見其可憐，就收留了她。到了晚上，孝子正在打草鞋，女人走過來，在火堆邊睡著了，乃是一隻老狸，懷裡的孩子則是一隻烏雞。孝子殺了牠們，扔到屋後的大坑裡。

第二天，有個男人找上門，問自己的妻子和孩子。

孝子說：「你的妻子不是人，是隻老狸，我殺了。」

男子說：「你無緣無故把我妻子殺了，竟然還污蔑說她是狸妖變的！我問你，如果她是狸，屍體呢？」

孝子拉著他來到大坑旁，卻看到裡面那隻被殺死的母狸，竟然又變成昨日的婦人。那個男人把孝子扭送到官衙，請官員為他做主。縣令將事情詳細地詢問了一番，也很為難。

這時，有人出了主意：「狸妖怕獵狗，只要放出獵狗就知道了！」縣令於是叫人放出獵狗，那個男人嚇得體如篩糠，倒在地上變成一隻老狸，縣令叫人射死了牠。至於那個女人的屍體，又變成了狸屍。

東晉烏傷縣有個人叫孫乞，出公差，要送一封文書到郡裡。當他走到石亭這個地方的時候，天下起了大雨，而且太陽快要下山了。

大雨中，孫乞看到一個女孩，舉著一把青傘翩翩而來，年紀有十六、七歲，穿著一身紫色的衣服，容貌美若天仙。

孫乞正想要上前打招呼時，一道閃電劃破蒼穹，借著閃電的光芒，孫乞才發現那根本不是一個女孩，而是一隻大狸貓，手裡拿的傘是柄荷葉。孫乞抽出刀，殺了牠。

——此妖記載於晉代干寶《搜神記‧卷十八》、南北朝劉敬叔《異苑‧卷八》、唐代釋道世《法苑珠林‧卷第三十一》、唐代張讀《宣室志》、清代袁枚《子不語》等

36 淋涔君

東晉孝武帝，在大殿北面的窗下看見一個人，穿著白色的夾襖，黃絹單衣，自稱是華林園水池中的妖精，名叫「淋涔君」。孝武帝摘下自己的佩刀向他砍去，卻什麼也沒砍到。那妖精憤然地說：「我應當讓你知道我的厲害。」不久後，孝武帝就暴死了。

——此妖記載於南北朝劉義慶《幽明錄·卷二》

37 狼妖

清代，烏魯木齊有個軍校叫王福，這個人說他在西寧的時候，有一次和同伴一起去山中打獵，遠遠地看見山腰有名婦女獨自行走，後面有四頭餓狼跟著。

大家以為那四頭狼是要吃了那婦女，所以一起大聲呼喊：「你身後有狼！」但是那名婦女沒什麼反應，好像沒聽見一樣。

於是，有一個同伴趕緊拉開弓射狼，沒想到箭射中了那名婦女。婦女慘叫一聲，從山腰滾了下來。

大家都十分懊悔，忐忑地走過去，卻發現那名婦女竟然是一頭狼。眾人再看另外那四頭，早就跑得無影無蹤了。

——此妖記載於清代紀昀《閱微草堂筆記·卷十五》

38 鹿娘

南北朝時代，常州江陰縣東北有座石筏山，有個樵夫到山裡砍柴，看見有隻母鹿在生產，接著聽到小孩的啼哭聲，走過去，發現母鹿生下一個女孩，就收養了。等女孩長大，樵夫讓她出了家，當時人都稱其為「鹿娘」。梁武帝聽說這件事，特別為她修建了一座道觀，取名為「聖觀」。

——此妖記載於唐代鄭常《洽聞記》

39 鹿爺

晉代咸康年間，鄱陽人彭世以打獵為生，每次入山都帶著兒子。後來，彭世突然變成了一隻鹿，跳躍而走，兒子自此終生不再打獵。彭世的孫子有次射中一頭鹿，鹿的兩角間有道家的七星符，還有彭世的名字以及生活的年月，孫子十分悔恨。從此之後，彭家的人都不再打獵了。

——此妖記載於南北朝劉敬叔《異苑·卷八》

40 鹿妖

很久以前，張盍蹋（或蓋蹹）、宵成（或偶高成）兩個人，在四川雲臺山的石洞中出家修行。有一天，忽然有個穿著黃色長衫、戴著葛布頭巾的人來到兩人面前，說：「想請你們兩位道士幫幫忙。」二人用古鏡照了一下對方，發現是一頭鹿，就喝斥說：「你是草中的老鹿，怎麼敢口出人言？」說完，那個人就變成一隻鹿，跑走了。

晉代，一個下雨天，淮南人車某在家裡獨坐，看見兩個穿著紫色衣服的少女出現在自己面前，歡聲笑語。外面雨下得那麼大，這兩個女子的衣服完全沒有濕，車某覺得很奇怪，認為對方肯定是妖怪。家裡的牆上正好掛著一枚古銅鏡，車某便轉過頭看了看銅鏡，發現鏡中有兩隻鹿站在窗前。車某舉起刀砍了過去，一隻鹿跑了，另一隻被他殺死。他將其肉做成肉脯吃了，味道很好。

唐代，嵩山有個老和尚，搭了個茅舍在山裡修行。一天，有個小孩前來施禮，請求老和尚收下自己當徒弟。老和尚閉目念經，不搭理，那小孩從早到晚哀求著，也不離開。

老和尚就問：「這裡荒山野嶺，人跡罕至，你從哪裡來？又為何求我收你為徒弟？」

小孩說：「我住在前面的山裡，父母都死了，只留下我自己，想必是前世不修善果所致。如今，我願意捨離塵俗，求師父你收下我。」

老和尚見他很機敏，知道是緣分，就收下他做了徒弟。小孩成了弟子後，修行精進，和別的僧人辯論，經常大獲全勝，老和尚很看好他。

過了幾年，一個秋天，萬木凋零，溪谷淒清。小和尚看著山川草木，有些悲傷，說：「我本生長在深山裡，為何要當個和尚呢？不如尋找往日的夥伴去吧！」說罷，對著山川放聲大喊。過了一會兒，來了一群鹿，小孩便脫掉僧衣，變成一隻鹿，跳躍著和鹿群消失在莽莽群山之中。

——此妖記載於晉代葛洪《抱朴子·內篇·卷十七》、晉代陶潛
《續搜神記·卷九》、唐代柳祥《瀟湘錄》

41 落頭民

落頭民出自中國的南方，秦朝的時候有人見過，腦袋能夠離體飛去，又叫「蟲落」。

三國時代，東吳的將軍朱桓有一個女婢，每天晚上睡著之後，腦袋就會飛走。有時候從牆下的狗洞裡飛出去，有時從天窗出入，用兩個耳朵當翅膀，等天亮了才回來。

知道這件事的人都覺得很奇怪。有一天晚上，朱桓挑著燈籠來到女婢的房間，發現她身體雖然在，但頭不見了，摸一摸，身體微微冰冷，還喘著氣。朱桓用被子將身體裹了起來。天快亮時，女婢的頭飛回來了，因為隔著被子，腦袋無法回到身體，掉在地上，似乎很著急。朱桓扯開被子，腦袋才復原，過了一會兒，女婢安然無恙，好像什麼事情都沒有發生。

這件事讓朱桓覺得很不可思議，沒多久就把這個女婢送走了。

據說，在南方打仗的將領經常會抓到落頭民，有的人惡作劇，把落頭民的身體蓋在巨大的銅盤之下，飛回來的腦袋因為長時間回不到脖子上，就會死掉。

唐代，嶺南龍城的西南地廣千里，溪流和山洞之中經常有飛來飛去的腦袋，當地人稱之為「飛頭獠子」。

據說這種人腦袋飛出去的前一天，脖子上會出現一條紅色的印記，妻子見了，往往夜裡就會格外小心看護。到了晚上，這個人的腦袋離身而去，飛到岸邊，在濕泥裡尋找螃蟹、蚯蚓之類的東西吃，天亮前飛回來。

夜裡發生的事情，他會覺得如同做夢一般，但是摸一摸肚子，裡面可是裝了不少東西，很飽呢。

——此妖記載於晉代干寶《搜神記‧卷十二》、晉代張華
《博物志‧卷三》、唐代段成式《酉陽雜俎‧前集卷四》

42 螺女

潁川有個叫鄧元佐的人，到吳地遊學，喜好遊山玩水，凡是有特別美的風景，無不遊歷觀賞。

鄧元佐快要到達姑蘇時，不小心走錯了路，道路險峻崎嶇，走了十幾里，也沒碰上人家，只看見叢生的蒿草。

那時天色已經晚了，鄧元佐伸長脖子朝前看，忽然看見了燈光，好像是有人家的樣子，就尋路走過去。到了以後，他看見一處很小的房舍，裡面只有一個女子，年齡大約二十多歲。

鄧元佐就向女子說：「我今天晚上不小心錯走了這條路。現在夜已經漸漸深了，再往前走，怕被惡獸傷害。請娘子容許我住一宿，我不敢忘記你的恩情。」

女子說：「父母不在家，怎麼辦呢？何況我家很窮，也沒有好席子給你使用。」鄧元佐哀求了半天，女子才答應讓其投宿。

女子將鄧元佐領到一個泥土堆成的土床前，又在上面鋪了一層軟草，接著端來食物招待。鄧元佐餓得厲害，狼吞虎嚥，發現食物味道不錯。晚上，鄧元佐和女子同床共枕，天亮時，發現自己躺在泥田裡，旁邊有一個大田螺，有一升那麼大。一想到昨晚所吃的東西，鄧元佐十分噁心，彎腰嘔吐起來，看那吐出的東西，全是青色的泥。

鄧元佐知道昨晚那個女子是田螺變成的，但沒有傷害它。後來，他專心學習道術，再也不出去遊歷了。

——此妖記載於唐代薛用弱《集異記‧補編》

43 龍天王

南北朝的郗皇后性情妒忌，梁武帝剛登基，還沒有來得及辦理冊封的事，郗皇后便非常憤怒，跳到宮殿庭院的一口井裡。大夥跑過去救她時，她已經變成一條毒龍，煙焰沖天，誰也不敢靠近。梁武帝為此悲歎了好久，後來冊封她為「龍天王」，還在井上立了供奉她的祠堂。

——此妖記載於宋代李昉等《太平廣記·卷第四百一十八》

（引《兩京記》）

44 龍女

唐玄宗在東都洛陽時，白天在殿中睡覺，夢見一個女子跪拜於床下。那女子容色濃艷，頭梳交心髻，身披大帔廣裳。

玄宗問她：「你是何人？」

她說：「我是陛下凌波池中的龍女，保衛皇宮，保護聖駕。現在陛下洞曉天上的音樂，請陛下賜給我一曲，以光耀我的族類。」

唐玄宗在夢中為她拉起胡琴，拾取新舊之聲為她奏了一曲〈凌波曲〉。龍女向玄宗拜了兩拜而去。

等到唐玄宗醒來，他記得清清楚楚，便命令宮中當日禁樂，親執琵琶反覆演練推敲，然後在凌波宮宴請百官，臨池演奏〈凌波曲〉。

演奏時，池中的波濤湧起，有一位女子出現在水面上，正是前些天唐玄宗在夢中見到的女子。那女子在水面上聽了很久才沉下去。於是，玄宗令人在凌波池上建了廟，每年都祭祀她。

同樣在唐代，有個叫柳子華的人在成都做縣令。

有一天正午，忽然幾個騎馬的女子引著一輛牛車來到廳堂前。有一位女子上前告訴柳子華說：「龍女來了。」很快的，龍女從牛車裡出來，在侍女的攙扶下，走上臺階，與柳子華相見。

龍女說：「命中註定我和你要結成夫婦。」於是就住下來了。

柳子華命人準備酒席、樂隊，舉行婚禮之後，龍女才離去。

從此她常來常往，遠近的人們全都知道。柳子華罷官以後，誰也不

知他到哪兒去了。一般人都說他去了龍宮，成了水中仙人。

——此妖記載於宋代李昉等《太平廣記·卷第四百二十》（引《逸史》）、
宋代李昉等《太平廣記·卷第四百二十四》（引《劇談錄》）

45 驢妖

唐代天寶年間，有個叫王薰的人，居住在長安延壽里。

一天晚上，王薰和幾個朋友在家裡吃飯，忽然有個巨大的影子從陰暗處出來，伸出一隻手臂，顏色烏黑，有很多毛。有聲音對王薰等人說：「你們集會，也不叫我，請給我一些肉吧。」王薰就給了對方一些肉，那手臂就消失了。

過了一會兒，手臂又出來要肉。如此，幾次三番。王薰和朋友商量，都覺得是妖怪。等手臂再伸出來時，王薰拔出寶劍砍了下去，發現竟然是一條驢腿，頓時血流滿地。

第二天大家跟著血跡追蹤，來到一戶人家。這戶人家稱，家裡養了一頭驢，已經二十年了，昨天晚上無緣無故少了一條腿，好像是被砍掉的。王薰將昨晚的事情告訴對方，大家就將那頭驢殺掉了。

清代，慈溪北門有戶姓馮的人家，相傳家裡出現過驢妖。馮家有個小兒子得病，常常昏厥。小兒子說，有個耳朵長長、全身是毛的人來到床頭，拿出泥團塞入自己的嘴裡，大家才知道是鬧了驢妖。後來，太平天國起義，馮宅毀於戰火，但是驢妖的老巢還在，時不時還會出現。

——此妖記載於唐代張讀《宣室志·卷二》、清代俞樾
《右台仙館筆記·卷五》

46 綠瓢

雲南的保保人分黑保保、白保保兩種，都很長壽，有的能活到一百八、九十歲。等到兩百歲的時候，子孫就不敢和他們一起居住了，會將其藏在山谷的樹叢中，給他們留下四、五年的糧食。

留下來的老人漸漸地忘記了一切，只知道吃飯和睡覺，全身生出綠色苔蘚一樣的長毛，屁股上長出尾巴，時間長了，頭髮赤紅，眼睛金黃，長出牙齒和爪子，攀登山石，行走如飛，抓虎豹獐鹿為食，就連大象對它也很恐懼，當地人稱之為「綠瓢」。

——此妖記載於清代鈕琇《觚賸·卷八》

47 綠眼嫗

清代乾隆二十年，北京的老百姓家裡生下小孩，很容易患上「驚厥」、「抽風」的病，往往不滿周歲就死了。小孩生病的時候，會有一個長得如同鵂鶹的黑色東西，在燈下盤旋飛舞，飛得越快，小孩的喘息就越急促，等到小孩死了，那東西就飛走了。

有一家小孩也生了病，有個姓鄂的侍衛向來勇猛，聽說這件事很生氣，就帶著弓箭來到這戶人家，等待怪物現身。到了晚上，果然看到那個黑色大鳥一樣的怪東西飛來，侍衛立刻拉弓射箭，正中目標。

那東西慘叫一聲，往外飛，鮮血流在地上。侍衛順著血跡追趕，翻過了兩面牆，來到李大司馬家的鍋灶處。

李府上下都被驚動了，都過來問到底發生了什麼事。侍衛和李大司馬的關係很好，就把事情說了一遍，李大司馬立刻命人到鍋下尋找，看到旁邊的屋裡有一個長著一雙綠眼、如同獼猴一樣的老太婆腰部中箭，倒在地上，鮮血淋漓。

這個老太婆是大司馬在雲南做官時帶回來的女子，年紀很大，自稱不記得自己有多老了。大家都懷疑她是妖怪，立刻拷問。

老太婆說：「我有咒語，念了就能變成那隻奇怪的大鳥，等二更天之後，飛出去吃小孩的腦子，傷害的小孩有一百多個了。」

李大司馬十分生氣，命人將那老太婆捆住，放火燒死。之後，北京的小孩再也沒有發生過類似的事情。（註：嫗，指老婦女，音為ㄩˋ。）

——此妖記載於清代袁枚《子不語·卷五》

48 老鸛

宋代，福州城南有片面積約十畝的蓮花池，一個叫金四的人種植蓮藕販賣。金四家住在南臺，距離蓮花池有七里，為了防止有人偷藕，金四經常晚上去巡邏。

有一天，金四巡邏時看到一個人走在蓮花池的小路上，當時已經是二更天了。金四向來膽大，仔細觀察發現對方不太像人，就去詢問。

那東西說：「我有事情才會在夜裡趕路。」

金四說：「我住在南邊，喝酒喝醉了。不如這樣，你先背我走二里路，然後我背你走二里，就這麼相互背著，如何？」

那人想了想，答應了。於是兩個人你背我，我背你，來到家門口的時候，金四抱住那個人不放，大聲喊家裡人。家裡人提著燈籠起來，發現那人竟然是一隻老鸛變化的。金四綁住這隻老鸛，燒死了牠。

——此妖記載於宋代洪邁《夷堅志·夷堅甲志·卷第八》

49 烙女蛇

唐代，廣州化蒙縣的縣丞胡亮，跟從都督周仁軌討伐僚人，得到了一個首領的小老婆，胡亮非常喜歡她，把她帶到縣裡娶作小妾。有一天，胡亮去府裡不在家，他的妻子賀氏就用燒紅的釘子，烙瞎了那個小妾的雙眼，於是小妾上吊自殺了。

後來賀氏懷了孕，生下一條蛇，兩眼沒有眼珠，於是賀氏就去問禪師，禪師說：「你曾用燒紅的釘子烙瞎了一個婦女的眼睛，因為你天性狠毒，所以要用蛇來報復，這就是被你烙瞎了眼的那個婦女變的，你好好餵養這條蛇，可以免除危難，不這樣做的話，災禍就要到了。」

賀氏餵養這條蛇一、兩年，蛇漸漸長大，但她把蛇藏在衣被裡，胡亮不知道此事。有一天，他打開被子看見了蛇，非常吃驚，用刀子砍殺了那條蛇。於是，賀氏兩眼都瞎了。

——此妖記載於唐代張鷟《朝野僉載·卷二》

50 螻蛄

晉代，盧陵太守龐企，因為犯罪而下了大牢。龐企見到有一隊螻蛄（ㄌㄡˊㄍㄨ）在旁邊爬行，就說：「如果你們有靈，就想辦法讓我活命。」說完，就用飯餵養牠們。這幫螻蛄吃完就離開了，過了一會兒再來，身體變得很大。

龐企覺得奇怪，就繼續餵飯，過了幾天，螻蛄變得比小豬更大。快要行刑的時候，螻蛄在牆上挖了一個大洞，龐企就逃跑了。

會稽有個人叫施子然，一天有個人前來拜會，施子然問他姓名，他說：「我姓盧，名鉤，家在壇溪水邊。」兩個人交往了很久。

有一天，村裡有個人在溪水邊的大坑裡看到無數的螻蛄，其中一個極其巨大。施子然這才恍然大悟：「那個人說他叫盧鉤，盧鉤的發音，就像是螻蛄呀！」

施子然就讓人用開水灌進坑裡，殺死了那些螻蛄。自此之後，就再也沒有怪事發生。

——此妖記載於南北朝劉義慶《幽明錄·卷三》

51 姑獲鳥

姑獲鳥是中國古代非常著名的妖怪之一，又叫夜行遊女、天地女、釣星、鬼車鳥、九頭鳥、蒼鸆、逆鶬。

傳說姑獲鳥能收人魂魄，晝伏夜飛，作為鳥的時候，身大如簸箕，九個腦袋，十八個翅膀。原本姑獲鳥有十個腦袋，其中一個曾經被天狗吃掉，所以它飛過的地方經常會滴下鮮血，而沾染上姑獲鳥血的人家，就會發生災禍。

七、八月份，尤其是陰晦的天氣，姑獲鳥會嗚咽飛出，當它脫掉羽毛落下來，就會變成女人。也有的傳說稱，姑獲鳥是產婦死後所化，所以喜歡偷取百姓的孩子作為自己的孩子。凡是有幼兒的人家，晚上不能晾曬衣物，否則姑獲鳥會先用滴下來的鮮血做記號，然後夜裡化身女子前來行竊。

傳說姑獲鳥只有雌鳥，沒有雄鳥。它還有一個習慣，就是吃人的指甲，被吃的人同樣會發生疾病和災禍。

——此妖記載於《周禮・秋官司寇第五》、晉代郭璞《玄中記》、南北朝宗懍《荊楚歲時記》、唐代段成式《酉陽雜俎・前集卷十六》（引《白澤圖》）、唐代劉恂《嶺表錄異・卷下》、宋代周密《齊東野語・卷十九》、明代李時珍《本草綱目・禽部》

52 龜妖

隋文帝開皇年間，經常有人入掖庭宮挑逗宮女。司宮把這件事報告給文帝，文帝說：「門衛把守得很嚴，人是從什麼地方進來的呢？一定是個妖精。」接著又告誡宮女說：「如果那人再來，就用刀砍他。」

後來那個人晚上來到宮女的床上，宮女就抽出刀來砍他，感覺就像砍中枯骨一樣。那個東西逃跑，宮女就在後面追趕它，後來，它跳進池水中沉下去了。第二天，文帝命令淘乾水池，抓到一隻一尺多長的烏龜，背上還有刀痕，殺了牠之後就再也沒有怪事發生了。

山陰縣有個叫朱法公的人，一次出門，在臺城東面的橘子樹下休息，遇到一個女子，年齡大約十六、七歲，樣子端莊美麗。傍晚的時候，這女子派女僕與朱法公搭話，約定天黑以後去朱法公那裡住宿。到了半夜，女子才來，她自稱姓檀，住在城邊。於是兩人同床共枕了一晚。天快亮時，女子離開，說第二天再來。

如此過了好幾個晚上，每天早晨女子離開的時候，女僕都來迎接她。與女僕一塊來的還有個孩子，大約六、七歲，長得很好看，女子說是她的弟弟。後來，有一天早晨女子離開時，裙子開了個口。朱法公看見裡面有龜尾和龜腳，才醒悟她是妖魅。到了晚上，女子又來時，朱法公就點亮火想把她抓住，不過那女子很快就不見了。

——此妖記載於宋代李昉等《太平廣記・卷第四百六十九》（引《廣古今五行記》）、宋代李昉等《太平廣記・卷第四百六十九》（引《續異記》）

53 孔大娘

宋代，陳州當地有個女妖，自稱孔大娘，黃昏或者夜裡，就在皮鼓裡頭和人說話，能夠知道未來的事情。丞相晏殊在陳州時，剛做完一首小詞，還沒修改好，孔大娘就能唱出來了。

——此妖記載於宋代龐元英《文昌雜錄·卷一》

54 葛陂君

三國時代，汝南有一個妖怪，經常打扮成太守的樣子，來到府門的地方敲鼓。太守費長房知道他是妖怪，就喝斥他。這個妖怪便除下衣冠磕頭賠罪，變成了一個大如車輪的老鱉。費長房穿上太守的衣服，封這個妖怪為「葛陂君」，妖怪感激涕零而去。

過了一段時間，人們發現那隻妖怪在路邊立了一根木杆，脖子繞在上面，死掉了。

——此妖記載於三國曹丕《列異傳》、晉代葛洪《神仙傳·卷九》

55.56 高八丈、四娘子

唐代貞元年間，道政里十字街東邊有一個小宅院，經常會發生怪異的事，凡是住在裡面的人都會發生凶禍。

有個進士叫房次卿，租住在西院，一個多月也沒發生不幸的事，於是大家說：「都說這個宅院兇惡，對於房次卿卻沒有什麼，看來他是個貴人，前程不可限量。」

有個叫李直方的人說道：「這是因為他比那凶宅還凶。」

眾人大笑。

後來，這個凶宅被東平節度使李師古買了。李師古手下有五、六十個人，他經常領著士兵四處浪蕩，攜帶鷹犬，打獵遊玩。裡面有個叫李章武的人，年輕力壯，早晨拜訪太史丞徐澤後，正巧在那個宅院裡停馬休息。

晨光之中，李章武忽然看見堂上有一個穿著褐紅色衣的駝背老頭，眼睛發紅而且有淚，靠著臺階曬太陽；西屋有一個穿著暗黃色裙、白褡襠的老太婆，肩上擔著兩個籠子，都盛著死人的碎骨和驢馬等骨，又在她的髮髻上插著六、七個人的肋骨當髮釵。

老人叫道：「四娘子，你幹嘛要走？」

老太婆給老頭施了一禮：「高八丈，你萬福，這個院子被李師古買去了，吵鬧得很，不能住下去了，我特意來向你告辭。」

說完，老頭和老太婆都消失了。自此之後，那個宅院就再也沒有鬧過妖怪。

——此妖記載於宋代李昉等《太平廣記·卷第三百四十一》（引《乾子》）

57 高山君

漢代，山東有個人叫梁文，喜好道家方術。他的家裡有個神祠，三、四間屋子，占地廣大。神祠中的寶座用帷帳遮攔，十幾年都沒有動過。後來，梁文舉行了一場祭祀，突然帷帳裡面有人說話。這個人自稱「高山君」，能吃能喝，而且替人治病，藥到病除。梁文將其當作神仙看待，恭恭敬敬侍奉它。

過了幾年，有一天，這位高山君喝醉了，梁文就乞求它讓自己走進帷帳之中，瞻仰一下神仙的真容。

高山君說：「把你的手伸過來！」梁文把手伸進帷帳裡，摸到了高山君的下巴，覺得他的鬍鬚長得很長，梁文用力扯了一下，突然聽到裡面傳來羊的叫聲。

周圍的人都很驚訝，一起幫著梁文把高山君從帷帳裡拉了出來。結果，大家發現這位高山君竟然是袁公路家裡的一頭老羊，已經丟失七、八年了。大家殺了牠，從此就再也沒有發生怪事。

——此妖記載於晉代干寶《搜神記·卷十八》

58 鉤翼夫人

鉤翼夫人是齊人，姓趙，小時候就喜好清淨。她因病臥床六年，右手蜷曲，飲食少。漢武帝時，望氣的人說東北方有貴人氣，經推算而找到她，召她進宮。她的姿色很美，漢武帝扒開她的右手而得到玉鉤，手就能伸開了。

漢武帝寵幸她，生下昭帝。武帝后來殺害了她，殯殮時，她的屍體不冷而香。一個月後，昭帝即位，為她改葬，棺中已空無屍體，只有絲鞋，所以將她的宮殿命名為「鉤翼」，後來避諱改為弋。

——此妖記載於漢代劉向《列仙傳‧卷下》

59 狗頭新婦

唐代，有個叫賈耽的人，是滑州節度使，當地的酸棗縣有個兒媳婦對婆婆不孝順。婆婆年紀大了，雙眼又瞎，吃飯的時候，兒媳婦就在飯裡混上狗屎給婆婆吃。婆婆吃了，發現味道不對，正好出遠門的兒子回來了，就對兒子說：「這是兒媳婦給我的，吃起來味道很怪。」兒子看著碗裡的狗屎，仰天大哭。

過了一會兒，天上烏雲密布，雷霆降下，好像有個神人從天而降，砍掉了兒媳婦的腦袋，用一隻狗頭代替。

雲開雨停之後，大家發現兒媳婦果然脖子上長了一顆狗頭。賈耽就讓人帶著這個兒媳婦遊街示眾，用來警告那些不孝順的人，當時的人都叫這個兒媳婦為「狗頭新婦」。

——此妖記載於唐代李亢《獨異志》

60 鵠女

古代稱天鵝為鵠（ㄏㄨˊ）。傳說天鵝出生一百年，毛色會變為紅色，五百年後變成黃色，再過五百年變成灰白色，再過五百年變成白色，壽

命可以達到三千年。

　　晉安帝元興年間，某甲二十多歲還沒結婚，品行很端正。有一天，某甲去打獵，看見一個很美麗的女子。女子對他說：「聽說你是柳下惠那樣的人，但是你不懂私奔幽會的快樂，真是可惜呀。」說著女子便唱起歌來，某甲稍微有點動心。後來他又見到這個女子，就問女子的姓名。女子說：「我姓蘇名瓊，家就在路邊。」於是某甲就把女子帶回家，盡情歡樂。他的堂弟覺得那女子不對勁，走過來用木杖打了她，女子變成一隻白色的雌天鵝，飛走了。

——此妖記載於南北朝劉義慶《幽明錄·卷三》、南北朝任昉
《述異記·卷上》

61 狐妖

　　狐狸這種動物，古人認為極有靈性，而且「善為魅」，所以自古以來，狐妖的故事和記載不絕於各種典籍。狐妖，幾乎成了妖的代名詞。

　　關於狐妖，內容龐雜，分類也林林總總，本條將狐妖總列為一條，其中特殊的一些，另立條目記之。

　　狐狸在中國的南方和北方都有分布，北方最多，按照毛色分為黃、黑、白三種，白色的最為稀少。古代人認為狐狸是妖獸，鬼喜歡把牠當作坐騎。

　　對付狐妖的辦法有很多種，狐狸怕狗，用狗可以制服它。但千年的老狐，狗也對付不了，只有點燃千年的枯木，用其火光照射，才能讓它現出原形。除此之外，如果把犀牛角放在家中，狐狸也是不敢闖進來的。

　　北魏時，洛陽有個以唱挽歌為職業的人，名叫孫岩，娶妻三年，妻子一直不脫衣服睡覺。孫岩心裡覺得很奇怪。有一回，他見妻子睡了，就偷偷解開她的衣服，見她有一條三尺長的尾巴，像狐狸尾巴。孫岩感到害怕，就休了她，沒想到妻子拿起剪刀剪掉他的頭髮就跑了。鄰居去追她，她變成一隻狐狸。

　　從此以後，洛陽城裡被剪去頭髮的有一百三十多個人。聽這些人說，

狐狸先變成一位婦人，打扮得花枝招展，走在路上。那些喜歡她的人，走近她，就被抓住剪去了頭髮。所以那段時間，在洛陽，凡是穿著彩色衣服的女人，人們都說是狐妖所化。

唐代初年以來，百姓大多信奉狐神，在屋裡祭祀狐狸以求狐狸施恩。狐狸吃的喝的和人一樣。各家供奉的不是一樣的牌位。當時有這樣的諺語：「無狐魅，不成村。」

傳說唐代的賀蘭進明與狐狸結婚，每到節令的時候，狐狸新媳婦常常到京城的住宅去，通報姓名並住在那裡，還帶來賀蘭進明的禮品和問候。家人中有人見過她，相貌很美。

到五月五日這天，從賀蘭進明到家中的僕人，都能得到她贈予的禮物。家人認為狐妖不吉祥，不少人燒了她給的禮物。狐狸悲傷地哭泣說：「這些都是真的禮物，為什麼燒了它們？」以後大家再得到她給的東西，就留下使用了。

後來，有個人向她要個背面上漆的金花鏡，她沒有，就到別人家裡偷了鏡子掛在脖子上，順著牆往回走，結果被主人家打死了。此後，賀蘭進明家的怪事就再也沒有發生過。

同樣在唐代，開元年間，彭城人劉甲被任命為河北一個縣的縣令。劉甲帶著妻子和僕人，前往河北上任，路上經過深山裡的一個小店，就在那裡住宿。

有一個人見劉甲的妻子很美，就對劉甲說：「這裡有個妖怪，喜歡偷漂亮女人，凡是在這裡住宿的，大多被偷去了，你一定要嚴加提防。」

劉甲和家人們很緊張，都不敢睡覺，圍繞在妻子身邊，還用白麵把妻子的頭和身上塗抹了一遍。五更之後，劉甲高興地說：「妖怪幹壞事一般都在夜裡，現在天都快亮了，看來是不會來了。」於是他就小睡了一下。等他醒來，發現妻子不見了。

劉甲趕緊拿出錢，雇用村裡人幫他尋找。大家拿著木棒，尋著白麵的蹤跡往前走。白麵一開始是從窗子出來的，漸漸過了東牆，在那裡有一個古墳，墳上有一棵大桑樹，樹下有一個小孔，白麵到了這個小孔的地方，就不見了。

於是大家賣力地往下挖，挖到一丈多深，見下面是個大樹洞，有一

間屋子那麼大，裡邊一隻老狐狸據案而坐，旁邊還有幾百隻小狐狸。狐狸們的前方，有十幾個美女站成兩行。這些女人有的唱歌，有的奏樂，都是狐狸先後偷來的女子。劉甲帶領大家，把牠們全殺了，救回自己的妻子。

——此妖記載於晉代干寶《搜神記·卷十八》、南北朝楊衒之《洛陽伽藍記·卷第四》、唐代張鷟《朝野僉載·卷六》、唐代戴孚《廣異記》等

62 化熊

上古時，堯派鯀治理洪水，鯀沒有完成任務，堯就殺了鯀。鯀的屍體在羽山變成黃熊，跑到羽河裡去。後來，會稽人到禹廟祭祀，從來不用熊肉做祭品。

南北朝元嘉三年，邵陵高平有個人叫黃秀，跑進山裡幾個月不回來，兒子根生去找，看見黃秀蹲在大樹的樹洞裡，從頭到腰長出長毛，跟熊一樣。根生問他怎麼回事，黃秀說：「老天懲罰我。你趕緊走吧。」根生十分悲傷，哭著回來了。

過了幾年，有樵夫在山裡看到黃秀，不過他已經徹底變成一頭熊了。

——此妖記載於春秋左丘明《左傳·昭公六年》、南北朝劉敬叔《異苑·卷八》、南北朝任昉《述異記·卷上》

63 貨郎龍

雲南省城有個地方叫龍漱，傳說很久以前，有條龍出來變成人出去玩耍，將脫下來的鱗甲藏在石頭中。有個商人在石頭上休息，看到衣服如同龍鱗，就穿在身上，忽然腥風四起，深潭裡的水族都來迎接這個商人。過了一會兒，龍回來了，找不到牠的鱗甲，就走進水裡，水族不認牠，將牠趕走了。後來，商人就變成龍，占據了那個深潭。當地人知道這件事後，就稱之為「貨郎龍」。

——此妖記載於清代陳夢雷《古今圖書集成·方輿彙編·職方典》

64 黃鱗女

唐代大文學家柳宗元曾經被貶職出京，擔任永州司馬，途中經過荊門時，住在一個驛站裡。

這天晚上，他夢見一個穿黃衣服的婦女向他拜了又拜，哭著說：「我家住在楚水，如今非常不幸，死亡臨近，就在旦夕之間，除了您誰也救不了我。如果還能夠活下去，我不僅對您感恩戴德，而且能夠使您加官晉爵，您想做將軍還是做丞相也不是什麼難事，希望您能盡力幫我一次。」柳宗元向婦人道謝並應允了她。

醒來之後，他覺得事情很奇怪。等到再睡著時，他又夢見了那個婦人，一再向他表示祈求和感謝，很久才離去。

第二天早晨，有個官吏前來，說是遵照荊帥的命令，準備請柳宗元赴宴。柳宗元吩咐準備車馬之後，因為時間還早，就小睡了一會兒，結果又夢見那個婦女，皺著眉頭，憂心忡忡地對柳宗元說：「我的性命現在就像用絲線懸掛在大風裡，將要斷開隨風飄走，可是您仍感覺不到這件事多麼緊急，希望您能趕快想個辦法，不然的話，我性命不保。請您答應我。」說完，拜謝而去。

柳宗元的心裡還不明白這是怎麼回事，低頭想道：「我短時間內三次夢見這個婦女來請求我，話語誠懇。難道是我手下的官吏對待別人有什麼不公平的行為？還是即將參加的宴會上有魚給我吃呢？找到並救活牠，也是我應做的事。」

於是，柳宗元就命令駕車到郡裡去赴宴。他把夢裡的情景告訴了荊門主帥，又叫來官吏詢問這件事。

官吏說：「前天，有個漁夫用網捕捉了一條大黃鱗魚，準備用來做菜，現在已經砍下了牠的頭。」

柳宗元吃驚地說：「果然符合那天晚上的夢。」就讓人把魚扔到江裡去，可是魚已經死了。

這天晚上，柳宗元又夢見那個婦女來了，但她已經沒有頭。

——此妖記載於唐代張讀《宣室志・卷四》

65 蛤蟆妖

清代，有個叫宋淡山的人，在遂安縣看見雷霆從天而降，擊打在一戶老百姓的屋子上。過了一會兒，天晴了，那戶人家屋子裡什麼都沒有損壞，唯獨屋裡有臭氣，長久不散。

幾天之後，這家人的親友相聚，天花板上有血水滴下，於是就打開查看，發現一隻死掉的癩蛤蟆，有三尺多長，頭戴鬃纓帽，腳穿烏緞靴，穿著玄紗褙褡，如同人的形狀。大家這才知道，原來天降雷霆，是為了擊殺這個蛤蟆妖。

——此妖記載於清代袁枚《子不語·卷十二》

66 鶴翁

清代，有個自號草衣翁的人，交友廣泛，和大家關係都很好，他平時做的很多預測都能一一應驗，眾人覺得他很神奇。

有一次，有個人詢問他的真實姓名。草衣翁說：「我是千年的仙鶴，有次飛過鄱陽湖，看到一條大黑魚吞下一個人，我很生氣，就去啄那條大黑魚，結果被牠傷到頭，死掉了。所以，我就附身到那個被吞下的人的身上，用了他的姓名和身體。我現在姓陳，叫芝田，草衣翁是我的字。」

有人說想看看草衣翁的真身，他同意了，並且說：「某天夜裡月明時分，你們過來。」

到了那天晚上，大家過來，看到一個道士站在空中，面色白皙，微微有鬚，束著角巾，穿著晉唐式樣的衣服，過了很久，如煙一般消失了。

——此妖記載於清代袁枚《子不語·卷七》

67 黑魚

清代，陝西無定河畔有個地方叫「魚河堡」，當時的無定河經常改道，有時候河距離魚河堡三、四十里遠，堡裡面的老百姓要走很遠的路去取水，很麻煩，所以經常去沙漠窪地裡的水潭裡挑水。

有個水潭又深又大，從來沒有乾涸過，所以就被妖精占據了。它經常偷吃村裡的牲畜，有時候還吃小孩子，村裡人不得不通宵達旦巡邏戒嚴。有的人看過那個妖怪，模樣是一個高大的漆黑之人，有一丈多高，穿著黑色的衣服，頭髮很長。村裡人深受其苦，卻也無可奈何。

　　一天，有個八十歲左右的老道士，帶著兩個徒弟從湖南來，說是能降妖除魔。村裡人就湊了一筆錢，請他們除掉妖怪。老道士以年老為藉口拒絕了，但是徒弟卻要去。

　　老道士說：「你的法術還沒到家，辦不成事。」

　　徒弟說：「當年在四川，為什麼我能成功呢？」

　　老道士說：「今非昔比，四川的水十分清澈，能看得清楚。這裡的水很渾濁，根本看不清情況，怎麼施法？」

　　徒弟卻不肯聽師父的話，堅持要去。

　　這天，徒弟來到水潭旁邊，邁著禹步，焚燒符咒，然後脫掉衣服，手持寶劍，鑽入水中。很快，波濤洶湧，接著潭水血紅一片，一條手臂露出水面，接著是個腦袋，眾人往前查看，發現徒弟已經被吃掉了。

　　恰好，榆林總兵靳桂率領部隊經過，見村民四散而逃，非常驚訝，問清楚情況之後，立刻派遣士兵三百人挖開溝渠，將潭中的水抽乾，抓住了一條兩丈多長的大黑魚。黑魚嘴巴巨大，全身沒有鱗片。於是，眾人殺了黑魚，從此之後，當地再也沒有鬧過妖精。

　　同樣在清代，鄱陽湖裡有一條黑魚精作祟，有個姓許的遊客坐船經過，忽然刮起一陣黑風，出現了數丈高的大浪，上面露出一張魚嘴，如同舂米的石臼一樣大，向天空吐浪，導致船毀人亡。許某死掉之後，他的兒子發誓要殺了這條魚精為父親報仇。

　　兒子做了幾年生意，攢下了許多錢財，就去龍虎山請天師。天師當時年紀大了，對這個年輕人說：「斬妖除魔，需要純氣鎮煞，我老了，而且生了病，幹不了這事。不過你是個孝順的人，即便我死了，也會讓我的兒子去制服它。」不久，天師果然死了。

　　小天師接替天師的職位一年後，許某的兒子又去拜求。小天師說：「的確如此，父親的遺命我不敢忘記。這個妖精是條大黑魚，占據鄱陽湖已經五百年，神通廣大，我雖然會符咒法術，但必須找人來幫忙。」

說罷，他拿出一面小銅鏡，交給年輕人，說道：「你拿著這個鏡子去照人，如果發現有三個影子的人，趕緊來告訴我。」

年輕人拿著這面銅鏡，走遍江西，找了幾個月，發現有個姓楊的孩子有三個影子，趕緊回來告訴小天師。小天師派人去村子，給了這個孩子的父母一大筆錢，然後帶著孩子來到鄱陽湖，在湖邊建立了法壇，念誦咒語。

有一天，小天師給姓楊的孩子穿上法袍，背了劍，然後出其不意地把這孩子連人帶劍丟進湖裡。眾人目瞪口呆，尤其是孩子的父母，號啕大哭，向小天師索命。小天師笑道：「沒事。」

過了一會兒，只聽得湖中霹靂一聲響，那孩子手提著大黑魚的腦袋，站在浪頭之上。小天師派人划船將孩子接回來，發現那湖水方圓十里一片血紅。

等到孩子回來，大家都爭相問他到底發生了什麼事。孩子說：「我掉進水裡，就好像睡著了一樣，並沒什麼痛苦，我只看見一個穿著金甲的將軍提著魚頭放在我的手上，其他的我就不知道了。」

從此之後，鄱陽湖再也沒有黑魚精為非作歹了。而這個姓楊的孩子，就是後來的漕運總督楊錫紱。

——此妖記載於清代袁枚《子不語・卷三》、清代和邦額

《夜譚隨錄・卷四》

68 猴妖

南北朝的梁朝大同年間，朝廷派遣平南將軍蘭欽南征，到桂林時獲得大勝。別將歐陽紇攻打到長樂，擊敗當地軍隊，戰功赫赫。

歐陽紇的妻子長得皮膚白皙，十分美麗，部下對歐陽紇說：「將軍怎麼把如此麗人帶到這裡？這裡有怪物，經常偷竊女子，尤其是美人，沒有倖免的，你一定要小心。」歐陽紇既懷疑又害怕，把妻子藏在密室裡，又派兵日夜守護。

一天黃昏，陰雨連綿，天昏地暗，到了五更時分，守衛覺得有東西

鑽進了房間，趕緊去看，發現歐陽紇的妻子消失了。奇怪的是，門和窗戶都是關著的。

歐陽紇聽聞這個噩耗，十分悲憤，帶領部下四處尋找，過了一個多月，在百里之外的山林中，發現了妻子的一隻鞋。歐陽紇趕緊派了三十個壯士，帶著兵器，背著糧食，在群山中打探。

又過了幾個月，眾人來到二百里外的一座山，景色優美，流水飛濺。歐陽紇帶著士兵們攀岩而上，發現一個石門，裡面有十幾個女子，穿著鮮豔的衣服，嬉笑玩耍，看到歐陽紇，問道：「你從哪裡來？」歐陽紇把妻子丟失的事情說了一遍，女子們嘆息道：「你的妻子來這裡已經有幾個月了，現在臥病在床。」

歐陽紇走進去，看見裡面廳堂寬闊，妻子躺在一張石床上，面前放置著美味佳餚。妻子看見歐陽紇，對他揮手，要他趕緊離開。其他的女子對歐陽紇說：「這裡是妖怪的居所，它力氣大，能殺人，即便百餘個士兵也不是對手。我們和你的妻子都是被它掠來的，你暫且躲避一下，只需要給我們兩斛美酒、十幾條狗的狗肉、十斤麻，我們就想辦法和你一起殺了它。十日之後的正午，你帶人過來。」歐陽紇問她們怎麼殺死那妖怪，女子說：「它喜歡喝酒吃肉，我們用美酒和狗肉招待它，等它醉了，我們就用麻搓的繩子綁住它，你帶人來，就可以殺了它。記住，它全身堅硬如鐵，只有肚臍下幾寸的地方，是它的弱點。」

歐陽紇趕緊回去準備東西，然後按期赴約。女人們將歐陽紇藏起來，中午時分，那妖怪果然來了。只見這妖怪高六尺多，滿臉鬍子，穿著白衣，拿著手杖，摟著女人們，吃著狗肉，喝著美酒，十分愜意。女子們爭相灌它酒，然後扶著它走進裡面的石室，過了一會兒，歐陽紇的妻子走出來，要他趕緊進去。

歐陽紇拿著兵器進去，看見一隻大白猿被綁在床腳。歐陽紇亂刀砍下，那妖怪全身堅硬，刀槍不入，歐陽紇想起之前女人們跟自己說的話，便一刀刺進了它的肚臍下方，頓時血流如注。

怪物長嘆一聲，對歐陽紇說：「這是天要殺我，不是你。你的妻子已經懷了身孕，還希望你不要殺孩子，孩子將來長大，會碰到聖明的皇帝，飛黃騰達。」說完，妖怪就死了。

歐陽紇從山洞裡搜羅出無數的寶貝，還有三十多個美麗的女子，勝利而歸。後來，歐陽紇的妻子生下一個男孩，模樣和那個大白猿變成的男人很像。

後來歐陽紇被陳武帝所殺。楊素和歐陽紇關係很好，歐陽紇死後，就收養了這個孩子。後來，楊素成了隋朝的重臣，那孩子也就飛黃騰達，名噪一時。

——此妖記載於宋代李昉等《太平廣記·卷第四百四十四》

（引《續江氏傳》）、宋代周去非《嶺外代答·卷十》

69 旱魃

魃（ㄅㄚˊ），在中國的傳說中，歷史悠久。普遍認為，魃是一種能夠帶來旱災的妖怪，為人的屍體所化。事實上，旱魃從剛開始的天女，到清代的僵屍說，經過了長久的演變。

傳說黃帝和蚩尤作戰時，因為蚩尤擅長製造兵器，並且糾集了很多精怪，所以黃帝打了不少敗仗。後來，黃帝派遣應龍和天女魃前往作戰，魃穿著青色的衣服，能夠發出極強的光和熱，破解了蚩尤製造出來的迷霧，幫助黃帝打了勝仗。

勝利之後，魃喪失了神力，就留在北方。她走到哪裡，哪裡就會乾旱，所以人們詛咒她，稱她為「旱魃」。

從漢代開始，一直到明初，旱魃的形象逐漸向妖怪轉變，到了明清時，旱魃逐漸變成僵屍形象，成為極有威力的妖怪。

旱魃的形象，依漢代的典籍記載，身高二、三尺，身體赤裸，眼睛長在頭頂，行走如風，又叫「旱鼠」。對付它的手段，是把它扔到廁所裡，就會死掉。

清代，旱魃被分為獸魃和鬼魃。獸魃像猿猴，披頭散髮，長著一隻腳；鬼魃則是上吊而死的人變成的僵屍，出來迷惑凡人。將鬼魃焚燒，可以引來大雨。

清代乾隆二十六年，北京一帶大旱。有個叫張貴的郵差送公文到良鄉，離開北京城的時候，已經是半夜了。他走到荒野無人的地方，忽然

刮來一股黑風，吹滅了燈籠，又下起雨，所以只能在郵亭裡暫時歇息。這時候，有個女子拎著燈籠走過來，年紀十七、八歲，長得十分美麗。女子將張貴帶到家裡，兩個人恩愛了一晚，第二天早晨，張貴醒來時發現自己躺在荒墳之中，耽誤了差事。

後來上司怪罪，要徹底追查，才發現那個女子原來在沒出嫁前就和人交往，後來羞愧上吊而死，經常迷惑路人。事情調查清楚之後，眾人打開了女子的棺槨，果然發現裡面的屍體成了僵屍，相貌如生前，但是全身長滿了白毛。大家用火燒了屍體，第二天瓢潑大雨傾盆而下。

——此妖記載於漢代東方朔《神異經》、清代袁枚《子不語·卷十八》、清代紀昀《閱微草堂筆記·卷七》等

70 橫公魚

傳說北方的荒野中有個石湖，方圓千里，湖水有五丈多深，常年結冰，只有夏至前後五、六十天才解凍。

湖裡有一種橫公魚，長七、八尺，樣子像鯉魚，紅色，白天生活在水裡，夜裡會變成人。這種魚用尖物刺不進去，用開水煮，能在開水中游得快活無比。如果在水中加入兩個烏梅果，就能煮死牠，吃了可以治邪病。

——此妖記載於漢代東方朔《神異經》

71 雞妖

南北朝時代，代郡這個地方有個亭子，經常出現妖怪。有個書生身形壯碩且英勇，想到亭子裡住宿。管理亭子的小吏告訴書生，這裡鬧妖怪，不讓他住。

書生說：「放心吧，我能對付得了。」

到了晚上，有個妖怪拿著一根五孔笛出來，因為只有一隻手，無法吹奏。

書生笑道：「你只有一隻手，怎麼能吹呢？來，我吹給你聽！」

妖怪說：「你以為我手指頭少嗎？」言罷，它伸出手，十幾個指頭冒了出來。

書生立刻拔出劍，砍了過去，發現是它是一隻老公雞。

南北朝時代，臨淮有個叫朱綜的人母親去世了，長期在墓地居住，為母親守喪。後來，朱綜聽說妻子病了，回去看望她。妻子說：「守喪是大事，不要經常回來了。」朱綜覺得很奇怪，說：「自從母親去世後，我很少回來。」

妻子也感到奇怪，說：「不對呀，你經常回來。」

朱綜知道是妖魅作怪，就命令妻子的婢女，等到「他」下次再來時，立即關上門窗捉拿。

等到那裝扮成他的怪物來了，朱綜立刻前去探視捉拿，這個妖怪變成了一隻白色的公雞，原來是自己家養了很多年的一隻老公雞。朱綜殺了這隻雞，以後再也沒有怪事發生。

唐代，衛鎬當縣令時下鄉去，到了里正王幸在的家。他打了個盹，夢見一個穿黑衣服的婦人，領著十多名穿黃色衣裳的小孩，都說：「請饒命！」並再三向衛鎬磕頭，過了一會兒又來一次。衛鎬睡醒後心中煩躁，就催著快點吃飯。與衛鎬關係好的人報告說，王幸在家窮，沒有什麼菜，養了一隻雞正在孵蛋，已經十多天了，王幸在想把這隻雞殺了。衛鎬這才明白，黑衣婦人就是這隻黑母雞，於是告訴王幸在不要殺雞。這天夜裡他又做了一個夢，黑母雞十分感謝他，然後高高興興地走了。

清代，有個姓張的千總，因為嘴特別大，大家都叫他張老嘴。一天晚上，張老嘴到一個朋友家吃飯，喝酒喝到了二更，提著燈籠去上廁所，看見一個人赤裸著身子躺在角門下面，臉有一尺多寬，嘴角一直延伸到耳朵下面，正在呼呼大睡。張老嘴抬腳就踢，那個人變成了一隻黑色大公雞，繞牆而走，咯咯直叫。張老嘴抓住這隻雞妖，煮熟了當下酒菜吃。

——此妖記載於南朝宋劉義慶《幽明錄·卷三》、唐代張鷟
《朝野僉載·卷四》、清代和邦額《夜譚隨錄·卷二》

72 蕉童

西蜀，大理少卿李泳有一次要前往他在郫城的宅子，過橋時看見一個嬰兒，被人用芭蕉葉包著。李泳看這孩子長得相貌不凡，就抱回家去，當成自己的兒子撫養。

這孩子六、七歲時就能寫字，能說會道，父母十分疼愛他，待他比親生兒子還要好。到了十二歲，不論是什麼沒見過的經書史籍，這孩子看時都像是熟讀過的一樣，人們都稱這孩子是神童。

有一次，他在屋裡獨自讀書，李泳和妻子偷偷在窗外看。只見有個人拿著公文卷宗，還有兩個童子接過卷宗呈遞給自己的兒子，兒子就揮動大筆在公文上寫幾行字，然後交給童子拿走。李泳和妻子非常驚訝。

第二天，兒子來請安，李泳就委婉地問兒子：「昨天我偷偷看見了你的事情，莫非你是在處理陰曹地府的公事嗎？」兒子說：「是的。」李泳再問什麼，兒子就只是作揖不回答了。

李泳說：「地府和人間是不同的，我不便追問什麼，希望你多多珍重、好自為之吧。」兒子又作揖不語。

過了六年，一天兒子忽然說：「我只該給你們做十八年的兒子，現在時間已經到了。明天申時，我就要回冥府去了。」說完就哭了，李泳和妻子也哭了一場。

李泳問兒子：「我的官能做到多大？」兒子說：「你只能做到現在的大理少卿，不會再升了。」第二天申時，兒子果然死了。

李泳也想辭去官職，沒過多久，就因為牽涉到一件公案裡被罷了官。

——此妖記載於五代耿煥《野人閒話》

73 鮫人

據說中國的南海之中，生活著一種名為「鮫（ㄐㄧㄠ）人」的妖怪，它們生活在水裡面，長得像魚，但是善於織布。它們流淚的時候，落下來的淚水會成為珍珠。

清代，有個叫景生的人，喜歡航海。有一天晚上，他發現有個人躺

在沙灘上，碧眼鬈鬚，身體漆黑，如同鬼魅，就問對方的身分。這個人說：「我是鮫人，為水晶宮瓊華三公主織造嫁衣，沒想到失手弄壞了織布機上面的九龍雙脊梭，被流放了。我現在流浪四方，無依無靠，如果你能收留我，你的恩情我必定會沒齒不忘！」

景生身邊正好沒有服侍的僕人，就收留了鮫人。這個人什麼事情都幹不了，平時也不說不笑，但景生覺得他可憐，就沒有趕走他。

有一天，景生去寺院遊玩，看到一個老婆婆帶著一個漂亮的女孩拜佛。那女孩有傾國傾城之貌，景生一下子就喜歡上了。四下打聽，得知女孩姓陶，小名萬珠，自幼喪父，與母親相依為命。

景生覺得對方是貧困之家，就上門提親，並且允諾會給很多錢。老婆婆看到景生一副土豪模樣，十分生氣，說：「我女兒名叫萬珠，如果想娶她，你就用一萬顆珍珠做聘禮吧。」

景生哪裡拿得出一萬顆珍珠，垂頭喪氣地回來，得了單相思，很快就一病不起，家人都覺得他沒救了。這時候，鮫人走了進來，見景生病重的模樣，哭了起來。鮫人的眼淚落在地上，化為一地的珍珠。景生看了，大喜過望，一骨碌爬起來：「我的病好了！好了！」

鮫人很驚訝，景生便將事情的原委告訴他，並求他再多哭幾場。鮫人說：「尋常的哭，只能得到少量的珠子，為了主人你能夠娶回意中人，你就稍等一下，讓我盡情哭一場吧。」

按照鮫人的交代，景生第二天帶著它登樓望海。鮫人一邊喝酒，一邊跳舞，看著大海，想起以前的生活，想起自己被流放而無法回故鄉，痛哭流涕，落下的珍珠不計其數。景生得到了足夠的珍珠，就帶著鮫人回來。

路上，鮫人忽然指著東海笑著說：「你看，天邊出現了赤色的雲霞，升起了十二座海市蜃樓，那一定是瓊華三公主出嫁了。這樣一來，我的流放期限已滿，可以回家了！」說完，鮫人與景生告別，跳入海中。

過了幾天，景生帶著一萬顆珍珠來到老婆婆家，誠懇地提親。老婆婆笑著說：「看來你對我的女兒是真心的，其實我並不是不願意把女兒嫁給你，只是想試探你一下。我又不是要賣女兒，要那麼多珍珠幹嘛？」老婆婆把珍珠退給景生，並把女兒許配給他。

景生和萬珠過著幸福的生活，不久後生下一個兒子，取名「夢鮫」，以此來紀念那個成全他們姻緣的鮫人。

——此妖記載於晉代干寶《搜神記·卷十二》、清代沈起鳳
《諧鐸·卷七》

74 鮫魚

傳說有個地方的蘆葦蕩（淺水湖），出現一種名為「鮫魚」的妖怪，每五天就會變化一次。有時候變成美麗的女子，有時候則變成男人。它變化的形象實在太多，所以周圍的人都提防，也不敢傷害它。因為這個緣故，鮫魚也不能謀害老百姓。有一天，風雲際會，雷電從天而降，將鮫魚擊殺，沒過多久，蘆葦蕩也乾涸了。

——此妖記載於南北朝祖沖之《述異記》

75 金華貓

浙江金華這地方的貓，養了三年後，每到中宵，就蹲踞在屋頂上，張嘴對著月亮，吸取月亮的精華，久而久之就變成了妖怪，總出來魅惑人，遇到婦女就變美男，遇到男的就變美女。

每次到一戶人家中，金華貓都會先在水中撒尿，人喝了這種水，就會看不到它。懷疑家裡有金華貓妖的人，可以在夜裡用青色的衣服蓋在背上，第二天查看，若是有毛，就證明貓妖來過。

你可以暗地裡約獵人來，牽上幾條狗，到家裡來捕貓，烤牠的肉餵給病人吃，病人就會自己痊癒。但如果男人病了而捕到的是雄貓，女人病了而捕到的是雌貓，就治不好了。

有一位清苦的儒學先生，姓張，有個女兒十八歲，被貓妖侵犯，頭髮掉光，後來抓住了作祟的雄貓，病才好。

——此妖記載於清代褚人獲《堅瓠集·秘集卷之一》

76 江黃

晉代隆安年間，丹徒這地方有個叫陳悝的人，在江邊用魚扈（一種
插在水裡捕魚用的竹柵欄）抓魚。早晨收魚扈的時候，他發現魚扈裡有
個女人，高六尺，很漂亮，沒有穿衣服，隨著水流出來，躺在沙子中一
動不動。

這天晚上，陳悝夢見這個女人對他說：「我是江黃，昨天迷路掉進
了你的魚扈裡，等潮水來了就會離去。你趕緊把我放進水裡，不然我會
殺了你。」陳悝感到害怕，沒管她。待潮水來的時候，那女子就離開了，
過不久，陳悝就生病了。

——此妖記載於晉代祖台之《志怪》、唐代鄭常《洽聞記》

77 蠐螬

唐代，平陽有個人叫張景，憑著擅長射箭的本領做了本郡的副將。
張景有個女兒，才十六、七歲，非常聰明。一天晚上，張女單獨在屋裡
睡覺，還沒睡熟，忽然聽見一個人敲她的門，不一會兒就看見那個人走
進來。

那個人穿著白衣服，臉大而胖，把身體斜倚在張女的床邊。張女怕
是強盜，默默地不敢轉頭看。白衣人又上前微笑，張女更加害怕，疑心
他是妖怪，於是斥責說：「你是不是強盜？若不是的話，就不是人類。」

白衣人笑道：「你說我是強盜，已經是錯了，還說我不是人，那就
更過分了。我本是齊國姓曹人家的兒子，大家都說我風度儀表很美，你
竟然不知道？今晚，我就住在你這裡吧。」說完，便仰臥在床上睡了，
將近天亮才走。

第二天晚上，白衣人又來了，張女更加害怕。第三天，張女把情況
告訴父親張景。張景說：「這一定是個妖怪！」就拿來一個金錐，在錐的
一頭穿上線，並把錐尖磨得很尖利，把它交給女兒。「妖怪再來，就用這
個在它身上做標記。」張景說。

當天晚上，妖怪果然來了。張女裝出很熱情的樣子，和妖怪聊天，

快到半夜時，張女偷偷地把金錐插入怪物的脖子。那怪物大叫著跳起來，拖著線逃走了。

張景和僕人順著線找到一棵古樹下面，看到一個洞，線一直延伸下去。張景沿著線往下挖，挖了數尺，發現有一隻大螲蟷（ㄑㄧˊ ㄔㄠˊ）蹲在那裡，金錐就在牠的脖子上。螲蟷，「齊國姓曹人家的兒子」，應該就是那個白衣男人了。張景當即殺死了這個妖怪，從此以後，再也沒有什麼怪事發生。

——此妖記載於宋代李昉等《太平廣記·卷第四百七十七》
（引《宣室志》）

78 秋姑

在北方，八、九十歲以上的老太婆有的牙齒脫落之後會長出新的，能夠在晚上出去，偷人家的小孩吃掉，老百姓稱之為「秋姑」。

明代，歷城有個姓張的人家，家裡有個老太婆就是秋姑。家裡人沒辦法，只能將她鎖在屋子裡。

——此妖記載於明代陸容《菽園雜記·卷六》

79 秋胡

秋胡，又叫秋狐。雲南蒙山當地，有老人不死，長出尾巴，不食人間煙火，也認不得子女，喜歡大山，討厭住在家裡，當地人稱之為「秋胡」，子孫以此為榮。

元代，當地有個叫羅僄的人，年紀已經超過了一百歲，子孫用毛氈裹著他，並將他送到深山。後來，他長出尾巴，長一、兩寸，活了三百多歲，不知所終。

——此妖記載於明代謝肇淛《滇略·卷九》、明代朱孟震《浣水續談》

80 犬妖

晉代，有個叫王瑚的人，住在山陽。半夜，一個穿著白色衣服、戴著黑色頭巾的官員模樣的人前來叩門，王瑚起來迎接，沒過多久，對方就消失不見了。一連幾年都是這樣。後來，王瑚偷偷查看，發現那個人竟然是一條白色身子、黑色腦袋的老狗變的，就殺了牠。

傳說有個叫王仲文的人，在河南當主簿的時候，住在緱氏縣北。有一天，他休息時，晚上走在沼澤之中，看到車後面跟著一條白狗。王仲文很喜歡，想把那條狗逮回家。沒想到，那條狗突然變成人的模樣，長得如同傳說中的方相氏，獠牙突出，四隻眼睛赤紅如火，面目可怖。王仲文和僕人一起跟那怪物打鬥，失敗了，往家裡逃，還沒到家，就都倒在地上死掉了。

晉代，秘書監溫敬林死了一年之後，他的妻子桓氏忽然看到溫敬林回來了，於是兩個人就一起同寢共處。但是說來奇怪，溫敬林就是不肯見家裡人。後來有一次，他喝多了酒，露出原形，原來是鄰居家的一條大黃狗，憤怒的溫家人遂打死了牠。

唐代貞元年間，有個姓韓的書生，家裡有一匹馬，長得十分雄健。有一天清晨，這匹馬變得萎靡不振，全身是汗且氣喘吁吁，好像走了很遠的路一樣。養馬人覺得很奇怪，就告訴書生。書生大怒：「肯定是你在晚上偷偷把馬牽出去玩，才讓牠這麼沒精神！」養馬人覺得很冤枉。第二天早晨，馬又是如此。

養馬人覺得不正常，當天晚上，就偷偷躲起來看。他發現書生家裡有一條大黑狗，來到馬廄中，變成一個黑衣黑帽的男子，跳在馬上，騎著出去，到半夜才回來。

接連幾日，皆是如此。養馬人順著馬蹄印找過去，來到十里外的一座古墓前，於是就在墓旁邊找了藏身之處躲起來。當晚，黑衣人騎著馬來，跳入墓穴，裡頭歡聲笑語，過了很久，黑衣人才離開，有幾個人把他送出墓外。

養馬人將消息打探清楚，回去稟告書生。書生用生肉將那條大黑狗引來，打死了牠，然後又帶著僕人，浩浩蕩蕩地來到古墓，掘開後，發

現裡面有很多狗，將其全部殺死，這才安心回家。

——此妖記載於晉代干寶《搜神記・卷十八》、南北朝劉義慶
《幽明錄・卷二》、唐代張讀《宣室志・卷三》

81 秦毛人

　　湖北鄖陽境內多山，其中有一座山名為「房山」，高險幽遠，地理偏僻，道路阻絕，山崖四面都有巨大、幽深的石洞，洞裡住著毛人。

　　毛人，身高一丈有餘，全身長著長長的毛髮。它們經常出山偷吃人類的雞鴨豬狗之類的牲畜，如果碰到了，它們會和人類搏鬥。即便是以土槍對付毛人，鉛彈也射不進它們的軀體。唯一能夠嚇跑它們的方法，就是拍著手，大聲對它們喊：「築長城！築長城！」它們聽到了，就會嚇得倉皇逃去。

　　當地人說，秦朝時四處徵發民眾修長城，有的人不甘壓迫又害怕被懲處，遂逃入山中，歲久不死，就成了這種妖怪。

——此妖記載於清代袁枚《子不語・卷六》及《鄖陽府志》、《房縣誌》

82 青衣蚱蜢

　　徐邈，晉孝武帝時為中書侍郎。當他在官署值班時，下屬雖然都知道他是單獨在屋內，但有時會聽見他與人說話，覺得很奇怪。

　　徐邈的一名學生，在一天晚上偷偷觀察徐邈，但什麼也沒看到。等到天色微有光亮時，那名學生忽然看到一隻怪物從屏風後面飛出來，一直飛進前面的大鐵鍋中。那名學生追過去看，發現大鍋裡堆放的菖蒲根子下，有一隻很大的青蚱蜢。學生懷疑是此物作怪，就摘掉了牠的兩個翅膀。

　　到了夜晚，蚱蜢託夢給徐邈，說：「我被你的門生困住了，往來之路已經斷絕。我們相距雖然很近，卻有如山河相隔。」

　　徐邈十分傷心，知道是自己的學生所為，便對學生說：「我剛來官

署時，看見一個青衣女子，頭上還綰著兩個髮髻，姿色很美。我很喜愛她，一直沉溺在情愛之中，也不知道她是從何處來到這裡的。」

——此妖記載於宋代李昉等《太平廣記・卷第四百七十三》

（引《續異記》）

83 青鴨

漢武帝有一天登上望月臺，當時天色昏暗，從南面飛來三隻青色的鴨子，落在臺上，漢武帝看了很高興。

黃昏時，青鴨在望月臺休憩。天黑之後，漢武帝命人點起燈。三隻青鴨化為三個小童，都穿著青色的衣服，拿著五枚大銅錢，放在漢武帝的桌子上。如果你在身上攜帶這種銅錢，即便是身體不動，影子也會動，所以又叫「輕影錢」。

——此妖記載於漢代郭憲《別國洞冥記・卷第四》

84 青蛙神

南方長江、漢水一帶，民間信奉青蛙神最虔誠。蛙神祠中的青蛙不知有幾千幾百萬隻，其中有的體型像蒸籠那樣大。如果有人觸犯了神，家裡就會出現奇異的徵兆：青蛙在桌子、床上爬來爬去，甚至爬到滑溜溜的牆壁上而不掉下來，種種不一。一旦出現這種徵兆，就預示著這一家會發生凶事。人們便會十分恐懼，趕忙宰殺牲畜，到神祠裡禱告，神一歡喜就沒事了。

湖北有個叫薛昆生的，自幼聰明，容貌俊美。六、七歲時，有個穿青衣的老太太來到他家，自稱是青蛙神的使者，來傳達蛙神的旨意：願意把女兒下嫁給昆生。薛昆生的父親為人樸實厚道，心裡很不樂意，便推辭說兒子還太小。但是，雖然薛翁拒絕了蛙神的許親，卻也不敢立即替兒子提別的親事。

又過了幾年，昆生漸漸長大了，薛翁便與姜家定了親。但蛙神告訴

姜家說：「薛昆生是我的女婿，你們怎敢染指！」姜家害怕，連忙退回了薛家的彩禮。

薛翁非常擔憂，備下祭品，到蛙神祠中祈禱，說自己實在不敢和神靈做親家。剛禱告完，就見酒菜中浮出一層巨蛆，在杯盤裡蠢蠢蠕動。薛翁趕忙倒掉酒餚，謝罪後返回家中，內心更加恐懼，只好聽之任之。

有一天，昆生外出，路上迎面來一名使者，向他宣讀神旨，苦苦邀請他去一趟。昆生迫不得已，只得跟著那名使者前去。他進入一座紅漆大門，只見樓閣華美。有個老翁坐在堂屋裡，有七、八十歲的樣子。昆生拜伏在地，老翁命人扶他起來，在桌旁賜座坐下。

一會兒，奴婢、婆子都跑來看昆生，亂紛紛地擠滿了堂屋兩側。老翁對她們說：「進去說一聲薛郎來了！」幾個奴婢忙奔了去。不長時間，便見一位老太太領著一名少女出來。少女大約十六、七歲，豔麗無比。老翁指著少女對昆生說：「這是我女兒十娘。我覺得她和你可稱得上是很美滿的一對，你父親卻因她不是同類而拒絕。這是你的百年大事，你父母只能做一半主，主要還是看你的意思。」昆生目不轉睛地盯著十娘，心裡非常喜愛，話也忘說了。老太太跟他說：「我本來就知道薛郎很願意。你暫且先回去，我隨後就把十娘送去。」昆生答應說：「好吧。」告辭出來，急忙跑回家，告訴了父親。

薛翁在倉促間想不出別的辦法，便要兒子快去謝絕。昆生不願意，父子正在爭執時，送親的車輛已到了門口，成群的青衣丫鬟簇擁著十娘走了進來。十娘走進堂屋拜見公婆。薛翁夫婦見十娘十分漂亮，不覺都喜歡上她。當晚，昆生、十娘便成了親，小夫妻恩恩愛愛，感情密切。

從此之後，十娘的父母時常降臨昆生家。看他們的衣著，只要穿的是紅色衣服，就預示薛家將有喜事；穿白色衣服，薛家就會發財，非常靈驗。因此，薛家日漸興旺起來。

只是自從昆生與十娘結婚後，家裡門口、堂屋、籬笆、廁所，到處都是青蛙。家裡的人沒一個敢罵或用腳踏的。但昆生年輕任性，高興的時候對青蛙還有所愛惜，發怒時則隨意踐踏，毫無顧忌。十娘雖然謙謹溫順，但生性好怒，很不滿意昆生的所作所為，昆生仍不看在十娘的份上有所收斂。

有一次，十娘忍耐不住，罵了他兩句。昆生發怒道：「你仗著你爹娘能禍害人嗎？大丈夫豈能怕青蛙！」十娘最忌諱說「蛙」字，聽了昆生的話，非常氣憤，說：「自從我進了你家門，使你們地裡多產糧食，買賣多掙銀子，也不少了。現在老老少少都吃得飽、穿得暖，就要忘恩負義嗎？」昆生更生氣了，罵道：「我正厭惡你帶來的這些東西太骯髒，不好意思傳給子孫！我們不如早點分手！」說完，便將十娘趕了出去。

　　昆生的父母聽說後，急忙跑來，但十娘已經走了，便斥罵昆生，要他快去追回十娘。昆生正在氣頭上，堅決不去。到了夜晚，昆生和母親突然生病，煩悶悶地不想吃飯。薛翁害怕，到神祠中負荊請罪，言辭懇切。過了三天，母子的病便好了。十娘也自己回來了。從此夫妻和好，跟以前一樣。

　　十娘不好操持女紅，天天盛妝端坐，昆生的衣服鞋帽全都推給婆婆做。有一天，薛母生氣地說：「兒子已娶了媳婦，還來勞煩他的母親！人家都是媳婦伺候婆婆，咱家卻是婆婆伺候媳婦！」這話正好讓十娘聽見了，她便賭氣走進堂屋，質問婆婆：「媳婦早上伺候您吃飯，晚上伺候您睡覺，還有哪些侍奉婆婆的事沒做到？所缺的，是不能省下雇人的錢，自己找苦受罷了！」薛母啞然無言，既慚愧又傷心，禁不住哭了起來。昆生進來，見母親臉上有淚痕，問知緣故，憤怒地去責罵十娘，十娘也毫不相讓地爭辯。昆生怒不可遏，說：「娶了妻子不能伺候母親高興，不如沒有！拼上觸怒那老青蛙，也不過遭橫禍一死罷了！」便又趕十娘走。十娘也動怒，出門逕自走了。

　　第二天，薛家便發生火災，燒了好幾間屋子，桌子和床榻全成灰燼。昆生大怒，跑到神祠斥責說：「養的女兒不侍奉公婆，一點家教都沒有，還一味護短！神靈都是最公正的，有教人怕老婆的嗎？況且，吵架打罵都是我一人幹的，跟父母有什麼關係？刀砍斧剁，我一人承擔，如不然，我也燒了你的老窩，做為報答！」說完，他就搬來柴火堆到大殿下，準備要點火。村裡的人趕忙跑來哀求他，昆生才憤憤地回了家。父母聽說後，大驚失色。

　　到了夜晚，蛙神給鄰村裡的人託夢，要他們為女婿家重蓋房子。天明後，鄰村的人拉來木材，找來工匠，一起為昆生造屋，昆生一家怎麼

也推辭不了。每天都有數百人絡繹不絕地前來幫忙，不到幾天，全家房屋便煥然一新，連床榻、帷帳等器具都給準備了。

剛整理完畢，十娘也回來了。到堂屋裡向婆婆賠不是，言辭十分懇切。轉身又朝昆生賠了個笑臉，於是全家化怨為喜。此後，十娘更加和氣，連續兩年沒再鬧彆扭。

十娘生性最厭惡蛇。有一次，昆生開玩笑般地把一條小蛇裝到一隻木匣裡，騙十娘打開。十娘打開一看，嚇得花容失色，斥罵昆生。昆生也轉笑為怒，惡語相加。十娘說：「這次用不著你趕我了！從此以後我們一刀兩斷！」說完後徑直出門走了。

薛翁大為恐懼，將昆生怒打一頓，到神祠裡請罪。幸而這次沒什麼災禍，但十娘也寂然沒有音訊。

過了一年多，昆生十分想念十娘，心裡非常後悔，就偷偷跑到神祠裡哀懇她回來，但是沒有回音。不久後，昆生聽說蛙神又將十娘改嫁給袁家，昆生大失所望，便向別的人家提親。但看了好幾家，沒有一個能比得上十娘的，於是更加想念她。他去袁家看了看，見房屋一新，就等著十娘來了。昆生越發悔恨不已，不吃不喝，生起病來。父母憂慮著急，不知怎麼辦才好。

昆生正在昏迷中，聽見有人撫摸著自己說：「你這個大丈夫要和我決裂，當初氣勢洶洶，如今怎麼又變成這樣？」他睜眼一看，竟是十娘！昆生大喜，一躍而起，說：「妳怎麼來了？」十娘說：「要按你以前對待我的那樣，我就應該聽從父命，改嫁他人。本來很早就接受了袁家的彩禮，但我千思萬想，不忍心捨下你。婚期就在今晚，父親沒臉跟袁家反悔，我只好自己拿著彩禮退給了袁家。剛才從家裡來，父親送我說：『癡丫頭！不聽我的話，今後再受薛家欺凌虐待，死了也別回來了！』」昆生感激她的情義，不禁痛哭流涕。家裡人都高興萬分，趕緊跑去告訴薛翁。薛母聽說後，等不及十娘去拜見她，連忙跑到兒子屋裡，拉著十娘的手哭泣起來。

從此之後，昆生變得老成起來，再也不惡作劇了。夫妻二人感情更加深厚。

有一天，十娘對昆生說：「我過去因為你太輕薄，擔心我們未必能

白頭到老，所以不敢生下後代留在人世。現在可以了，我馬上要生兒子了！」不久，十娘父母穿著紅袍降臨薛家。第二天，十娘臨產，一胎生下兩個兒子。此後，昆生家便跟蛙神家來往不斷。居民有時觸犯了蛙神，總是先求昆生；再讓婦女們穿著盛裝進入臥室，朝拜十娘。只要十娘一笑，災禍就化解了。薛家的後裔非常多，人們給起名叫「薛蛙子家」。但附近的人不敢叫，遠方的人才這樣稱呼。

——此妖記載於清代蒲松齡《聊齋志異·卷十一》

85 西洛怪獸

宋代宣和七年，京師西洛的集市裡忽然出現黑色的怪獸，有的長得像狗，有的長得像驢，晚上出來，白天就消失了。人們說，如果被怪獸抓住，身上就會生惡瘡。有個人晚上坐在屋簷下，看見一隻怪獸正好跑進自己家裡，就站起來拿木棒痛擊，那怪獸被打倒在地。這個人拿燈籠過來照了一下，發現地上死的竟然是自己的小女兒。

第二年，京師就被金人攻破了。

——此妖記載於宋代洪邁《夷堅志·夷堅丁志·卷第三》

86 蠍魔

明代，西安有個蠍魔寺，在大殿中塑造一個大蠍子供奉。相傳明代初年，有個女子原本很蠢笨，但生病死掉後又復活了，變得十分聰明，被一個布政使娶為夫人。

有一天，布政使看到床上有隻大蠍子，轉眼間變成了女子。女子告訴丈夫說：「我原本是蠍魔，被觀音菩薩點化，借助原本的屍體復活，現在服侍你的左右。希望你能夠建立一座寺廟，來報答觀音菩薩的恩德。」布政使答應了，就興建蠍魔寺。後來，女子就消失了。

——此妖記載於明代陸粲《庚巳編·卷九》

87 蠍妖

有一個販蠍子的南方商人，每年都會到臨朐縣收購很多蠍子。當地人會拿著木鉗子進入山中，掀開石塊，尋找洞穴，到處搜捉蠍子出售給這位商人。

有一年，商人又來了，住在旅店中。他忽然感到心跳得厲害，而且十分害怕，急忙告訴店主人說：「我殺生太多，現在蠍子妖發怒，要來殺我了！請快救救我！」

店主人環顧室中，看見有個大甕，便讓商人蹲在裡面，拿甕將他扣了起來。

不一會兒，有個人奔了進來，黃色頭髮，相貌猙獰醜陋，問店主人：「那南方商人到哪裡去了？」主人回答：「出去了。」那個人到室內四下裡看了看，又像聞什麼東西一樣抽動了好幾次鼻子，便出門走了。

店主人鬆了口氣，說：「僥倖沒事了！」急忙打開甕看，但那商人卻已經化成血水了！

—— 此妖記載於清代蒲松齡《聊齋志異・卷十二》

88 蟹嫗

南北朝時代，章安縣附近的海邊，有條河流叫南溪，清澈見底，裡面有螃蟹，大如竹筐。

元嘉年間，有個叫屠虎的人經過這裡，抓螃蟹來吃，味道十分肥美。當天晚上，屠虎夢見一個老太太對他說：「你吃我，不知道你很快也要被吃嗎？」

屠虎第二天出行，果然被老虎吃了，家裡人把他下葬，老虎又刨開了他的墳墓，將他暴屍荒野。從此之後，再也沒人敢吃那條溪流裡的螃蟹了。

—— 此妖記載於南北朝任昉《述異記》

89 小三娘

清代，麻陽縣方壽山有女妖，白天在空中現形，自稱是小三娘，作祟很厲害，當地老百姓很害怕，很多人都遷徙了。縣令命人作法，她也不走。

當時，蘇州人蔣敬夫在辰州當知府，知道這件事，親自寫了檄文，帶領十幾個衙役，拎著一個豬蹄、一壇酒，來到當地，尋訪那女妖。

當地人說：「山北有個洞，經常聽到怪異的聲音，凡是偷窺的人都會暴死，所以大家都不敢靠近。」

蔣敬夫說：「當官就不能迴避困難，即便是死了，也不會後悔。我是天子手下的官，而且是忠孝之後，即便是有妖怪，我也能制服她！」大家都勸阻他，蔣敬夫說：「唐代時，韓愈為了拯救百姓，驅趕鱷魚，我也應該為民除妖才是！」

蔣敬夫帶著大家來到那個山洞，將豬蹄和酒扔下去，焚燒檄文，詛咒女妖。後來，洞裡黑風旋起，草木嗚嗚作響，蔣敬夫說：「既然你能作祟，就在我面前現形，我等著你！」良久，也沒看到小三娘。

蔣敬夫帶著大家回城，在路邊看到一雙繡鞋，大家都說：「這應該是小三娘的鞋子。」蔣敬夫說：「女妖已經逃跑了，百姓就不會再害怕了。」

這是康熙六十一年發生的事。

——此妖記載於清代錢泳《履園叢話·叢話十六》

90 修月人

唐代太和年間，鄭仁本有個表弟，但姓名不詳。這個表弟曾經和一個王秀才遊嵩山，攀藤越澗，來到一個極幽之境時，迷失歸途。將近天晚，他們不知該到什麼地方去，正躊躇間，忽然聽到樹叢中有打鼾的聲音，便撥開叢木察看，只見一個穿布衣的人，衣裳很潔白，枕著一個包袱正在睡覺。

二人急忙將他喚醒，說：「我們偶然來到此地，迷了路，你知道哪

裡有大道嗎？」那人抬頭看了他們一眼，不吱聲又要睡。二人再三喊他，他才坐起來，轉過頭來說道：「到這裡來。」二人於是走上前去，並問他來自何方。

那個人笑著說：「你們知道月亮是七寶合成的嗎？月亮的形狀像圓球，它的陰影多半是因為太陽光被遮蔽才產生的，在它的暗處，常常有八萬兩千人在那裡修月，我就是其中的一個。」然後，他打開包袱，裡面有斧鑿等物。他拿出兩包用玉屑做成的飯團，送給二人說：「分吃這個東西雖然不足以長生不老，但可以免除疾病！」然後站起來，給二人指點一條岔道，說：「只要從這兒向前走，就可以上大道了。」話音剛落，那個人已經不見蹤影。

——此妖記載於唐代段成式《酉陽雜俎·前集卷一》

91 知女

百歲的狼能變成女人，名為「知女」。知女長得如同美女，坐在道路旁邊，看見男人就說：「我沒有父母兄弟，能不能跟你回家？」如果男人把她帶回去，娶她做妻子，過了三年就會被吃掉。要是喊她的名字，她就會逃走。

——此妖記載於唐代釋道世《法苑珠林·卷第四十五》（引《白澤圖》）

92 豬婦人

晉代，有個姓王的讀書人，從曲阿回老家吳郡。一天傍晚，他在一個鎮子邊停船歇息，看到岸邊有個十七、八歲的女子，長得十分美麗，就叫她來陪自己。天快亮的時候，王某掏出一個金鈴鐺當禮物，繫在女子的手臂上，派人送她回家。到了一戶人家，女子就消失不見了，四處尋找，發現豬圈裡有一頭母豬，蹄子上繫著金鈴。

唐代，汝陽縣有個二十多歲的美麗女子走到一個大戶人家，說：「我聽說你們家需要雇人來養蠶，所以特意來找工作。」主人很高興，就讓

她和自己的女兒住在一起。這女子工作很賣力，收到工錢後，就去買酒喝，也買胭脂水粉。

後來，她和一名少年一起喝酒，喝醉了，在樹林裡睡著，變成了一頭母豬。大家都覺得很奇怪，四處打探，發現這頭母豬是一個叫元佶的人家裡的，已經養了十幾年，前一段時間突然消失了。

唐代，越州上虞有個秀才叫李汾，喜歡幽靜之地，在四明山居住。山下有個張老頭，家裡很富裕，養了很多豬。

天寶年間的一個中秋，李汾在庭院裡彈琴賞月，忽然聽到門外傳來讚美之聲。他打開門，看見一名女子，長得傾城傾國，就是嘴巴很黑。李汾覺得很奇怪，就問她是不是神仙。她說：「不是，我是山下張老頭的女兒，今天父母去拜訪親戚了，我偷偷跑過來和你私會。」李汾很高興，晚上就和女子住在一起。

天快亮時，女子梳妝打扮想走，李汾偷偷藏了她的一隻青色鞋子。女子苦苦哀求李汾，要他把鞋子還給自己，但李汾不答應，女子便哭著走了。天亮後，李汾看到床前有很多血，那隻青色鞋子變成了一個豬蹄殼，便跟著血跡找到張老頭家，在豬圈裡發現一頭母豬，一隻後腿少了蹄殼。李汾趕緊把這事情告訴張老頭，張老頭把母豬殺了。這件事發生後，李汾就離開了四明山。

——此妖記載於晉代干寶《搜神記‧卷十八》、唐代薛用弱《集異記‧補編》、宋代李昉等《太平廣記‧卷第四百三十九》（引《廣古今五行記》）

93 豬龍

濮陽郡有個叫續生的，沒人知道他從哪裡來。他身長七、八尺，又黑又胖，留著兩、三寸長的頭髮，連褲子都不穿，只有一件破衣衫垂到膝蓋而已。別人送給他財物和衣服，他就會送給貧窮的人。

每逢四月八日，市場上的所有遊戲之處，都會有一個續生在那裡。郡中有個叫張孝恭的人，不相信這件事會是真的，便自己坐在一個戲場裡面對著一個續生，又派僕人往各處去察看，僕人回來向他報告說，好

多地方都有個續生。由此，他便以為續生確實是個奇異的人。

　　天旱的時候，續生會鑽到泥土裡，蜷縮伸展一陣子，肯定就下雨，當地人稱他為「豬龍」。當地有個大坑，水流到這裡就不再往外淌了，時常有一群群的豬躺在裡面玩耍，續生到了夜晚也會來躺著。

　　冬天時，雪花落在續生的身上，就被他睡覺時的汗氣融化蒸發了。沒過多久，夜間有人看見北市場火光通天，走到近前一看，只見一條大蟒的身子在坑中，腦袋在坑外，腦袋跟豬頭一般大，並且長著兩個耳朵。等到天亮一看，原來是續生，只見他拂去身上的灰就出來了。後來，不知續生到什麼地方去了。

——此妖記載於宋代李昉等《太平廣記·卷第八十三》

（引《廣古今五行記》）

94 仲能

　　傳說老鼠能活到三百歲，滿一百歲全身的毛色就會變得雪白，擅長附在人身上占卜，名為「仲能」，能知道一年中的凶吉和千里之外的事情。

　　清代，四川西部，有個伙夫陳某，身形粗悍，酒量也大。有一天，他喝醉了，躺下後發現有東西趴在肚子上，抬頭一看，是個老頭，鬚髮皆白，長相奇怪。

　　陳某在矇矓中以為是同伴戲耍他，就沒搭理。此時正是初秋，天氣寒冷，陳某拿起薄薄的被褥裹緊身體，輾轉反側。

　　到了第二天早晨，陳某整理被子的時候，發現被子裡有一隻白毛老鼠，三尺多長，已經被他壓死了。陳某這才明白，昨晚的那個老頭就是這隻老鼠。如果陳某沒把牠壓死，就可以憑藉牠成為能預測吉凶的占卜者了。

——此妖記載於晉代葛洪《抱朴子·內篇·卷三》、晉代干寶

《搜神記·卷十二》、清代袁枚《子不語·卷十六》

95 宅仙

宅仙不是仙，而是出現於家中的一種妖怪，尊之為仙而已。

清代，有個叫盛朝京的人，寄居在一戶姓王的人家，半夜時聽到梆子聲傳來，剛開始不覺得奇怪，後來聽到這聲音由遠及近，來到屋子裡，才趕緊爬起來觀看。盛朝京看到一個高三、四尺的老頭，手持小木棒子敲擊不已，走到屋子的轉角就消失不見了。到了一更時分左右，那老頭又敲著梆子從牆角出現，緩步來到門前，從門縫裡走了出去，一夜來回了四、五次。

第二天，盛朝京把這件事告訴主人，才知道是宅仙。據主人所說，這個宅仙經常照顧家裡，為其家看守倉庫，曾經有盜賊來偷米，第二天自己前來自首；還曾有小偷前來，自己在院子裡迷路，天亮就被抓住。如此種種，都是宅仙所為。

——此妖記載於清代李慶辰《醉茶志怪·卷一》

96 鱣男

常熟福山這個地方，有個農民生了個兒子，取名為「保保」。保保肢體柔弱，四、五歲了還不能站起來行走，整天坐在木榻上，但能夠預言人的福禍吉凶，而且十分靈驗，家裡也因此變得富裕起來。

有一天，一個龍虎山的道士從門前路過，對別人說：「這戶人家肯定有妖怪！」村裡的富人劉以則聽說了，就把道士請到家裡，說：「你能除掉那個妖怪嗎？」道士說：「這個不難。」劉以則就讓道士去除妖。

這天，保保忽然對母親說：「有個道士要來了，兒子我恐怕要死了。道士來了之後，你給他十吊錢，說不定能保下我的性命。」母親正覺得奇怪，道士已經來了，在道路旁的柳樹根下焚燒符咒，保保在家裡頓時吐血不止。道士繼續燒符咒，有一隻鱣（ㄓㄢ，即鱘鰉魚）死於水面，巨大無比。這隻魚死的時候，保保也在家裡死去了。

——此妖記載於明代祝允明《志怪錄·卷一》

97 張惡子

嶲州嶲縣有個張某，家裡就老頭、老太太兩口人，沒有兒子，靠老頭每天到山谷裡砍柴度日。

有一天，老頭砍柴時，被岩縫的鋒利石頭碰傷了手指，流了不少血，血滴落在石頭上的一個小坑裡，老頭就用樹葉把小坑蓋上。過了兩天，老頭又經過這地方，拿起樹葉來看，發現自己的血竟變成一條小蛇。老頭把小蛇放在手掌上，喜愛地玩了半天，那條小蛇也好像依依不捨地不願離去。老頭就砍了一截竹筒，把小蛇裝進去，揣在懷裡回家了。

以後，老頭就用一些碎肉餵這條蛇，蛇也很馴熟了，從不擾亂什麼。然而，蛇隨著時間越長越大，一年後，經常在夜裡出來把雞、狗之類的家畜吃掉。兩年後，就偷吃羊和豬。鄰居們丟了家養的畜類，都覺得十分奇怪，但老頭和老太太也不出聲。

後來，縣令丟了一匹馬，跟著馬蹄印找到老頭家裡，加緊追查，才知道馬兒竟然被蛇吞進肚子裡了，縣令大驚，責罵老頭怎麼養了這麼惡毒的東西。老頭只好認罰，想殺掉這條大蛇。

有一天晚上，雷電大作，整個縣突然成一座大湖，湖水無邊無際，只有老頭、老太太活著。後來，老頭、老太太和大蛇都不知去哪裡了。從此，這個縣就改名叫陷河縣，人們把那條蛇叫作「張惡子」。

後來，姚萇到四川去，走到梓潼嶺上，在路旁休息，有個人走過來對他說：「先生，你最好快點回陝西去。你應該去那裡統治百姓，成為他們的王。」姚萇問他的姓名，那人說：「我就是張惡子，將來你別忘了我就行。」姚萇回到秦地，果然在長安稱了帝。

姚萇稱帝後，派人到四川尋訪張惡子，沒有找到，就在遇見張惡子的地方立了一座廟。

後來，唐僖宗因為躲避叛亂而逃到四川，張惡子在十幾里外列隊迎接。僖宗就解下自己的佩劍賜給他，並希望他為自己效力。不久後，叛亂被平息，聖駕回京，僖宗送給張惡子很多珍寶。

——此妖記載於宋代李昉等《太平廣記·卷第三百一十二》

（引《王氏見聞》）

98 丈夫民

殷商時代，商王太戊派遣一個叫王英的人，去西王母那裡採仙藥。王英長途跋涉，被困在一個地方，糧食吃完了，就只能吃當地樹上長出來的果實，以樹皮為衣服，終身沒有娶妻，卻生下了兩個兒子。

那兩個兒子都是從王英的背部鑽出來的，後來繁衍出族眾，稱為「丈夫民」。丈夫民住的地方距離玉門兩萬里。

——此妖記載於晉代郭璞《玄中記》

99 赤蝦子

明代，廣西思恩縣附近的一個村子，那裡的樹上有兩個人，身高大概一尺五寸，一身打扮如同軍士，穿著草鞋，行走如飛，當地人稱之為「赤蝦子」。

清代，廣東順德縣有個地方名叫壽星塘，裡面有種東西叫赤蝦子，如同嬰兒，但是體型很小，經常從樹梢上手牽手下來，他們的笑聲、叫聲跟嬰兒一模一樣，但掉在地上就消失了。

——此妖記載於清代王士禎《池北偶談·卷二十三》
（引《雙槐歲鈔》、《月山叢談》）

100 貙人

在長江、漢水之間的廣大區域，傳說存在「貙（彳ㄨ）人」這種妖怪。據說，它們是上古時代三苗的後代，能夠變成老虎。

在長沙下面的蠻縣，老百姓曾經打造獸籠用來捕捉老虎，將獸籠安置之後，很快就有野獸闖了進去。

第二天，眾人一起去察看，發現裡面坐著一個亭長，帶著赤色的頭冠，非常威風。獵手問：「您什麼時候跑到獸籠裡了？」亭長十分生氣：「昨天我突然被縣裡的長官召喚，連夜奔走，路上避雨，不小心掉了進來，趕緊把我放出去！」獵手是個很聰明的人，想了想，便問道：「您既然是被

縣裡的長官召喚，那有沒有文件呢？」亭長就從懷裡面掏出了文書。於是，大家就把他放了出來。沒想到，亭長一出來，就變成一頭斑斕的大老虎，一溜煙兒竄進了山林中。

也有人說，那些老虎變成的人，往往穿著紫色麻衣，它們的腳沒有腳後跟。

——此妖記載於晉代干寶《搜神記·卷十二》、南北朝東陽無疑《齊諧記》等

101 常

唐代，右監門衛錄事參軍張翰，有個親戚的妻子在天寶初年生孩子，剛把生下的男孩收起來，又有一個沒頭的孩子在旁邊跳躍。那家人用手去抓，孩子就不見了，但是手一離開，孩子就又會現身。

有人說，《白澤圖》上曾經記錄過這種妖怪，名為「常」，如果連續喊三聲它的名字，它就會離開。這家人如此做了，那個妖怪果真消失了。

——此妖記載於宋代李昉等《太平廣記·卷第三百六十一》
（引《紀聞》）

102 鼠狼

清代，有個佐領喜歡吃吃喝喝。

有一天晚上，他回家時，買了六、七個羊蹄子，還有一瓶酒，一個人坐在爐子邊大快朵頤，一邊吃一邊把骨頭丟在地上。忽然，他聽到牆角有聲音，看見十幾個五、六寸高的小人，有男有女，裝束都和常人一樣。這些小人彎腰去撿骨頭，放在背上的竹筐裡。

佐領有些害怕，趕緊拿起火筷子去打，一個小人倒在地上，其他的都嚇跑並鑽入牆壁上的洞裡。那個被擊中的小人滿地打滾，嘰嘰亂叫，變成一隻黃鼠狼逃走了。

——此妖記載於清代和邦額《夜譚隨錄·卷四》

103 鼠少年

　　唐代萬歲通天年間，長安附近的山道上有很多盜賊，晝伏夜出，過往的行人和商旅常常被搶劫、殺害，第二天那幫人就不見了。人們驚慌失措，天一黑就不敢行路。

　　後來，有個道士聽說這件事，就跟大家說：「這肯定不是人，應該是妖怪幹的。」深夜，道士拿著一枚古鏡，躲在道路旁邊。過了一會兒，果然看到一隊少年前呼後擁地走過來，穿著盔甲，拿著武器。

　　這幫人一發現道士，便喝斥道：「你這道士是什麼人？不要命了嗎？」道士就用鏡子去照，那些少年隨即丟盔棄甲，狼狽逃去。道士一邊念咒一邊追趕，追了五、六里路，這些少年全部鑽進一個大洞裡。

　　道士守到天亮，找來很多人挖掘，裡頭有一百多隻巨大的老鼠跑出來。大家殺了這些老鼠，長安附近的山道就再也沒有發生過盜賊殺人搶劫的事情了。

　　宋代，建康有個人吃完魚後，把魚頭丟在地上，過了一會兒，看到牆壁下的洞口，有個人騎著馬跑了出來，他不到一尺長，穿著盔甲，用手裡的長槊刺住魚頭，拖入洞裡，來回了四次。

　　這個人覺得奇怪，就挖開那個洞，看見好幾隻大老鼠在啃魚頭，那把長槊則是一隻破舊的簪子，至於馬和盔甲，都沒有發現。過了不久，這個人就死了。

　　　　　　——此妖記載於唐代柳祥《瀟湘錄》、五代徐鉉《稽神錄‧卷二》

104 水兒

　　零陵的太守姓史，有個女兒，喜歡一個書吏，就偷偷讓丫鬟取來那個書吏喝剩下的水，自己喝了。沒想到，過了不久，這個女兒就懷孕了，生下一個兒子。孩子一生下來，史太守就派人把他抱出門扔了。接著，那小孩匍匐爬入書吏的懷中，書吏推了一下，小孩便倒在地上變成了水。書吏一追問，才知道事情的原委。後來，太守就把女兒嫁給了這個書吏。

　　　　　　——此妖記載於晉代干寶《搜神記‧卷十一》

105 蛇身婦

唐代，有個叫令因的和尚，從子午谷到金州去。半路上，出現一個竹轎在前面走，有個女僕穿著喪服跟著。一連幾天，始終不見轎中的人出來，令因就暗中看那轎子，結果發現轎子裡是名婦女，長著人的頭、蛇的身子。

令因非常吃驚，那名婦女說：「我很不幸，因罪孽深重，身子忽然發生變化，上人，你不該偷看我。」令因就問她的僕人，要把她送去哪裡，那僕人說：「準備把她送到秦嶺上去。」

於是，令因替她誦念功德經，一直送到秦嶺，沒有再看見那名婦女露頭。

——此妖記載於宋代李昉等《太平廣記·卷第四百五十九》
（引《聞奇錄》）

106 蛇醫

從前有個人被毒蛇咬了，十分痛苦，忽然有個小孩出現在他面前，說：「你可以拿兩把刀在水裡磨，然後喝這種水，就會有效果。」說完，小孩就走入牆壁上的坑洞，原來是一隻綠蜥。

這個人按照小孩說的方法磨刀喝水，很快就痊癒了。所以，人們都把綠蜥叫作「蛇醫」。

——此妖記載於明代張岱《夜航船·卷十七》（引《二酉餘談》）

107 蛇妖

漢武帝時，張寬做揚州刺史。先前有兩個老頭為了爭奪地界山界，到州裡打官司，一連多年沒有解決。張寬到任後，他們又來了，張寬暗中看那兩個老頭的樣子不像是人，就命令士卒拿著戟把二人帶進來，問：「你們是什麼精怪？」老頭驚慌失措，都想跑，張寬便喊人攔殺他們，兩個老頭就變成了兩條蛇。

杜預做荊州刺史鎮守襄陽的時候，有時參加宴會，喝得大醉，就關起書房的門，獨自一人睡覺，不讓別人到跟前來。後來，他又喝醉了，外面的人聽到書房裡傳來嘔吐聲，那聲音聽起來很痛苦。有個小官吏私自打開門看他，正好看見床上有一條大蛇，垂著頭在床邊嘔吐。

唐代，朱覲是陳蔡一帶的遊俠之士，到汝南遊玩，住在旅店裡。當時，旅店主人鄧全賓家有個女兒，容貌姿色端莊美麗，但常常被妖怪所迷惑，沒有人能治好她的病。

有一次，朱覲去朋友家喝酒，夜深了才回來，在庭院裡休息，到二更時分，就看見一個人穿著白色衣服，衣服很潔淨，進入鄧全賓女兒的房中。不一會兒，聽見房內傳來歡聲笑語，朱覲便拿出弓和矢藏在暗處，等到雞叫時，看見店主人的女兒送一名少年出來。朱覲射向那名男子，對方就消失了。天亮後，朱覲把這件事告訴鄧全賓，鄧全賓就和朱覲跟著血跡，在五里外找到一個大枯樹的樹洞，裡面有一條一丈多長的白蛇，身上插著兩隻箭，已經死了。之後，鄧全賓就把女兒嫁給了朱覲。

——此妖記載於晉代干寶《搜神記·卷十九》、唐代薛用弱《集異記·補編》

108 守宮

古人有用丹砂養壁虎的傳統，將其放在一種專門的器物中，餵滿七斤後，把壁虎風乾用杵搗碎，點在女子的身上，會終身不褪，只有女子房事過後，才會消失。古代用這種方法來防止淫亂，所以稱之為「守宮」。

唐文宗太和末年，湖北松滋縣南有個書生，寄住在親戚的莊園裡讀書。剛到的那天晚上，二更過後，他正點著燈面對桌子，忽然看見一個半寸長的小人，頭戴葛布頭巾，拄著拐杖進門來，對書生說：「你剛來這裡沒人陪著，恐怕很寂寞吧。」那聲音像蒼蠅似的。

這個書生向來有膽量，起先裝作沒看見，那小人就爬上椅子責備道：「你就不講主客之禮了嗎？」小人又爬上桌子看書，還不停地罵，又把硯臺扣到書上。

書生受不了，便用筆把他打到地上。小人叫喚了幾聲，就出門消失了。過不久，來了四、五名婦女，有老有少，都只有一寸高，大聲喊道：「貞官因為你獨學無友，所以叫公子來陪你。你為何如此愚鈍輕狂，還傷害他？現在你得去見見貞官。」他們來的人前後相連絡繹不絕，就像螞蟻一般，舉止粗魯，撲向書生，並爬上了他的身體，咬他的四肢，很疼。小人又說道：「要是你不去，我們將弄瞎你的眼睛。」

　　書生驚慌害怕，便隨著他們出門。到了堂屋的東面，遠遠地看見一個小門，極小，如節度使的衙門。書生於是大叫：「什麼妖怪鬼魅，竟敢這樣欺負人？」他便被小人們咬了一陣。

　　恍惚之間，他已進入小門，看到一個人戴著高高的帽子站在殿中。臺階下有幾千侍衛，全都一寸多高。殿上那人叱責書生說：「我可憐你一人獨處，讓我的孩子前去陪你，你為何傷害他？罪該腰斬。」於是數十人全拿著刀挽起袖子走過來。

　　書生非常害怕，賠罪說：「我愚笨，肉眼不識貞官，請饒我一命。」那殿上的大官才說：「還知道後悔，那就饒了你吧。」於是喝令眾小人把他拉出去。

　　書生不知不覺已來到小門外，等他回到書房，已經五更時分了，殘燈猶明。等到天亮，他尋找那蹤跡，只見東牆古臺階下，有一個小洞口，栗子大小，壁虎即由此出入。

　　書生就雇了幾個人挖掘，挖到幾丈深，看見裡面有無數壁虎。有一隻大壁虎，體色是紅的，長約一尺，大約就是牠們的王。再看那鬆軟的土，堆積成樓的樣子。書生便堆起柴草燒死了牠們，以後再也沒出現異常情況。

——此妖記載於唐代段成式《酉陽雜俎·前集卷十五》

109 瘦腰郎君

　　元代，桃源當地有個女子名叫吳寸趾，總是夢見和一個書生幽會，問他的姓名，書生說：「我是瘦腰郎君。」吳寸趾當初以為自己是在做夢，

但是一個白天，那名書生真的出現了，上了女子的床，幽會之後，出門離開，變成蜜蜂飛入花叢中。吳寸趾撿起那隻蜜蜂，收養了牠，然後牠就引來很多蜜蜂到吳寸趾家中，吳家也就因為出售蜂蜜而變得富裕。

——此妖記載於元代林坤《誠齋雜記·卷上》

110 山娘娘

清代，臨平有個孫某，剛娶的媳婦被妖怪附身，自稱是「山娘娘」，喜歡塗脂抹粉，穿鮮豔的衣服，光天化日就抱著孫某幹傷風敗俗的事情。孫某十分擔憂，就請吳山的施道士來作法。

施道士設立法壇，孫某的媳婦笑著說：「施道士這樣的人，竟然敢來治我？」她就用手按自己的肚子，噴出汙穢的鮮血，施道士的法術果然不靈了。施道士說：「我有辟穢符在枕頭裡！」遂讓徒弟取來，貼上，再登壇作法，孫某媳婦立刻露出害怕的表情，坐在桌子上，和道士鬥法。

兩人鬥法時，很多人看到有一個長著三隻眼的神仙，抓住一個高五尺多的白色大猴子，扔在臺階前。道士把大猴子抓過來，不斷地朝地上摔，猴子越變越小，最後小得如同剛剛生下來的小貓一樣。

道士就把牠塞入瓦罐裡，貼上符咒，並在第二天扔進江中，孫某媳婦於是恢復了正常。

——此妖記載於清代袁枚《子不語·卷十八》

111 鱔妖

清代，潤州有個打魚的人，晚上在江邊停船休息，看見一名黃衣女子，年紀大約十三、四歲，頭上紮著雙髻，從蘆葦蕩裡出來，向人乞求食物，吃完後就離開了，每天晚上都這樣。

打魚人覺得很奇怪，就悄悄跟蹤，發現那女子變成一條五尺多長的黃鱔，全身金黃，雙目赤紅，頭上長著肉角，一看見人，就跳入江裡消失了。

——此妖記載於清代董含《三岡識略·卷二補遺》

112 人狼

唐代，太原有個叫王含的人，是振武軍的都將。王含的母親金氏，原本是胡人的女兒，擅長騎馬射箭，非常出名，經常騎著駿馬，帶著弓箭、佩刀，進入深山獵取熊鹿狐兔，每每收穫頗豐，大家都很尊敬她。

金氏七十多歲的時候，說自己老了，而且生了病，就單獨居住在一間房子裡，不許任何人接近，天一黑就關門睡覺。

有一天，她關門之後，家人聽到她的房間裡發出奇怪的聲響，然後看到一頭狼從屋裡跑了出去，天沒亮，這條狼又回來了。家裡人十分恐慌，就告訴了王含。

當天晚上，王含偷偷查看，果然如同家裡人所說，於是心情很不安。天亮，金氏把王含叫到面前，吩咐王含去買麋鹿。王含買來，把鹿肉煮熟了，先給金氏。金氏生氣地說：「我要的是生的！」王含沒辦法，拿來生鹿肉，金氏津津有味地吃完了。

王含越想越害怕，家裡所有人都惴惴不安，偷偷說這件事情。時間長了，金氏也知道了，變得有些羞愧。這天晚上，那頭狼出去之後，從此再也沒有回來。

清代，廣東崖州有個姓孫的農民，母親已經七十多歲了，忽然兩臂生毛，一直延伸到腹部和背部，最後到了手掌，長出來的毛有一寸多長。母親的身體逐漸變得佝僂，屁股上還長出了尾巴，有一天，她倒在地上變成一頭白狼，跑出門去。

家裡人無可奈何，只能聽之任之。此後，每隔一個月，或者半個月，白狼就會回來看看子孫，照常吃喝。這件事情被鄰居知道了，便想拿著刀箭把她殺了。

兒媳婦知道後，買了豬蹄，等婆婆再度回來，就將豬蹄給白狼吃，並且叮囑說：「婆婆，您吃了這個之後，就別再來了。我們都知道婆婆您思念我們，對我們沒有惡意，可是鄰居討厭你，如果把您殺了，或者傷到了，我們心裡會很難過。」白狼發出了悲傷的嚎哭聲，環視家裡良久，離開了。從此之後，牠再也沒有回來過。

——此妖記載於唐代張讀《宣室志·卷八》、清代袁枚《子不語·卷六》

113 人石

很久以前，有夫妻二人，帶著兒子進山打獵。但父親不幸從山崖上掉了下去，他的妻子和兒子到崖下要救他，卻三個人一起變成了三塊石頭，因此叫作「人石」。

———此妖記載於南北朝《周地圖記》

114 人魚

人魚，是中國古代著名的妖怪之一。《山海經》裡記載，龍侯之山的決水裡就有人魚，長著四條腿，聲音如同嬰兒，吃了牠，就不會變成癡呆。《史記》裡記載，秦始皇的陵墓裡用人魚膏來點燈。

東海裡也有人魚，傳說大的長五、六尺，樣子像人。眉毛、眼睛、口、鼻子、手、腳和頭都像美麗的女人，皮肉白得像玉石，身上沒有鱗，有細毛，毛分五種顏色，又輕又柔軟，毛長一、兩寸，頭髮像馬尾巴一樣長五、六尺。人魚的生殖器官和人一樣，靠海的光棍和寡婦大多都捉過海人魚，放在池沼中養育。交合時，與人沒什麼兩樣，也不傷人。

清代，崇明島上，有人抓住一條人魚，長得像個美麗的女子，身體和船隻一樣大。船工問牠：「你迷路了嗎？」美人魚點頭，船工就放了牠。

———此妖記載於戰國《山海經·卷三》、漢代司馬遷《史記·卷六》、
三國沈瑩《臨海異物志》、唐代鄭常《洽聞記》、清代袁枚
《子不語·卷二十四》

115 蠶女

蠶女，又叫馬頭娘，她的傳說最初流行於四川廣漢一帶。

上古高辛帝的時代，四川當地還沒設立官長，沒有統一的領導，那裡的人每個家族居住在一起，家族之間經常爆發戰爭。

蠶女，不知道姓什麼，她的父親被鄰國搶走已經一年了，只有他常騎的馬還在家中。蠶女想到父親遠在異鄉，經常吃不下飯。她的母親為

了安慰她，就向眾人立誓說：「如果有誰能把她的父親找回來，就把這個女兒嫁給他。」部下的人只是聽聽，沒有人去找。

但那匹馬聽到蠶女母親的話，卻驚喜跳躍、躁動不停，掙斷韁繩跑了。過了幾天，蠶女的父親騎著馬回來。從這天開始，這匹馬就不斷地嘶叫，不肯吃草喝水。

蠶女的父親問這件事的原因，蠶女的母親就把向眾人立誓的話告訴了他。蠶女的父親說：「你是向人立誓，不是向馬立誓，哪有把人嫁給馬的呢？這匹馬能使我脫離災難，功勞也算是很大的，不過你立的誓言是不能實行的。」馬聽到後，用蹄刨地刨得更厲害了，蠶女的父親很生氣，用箭射死了馬，並把馬皮放在院子裡曬。

有一次，蠶女經過馬皮旁邊時，馬皮驟然立起來，捲起蠶女飛走了。過了十天，馬皮又停在桑樹上面，蠶女已變成了蠶，吃桑葉，吐絲做繭，讓人們用來做衣被。

蠶女的父母非常悔恨，苦苦思念女兒。有一天，他們忽然看見蠶女駕著飄浮的雲彩，乘著那匹馬，帶著幾十名侍從從天而降。蠶女對父母說：「玉皇大帝因為我孝順達到獻身的地步，並且心中念念不忘大義，所以把九宮仙嬪的職位授予了我。從此，我將永遠在天上生活，請不要再想念我了。」說完便升空而去。

蠶女的家在今什邡、綿竹、德陽三地交界處。每年祈禱蠶繭豐收的人，會從四面八方像雲彩般聚集到這裡來，都獲得了靈驗的效果。道觀佛寺中都塑了一個女子的神像，身披馬皮，人們稱她為「馬頭娘」。

——此妖記載於晉代干寶《搜神記·卷十四》、宋代李昉等《太平廣記·卷第四百七十九》（引《原化傳拾遺》）

116 蒼鶴

唐代開元年間，戶部令史的妻子長得很美，被妖精附體，而他卻不知道。他家有匹駿馬，總是餵給加倍的草料，反而越來越瘦弱。

他去請教住在附近的一個胡人，胡人笑著說：「馬行百里尚且疲倦，

何況如今行了一千多里，能不瘦嗎？」

　　令史說：「我向來就很少騎牠，家裡又沒有別人，為什麼會這個樣子？」

　　胡人說：「你每次去衙門辦公，你妻子在夜間就出去了，你卻不知道。如果不信，你試著觀察一下，就知道了。」

　　令史照著胡人說的話，在夜間偷偷回到家中，躲在別的屋子裡，暗中觀察。到了一更時分，妻子起身梳洗，打扮得很漂亮，要女僕替馬套上鞍子，然後走下臺階，騎上馬，女僕則騎掃帚跟隨在後面，逐漸升空而去，消失在夜色中。

　　令史非常害怕，天亮以後去見胡人，吃驚地說：「妖精的事我相信了，怎麼辦呢？」胡人要他再觀察一個晚上。

　　這天夜裡，令史回家後，躲藏在堂屋前的幕布中。妻子不一會兒就來到堂屋，問女僕為什麼有生人的氣味。她要求女僕將掃帚點上火，把堂下四周的屋子都照一遍。令史狼狽地鑽進堂上的大罐子裡。

　　不一會兒，他妻子騎著馬又要出去，但女僕剛才把掃帚燒了，沒有可騎的東西。妻子說：「隨便有什麼都可以騎，何必一定要掃帚。」女僕倉促之中，騎上大罐子就跟著走了。令史在罐子裡，嚇得大氣都不敢出。

　　沒多久，他們來到一座山的樹林中間，地上架設著帳幕，擺著豐盛的酒席。一起喝酒的有七、八個人，各自都帶著一個夥伴，關係十分親密。眾人喝了很久才散席。

　　令史的妻子騎上馬，叫女僕去騎罐子。女僕吃驚地說：「罐子裡有人！」妻子喝醉了，便叫女僕把令史推到山下去。女僕也醉了，把令史推出罐子後，就騎著罐子走了。

　　令史等到天亮，尋找路徑下山，山路崎嶇，大約走幾十里才到山口。令史問行人，這裡是什麼地方？對方回答說是閩州，離京城有一千多里。

　　可憐的令史，一路上像乞丐一樣，辛辛苦苦地走了一個多月，才回到家裡。妻子一見，吃驚地問他為什麼離家這麼久，是從哪裡回來的，令史編造謊話回答了妻子。

　　令史又去找那個胡人，求他幫助解決這個問題。胡人說：「妖精附在你妻子的身上已經成了氣候，等你妻子再出去的時候，可以猛地捉住

她並捆上，再用火燒，妖怪就會死掉。」

令史照著他的話做了，就聽見空中有乞求饒命的聲音。不一會兒，有一隻蒼鶴落在火中被燒死了。妻子的病也跟著好了。

——此妖記載於唐代戴孚《廣異記》

117 三尸

三尸，指的是上尸、中尸、下尸，是人身體中的魂魄精華。如果想讓人早死，三尸就會放縱四處，享受人間的祭祀之物。每年，三尸都會上天，將人的罪過告訴司命，來減少人的壽命，所以求仙的人都會想盡辦法斬除三尸。

傳說人死後，魂升天，魄入地，只有三尸遊走，四時八節，享受祭祀，如果祭祀不足，就會作祟。

三尸的形狀如同小孩，也有的長得像馬，都長著二寸的長毛。出來作祟時，形狀和人一模一樣，連衣服都相同。

上尸名為青姑，中尸名為白姑，下尸名為血姑。一個在人的頭部，令人多思欲，令人喜歡車馬；一個在人的腹部，令人好食飲、易怒；一個在人的腳部，令人好色喜殺。

——此妖記載於晉代葛洪《抱朴子·內篇·卷六》、宋代張君房
《雲笈七籤·卷一百四》、唐代段成式《酉陽雜俎·前集卷二》等

118 僧蠅

唐代，齊州有個人叫杜通達，貞觀年間，縣裡接到命令，要讓杜通達送一名僧人到北方去。通達見這名僧人有個箱子，心想一定是絲絹，就與妻子商量計策，把僧人打死。

但僧人沒死，只聽他念兩、三句咒語，就有一隻蒼蠅飛到通達的鼻子裡，悶在裡面很長的時間也不出來，通達的眼鼻立刻就歪斜了，眉毛和頭髮也隨即掉落。通達迷迷糊糊也不知道怎麼走路，精神不振，便得

了惡病，沒過一年就死了。臨死的時候，那隻蒼蠅就飛出來，又飛到他妻子的鼻子裡，他妻子得了病，一年多後也死了。

同樣在唐代，河間有個人叫邢文宗，性格粗暴陰險。貞觀年間，忽然得了惡風病，十多天之內，眉毛和頭髮都落光了，就到寺廟裡懺悔。

他表示，前些日子，他和一名老僧去幽州，在路上遇到一個過客，帶著十匹絹，文宗就殺了這個客人，將那些絹據為己有。邢文宗做了這件事情之後，害怕被人發覺，又拿起刀要殺老僧，僧人磕頭說：「只求保我性命，我發誓終生不對別人說。」但文宗還是把老僧殺了，把屍體扔到荒草裡。

二十多天後，文宗返回，經過老僧死的那個地方，當時正是暑天，他懷疑屍體早就都爛了，試著去看一下，結果發現老僧的屍體完全沒腐爛，就像活著的時候一樣。文宗就用馬鞭子杆捅那名僧人屍體的嘴，忽然從他嘴裡飛出一隻蒼蠅，鑽到文宗的鼻子裡，悶在鼻子裡很長時間也不飛出來。文宗因此得了大病，一年多就死了。

——此妖記載於唐代釋道世《法苑珠林·卷第七十》

119 蟻王

南北朝時代，富陽縣有個叫董昭之的人，乘船過錢塘江，看到江中有隻大螞蟻趴在一根蘆葦上，隨波浪漂浮，馬上就要被淹死了。董昭之不忍心，就用繩子繫著蘆葦，把大螞蟻帶到岸上。

這天晚上，董昭之夢見一個穿著黑衣服的人前來感謝自己，這個人說：「我是蟻王，感謝你救了我。以後如果你有危難，我會告訴你。」

過了十幾年，董昭之的居住地發生搶劫事件，他被官府無端定罪，指控為首犯，關押在餘姚。董昭之想到蟻王的夢，就暗暗禱告。一同被關押的人見他嘀嘀咕咕，很好奇。董昭之就將事情告訴對方，對方聽了後，說：「你找幾隻小螞蟻，放在手心裡，把事情告訴牠們，讓牠們送信給蟻王。」董昭之如是照辦。

當天晚上，他果然夢到蟻王前來，說：「你可以逃到餘杭山裡，現

在天下馬上就要大亂，你會被赦免的。」晚上，有很多螞蟻前來，咬壞關押董昭之的刑具，董昭之就逃進餘杭山，不久之後，他果然被赦免了，平安回家。

——此妖記載於南北朝東陽無疑《齊諧記》

120 冶鳥

越地一帶的深山中有一種大鳥，大如斑鳩，名為「冶鳥」，在大樹上作巢，直徑好幾寸，周圍用土壘邊，紅白相間。伐木的人看到這種巢就會離開。

如果聽到這種鳥鳴叫且不走，當天晚上就會有老虎前來吃人。這種鳥白天看起來是鳥，晚上聽牠的鳴叫聲也是鳥，但有時候會變成人，高三尺，到河流中找石蟹，找人借火烤著吃，人不能傷害牠，否則就會發生禍事。

——此妖記載於晉代干寶《搜神記·卷十二》、晉代張華
《博物志·卷三》

121 夜星子

清代，當小孩在夜裡哭鬧不止，人們都說是「夜星子」在作祟。

有一戶人家，家裡的小孩夜夜哭啼，差不多持續了兩個月，全家人被搞得筋疲力盡。

有個老太婆說，這是夜星子幹的，並自稱能夠抓住這種妖怪。

家人問她需要做什麼準備，她說不難辦，只需要用木頭做成一個方形籠子，四面糊上白紙，放在灶上，灶下面再放一盞油燈，點亮後，讓油燈的光照在籠子的白紙上。等小孩夜裡哭的時候，就在灶前將一個粗瓷碗朝下擺放，碗上橫放一把菜刀，然後坐在小凳子上，面對灶門坐下，就可以辦事了。

家人按照老太婆的吩咐，準備妥當。當孩子哭時，老太婆拿著刀，

嘴裡嘀嘀咕咕不知道說了什麼，過了一會兒，油燈突然昏暗，籠子的白紙上隱隱看到黑影，閃爍不定，那些黑影有的是人，有的是馬，還有貓狗之類的動物。

老太婆嘀咕的聲音越來越急促，燈光也越來越暗，上面的影子更是不斷出現，最後一個影子顏色黝黑，紋絲不動，形狀很像棺材。老太婆便舉起刀，咣噹一聲打破了瓷碗，油燈光線突然變得明亮起來，那個黑影印在紙上，如同墨汁一般。老太婆用火燒掉了籠子，小孩的啼哭聲便戛然而止。

清代，北京城有個侍郎，曾祖父留下了一位小妾，已經九十多歲了，全家都叫她老姨。她平日裡都坐在炕上，不苟言笑，養了一隻貓，形影不離。

侍郎有個兒子剛生下來不久，夜夜啼哭，於是就請來巫師捉夜星子。

巫師手裡拿著小弓箭，在箭杆上綁著幾丈長的絲線，坐在小孩的房間裡。

半夜，月華朗照，看見窗戶紙上出現一個影子，好像是一個女人，高七、八尺，手持長矛，騎著馬。

巫師低聲道：「夜星子來了！」說完，開弓放箭，射中對方。

那個影子丟掉長矛逃跑了，巫師帶著眾人順著絲線追趕。一直追到後院，發現絲線延伸到老姨的門縫裡。

大家都喊老姨，裡面也沒反應。

侍郎推開門，帶著人進去尋找，一個丫鬟喊道：「哎呀，不好，老姨中箭了。」

眾人走上去看，發現巫師射出的小箭釘在老姨的肩膀上，老太婆痛苦呻吟，養的那隻貓還被她騎在胯下。

侍郎殺死了那隻貓，然後把老姨關在房間裡，斷了她的飲食。過不久，老姨死了，小孩也就停止夜啼。

——此妖記載於清代和邦額《夜譚隨錄·卷二》、清代袁枚
《子不語·卷二十三》

122 蜒蚰

蘇州閶門有個叫葉廣翁的人擅長昆曲，家裡有個侄子，年少能文，風流放蕩。有一天晚上，這個侄子獨坐書房，有名頭綰雙髻的女子前來，自稱是鄰居家的女子。侄子就和這名女子同床共枕，發現她的皮膚十分滑潤，侄子非常歡喜。女子每次離開，床上總是留下一團白色的黏液，不知道是什麼緣故。過了幾個月，這個侄子得病死了。人們說，那個女子是蜒蚰（ㄧㄢˊ ㄧㄡˊ，註：又稱「鼻涕蟲」、「蛞蝓」）所變。

——此妖記載於清代錢泳《履園叢話·叢話十六》

123 鹽梟

清代，山西蒲州鹽池有個關帝廟，供奉關羽、張飛的塑像，旁邊還立著周倉的塑像，手裡拖著鐵鍊，鎖著一根朽木。當地人稱這根朽木叫「鹽梟」。

傳說宋代元祐年間，鹽池裡的水不能生成鹽，商民就去關帝廟祈禱，晚上，人們夢見關帝說：「你們的鹽池被蚩尤占據了，所以燒不出鹽來，我能制服蚩尤，但是蚩尤的妻子叫鹽梟，我制服不了，需要我三弟張飛才可以。我已經派人去益州請他了。」第二天，大家就在廟裡面塑了一尊張飛的神像。當天晚上，風雨大作，看見一根朽木被鎖在鐵鍊上。從此之後，再用水煮鹽，出產的量比以前多十倍。

——此妖記載於清代袁枚《子不語·卷一》

124 蠅童

前秦世祖苻堅，有一次想頒布大赦令，便與王猛、苻融在甘露堂密議。他們摒退了左右，由苻堅親自執筆起草赦文。這時，有一隻大蒼蠅突然落於筆尖，聽到他們的議論後就飛了出去。

不久，長安城的大街小巷，人們奔相走告說：「官府今天要大赦了！」

相關部門把此事稟奏皇帝，苻堅覺得很奇怪，說：「宮中不可能有

被竊聽的道理，事情是誰洩露出去的？」符堅下令追查此事，人們都說：「有個穿青衣服的小孩，在街市上大喊道：『官府今天要大赦了！』很快便不見了。」符堅感嘆道：「他就是先前那隻大蒼蠅啊！」

——此妖記載於宋代李昉等《太平廣記·卷第四百七十三》

（引《廣古今五行記》）

125 影

唐代道士郭采真說，人有九個影子。段成式聽了，就去驗證，發現頂多有六、七個而已。郭采真說，人的九個影子都有名字，一名右皇，二名魍魎，三名泄節樞，四名尺鳧，五名索關，六名魄奴，七名灶，八名亥靈胎，至於第九個影子，名字沒人知道了。寶曆年間，有個人會一種奇異的法術，在某人本命日的五更時分，挑起燈籠去找那人的影子，根據影子的狀態，就能夠判斷這個人的吉凶。

清代，有個叫鄧乙的人，三十歲了，一個人生活，每到晚上，就覺得十分孤獨。

有一天，鄧乙對著自己的影子說：「我和你相處也有幾十年了，你就不能陪我說說話嗎？」沒想到，影子突然從牆上跳了下來，說：「好啊！」鄧乙嚇了一大跳，影子卻說：「你看看！你要我陪你說話，我答應了，你怎麼還如此對待我？」

鄧乙心裡稍稍安定，就說：「你有什麼辦法讓我快樂呢？」影子說：「你說你想幹什麼？」鄧乙說：「我一直都是一個人，想找個好朋友，行不行？」影子說：「這有什麼難的！」隨後，影子變成了一個少年，風流倜儻。鄧乙笑道：「你能變成美麗的女子嗎？」影子轉眼間又變成女子，風華絕代。鄧乙就和女子同寢，如同夫妻一樣生活在一起。

從此之後，鄧乙想要什麼，影子就變成什麼，只有鄧乙能看到它，別人都看不見。時間長了，大家發現，鄧乙的影子和鄧乙完全不一樣，詢問他，他才把這件事告訴別人，所有人都認為鬧了妖怪。

幾年之後，影子忽然提出要離開。鄧乙問它要去哪裡，影子說去一

個萬里之遙的地方。鄧乙哭著把影子送出門外，影子凌風而起，很快就不見了。

鄧乙也就變成一個沒有影子的人，從此，別人都叫他「鄧無影」。

——此妖記載於唐代段成式《酉陽雜俎・前集卷十一》、清代樂鈞《耳食錄・卷一》

126 蜈蚣

章邑當地有個甲某，對母親十分孝順，但家裡很貧窮。甲某身體高大壯碩，每天砍柴去集市上賣，並把賺來的錢用來贍養母親。

有一天，甲某挑著柴火回來，看見前面有個女子，以為是尋常行路的人，就大步超過了她。女子叫了甲某一聲，向他問路。甲某轉過身，發現這個女子長得很漂亮，一時間有些心神蕩漾。女子問一個地方，甲某說，那個地方有些遠，天黑之前到不了。

女子說，那就在前面的村子借宿吧。甲某轉身就要走，女子問：「你家有空閒的房間嗎？」

甲某說：「有是有，可是我家有老母親，這事情得問她。」

女子就說：「那你先去稟告母親，我跟著就去，如何？」

甲某答應了，回來告訴母親。母親覺得人家是個女子，出門在外，能幫就幫，於是便答應了。

過了一會兒，女子來了，母親就將女子安置在空閒的房間裡。母親看這個女子長得漂亮，和甲某說話一點也不害羞，覺得有些奇怪，便訓斥甲某說：「對方是女的，你不要和她多說話。」

甲某出來，女子就問他的房間在哪兒，然後要甲某晚上不要插門，她會過來。

到了晚上，甲某按照母親的交代，插上門睡覺。三更時，女子果然來了，叫甲某開門。甲某開了門，發現不是女子，而是一個怪物，長得如同布袋，分不出腦袋和腳，幸好有砍柴的巨斧在旁邊，甲某拿起來就砍，怪物慘叫一聲而去。

甲某點起火把，發現對方被砍下來的東西是個下顎，大如蒲扇。等到白天，甲某順著血跡尋找，來到一座山，看見一條蜈蚣盤旋在地，有一丈多長，粗如碗口，還沒有死，甲某舉起斧頭接連幾下，將其殺掉。

清代，南塘張氏的墓地裡，林木蔥鬱，裡面有兩條蜈蚣，都有一丈多長，夏天的夜晚會懸掛在樹上，吸取月華修行。

——此妖記載於清代解鑑《益智錄·卷之二》、清代董含
《三岡識略·卷二補遺》

127 吳安王

福州海口的黃碕岸一帶，怪石嶙峋，是海上行船的一大障礙。王審知在福建當觀察使的時候，打算好好解決這個問題，但苦於人力不足。

唐代乾寧年間，他夢見一個穿鎧甲的人，自稱是吳安王，答應幫忙解決這個困難的工程。夢醒後，王審知把這件事說給客人和下屬聽，並派判官劉山甫前去祭祀吳安王。

祭祀還沒結束，忽然看見海上浮起許多水妖，其中有一個水妖，既不是魚也不是龍，黃鱗紅鬚，帶領手下興風起浪。

三天後，風停雲開，再一看，原先的怪石全部被清理好，眼前已經開闢出一個港灣，從此行船非常方便。

——此妖記載於五代孫光憲《北夢瑣言·卷第二》

128 五家之神

五家之神，其實就是五種妖物，中國人稱之為五大仙。

天津把女巫稱為「姑娘子」，鄉間有婦女生病，就會請她們來治療。姑娘子來到生病的人家，會在爐中點香，很快就稱有神降臨在自己身上，叫頂神。這些神，有自稱白老太太的，是刺蝟；自稱黃少奶奶的，是黃鼠狼；自稱胡姑娘的，是狐狸；又有蛇和老鼠兩種，合起來，稱之為「五家之神」。

——此妖記載於清代俞樾《右台仙館筆記·卷十三》

129 五藏神

五藏神，指的是守護人的五臟的妖怪。

唐代開元年間，任吏部侍郎、河南黜陟使的鄭齊嬰回老家。途經華州時，鄭齊嬰忽然看見有五個人，穿著五種顏色的衣服來拜見。

鄭齊嬰問：「你們從哪兒來？」這五個人回答說：「我們是你身體裡的五藏神。」鄭齊嬰說：「五藏神應該在我身體裡待著，為什麼出來見我？」五人說：「我們守護你身體裡的精氣，如果精氣快要枯竭了，我們自然就要散了。」鄭齊嬰說：「這樣看來，我是不是就要死了？」五人說：「是的。」

鄭齊嬰急忙哀求暫緩死期，因為有些奏章還沒寫好，身後事也沒有安排。這五人商量一下，說：「那你就到後衙去辦吧。」鄭齊嬰為五藏神擺下酒宴，他們拜謝領受了。

鄭齊嬰寫好奏章，洗了澡，換上新衣服，然後躺在西牆下的床上，過了一會兒，就死去了。

——此妖記載於唐代戴孚《廣異記》

130 五酉

五酉，是指年月久遠的東西變化成的妖怪。

春秋時，孔子滯留於陳國，在館舍裡一邊彈琴一邊唱歌，夜裡有一個高九尺多的人，穿著官吏的衣服，戴著高高的帽子，大聲叫罵。孔子的弟子子路和那東西對戰。後來，孔子耍了手段，子路才戰勝那東西，發現那是一條大鯉魚。

孔子說：「六畜，以及龜、蛇、魚、鱉、草、木這些東西，時間長了，就能成為妖精，叫『五酉』。五是指東西南北中五方，酉的意思是老，指的是天地間年代久遠的東西所變成的妖精，可以殺死。」子路就將那條大鯉魚殺了並烹煮來吃，味道很鮮美。

宋代宣和年間，丞相汪廷俊和鄭資之是好朋友，有一天，汪廷俊得到六條大鯉魚，就想做成生魚片吃。鄭資之不知道這件事，打瞌睡的時

候，夢見六個人站在對面，要鄭資之救命。鄭資之醒來後去找汪廷俊，汪廷俊說剛才得到六條鯉魚，還沒做生魚片，於是就把鯉魚都放了。鄭資之自此之後再也不吃魚了。

——此妖記載於晉代干寶《搜神記·卷十九》、宋代洪邁
《夷堅志·夷堅甲志·卷第十一》

131 物女

揚州北面有個地方叫雷塘鄉，是當年埋葬隋煬帝的地方。清代，出現了一種名叫「物女」的妖怪，經常與村裡的青年交合，害死了很多人。

光緒二年六月二十四日，中午時分，忽然天昏地暗如同夜晚，雷電大作。電光中，一名女子穿著白衣服，頭上繫著紅色的抹額，手裡拿著雙叉和霹靂打鬥，天雷竟然奈何不了。打鬥良久，忽然有雷火從地底湧出，傷了這妖怪的一條腿。接著，一聲巨雷擊中，聲音震天，將周圍觀看的人全部震暈。

等雨停之後，眾人爬起來，看見一個東西被震死在地，長得如同豬而沒有尾巴，如同牛卻沒有雙角，全身白毛，背部到腹部有黑毛，肚子下有一個兩尺多長的肉條。

關於物女，漢代董仲舒曾經也有記載：「乾溪有物女，水盡則女見。」至於物女到底是什麼，眾說紛紜，還有種說法是「螭（彳）虎」。

——此妖記載於漢代董仲舒《春秋繁露·卷四》、清代俞樾
《右台仙館筆記·卷四》

132 蛙僧

唐穆宗長慶二年夏天，有個叫石憲的人，到太原北邊做買賣。當他走到雁門關一帶的時候，天氣正熱，便仰臥在大樹下休息。忽然，他夢見一名和尚，眼睛像蜂眼，披著破舊的袈裟，長相很奇特。

在夢中，那名和尚來到石憲面前，對他說：「我寄居於五臺山南面，

那裡有幽深的樹林和水池子，遠離人境，是和尚們避暑的地方。施主願意和我一起去遊覽遊覽嗎？你馬上就會因病而死了，如果不跟我去，一定會後悔的。」石憲因為當時熱得厲害，就對和尚說：「我願意跟師父一起去。」

於是，和尚帶著石憲往西走，走了數里，果然看見有幽深的樹林和一個水池子。只見不少和尚都在水裡，石憲感到奇怪，就問他們在做什麼。和尚說：「這是玄陰池，我的徒弟們在裡面洗澡，藉以消除炎熱。」

石憲暗自覺得水裡的和尚很奇怪，因為他們長得一模一樣。天很快就黑了，和尚說：「施主可以聽聽我的徒弟們念經的聲音。」於是石憲站在水池邊上，和尚們就在水中齊聲念經。又過了一會兒，和尚拉著石憲的手說：「施主跟我一起在玄陰池裡洗洗澡吧，千萬別害怕。」

石憲進入池中，忽然覺得渾身冰涼，不禁冷得發抖，就從夢裡醒了過來。

這時，他發現自己躺在大樹下面，衣服全濕了，渾身戰慄，好像發燒了。

第二天，石憲繼續趕路，聽到道路旁邊傳來了蛙鳴聲，很像夢裡和尚們念經的聲音，於是走了過去，便看見幽深的樹林和水池，裡面有很多青蛙。石憲一打聽，那水池果然叫玄陰池。

「那些和尚原來都是青蛙變的，既然能依靠變形來蠱惑人，肯定是妖怪了！」石憲帶著這樣的想法，把那些青蛙全都殺死了。

——此妖記載於唐代張讀《宣室志·卷一》

133 瓦隴子

宋代有個叫洪慶善的人，妻子丁氏，宅心仁厚。後來，夫妻倆來到江陰，有人送了一百多個瓦隴子（一種蚶，註：蚌屬動物，又稱「魁蛤」）。丁氏不願意殺生，就放在盆裡，想在第二天放進江中。

夜裡，丁氏夢見很多乞丐，光著身體，前後用一片瓦遮蓋著，一個個滿臉歡喜。只有十幾個乞丐很悲傷，對夥伴說：「你們高興了，我們可

要遭殃了。」

丁氏醒來想了想，夢到的乞丐肯定是那些瓦隴子。第二天早晨起來，發現盆裡面的瓦隴子被家裡的小妾偷偷吃了十幾個，數量正好和夢中的相對應。

——此妖記載於宋代洪邁《夷堅志・夷堅甲志・卷第十一》

134 蝟妖

南北朝時代，四川有個叫費秘的人在割麥子時，遇到暴風雨，便在一塊岩石下避雨。遠遠地，他看到前面的路上有十幾個女子，穿著紅色、紫色的衣服，唱著歌走過來。費秘覺得很奇怪，荒郊野嶺，怎麼會有如此打扮的女子呢？

這些女子從費秘身邊走過時，似乎發現了他，全都停止唱歌，轉過頭來，露出了沒有耳朵、眉毛、鼻子、嘴巴的光溜溜的臉。費秘嚇得昏倒在地，不省人事。

晚上，費秘的父親見兒子沒有回來，就舉著火把去找，看見費秘躺在道路上，旁邊聚集著十幾隻刺蝟，牠們看到火光，便爭相逃竄了。費秘回到家裡，不久就死掉了。

清代，某地麥子即將成熟，為了防止有人偷割，農民們在田間搭了蘆棚，讓家裡人晚上住在裡面。有個孩子，姓余，獨自一人住在棚裡，日漸消瘦，父親和兄長都覺得奇怪，問他，他也不說，於是余某的父親就囑咐一起看麥的同伴偷偷觀察，看到底出了什麼事。

這天黃昏時，余某的同伴在田壟上玩耍，看到一個醜女人走進余某的蘆棚，趕緊告訴他的家人。

余某的家人拿著鋤頭到棚子，看到那個女人出來後往西邊去了，她長著巨大的嘴和眼睛，樣貌恐怖。

余家人追了二里多的路，女人慌亂逃入亂草中。眾人尋找，發現一個洞口，大如屋子，裡面黑乎乎的，不知道有多深。商量之後，眾人在洞口堆積枯枝敗葉，點火用煙熏，不久，一個東西跑出來，沒跑多遠，就倒在地上死掉了。

眾人圍過去，發現是一隻死刺蝟。剝下來的皮有半畝地那麼大，皮上的刺有二尺多長，大家分了牠的肉，從此再也沒有怪事發生了。

——此妖記載於宋代李昉等《太平廣記·卷第四百四十二》
（引《五行記》）、清代和邦額《夜譚隨錄·卷一》

135 望夫石

武昌陽新縣北山上有塊望夫石，外型如同站著的一個人。相傳，曾經有一個婦人，丈夫去當兵，遠赴國難，她帶著幼小的孩子到山上送行，望著丈夫遠去，就變成了石頭。

——此妖記載於三國曹丕《列異傳》

136 羽人

周昭王繼位二十年的時候，某日在白天打瞌睡，夢見一個人衣服上都是羽毛，自稱羽人。夢裡面，周昭王和羽人聊天，詢問如何才能成仙，羽人告訴他要絕欲，並替他換了心臟。這時，周昭王驚醒了，卻因此患上了心疼病。

第二次做夢時，他夢見羽人用仙藥治好了自己的心疼病。羽人囊中的仙藥，吃了可以長生不死，塗抹在腳上，可以飛出天地萬里之外。

——此妖記載於晉代王嘉《拾遺記·卷二》

137 黿

東漢靈帝時代，江夏人黃氏的母親洗澡時變成一隻黿（ㄩㄢˊ，註：似鱉而較大），游到深淵中去了。那以後還常常浮出水來，她洗澡時戴的一根銀釵，在她的化身出現於水面時，還戴在頭上。

三國黃初年間，清河人宋士宗的母親，某個夏天在浴室裡洗澡時，要家裡的兒女關上門。家裡人心中生疑，從牆壁的孔洞中，暗中窺見浴

盆的水裡有一隻鼈。於是他們就打開門，大人、小孩全進到浴室裡，大鼈卻完全不搭理他們。老太太先前戴著的銀釵，仍在其頭上。一家人沒辦法，只好守著大鼈哭泣。過了一會兒，那大鼈爬出門外，跑得很快，誰也追趕不上，眼睜睜看著牠跳進河水裡。

過了好幾天，牠忽然又回來了，在住宅四周巡行，像平時一樣，但一句話沒說就走了。當時的人對宋士宗說，應當為母親舉辦喪事，但宋士宗認為，母親雖然變了外形，可是還活在世上，就沒有舉行喪禮。

——此妖記載於晉代陶潛《續搜神記・卷十四》、宋代李昉等《太平廣記・卷第四百七十一》（引《神鬼傳》）

138 袁公

越王勾踐曾經向范蠡請教搏擊之術，范蠡說：「臣聽說越國有個女子，此技精湛，國人稱讚，大王你可以找她來。」勾踐就派人去找越女前來。

越女在來的路上，碰到一個老頭，自稱袁公，對越女說道：「聽說你劍術高超，能讓我見識一下嗎？」

越女說：「既然如此，我也不敢隱瞞，那就切磋一下吧。」

袁公撿起一節竹子，和越女搏鬥，越女迎戰，出招犀利，袁公不能抵擋，飛身上樹，化為一隻白色猿猴。

晉代有個叫周群的人，遊覽岷山，看見一隻白猿從山峰上下來，站在自己面前。周群抽出隨身帶的書刀，扔向白猿，白猿化為一個老頭，手中拿著一塊八寸長的玉板，遞給周群。

周群問：「老先生，你是哪一年出生的？」

老頭說：「我年紀大了，早就忘了出生年月，只記得黃帝時候，我開始學習天文曆法。」

周群從那塊玉板上修習推算之術，通曉陰陽五行之術，被蜀人尊為「後聖」。

——此妖記載於漢代趙曄《吳越春秋・卷第九》、晉代王嘉《拾遺記・卷八》

139 阿紫

古人認為，有種狐妖叫紫狐，在夜間甩尾巴時，能夠冒出火星。這種狐狸即將要成為妖怪時，會頭戴死人頭骨，對著北斗七星叩頭，若是死人頭骨不掉下來，牠就能變成人。

東漢建安年間，沛國郡人陳羨擔任西海都尉。他手下有一個叫王靈孝的人，突然無緣無故就逃跑了，怎麼找也找不到。

陳羨認為，王靈孝十有八九是被什麼妖怪弄走了，於是就率領幾十名騎兵，領著獵狗，在城外周旋尋找。

果然，最後他們發現王靈孝躺在一個空空的墳墓裡。當聽到人和狗的聲音，王靈孝驚慌失措，四處躲避，模樣很奇怪。

陳羨要人把他扶回來，發現王靈孝的樣子變得很像狐狸。對於周圍原本熟悉的環境，王靈孝很不適應，而且總是哭喊著找「阿紫」，十幾天之後，才漸漸清醒了一些。

王靈孝回憶說，有一天他在屋子轉角的雞窩旁，看到一位美麗的女子，自稱阿紫，向他招手。如此不止一回兩回，他就逐漸被迷惑了，跟著阿紫離開，並且成為阿紫的丈夫。和阿紫在一起，他覺得其樂無比。

唐代，有個叫劉元鼎的人做蔡州刺史，當時蔡州剛被攻占下來，因為戰亂頻繁，人煙稀少，狐狸就特別多。劉元鼎派遣官吏捕捉，天天在球場一帶放開獵犬，以追逐狐狸為樂趣，一年殺了有一百多隻。

有一次，劉元鼎追逐一隻全身長滿疥瘡的狐狸，放出的五、六隻獵犬都不敢去追，狐狸也不跑。

劉元鼎覺得特別奇怪，認為一般獵狗對付不了，就命令人去找大將軍，將他的那隻大獵狗帶來。

手下帶來了那隻大獵狗，放出來，但那隻狐狸卻正眼不看，在眾目睽睽之下，穿廊走巷，到了城牆，就消失不見。

劉元鼎知道自己碰到了阿紫，從此便不再下令捕捉狐狸。

——此妖記載於晉代干寶《搜神記·卷十八》、唐代段成式
《酉陽雜俎·前集卷十五》等

精部

140 筆童

唐朝元和年間，博陵人崔玨僑居在長安延福里。

有一天，他在窗下讀書，看見一個小孩，高不到一尺，披著頭髮，穿黃色衣服，從北牆根走到床前，對崔玨說：「請讓我寄住在你的硯臺和座席上可以嗎？」崔玨不吱聲。小童又說：「我很有力氣，願意供你差遣，請你不要拒絕我。」崔玨還是不理睬他。

不一會兒，小孩乾脆上了床，蹦蹦跳跳地拱手站著。然後，小孩從袖子裡取出一小幅文書，送到崔玨的面前，原來是詩。字小得如同小米粒，但是清晰可辨。詩是這樣的：「昔荷蒙恬惠，尋遭仲叔投。夫君不指使，何處覓銀鉤。」

崔玨看完，笑著對他說：「既然你願意跟著我，可不要後悔呀？」

小童又拿出一首詩放到几案上。詩云：「學問從君有，詩書自我傳。須知王逸少，名價動千年。」

崔玨又說：「我沒有王羲之的技藝，即使得到你，又有什麼用？」

一會兒，小孩又投來一首：「能令音信通千里，解致龍蛇運八行。惆悵江生不相賞，應緣自負好文章。」

崔玨開玩笑說：「可惜你不是五色筆。」

那小孩笑著下了床，就走向北牆，進入一個洞中。崔玨派僕人挖掘那下面，果然挖到一管毛筆。

崔玨拿起來寫字，很好用。用了一個多月，也沒有發生別的怪事。

——此精記載於唐代張讀《宣室志‧補遺》

141 贔屭精

傳說龍生九子，各有神通，「贔屭」（ㄅㄧˋ ㄒㄧˋ）是龍的第六個兒子，樣子長得像烏龜，喜歡負重，是長壽和吉祥的象徵，所以一直以來，中國人喜歡把贔屭雕成石頭，當作石碑的底座。年歲久了的贔屭石雕，就會作祟。

唐代，臨邑縣的北面，有一塊燕公墓碑，碑早就不知去向了，但底

座的贔屭還在。傳說當初這隻贔屭經常馱著碑跑到水裡，到天亮才回來，人們經常看到上面有浮萍和水藻。有人偷看，果然發現它跑進河中，那人大聲叫喚起來，贔屭驚慌失措地逃走，就把石碑折斷，丟失了。

清代，無錫有個書生，長得很帥，家住的地方距離孔廟很近。廟前有座橋，橋面很寬，有很多人喜歡在上面休憩。

有一年夏天，書生在橋上納涼，太陽快下山的時候，他回到孔廟，看到學宮間道旁有個小門，一名女子在那裡。書生心動，上前要借火，女子笑著借給了他，以眉目傳情。

第二天，書生又去，那女子已經在門口等待了，書生問女子的姓氏，女子說是縣學裡面官員的女兒，並且約定晚上去書生那裡。書生高高興興地回去，打掃房間，恭候大駕。到了晚上，女子果然來了，二人同床共枕，郎情妾意，從此之後，每晚都是這樣。

過了幾個月，書生日漸瘦弱，他的父母偷偷來察看，發現書生和女子坐在屋裡有說有笑，等推門進去，卻沒有看到她。父母覺得怪異，嚴詞詢問，書生才把事情和盤托出。父母十分害怕，帶著書生去學宮察看，並沒有發現女子當初居住的地方；尋訪縣學的人家，也沒有聽說誰有這麼一個女兒，於是就知道那女子恐怕是妖精。

父母四處請僧人道士來作法，但都沒有什麼效果。後來，父親想出辦法，給了書生一把朱砂，告訴他：「等那女子再來，你偷偷地將朱砂撒在她身上，我們就可以根據痕跡找到她。」

那女子再度來找書生，等她睡著了，書生按照父親的交代，在她身上撒了朱砂。

第二天，父母帶人跟著朱砂追到孔廟，地上的朱砂就消失了。兩人正發愁，忽然聽到有婦女責怪自己的孩子：「剛剛才給你換上新褲子，怎麼染得這麼紅？」書生的父親聽了，走上前去，看到一個小孩的褲子上全是朱砂，便問他是在哪裡蹭的，孩子說剛才騎了學宮門前的石贔屭。

眾人找到那個石贔屭，發現上面果然滿是朱砂，於是和學宮裡面的管事商量，砸掉了贔屭的腦袋，發現碎裂的石塊中有血跡，贔屭的肚子裡有一塊小石頭長得如同雞蛋一樣，怎麼捶打都不碎，就把這塊小石頭丟進了太湖。

過了半個月，那女子突然闖進書生的房間，憤怒地說：「我從來沒有辜負你，你為什麼讓人砸碎我的身體？即便如此，我也不惱怒。你父母顧慮的是你日漸枯瘦，我現在求到了仙藥，你吃下去就會好了。」女子拿出幾根草莖，味道極香，並且對書生說：「以前我們離得很近，可以朝夕往返，現在離得遠了，不方便，我就在你這裡長住了。」

　　從此之後，即便是白天，女子也會出現，唯獨不吃不喝，家裡人都能看見。書生的妻子很火大，看到這名女子就破口大罵，女子也笑而不答，非常忍讓。

　　書生吃下了女子給的藥後，恢復了健康，精神也比以前更好，父母沒有辦法，只能聽之任之。

　　這樣又過了一年多。有一天，書生經過街道，有一名道士看到他，對他說：「你身上妖氣甚重，快要死了。」書生把事情告訴道士，道士便拿兩張黃紙符咒給書生，說：「你拿著這兩道符咒回去，一張貼在臥室的門上，一張貼在床上，不要讓那女子知道。你和她的緣分還沒有徹底斷絕，等到八月十五的晚上，我會來你家。」當時是六月中旬。

　　書生回到家，按照道士說的貼上符咒。女子前來，到門口發現了，十分吃驚，怒道：「你怎麼如此薄情！不過，我可不怕符咒！」嘴上這麼說，卻始終不敢進來。過了好一會兒，女子大笑著說：「你把符取下，我有要緊的事跟你說。」

　　書生取下了符咒，女子進來，跟書生說：「郎君你長得帥，我很喜歡你，那個道士也喜歡你。我喜歡你，是想和你做夫妻，那個道士喜歡你，卻是想拿你當孌童。」書生恍然大悟，與女子和好如初。

　　到了八月十五這一天，書生和女子並坐欣賞月色，忽然聽到有人叫自己，回頭便看到那名道士在牆頭上露出半個身子。道士對書生說：「你和妖精的緣分已盡，我特意前來為你除妖。」

　　書生不樂意，但道士給了他兩道符咒，要他去把女子擒來。書生拿著符咒，十分猶豫，家裡人奪過符咒，將女子擒住。

　　女子哭著對書生說：「我早就知道你我的緣分已經盡了，本應該早早離去，就是為了一點兒癡情，現在惹來禍端。我和你數年恩愛，你是知道的。現在你我要永別了，我求你把我放在牆頭的陰涼處，不要讓月

光照到我，你能可憐可憐我嗎？」

書生見女子哭得梨花帶雨，不忍拒絕，就抱著女子來到牆頭下，揭開女子的符咒。

女子隨即高高跳起來，變成一片黑雲，飛走了。道士看到，也大叫一聲，騰空而起，追趕而去。

沒人知道他們去了哪裡。

——此精記載於唐代段成式《酉陽雜俎·前集卷十》、清代袁枚
《子不語·卷六》

142 匾精

清代，杭州有個孫秀才，夏天晚上在書齋裡讀書，忽然覺得額頭上有東西在蠕動，用手掃了一下，發現有數萬根白色鬍鬚從梁上的匾額垂下來，上面還有一張人臉，有七、八個水缸那麼大，有鼻子有眼，看著秀才笑。

孫秀才向來膽子很大，就用手去捋那鬍鬚，鬍鬚越來越短，最後消失不見，只有那張大臉還在。秀才搬來凳子，踩上去湊近看，發現什麼也沒有了。他從凳子上下來看書，那怪物又出現了。

連續幾天，都是如此。

有一晚，那怪物用鬍鬚遮住了秀才的眼，不讓他看書。秀才用硯臺砸它，發出「邦」的一聲響，如同敲木魚一般。

又過了幾天，秀才正要睡覺，那張大臉來到枕頭旁邊，用鬍鬚撓秀才的身體，秀才扔過去枕頭，大臉在地上來回跑，籟籟有聲。

家裡人聽了這件事，十分生氣，趕緊摘了匾，將之燒掉。之後，怪事再也沒有發生，過不久，秀才考取了功名。

——此精記載於清代袁枚《子不語·卷二十四》

143 賓滿

打仗時，三軍裡有種精靈名為「賓滿」，長得如同人頭，沒有身子，赤色的眼睛。它看到人時，就會旋轉；喊它的名字，它就會離去。

——此精記載於唐代釋道世《法苑珠林·卷第四十五》（引《白澤圖》）

144 八哥

清代，某甲養了一隻八哥，教牠說話，馴養得很靈巧。某甲很喜歡這隻八哥，連出門都和牠形影不離，就這樣過了好幾年。

有一天，某甲去絳州，離家很遠，盤纏用光了，正在發愁。

八哥說：「你為什麼不把我給賣了呢？賣到王爺家裡，肯定能有個好價錢，不愁回去沒有路費。」

某甲說：「我怎麼忍心呀！」

八哥說：「沒事，你拿到了錢，趕緊走，到城西二十里的那棵大樹下等我。」某甲就答應了。

某甲帶著八哥進了城，一人一鳥有問有答，引來很多人看熱鬧，王爺聽說了，就把某甲叫進府裡，問他賣不賣。

某甲說：「小人我和這隻鳥相依為命，不願意賣。」

王爺問八哥：「你願意留下來嗎？」

八哥說：「我願意！」王爺聽了，很高興。八哥又說：「給十兩銀子，別多給。」王爺聽了，更加高興，讓人拿來十兩銀子，交給了某甲。

某甲故意做出後悔的樣子，離開了。

王爺買了八哥，跟牠說說笑笑，很高興，還派人拿肉來餵鳥。八哥吃完了，說：「我要洗澡！」王爺就派人用金盆盛水，開了籠子。八哥洗了澡，在屋簷外飛來飛去，跟王爺說了一會兒話，大聲道：「我走了啊！」言罷，展翅飛走。王爺和僕人們四處尋找，也沒找到那隻八哥。

後來，有人在西安的集市上看到某甲和八哥。

——此精記載於清代蒲松齡《聊齋志異·卷三》

145 白頭公

三國時代，桂陽太守江夏人張遼，字叔高，離開鄢陵縣，隱居在家中，買了塊田地。田中有棵大樹，粗有十多圍（註：圍是計算兩隻手臂合抱長度的單位），枝葉很茂盛，遮住了幾畝地，使之不能長出農作物。

於是，張遼就派遣門客去砍掉它。眾人用斧頭砍了幾下，就有六、七斗紅色漿液流了出來。門客驚恐萬狀，回來向張遼報告。

張遼十分生氣地說：「樹老了，樹漿就紅了，怎麼能這樣大驚小怪！」他就自己穿好衣服去了，再砍那棵樹，竟然有大量的鮮血流出來。張遼命令門客先砍樹枝，枝上有一個坑洞，裡面有一個白頭老人，大約四、五尺長，突然跳了出來，直奔張遼而去。張遼抽出刀，一連砍掉了老人的四、五顆頭。旁邊的人都嚇得趴在地上，而張遼的神情卻還是像原來那樣鎮定。眾人仔細看那個死去的白頭老人，既不是人，也不是野獸，大家便順利地砍掉了那棵樹。

這一年，張遼被提拔為司空辟侍御史、兗州刺史。

——此精記載於漢代應劭《風俗通義校注·怪神第九》

146 白鼠

傳說有一種老鼠，全身毛白如雪，只有耳朵、腳和眼眶是紅色的，這種老鼠是金玉之精，在牠出沒的地方往下挖，可以挖出金玉。有人說，五百年的老鼠就會變白，但耳朵和腳不是紅色的話，牠就是一般老鼠，不是「白鼠」。

——此精記載於五代杜光庭《錄異記·卷之九》

147 白燕光

西晉取代曹魏的那一年，京城北面的城樓下有道白光，像是鳥雀的形狀，經常飛來飛去。

官署將這件事報告皇上，皇上派人用網去捉，結果捉到一隻白燕。皇上認為牠是神物，就用金絲做了籠子，放在皇宮內，但十天之後，白燕不知到哪裡去了。有人說：「這是興盛繁榮的好兆頭，從前師曠（註：春秋時代晉國的盲人樂師）的時候，就有白燕來築巢。」

——此精記載於晉代王嘉《拾遺記》

148 白耳

唐代，有個人叫郭元振，住在山裡。有一天，半夜時分，有個臉如圓盤的東西眨著眼睛出現在燈下。

郭元振完全不害怕，還慢慢拿起筆蘸了墨，在它的臉頰上寫道：「久成人偏老，長征馬不肥。」寫完讀了一遍，那東西就消失了。

幾天後，郭元振四處閒逛，發現一棵大樹上有個白耳，有幾斗那麼大，上面有他題寫的那兩句詩，這才明白過來。

——此精記載於唐代段成式《酉陽雜俎·前集卷十四》

149 卑

年代久遠的豬圈中會產生一種精靈，名為「卑」，長得如同美女。拿著鏡子喊它的名字，能夠讓人知道羞愧。

——此精記載於唐代釋道世《法苑珠林·卷第四十五》（引《白澤圖》）

150 蚌氣

清代，北京西郊有一座大型的皇家園林，名為「暢春苑」，前有小溪。乾隆年間，每當雲陰月黑時，當班的內侍就會看到半空中閃閃發光，如同懸著一顆星星一般。大家很詫異，就過去尋找，發現那道光芒從小溪中發出，由此知道溪流中肯定有寶貝。

於是，大家偷偷商議，決定去探個究竟，最終從小溪中抓到一個大蚌，直徑有四、五寸，剖開得到兩顆珍珠，它們跟棗子一般大，長在一起，像葫蘆一樣。大家不敢私自藏匿，便獻給皇上。這顆珍珠後來被用在皇上的朝冠之頂，看來是個很吉祥的東西。

——此精記載於清代紀昀《閱微草堂筆記‧卷十九》

151 皮袋

周靜帝初年，居延部落的領袖名叫「勃都骨低」，性格高傲殘暴，奢侈安逸，喜歡玩樂，居住的地方非常華麗。

有一天，忽然有幾十人來到門前並走進來。一個人首先介紹：「我是省名部落的酋長，叫成多受。」但勃都骨低從來沒聽說過這個部落。

接著，成多受把下面的幾十個人都一一做了介紹。「這幾十個人，有姓馬的、姓皮的、姓鹿的、姓熊的、姓獐的、姓衛的、姓班的，但是名字都叫『受』，只有我這個首領叫『多受』。」

勃都骨低說：「你們有什麼本領？」

成多受說：「通曉擺弄碗、珠等器物，生性不喜歡世俗之物，博覽群書，通曉經義。」勃都骨低聽了很高興。

這幾十個人中，有一個唱戲的立即上前說道：「我們肚子餓，咕咕嚕嚕地響，能不能給我們一點兒吃的？」

勃都骨低就命人給他們端上飯菜。

這幫人吃飽喝足後，表演了很多精彩的雜耍。

第二天他們又來了，表演的把戲和昨天一樣。如此一連表演了半個月。勃都骨低覺得很煩，就不招待他們了。

這幫人很生氣，說：「主人，請把你的娘子借給我們試一試。」然後就把勃都骨低的兒女、弟妹、甥侄、妻妾等，全都吞到肚子裡去。那些人在肚子裡哭哭啼啼地請求要出來。

勃都骨低感到恐慌害怕，便走到階下來磕頭，哀求把親屬放回來。

這幫人笑著說：「這沒關係，不要愁。」很快就把人吐了出來。

不過，勃都骨低內心很生氣，想殺死這幫人，就派人祕密地查訪，見他們走到一座古宅院的牆基就消失了。

勃都骨低派人挖那牆基，挖了幾尺，在瓦礫下發現一個大木籠，籠中有幾千隻皮袋。籠旁有很多穀粒、麥粒，用手一碰就變成灰。從籠中得到一份簡書，文字已經磨滅了，不能辨識。

勃都骨低知道是這些皮袋作怪，想要弄出來燒了它們，皮袋們就在籠子裡哭喊道：「我們是都尉李少卿的搬糧袋，在地下經過很長的歲月，現在已經有了生命，被居延山神收為唱戲的。請求你看在山神的情分上，別殺我們。從此我們不敢再騷擾你的府第了。」

勃都骨低還是把那些皮袋全燒了，它們全都發出冤枉的痛楚之聲，血流滿地。

後來，勃都骨低全家在一年之中都病死了。

——此精記載於唐代牛僧孺《玄怪錄·卷二》

152 陜中板

三國的吳國，有一個豫章人叫聶友，年輕時很窮，喜歡上山打獵。

有一天，聶友發現一隻白色的鹿，就放箭射中了牠。他尋著血跡追趕，但沒有找到。聶友又餓又睏，就躺在一棵梓樹下休息。一抬頭，就看到他射鹿的那支箭插在樹枝上，他覺得很奇怪，就回到家裡，準備了乾糧，率領子弟帶著斧頭來伐樹。

眾人砍的時候，樹流出血來。聶友覺得不吉利，就把它破成兩塊板子，扔在河上。這兩塊板子常常沉下去，也常常浮上來。凡是浮出來的時候，聶友家中必然有吉事。

聶友到外地迎送賓客，也常乘坐這兩塊板。有時候，板子載人浮在河流當中時會往下沉，客人十分驚懼，聶友就喝斥那木板一番，它就浮上來了。

後來，聶友平步青雲，官位一直到了丹陽太守。有一次，那兩塊板子忽然隨他來到石頭城，他大吃一驚，心想，這時兩塊板子來，恐怕會

有不祥的事情發生，於是就解職回家。

他把兩塊板子夾在手臂下，一天之內就回到家中。從此之後，板子再出現，就是可能要發生凶禍。

——此精記載於晉代陶潛《續搜神記·卷八》

153 炮神

江西南昌城裡的官署照牆後方，有幾間老房子，是原來的炮局。清代咸豐三年，太平軍圍城，在沙井這個地方安營紮寨。當地有個文孝廟，被太平軍占領，廟的牆壁非常厚，從南昌城裡發射大炮，炮彈也打不穿。

有一天晚上，某甲經過照牆，看見十幾個黑臉人從炮局裡出來，說願意幫助官軍擊殺太平軍。第二天，某甲到屋子裡去找，發現裡面空空蕩蕩，這才知道那些黑臉人是精怪。某甲將事情報告官府後，官府從炮局的地下挖出許多炮，有大有小，十三尊大炮每尊重三千斤，還有一尊重四千斤。

眾人將這些炮拉到炮臺，朝著文孝廟發射，頓時牆倒屋塌，炸死了無數的太平軍，南昌之圍遂解。

後來，南昌人都稱當初的那十幾個黑臉人為「炮神」。

——此精記載於清代俞樾《右台仙館筆記·卷八》

154 彭侯

彭侯是樹木之精，長得像一條黑狗，只是沒有尾巴。

三國時代，東吳建安太守陸敬叔派人去砍伐一棵大樟樹。剛砍了幾下，就看見血從樹裡往外湧出。當那人把樹砍斷的時候，一個人面狗身的怪物從樹裡衝了出來。陸敬叔指著這個怪物，對手下說：「這個東西叫『彭侯』。」後來，陸敬叔把這個怪物烹煮來吃，味道與狗肉差不多。

——此精記載於唐代釋道世《法苑珠林·卷第四十五》(引《白澤圖》)、
晉代干寶《搜神記·卷十八》

155 蓬蔓

唐代，山西靈石縣南，夜裡經常鬧妖怪，所以當地沒人敢在晚上路過那裡。

元和年間，有個叫劉皂的人在河西當官，後來辭職，入汾水關，晚上到了靈石縣這個鬧妖怪的地方。

劉皂看到一個人站在路旁，長得十分怪異，自己騎的馬也忽然驚叫連連，將他甩了下來。劉皂暈頭轉向，過了很久才爬起來。路旁的那個人就走過來解開劉皂的青色袍子，自己穿上。劉皂以為對方是強盜，不敢和他打鬥，就捨棄衣服逃走了。

劉皂走了十幾里路後，碰到趕路的人，把這件事情告訴對方。趕路的人說：「那地方向來鬧妖怪，不是什麼強盜。」

第二天，有從縣南來的人，說碰到了奇怪的事情：「縣南那邊，野地裡有個蓬蔓，長得像人形，身上穿著一件青色的袍子，太奇怪了！」劉皂聽了，趕緊去看，果然看到那青袍正是自己被搶去的袍子。

當地人這才明白，一直搗亂的那個妖怪，竟然是蓬蔓精。大家便把蓬蔓燒了，以後就再也沒出現過蹊蹺的事。

—— 此精記載於唐代張讀《宣室志·卷五》

156 木龍

鄱陽湖裡有一根巨木作祟，乘風鼓浪，昂頭搖擺，遠遠看上去就像一條龍，所以當地人都稱之為「木龍」。凡是冒犯它的人，都會船毀人亡，向它祈禱，則會很靈驗。

有一次，有十幾條船經過鄱陽湖，船上的人聽說了這件事，都覺得是胡說八道，結果到湖中時，被木龍撞擊，船全都沉沒了。

—— 此精記載於清代董含《三岡識略·卷二補遺》

157 馬絆

元代，有個人叫馮夢弼，騎著馬到蠻夷之地，當地的驛站官員告訴他，天快黑了，有一種叫馬絆的精怪在江上，千萬不能過去。馮夢弼不聽，果然遇到了怪物，那東西靠近時，腥氣逼人。所謂的馬絆就是螞蟥精（註：螞蟥包括水蛭和旱蛭），凡是遇到的人都會被吃掉。

——此精記載於明代謝肇淛《五雜俎·卷十五》

158 墨精

唐玄宗李隆基御案上用來書寫的墨，被稱為「龍香劑」。有一天，唐玄宗看到墨塊上有個小道士，大小如同蒼蠅一般，在上面嬉戲。唐玄宗喝斥了一聲，這東西立刻跪拜，稱道：「萬歲，臣是墨精，也被稱為黑松使者，凡是世間有文采的人，使用的墨塊上都有十二個叫龍賓的守墨神靈。」唐玄宗覺得很神奇，就將墨塊賞賜給手下的文官。

——此精記載於唐代馮贄《雲仙雜記·卷一》

159 美人圖

南北朝北齊時代，有個人叫崔子武，小時候住在外祖父揚州刺史李憲家，夜裡夢見一個女子，姿色出眾，自稱是龍王的女兒，願意與崔子武私下交好。崔子武很高興，牽著她的衣袖，結果用力過大，把袖子撕破了。二人纏綿一晚，天沒亮，女子就告辭了。臨走時，崔子武在她的衣帶上打了一個結。

到了白天，崔子武去山祠中遊玩，看到旁邊的牆上掛有一個女子的畫像，容貌體態就是夢中見到的那個女子，再看畫上，女子的衣袖被扯爛了，而且衣帶上也打了一個結。崔子武自然明白了夢中的女子就是畫上的這個女子，然後恍恍惚惚得了病。

自此之後，女子每晚都出現在崔子武的夢中，後來，崔子武遇到一個醫生，治好了他的病，女子就不來了。

清代，有個人叫秋子豐，擅長畫畫。有一天，他畫了一個美人，看見兒子秋成站在旁邊看畫，就戲弄他說：「等你長大了，讓這個美人給你做媳婦。」秋子豐把畫裱起來，掛在兒子的房間裡，每到吃飯的時候，秋成就說：「哎呀，不能把我媳婦餓壞了。」然後特別盛一碗飯放在畫前供養。

秋成長大後，儘管知道父親在戲弄自己，卻依然珍惜這幅畫，上私塾寄宿時，也把這幅畫帶在身邊。

私塾離住處有點遠，秋成在住處吃早飯和午飯，然後就帶著乾糧當晚飯。第一天，秋成吃晚飯時，發現乾糧不見了，第二天還是如此，覺得很奇怪，就偷偷趴在窗戶上看，看見一個美女拿著他的食物在吃，仔細觀察，這女子分明就是畫上的那個女子！

秋成趕緊推開房門進去，發現女子不見了，那幅美人圖還在牆上，以為自己眼花了。

隨後的幾天，食物都還在，但再過幾天，食物又不見了。

這天，秋成守在門邊，等那女子從畫上離開，剛一落地的時候，秋成就衝進去，一把抱住那女子，笑道：「偷食物的人，今天我總算是抓住你了！」

女子驚道：「嚇死我了，請你放開我，我的確有罪，但絕不會畏罪潛逃。」

秋成放開她，回頭看看畫，發現畫上的美人還在，就問：「我剛才看見你從畫上下來，怎麼上面還有美人呢？」

女子說：「我是畫精，所以能離開紙。」

秋成就問：「你為什麼吃我的飯呢？」

女子回答說：「我覺得你的食物就是我的食物，所以就吃啦。」

秋成覺得好玩，就說：「原來你吃什麼？」

女子說：「這說來話長了，我既然吃了你的食物，讓你沒東西吃，那就給你賠罪吧。」

房間裡有碗櫥，原本空空如也，女子走過去，從裡面拿出許多酒菜，擺了滿滿一桌。

秋成驚訝道：「你怎麼拿出這麼多酒菜？」

女子笑道：「新婚初宴，當然不能馬虎。」

二人吃飯時，女子說：「多年前，你的父親畫了我，讓我給你當媳婦，你們每天都供我飯菜，我得了食氣，就修練出形體。之前不出來見你，是因為你還年少，現在你已經長大了，我就出來和你相會。」

秋成喜出望外，就和女子結成了夫妻。

不久後，秋成的母親病故，秋成的弟弟秋收才四歲。父親秋子豐忙裡忙外，苦不堪言，就娶了一個許氏當續弦。許氏這個人十分勤儉，但對秋收很不好。當時是冬天，秋收每次吃飯都會哭，秋子豐就說：「為什麼哭呀？難道是怕你的繼母不喜歡你？我餵你吧。」他拿起碗，發現那碗滾燙，這才明白是許氏故意用熱碗燙秋收。秋子豐心裡痛恨許氏虐待自己的孩子，但無可奈何。等許氏生了孩子，對秋收更加惡毒了。

秋收九歲的時候，秋成已經考取生員到縣裡上學了，秋子豐就讓秋收當秋成的伴讀，並且囑咐秋成沒事別讓秋收回家。

過了不久，秋子豐死了，出殯後，秋成帶著秋收回來祭祀父親。有一天，秋成出去辦事回來，發現秋收不見了，詢問別人，有個學生說：「你繼母許氏把秋收帶走了。」秋成很驚慌，趕緊去家裡找許氏，許氏說沒看見。

秋成回來，跟妻子商量，妻子說：「弟弟雖然有難，但不會有性命之憂，等到晚上，我和你一起去救弟弟。」

到了晚上，妻子帶著秋成來到繼母家的門口，見大門緊閉，妻子拉著秋成的手，騰空而起，翻牆而入，在地窖裡發現了被捆成一團的秋收。兩人把秋收帶回來，並從秋收的舌頭上拔出兩枚銀針，秋收已經奄奄一息了。

妻子說：「我可以保全弟弟，但是必須要和你暫別了。」秋成點頭答應。

妻子又說：「我已經懷孕了，將來會生下孩子，你替我們的孩子取個名字吧。」秋成說：「名字你取就行了。」

妻子答應，然後帶著秋收離開了。秋成將妻子送出門外，她就消失不見了。

他回來看那幅畫，畫上的墨蹟變得極為模糊。

許氏知道秋收被秋成救走了，就想害死秋成。秋成一直躲避她，許氏給他飯菜，秋成把飯菜拿去餵狗，狗就被毒死了，自此，秋成都說自己不餓，夜裡也不敢在家裡睡覺。

儘管繼母對自己狠毒，但秋成依然很孝順，每五天就一定回家看繼母的柴米夠不夠，關懷備至。

許氏和秋子豐生下的孩子叫秋給，漸漸長大，秋成就想讓秋給隨自己一起讀書，但許氏生怕秋成會暗害秋給，遲遲沒答應。後來，秋成幾次三番勸說，許氏見秋成對待秋給如同親生弟弟一般，也就答應了。兩人之間的關係也就越來越好。

過了幾年，秋成去府城參加歲考，在路上聽說許氏暴病死掉了，趕緊回家。不僅將許氏下葬，還盡心地撫養秋給。

後來，秋成去省裡參加鄉試，忽然覺得後面有人拉自己，並且說：「哥哥，你去哪裡呀？」回頭一看，竟然是秋收！

秋成大喜，帶著秋收回到房間，指著秋給說：「這是我們的弟弟，許氏已經死去三年多了，留在家裡無人照顧，就一起帶來了。」

秋收說：「嫂子跟我說過。我今年就到去縣學學習的時候了。」

秋成問他們住在什麼地方，秋收說：「我現在住的地方離你有三百里，嫂子對我很好，還請名師教我，家裡也很富足。對了，嫂子生下的侄子已經十三歲了。」秋成聽了，十分高興。

考完試後，兄弟一起回家，妻子出門迎接，秋成看了一下，妻子依然那麼年輕，和當初沒什麼變化。

進了屋，妻子叫兒子給父親行禮，兒子長得很清秀。

秋成說：「你們母子在此過得不錯，為什麼不叫我來呀？」

妻子說：「許氏過世後，我叫秋收去請你回家，沒想到秋收一聽到許氏，嚇得面如土色，所以就拖延到現在。」

秋成就把自己和許氏的事情說了一遍。妻子說：「你以德報怨，所以這次一定能金榜題名。」秋成不明白，問妻子，妻子說：「等到放榜的時候，你就知道了。」

秋成考試時寫的卷子，閱卷的人看了之後覺得並不好，正要判他落榜的時候，忽然看到一個女鬼跪在自己面前磕頭，考官大驚，取來卷子，

那女鬼就消失了，再要放下，那女鬼又出現。如此幾次三番，考官便把這件事報給主考官，主考官聽了，接過卷子，也發生了同樣的事情。主考官覺得奇怪，就對那鬼說：「你去吧，我一定讓秋成考中。」女鬼連連磕頭，消失了。

等到放榜的時候，秋成見自己果然考中，就去拜會考官。考官說：「你之所以考中，是因為一個女鬼。」便把事情跟秋成說了一遍，秋成痛哭流涕：「那女鬼，就是我的繼母許氏呀！」因為秋成孝順，所以大家都很敬重他。

有一天，秋成收拾箱子，看到放在裡面的那幅美人圖，就對妻子說：「要不要掛起來？」妻子說：「弟弟、兒子都在跟前，你掛這幅畫不是不給我面子嗎？」秋成說：「燒了會怎麼樣？」妻子說：「燒畫的那一天，就是我和你永別的那一天。」

又過了很多年，秋成和妻子有了孫子，孫子百日這天，秋家祭祀祖先。秋成看見妻子拿著美人圖，連同祭祀的紙錢一起燒掉。秋成大驚，跑過去和妻子爭奪，但畫已經燒成了灰燼。妻子站在煙裡，隨風飄散，很快就不見了。

——此精記載於唐代丘悅《三國典略》、清代解鑑《益智錄·卷之八》

160 毛門

年代久遠的集市會產生一種名為「毛門」的精靈，長得像蕈菇，沒有手腳。如果喊它的名字，它就會離開。

——此精記載於宋代李昉等《太平御覽·卷八百八十六》

（引《白澤圖》）

161 滿財、忽、室童

蓋了三年而不居住的房子，裡面就會出現「滿財」，這種精怪長二尺，看到人就會雙手捂臉，如果人遇見了，就會有福氣。

蓋了三年而不居住的房子，會出現名為「忽」的精怪，長七尺，如果人遇見了，就會有福氣。

蓋了三年而不居住的房子，會出現一個小孩，長三尺、沒有頭髮，見到人會捂住鼻子，如果人遇見了，就會有福氣。日本的座敷童子，就來源於室童。

——此精記載於唐代釋道世《法苑珠林·卷第四十五》（引《白澤圖》）

162 門扇

唐代乾元年間，江寧縣縣令韋諒在堂前忽然看見一個小精怪，用下嘴唇蓋著臉，來到放燈的地方，離去了又跑回來。韋諒派人追它，結果它消失在臺階下。

第二天早晨，韋諒派人在它消失的地方挖掘，挖到一塊舊門扇，長一尺多，頭像荷葉捲起的形狀。

——此精記載於唐代戴孚《廣異記》

163 蟒過嶺

清代，人們可以從水路抵達湖北武岡州。某甲去武岡，帶著家眷從水路走，一路上都是崇山峻嶺、茂樹密箐。

有一天，船在水中行，忽然聽到河灘上有人在敲鑼，某甲便開口詢問他。

對方說：「今天蟒過嶺，必須停船，否則會出現禍事。」

某甲問：「你怎麼知道蟒蛇要過嶺？」

對方說：「我在這裡燒山，向來都有固定的時間，蟒蛇知道，往往會提前半個月起從南邊到北邊，等我在北邊燒山，牠們就會從北邊到南邊去。牠們來的時候，一定會有大風阻擋河上的船隻，然後牠們才能過河。今天早上狂風大作，所以我知道。」

某甲問：「牠們在什麼地方過嶺？」

對方說：「距離此處一里多路，抬頭就能看見。」

過了一會兒，風越來越大，但見山上樹梢的樹葉都低垂，露出一個蟒頭，大如十個石甕，徐徐從山下的河流中過去，頭已經進入北山，尾巴還在南山，身體起碼有三、五百丈長。一條蟒蛇過去，又來一條，也差不多長，相接而行，蟒蛇的身體也越來越小，整整一個晚上才過完。

當地人說：「這些黑蟒性格溫順善良，從來不傷人。」

——此精記載於清代袁枚《續子不語‧卷十》

164 蟒精

清代乾隆年間，內閣學士札公的祖墳裡有一條巨蟒，出來作祟。牠經常和看墳人的老伴——劉老婆子——一起同床睡覺。據劉老婆子說，巨蟒盤曲著幾乎占滿了床，巨蟒一來，她就給牠燒酒喝，把酒倒進大碗裡，巨蟒抬頭一聞，杯中的酒就減少了一分多，剩下的酒就味淡如水了。

巨蟒有時候會附在劉老婆子身上給人看病，也多有靈驗。

有一天早晨，有人要買這條巨蟒，給劉老婆子八千錢，趁著巨蟒酒醉時把牠抬走了。那人走了之後，劉老婆子忽然發病說：「我待你不薄，你竟然賣我，我要了你的命。」並不停地打自己的嘴巴。

劉老婆子的弟弟跑去報告札公。札公親自去看，也沒有辦法。過了幾刻鐘，劉老婆子就死了。

這條巨蟒活了很多年，據說所在的地方在北京西直門一帶，當地人叫紅果園。

——此精記載於清代紀昀《閱微草堂筆記‧卷十一》

165 盟精

古人稱隨葬品為盟器，這些東西因接觸陰氣，日久就會出現異變。

唐代，有個人叫李華，小時候和五、六個同伴在濟源山莊讀書。半年後，有一個鬚髮皆白的老頭，每天晚上站在院牆上，拿著一袋拳頭大

小的石頭砸李華他們。一連幾個月，李華等人深受其苦。

鄰居裡有一個姓秦的別將，以善於射箭聞名。李華拜見他，詳細說了這件事。秦別將很痛快地拿著弓箭來到山莊等候。

晚上，那個老人又來了，和以前一樣，不停地投擲石頭。秦別將便在亂石的空隙中射箭，只發一箭便射中了他，走近一看，原來是一個木製的陪葬器皿。

唐玄宗天寶年間，潁陽蔡四是個很有文采的人。每當他吟詠詩詞的時候，就有一個妖精來到他的床上，有時向他詢問道理，有時與他一起欣賞詩詞。

蔡四問他：「您是什麼鬼神，降臨光顧？」

妖精說：「我姓王，家裡排行老大。因為羨慕你的才華品德而來。」

蔡四一開始很害怕，以後漸漸與他親熱起來。

蔡四的朋友有個小僕人能看見不尋常的東西，蔡四試著讓他觀察，小僕人嚇得戰戰兢兢。蔡四問他，那妖精長什麼樣子，小僕人說：「我看見有個大妖精，身高一丈多，還有幾個小妖精跟在後面。」

過了一段時間，妖精對蔡四說：「我想嫁女兒，臨時借你的房子用幾天。」蔡四不得已，只能答應。過了幾天，妖精說：「我們要設齋。」想向蔡四借食物器皿及帳幕等一些東西。如此種種，經常提出各種要求。

因為家中出現妖精，蔡四便讓全家人都隨身帶千手千眼佛的符咒，妖精就不來了。但是，如果有豐盛的葷血食物，那麼妖精一定會來。

後來，蔡四在這些妖精的後面跟蹤，走了五、六里，來到一處樹林中的墳地時，它們就不見了。

蔡四記住消失的地點，第二天帶人去查看，發現那裡是一個荒廢的墳墓，墓中有幾十件陪葬的器物，當中最大的陪葬人俑，腦門上有個「王」字。蔡四說：「這個大概就是王大吧。」然後眾人堆積柴草，將這些培葬器物全都焚燒掉，妖精也就從此滅絕了。

——此精記載於唐代戴孚《廣異記》、唐代谷神子《博異志》

166 浮橋船

宋代，澶州有個黃河浮橋，七十多艘船連在一起，用一千多條江藤做的纜繩拴著。河中間的一條船，經常會發出叫聲，當地人都稱之為「大將軍」，據說已經有很多年了。

有一天，這艘船突然消失不見了，過了十幾天，才從下游逆流而上。當地官員打了它二十棍，依然拴在原地，自此之後，它再也沒有發生過怪異的事情。

——此精記載於宋代章炳文《搜神秘覽》

167 髮切

髮切，是一種專門剪取人頭髮的精怪。

南北朝劉宋時代，淮南郡有個怪物專門取人的髮髻。太守朱誕說：「我知道它是什麼。」於是，買了很多木膠塗在牆壁上，夜間有一隻蝙蝠，像雞那麼大，落在牆上，被黏住了。把牠殺死之後，就再也沒有這種事發生了。觀察那隻蝙蝠，旁邊的鉤簾下已有數百個人的頭髻。

唐代貞元年間，有個離家遠遊的人叫木師古。有一天，他行走在金陵一帶的村落裡，天晚了，到一個古廟中住宿，僧人就送他到一間簡陋的屋子裡安歇休息。寺院裡有一間很寬敞的客房，那裡原是有客廳的，卻密閉著不打開。木師古覺得僧人怠慢自己，很生氣，就責備僧人。

僧人說：「不是我們吝惜這間屋子，完全是因為從前住在這裡的人全都會得重病。我到這裡已經三十多年，前前後後大約傷了三十個人，客廳也已經關閉一年多了，再也不敢讓人住在那裡。」

木師古堅持要住，僧人只能照辦。到了二更時分，木師古忽然覺得很冷，就醒了，發現好像有東西在搧扇子一樣，木師古就暗暗地抽出刀子砍了過去，好像砍中什麼東西，就再也沒有別的什麼動靜了。

到四更時分，先前的扇子又搧起來，木師古又揮起刀子砍中了對方。天亮後，寺裡的僧人來敲門，在床邊看見兩隻被砍死的銀白色蝙蝠，翅膀長一尺八寸，眼珠又圓又大。

按照《神異秘經法》上說：「百年的蝙蝠，從人的口裡吸收人的精氣，用來求得長生。活到三百歲時，變化成人形，能飛行遊遍三界三十二天。」據此判斷，這兩隻蝙蝠還不到三百歲，神力還屬劣等，才會被木師古殺死。

——此精記載於南北朝劉義慶《幽明錄·卷三》、唐代谷神子《博異志》

168 飛龍

有一種山精，長得如同龍，雙角赤紅而斑斕，名為「飛龍」。如果碰到它，喊它的名字，就不會受到傷害。

——此精記載於南北朝劉敬叔《異苑·卷三》

169 楓鬼

傳說雲南、貴州和四川一帶，有一種精怪叫「楓子鬼」，就是成年累月的老楓樹，變成老人的模樣，所以又叫「靈楓」。

南北朝時代，撫州的麻姑山，有人攀登到山頂，往四外望去，山川河岳，一覽無餘。山上生長著很多古樹。有棵活了幾千年的老樹，已經化成人形，眼、鼻、口、臂全有，但沒有腳。進山的人經常能見到它，如果有人從它身上弄掉一小塊，傷口就會出血。有的人曾經把藍草像戴帽子那樣蓋到它的頭上，第二天去看就全都沒了，這個楓精就是楓鬼。

唐代，江東江西的山中，有許多楓人，生長在楓樹之下，像人形，高三、四尺。夜間下雷雨時，它就會長得跟樹一般高，但見到人就會縮回去。曾經有人把竹笠扣到它的頭上，第二天去看，竹笠居然掛到樹梢上去了。乾旱的時候，如果想要求雨，就用竹針扎它的頭，然後舉行求雨的儀式，就會下雨了。人們會把它從山上弄回來，做成占卜用的盤子，極其靈驗。

——此精記載於南北朝任昉《述異記》、唐代張鷟《朝野僉載·卷六》、
宋代李昉等《太平廣記·卷第四百七》（引《十道記》）

170 碓柵

　　弘農當地，有個人叫徐儉。一天，有個客人前來投宿。客人有匹馬，半夜時驚跳，客人被吵得不得安睡，就騎馬離去。忽然有個一丈多長的怪東西，跟著馬追趕，客人拉弓射箭，射中那怪東西，發出砰砰的聲響。第二天去尋找，發現被射中的竟然是一個碓（ㄉㄨㄟˋ）柵（註：碓是搗米的用具，碓柵是放碓杵的木架）。

——此精記載於南北朝劉義慶《幽明錄·卷三》

171 磴精

　　清代，有個人叫高睿功，他家的院子裡鬧妖怪。晚上，家人行走時，經常能看到一個一丈多高的白衣人躡手躡腳跟在後面，伸出手遮擋人的眼睛，它的手非常冰冷。

　　高睿功沒有辦法，就把院子封閉了，在別的方向重新開了一扇門出入。沒想到，白衣人變得肆無忌憚，白天也現身。

　　有一次，高睿功喝醉了，坐在大廳上，看見白衣人站在柱子旁，拈著鬍鬚，雙目微閉，看著天空，好像沒有發現高睿功一般。

　　高睿功偷偷來到它的身後，揮拳打去，結果打到柱子上，雙手出血。再回頭，看見白衣人已經站在石階上。高睿功跑過去想繼續打，沒想到被地下的苔蘚滑倒，仰面朝天地摔在地上。白衣人看了大笑，伸出手要打高睿功，但腰無法彎下來，想伸出腳踢高睿功，但腳太長不能抬起來，於是變得憤怒無比，繞著臺階就想逃走。

　　高睿功站起身，抱住白衣人，用力地把他掀翻，白衣人便倒在地上消失了。

　　高睿功把家人叫過來，在白衣人消失的地方開挖，挖了三尺，發現一個白瓷做的坐磴。

　　眾人把它擊碎後，家裡就再也沒有鬧過妖怪。

——此精記載於清代袁枚《子不語·卷十九》

172 岱委

玉石之精名為「岱委」，穿著青色的衣服，長得如同美女。

如果碰見了，用桃木做成的戈刺它，並且叫它的名字，就能抓住它。

——此精記載於唐代釋道世《法苑珠林·卷第四十五》（引《白澤圖》）

173 盜髻

南北朝時代，琅琊費縣有戶人家，家裡經常丟東西，剛開始以為遇到賊了，但發現門窗都是好好的。主人就圍著宅子巡查，發現籬笆上有個洞，可以容納人的手臂，而且十分滑潤，像是什麼東西進出過。主人想到一個方法，就在洞口下了一個繩套。晚上，他忽然聽到外面傳來怪聲，走過去，發現繩子上扣住了一團頭髮，三寸多長。從此之後，怪事就再也沒有發生。

清代，長山某人，家裡經常會有個客人前來，與他談天說地，但他根本就不認識這個人，所以就有些懷疑。客人經常向村子裡的人借東西，如果不借給他，東西很快就會丟失。大家都懷疑他是狐狸所變的。村北的古墓有個大洞，深不可測，有可能他就住在那裡。

有一次，大家趴在古墳旁邊聽，聽到裡面彷彿有很多人在嘀嘀咕咕，過了一會兒，有一寸多長的小人從裡面跑出來，數目眾多。大家趕緊跳出來，用棍棒擊打。木棒打過去，會發出一團團的火光，等火光消失了，就發現一團頭髮掉在地上，有著又騷又臭的味道。

——此精記載於南北朝劉敬叔《異苑·卷八》、清代蒲松齡
《聊齋志異·卷三》

174 鬥鼎

唐代，有個人叫李適之，不僅家裡富貴，為人也很豪爽，經常把鼎擺在庭前，用它來準備飯食。

一天早晨，院中的鼎突然跳起來互相鬥鬥，家僮報告李適之。李適

之來到院中，擺酒祭祀，但鼎還是打鬥不止，由於打得過於激烈，鼎的耳和腳都打落了。

第二天，李適之就被罷了相，改任太子少保。當時人們覺得他的禍事還沒有停止。

不久，他被李林甫陷害，貶為宜春太守。李適之的兒子李霅，是衛尉少卿，也被貶為巴陵郡別駕。李適之到了州上，不到十天就死了。當時人們認為是被李林甫迫害死的。

李霅把父親的靈柩運回東都洛陽。但李林甫怒氣未消，叫人誣告李霅，在河南府把他打死了。

後來，人們覺得那些鼎相互打鬥，似乎是在預示著什麼。

——此精記載於唐代鄭處誨《明皇雜錄·卷上》

175 提燈小童

明代，有個姓張的老頭，晚上從田野裡回家，忽然看到有個小童挑著燈前來，說：「我特意來接老人家你！」張老頭很懷疑，伸出手扶著小童的手臂前行，到了有人家的地方時，燈籠突然熄滅，小童也不見了。張老頭仔細一看，自己手裡抓著的，竟然是一把破舊的笤帚。

——此精記載於明代鄭仲夔《耳新·卷之七》

176 鐵鼎子

唐代，有個姓韋的書生，有個膽子很大的兄長（以下稱韋兄），說平生沒有懼怕的事物，聽說哪裡有兇惡的宅第，就會獨自到那裡過夜。

書生把這件事說給同僚聽，同僚中有一個人想試試韋兄，聽說延康裡西北角有個宅子，經常有許多怪物出現，就把韋兄帶到那間宅子。

大家為他準備了酒肉，一到天黑就全都離開了。

韋兄因為喝了酒，身上發熱，就袒露著身體睡下了，半夜時分才醒，看到一個小男孩，有一尺多高，身短腿長，顏色很黑，從池子裡爬出來，

慢慢地向前。小男孩過來後，便繞著床走。

過了一會兒，韋兄轉身仰臥著，就覺得那東西上床了。然後，他覺得有一雙小腳爬到自己的腳上，像鐵那樣冰，直涼透心。等到小男孩漸漸爬到自己的肚子上時，韋兄猛地伸手，抓住對方，結果發現那小男孩變成了一個古代的鐵鼎子，已經缺了一腳。於是，韋兄便用衣帶把鐵鼎子繫在床腳上。

第二天早晨，大家一起過來，韋兄將晚上的事情說了一遍。有人用鐵杵砸碎了那個鐵鼎子，發現裡面有血。

——此精記載於唐代牛僧孺《玄怪錄·補遺》

177 土羊

隴州汧源縣有座土羊廟，傳說當年秦始皇修建御道時，看到兩隻白羊在爭鬥，就派人驅趕，白羊跑到一個地方後變成土堆。驅趕的人很驚訝，回來稟告秦始皇。秦始皇來到土堆旁，看見兩個人站在路邊跪拜。秦始皇問對方的底細，兩個人回答說：「我們不是人，乃是土羊，因為陛下你來到此地，所以特意現身相見。」說完後，這兩個人就消失了。秦始皇便下令在當地修建廟宇，祭祀供奉。

——此精記載於宋代李昉等《太平廣記·卷第二百九十一》
（引《隴州圖經》）

178 兔精

清代，某甲十分擅長使用鳥銃，經常跑到野地裡打兔子，只要射擊便百發百中，從來沒有失過手。

有一天，某甲遇到一隻兔子，看到他拿著鳥銃，兔子就如同人一樣站立起來，雙眼憤怒地圓睜，死死地盯著自己。某甲舉起鳥銃射擊，忽然炸膛，傷了自己的手指，而那兔子也消失得無影無蹤。

某甲知道是兔精報冤，從此之後再也不打兔子了。

——此精記載於清代紀昀《閱微草堂筆記·卷七》

179 褪殼龜

清代，揚州的某甲，家裡很富裕，但養的雞鴨狗豬等家畜，經常無緣無故就不見了，全家都覺得很奇怪。

有一天，有個乞丐經過家門，仔細觀察了他家的宅子，問道：「你家養的東西，是不是經常丟失？」某甲覺得很奇怪，就問道：「的確如此，你是怎麼知道的？」

乞丐冷笑道：「你馬上就要遇到禍事了，趕緊做準備，不然連人都無法保障安全。」某甲忙問：「你有辦法嗎？」

乞丐說：「此乃妖物作祟，不知道什麼來頭，你要是給我一吊錢買酒，我可以試一試。」某甲就答應了乞丐。

乞丐在家裡四處溜達，來到廚房，看到一口水缸，就說：「應該是在這裡了。」乞丐要這家人去買了一方豬肉，煮到半熟，用鐵鉤鉤住，掛在柱子上，然後躲在旁邊觀看。果然看到從水缸下爬出一個東西，一口咬住肉，同時被鉤子鉤住。那東西有一尺多長，長得如同蜥蜴一樣。

乞丐說：「這東西名叫褪殼龜。幸虧你是遇到我，這東西剛剛完成變化，再過一年多，就能吃人了，到時候你一家老小恐怕都要被吃了。」

某甲很吃驚，想起家中曾經養了一隻大龜，已經消失不見很多年了，就覺得應該是那隻大龜所變。四處尋找，果然在牆下的狗洞裡發現了龜殼。大概是因為狗洞太小，龜不小心爬進去，被殼卡住，身體猛然向前，就從殼裡鑽了出來。

乞丐說：「這龜殼是好東西，乃是化骨的妙藥，骨頭、皮肉一碰到它，即使只沾染一點，都會被悉數化去。」說罷，乞丐將褪殼龜、龜殼剁成肉泥，連同地上的血跡也一起弄乾淨，裝進瓦罐，埋入深山中。

第二年，某甲舉辦酒宴，夏天天氣炎熱，有個客人在門前露宿，早晨起來，發現他的身體竟然化成血水，只剩下了頭髮。某甲因為此事，吃了官司，傾家蕩產。後來，那個乞丐又來了，說：「這件事要怪我，當時沒收拾乾淨，在門上留下了那怪物的一些血跡，掉在那客人的身體上，就將他化成血水了。」乞丐把這事情稟告了官府，某甲才被放出來。

——此精記載於清代許奉恩《里乘·卷八》

180 桐郎

　　有個人叫騫保，晚上在樓上睡覺時，看到一個穿著黃色衣服、戴著白色帽子的人，拿著火把上樓。騫保覺得很奇怪，就躲在櫃子裡。過了一會兒，有三個丫鬟帶著一個女子上來，戴著白帽子的人就和女子一起上床睡覺了。天還沒亮，白帽子的人就事先離開。

　　如此過了四、五個晚上，有一天早晨，等戴白帽子的人離開之後，騫保問那女子，戴白帽子的人是誰。女子說：「是桐郎，道路東邊廟宇旁的一棵樹。」

　　這天半夜，桐郎又來，騫保便拿起斧頭砍倒他，然後用繩子綁在柱子上。第二天一看，是一塊三尺多高的人形木頭。

　　後來，騫保過江，到了江中間時，忽然風浪大起，桐郎掉入水中，就風平浪靜了。

　　　　　　　　　　——此精記載於晉代祖台之《志怪》

181 童子寺蒲萄

　　唐代，晉陽西邊的荒野，有一座童子寺。貞元年間，有一個叫鄧珪的人寄居在寺中。

　　這年秋天，鄧珪與好幾位朋友聚會，關門之後，忽然有一隻手從窗戶伸進來，那手顏色通黃且瘦得厲害。大夥兒見了，都嚇得發抖。唯獨鄧珪不怕，反而打開窗子。

　　這時，眾人聽到有吟嘯之聲。鄧珪不以為怪，問道：「你是誰？」對方回答說：「我隱居山谷有許多年了。今晚任風月而遊，聽說先生在此，特意來拜見。實在不應該坐先生的座席，願能坐到窗外，聽先生和客人談話就滿足了。」鄧珪同意了。

　　那東西坐下之後，與人們談笑風生。過了許久，便告退。臨走時，那東西說：「明晚我再來。希望先生不要嫌棄我。」

　　它走後，鄧珪對大夥兒說：「這一定是個妖精。如果不追查它的蹤跡，將成為禍患。」於是，鄧珪用絲搓了一根數百尋長的繩子（註：一

尋等於八尺），等候它再來。

第二天晚上，妖精果然來了，又把手從窗戶伸進來。鄧珪就把繩子繫到它的手臂上，繫得很牢，沒辦法解開。人們聽到它在窗外問：「我有什麼罪而綁我？」說完，它拖著繩子就跑了。

到天明，鄧珪和朋友們一起追尋它的蹤跡，一直找到寺廟北方一百多步的地方，那裡有一棵蒲萄樹，枝葉特別繁茂，繩子就繫在蒲萄藤上。有一片葉子像人手，正是人們從窗戶見到的那隻手。（註：蒲萄即是葡萄。）於是，鄧珪派人挖出它的根，將它燒掉了。

——此精記載於唐代張讀《宣室志·卷五》

182 桃木精

清代，嘉定外岡鎮的徐朝元家裡，有一株桃樹，已經長很多年了。徐朝元的妹妹即將成年，長得非常美麗，經常在樹上曬衣服。

有一天，忽然有個美男子出現在徐妹妹的旁邊，跟她說笑，時間長了，兩個人就有了感情，同床共枕。徐妹妹變得格外嬌豔，但是精神恍惚。家裡人偷偷請巫師占卜，懷疑是桃樹作祟，便鋸斷了它。鋸的時候，桃樹裡流出很多血。怪事再也沒有發生，但徐妹妹不久就死了。

——此精記載於清代錢泳《履園叢話·叢話十六》

183 骸精

唐代，東都洛陽陶化里，有一處空宅院。大和年間，張秀才借住這個地方修習學業，經常感到不安。他想到自己身為男子，應該抱有慷慨的大志，不應該軟弱，於是就搬到中堂去住。

夜深了，張秀才躺在枕頭上的時候，看見道士、和尚各十五人，從堂中出來，模樣高矮都差不多，排成六行。他們的威嚴、儀態、容貌、舉止，全都讓人心生敬意。

秀才以為這是神仙聚會，不敢大聲出氣，就假裝睡著了並偷看著。

許久，另有兩個東西來到地上。每個東西都有二十一顆眼睛，內側有四顆眼，尖尖的，灼灼放光。

那兩個東西互相追趕，目光耀眼，旋轉，有碰撞的聲音。突然間，和尚、道士三十人有的奔、有的跑，有的東、有的西，有的南、有的北，然後相互打鬥起來。

過了一會兒，一個東西說道：「行啦，停下來吧！」道士與和尚都立刻停止了打鬥。

兩個東西相互說道：「這幫傢伙之所以有這樣的神通，都是因為我們倆調教得好！」

張秀才看到這裡，才知道這兩個東西是妖怪，於是就把枕頭扔過去，那兩個東西與和尚、道士全都嚇跑了。跑的時候，他們說：「趕緊跑，不然我們會被這個窮酸秀才抓住的！」

第二天，張秀才四處尋找，在牆角裡找到一個爛口袋，裡面有三十個賭博用的籌碼，還有兩個骰子。

——此精記載於唐代張讀《宣室志·補遺》

184 泥馬

唐代，洛陽有個叫王武的人，是個富豪，人品低下，阿諛奉承，攀附權貴。

有一次，王武看到有人在賣一匹駿馬，就要僕人多給錢，從眾多買家的手中爭了過來，準備獻給高官。這匹馬潔白如雪，如同一團美玉，鬃尾赤紅，日行千里，有的人說是千里馬，有的人說是龍駒。

王武準備把馬獻給大將軍薛公，就命人替牠安上金鞍玉勒，用珍珠翡翠點綴。僕人正在準備時，那匹馬突然在馬廄裡大叫一聲，變成了一匹泥馬。

王武很驚訝，只能把它焚燒了。

——此精記載於宋代李昉等《太平廣記·卷第四百三十六》
（引《大唐奇事》）

185 泥孩

　　這是發生在紀昀（即紀曉嵐）身上的故事。據他說，他兩、三歲的時候，能看到四、五個小孩子，穿著鮮豔的衣服，戴著金鐲子，和他一起玩耍，並且叫紀昀「弟弟」，對他十分疼愛。紀昀長大之後，就再也沒有看過它們。

　　後來，紀昀把這件事告訴父親。父親說：「你的前母（繼室所生子女對父親前妻的稱呼）生前因為沒有孩子，感到特別可惜，曾叫尼姑用彩絲線拴了神廟裡的泥孩來，放在臥室裡。她給每個泥孩都取了小名，每天都供果品等給它們，和養育孩子一樣。她去世後，我叫人把這些泥孩都埋在樓後的空院裡，肯定是它們作怪。」

　　紀昀的父親擔心這些泥孩偶會鬧妖，打算把它們挖出來，卻因時間久遠，已記不起埋在什麼地方。

　　清代，安徽全椒縣縣令，袁枚敬稱其為凱公，擅長詩文，風流倜儻，和袁枚關係很好，但是後來背上長了毒瘡，死掉了。

　　據說，當年凱公的母親懷孕即將生下他時，凱公的祖父為內務府總管，當天晚上看到有個巨人，比屋脊都高，站在院子裡。凱公的祖父就大聲喝斥他，每喝斥一聲，那個巨人就會縮小一些，後來凱公的祖父拔出劍追逐它，在樹根處發現一個土偶，大概一尺多長，左手缺少小指，就撿起來放在桌子上。

　　後來，凱公出生時，左手缺了小指，而且面貌長得和那土偶很像。全家都很驚慌，就把那個土偶送到供奉的祖廟中，一直虔誠地祭拜它。凱公死掉後，家裡人把他的靈位送入祖廟，看到那個土偶因為上頭的屋簷漏雨，背部被雨水滴穿了三個洞。令人感到驚奇的是，凱公死的時候，他的那三個毒瘡也在背上爛成了三個洞，而且位置和土偶身上的洞一模一樣。家人十分後悔沒有好好照看那個土偶，他們認為，如果細心照看，土偶就不會被雨水弄出三個洞，凱公也就不會死了。

——此精記載於清代袁枚《子不語·卷十》、清代紀昀

《閱微草堂筆記·卷五》

186 牛龍

清朝初年，安東縣長樂北鄉有個地方叫團墟，鄉民張某家裡養了一百多頭水牛。

有一次，牛群跑進水裡後，忽然丟了一頭。這天晚上，張某夢見那頭牛對自己說：「我已經變成龍了，在桑墟跟河龍打鬥，打不過牠，你可以在我的角上綁兩把刀來幫助我嗎？」

第二天，張某起來後，尋找牛群裡有哪隻的角上可以綁刀，發現有一頭牛最大，肚子下長著鱗片，如同龍一樣，於是就找來兩把刀，綁在牠的頭上。

第三天，狂風暴雨，桑墟河裡的龍被傷了一隻眼睛，隱遁了。那頭牛就跑進大河，成了龍。當地人過河，都忌諱說「牛」字，過桑墟的時候，忌諱說「瞎」字，否則立刻就會風浪滔天。

——此精記載於清代錢泳《履園叢話·叢話十四》

187 寧野

破舊的車子會產生一種叫「寧野」的精靈，形狀如同輼車（註：古代的一種喪車），能傷害人的眼睛。只要喊它的名字，它就不會傷人。

——此精記載於唐代釋道世《法苑珠林·卷第四十五》（引《白澤圖》）

188 怒特

傳說千年木精為青牛，名為「怒特」。

春秋時代，武都的古道旁有個怒特祠。秦文公二十七年，士兵砍伐祠堂上的梓樹，忽然狂風驟雨，樹上的傷口隨即復合，士兵趕緊撤回。

有名士兵的腳受傷了，就在樹下休息，聽到有隻鬼對樹說：「如果派三百名士兵，披頭散髮，穿著帶花紋的衣服，用紅線纏繞你，你有什麼辦法？」樹默然無語。

這名士兵趕緊告訴秦文公，秦文公便按照那隻鬼的辦法去辦，果然伐倒了樹。樹斷後，有兩頭青牛從樹裡出來，跑入了豐水裡。

後來，青牛從水中出來，秦文公派士兵去擊殺，爭鬥之間，有名士兵倒在地上，披頭散髮，青牛很害怕，躲進水裡，再也沒出來。那兩頭青牛，就是怒特。

——此精記載於晉代干寶《搜神記‧卷十八》、南北朝任昉
《述異記‧卷上》

189 楠木大王

有個叫盧浚的人，泛舟江上，忽然起了狂風，船工趕緊跪拜，口呼：「楠木大王！」盧浚問船工緣由，船工說楠木大王是水裡的精怪，最能作祟。盧浚很生氣，就寫下檄文投入水中，請求河神制服精怪。

過了三天，一根巨大的楠木浮出水面。盧浚派人把木頭撈上來，正好修建學宮缺少木材，就把那根大楠木做成柱子。

明代，襄陽的襄河裡，也有楠木作祟，經常撞翻船隻，所以過往的船工都會祭祀它。相傳是很久以前的一根老木頭年月久了成精。當地人不僅祈禱，還建立廟宇供奉它，叫它「南君」。

——此精記載於明代錢希言《獪園‧第八》、清代許纘曾《東還紀程》、
《湖北黃岡縣誌》

190 囊囊

安徽桐城南門外，有個人叫章雲，崇拜神佛。

有一次，他偶然經過一座古廟，看到一尊木雕神像，十分威嚴，就請回家虔誠供奉。夜裡，章雲夢見神像對他說：「我是靈鈞法師，修練了很多年，你尊敬我，而且供奉香火給我，我很感激，以後如果你有什麼請求，就焚燒法牒告訴我，我會在夢裡和你相見。」從此之後，章雲對它越發敬信。

章雲的鄰居有個女兒，被妖精纏上。這個妖怪長得十分猙獰，全身長著蒙茸，像毛又不是毛，要女子當它的老婆。女子哀求它放過自己，妖精說：「我不是害你，不過是喜歡你罷了。」女子說：「村裡有個女子比我還美，你為什麼不去纏她，反而讓我痛苦呢？」妖精說：「那個女的很正直，我不敢。」女子十分生氣，罵道：「她正直，難道我就不正直嗎？」妖精說：「有一天你在城隍廟燒香，路邊有個男子走過，你是不是偷偷看人家了？看到人家長得俊俏，你就起了花心，這樣還叫正直？」女子面紅耳赤。

　　女子的母親因為這件事而登門拜訪，求章雲想辦法。章雲將這件事情寫在法牒上，燒給家裡供奉的神像。晚上，神像來到夢中，說：「我也不知道這個妖精是什麼東西，你給我三天時間，我去打探打探。」

　　三天之後，神像說：「這個妖精名為囊囊，神通廣大，除了我，沒人能除掉它。不過，還需要你挑個好日子，叫來四個轎夫，還要用紙剪成的繩索和刀斧，再用紙紮一頂轎子，都放在院子裡。你到時在旁邊喊：『上轎！』，再喊『抬到女家！』，然後讓轎夫把紙轎子抬到鄰居家，接著，你高喊一聲：『斬！』那妖精就會被除掉了。」

　　眾人都按照神像的意思辦事，挑了一個好日子，章雲高喊一聲：「上轎！」轎夫抬起紙轎，覺得裡面好像有什麼東西，沉重無比。章雲高喊：「抬到女家！」轎夫便把轎子抬到鄰居家。

　　待轎夫放下轎子後，章雲又喊了一聲：「斬！」只見繩索飛舞，紙刀盤旋如風，發出颯颯的聲響，有個東西被砍翻，扔到了牆頭那邊。鄰居的女兒頓時覺得身體如釋重負，好像那個妖精離開了。

　　眾人趕緊繞過牆頭，看見一個三尺多長的蓑衣蟲，長著一千多條腿，從頭到腳被砍成三段。大家把它燒了，臭味飄了好幾里。

　　桐城人不知道囊囊是什麼東西，後來還是查了《庶物異名疏》這本書，才知道蓑衣蟲的另一個名字，就叫囊囊。

——此精記載於清代袁枚《子不語・卷三》

191 裂娘

明代，信州有個人叫袁著，一天晚上經過一處荒廢的宅院，遇見一個黑臉女子，自稱裂娘，紮著雙髻，穿著紅色衣服，戴著一副金耳環，和袁著說話，突然就不見了。

袁著既懷疑又害怕，趕緊到朋友家借宿。第二天，他來到那個廢宅尋找，在灰塵裡看見一件紅色衣服，撥開後，找到一把剪刀，才知道昨天遇到的女子是這把剪刀在作怪。

——此精記載於明代劉玉《已瘧編》

192 柳精

唐代，東都洛陽渭橋銅駝坊，有一個隱士叫薛弘機。薛弘機在渭河邊上蓋了一所小草房，閉戶自處。每到秋天，鄰近的樹葉飛落到院子裡，他就把它們掃在一起，裝進袋子裡，找到那棵樹並歸還落葉。所以，薛弘機是個很有品行的隱士。

有一天，殘陽西斜，秋風入戶，薛弘機正披著衣衫獨坐，忽然有一位客人來到門前。客人的樣子挺古怪的，高鼻梁，花白眉，口方額大，身穿早霞裘。他對薛弘機說：「先生，您的性情喜尚幽靜之道，頗有修養，造詣很深。我住的地方離這不遠，一向仰慕您的德才，特意來拜見。」

薛弘機一見就喜歡他，正好可以和他切磋一些今古學問。於是就問他的姓名，他說，姓柳名藏經。接著，兩人就一起唱歌吟詩，直到夜深。

柳藏經告辭的時候，走路時發出窣窣窸窸的聲音。薛弘機望著他，看他走出一丈多遠就影影綽綽地隱沒了。後來，他向鄰居打聽，都說沒有見過這個人。

之後，柳藏經經常過來，兩人成了很好的朋友。但薛弘機每次想要接近他，他總是往後退。薛弘機逼近他，就能聞到略微有一點朽爛木材的氣味。

第二年的五月，柳藏經又來了，與薛弘機吟詩作對，但他走的時候，神情卻很不安。這天夜裡刮大風，毀屋拔樹。第二天，魏王池畔的一棵

大枯柳被大風刮斷。樹洞裡有經書一百多卷，全都朽爛腐壞了。薛弘機聽說之後，才知道自己的這位朋友原來是柳樹精。「因為樹裡有經文，所以才叫柳藏經呀！」薛弘機感嘆道。

清代，杭州有個叫周起昆的人，擔任龍泉縣學教諭（即正式教師），每到晚上，縣學明倫堂上的鼓就會無故自鳴。周起昆覺得奇怪，就派人偷偷盯著，發現有個身高一丈多的東西，長得像人，用手擊鼓。周起昆的學生中，有一個名叫俞龍，膽子很大，某天晚上對著怪物射了一箭，怪物狂奔而去，以後那面鼓深夜就再也不響了。

兩個月後，刮大風，縣學門外一棵大柳樹被連根拔起，周起昆派人把它鋸斷當柴火，結果發現樹中有俞龍先前射的那支箭，這才知道那個妖精是柳樹。

唐代，東都洛陽有一所舊宅子，富麗堂皇，廳堂眾多，但凡是住進去的人，很多都沒有什麼原因就平白無故死去，所以空了很多年。

貞元年間，有個叫盧虔的人，想買這所宅子。有人告訴他：「這宅子裡有妖怪，不能住。」盧虔也不聽，還是買了下來。

那天晚上，盧虔和手下一起睡在屋裡，這個手下非常勇猛，而且擅長射箭。因為聽說有妖怪，手下就拿著弓箭坐在窗戶下。快到半夜，忽然聽到有人敲門，手下問是誰，那聲音回答：「柳將軍有書信要給盧官人。」盧虔睡在裡面，並沒有搭理。

過了一會兒，有一封書信從窗戶那邊塞過來。上面的字像是蘸著水寫的那般，浸染得很厲害，寫的是：「我家在這裡好多年了，亭臺樓閣都是我居住的地方，家中的門戶神靈也都是我的手下。你突然跑到我家，簡直豈有此理！識相的話，你就趕緊離開，否則我可不客氣了！」盧虔讀完這封信，書信就變成了灰燼並飄散開去。

又一會兒，有聲音說：「柳將軍願意和盧官人見一面。」很快的，出現了一個大妖怪，身高十尋，站在院子裡，手裡拿著一個瓢。盧虔的手下見了，立刻拿起弓箭射去。大妖怪當胸中箭，被弓箭射得抱頭鼠竄，丟下那個瓢，跑了。

天亮後，盧虔命人尋找。來到宅子東邊，看到一株大柳樹，上面釘著一支箭，看來就是昨晚那個自稱柳將軍的妖怪了，屋簷下面有個瓢，

應該就是「將軍」手裡的那個瓢了。

——此精記載於唐代張讀《宣室志·卷五》、宋代李昉等《太平廣記·卷第四百一十五》（引《乾子》）、清代袁枚《子不語·卷十六》

193 量人蛇

　　唐代，有個叫鄧甲的人，曾經設立祭壇召喚蛇王。有一條大蛇出現，粗如人腿，一丈多長，色彩斑斕，後面跟著一萬多條小蛇。蛇王登壇與鄧甲鬥法，鄧甲用拐杖頂著帽子往上舉，蛇王雖然竭盡全力，身體還是超不過鄧甲的帽子，就倒在地上化成一攤水死去，那些小蛇也死了。如果蛇王超過了帽子，那化成水而死的，就是鄧甲了。

　　瓊州當地，有蛇名叫量人蛇，長六、七尺，遇到人就將身體樹立起來，跟人比長短、比高矮，並且大聲叫道：「我高！」人若不答應或者承認蛇高，就會被吃掉。如果人回答：「我高！」蛇就會死掉。

　　有人說，和量人蛇比高矮是有辦法的。當蛇站立起來時，人可以隨手拾起東西往上高高拋起，然後說：「你不如我高！」蛇就會翻身躺倒，伸出一千多隻小腳，這時候，人就把自己的頭髮散開，對蛇說：「你的腳不如我的多！」量人蛇就會收起腳趴在地上。這時候，人就將身上的衣帶弄斷，對蛇說：「我走了！」做完這些，那條量人蛇必定會死。

——此精記載於唐代裴鉶《傳奇》、清代梁紹壬《兩般秋雨盦隨筆·卷四》、清代朱翊清《埋憂集·卷四》

194 兩貴

　　年代久遠的房屋會產生一種精靈，名為「兩貴」，長得如同紅色的狗。要是喊它的名字，能使人眼睛明亮。

——此精記載於唐代釋道世《法苑珠林·卷第四十五》（引《白澤圖》）

195 靈蛇

《搜神記》中說，蛇活了千年之後，就能把斷了的身子再接上。《淮南子》也有記載，年代久遠的蛇能自己把身子弄斷，然後再接上。

隋煬帝曾經多次派人到嶺南和海邊以及山的深處，去尋找這種蛇，然後將其帶到洛陽。他得到的那條蛇大約三尺長，黃黑色，頭上有錦繡一樣的花紋，沒有毒，只吃肉。

如果想讓牠自己弄斷身子，就先撩撥讓牠發怒，蛇受不了那種折磨，就會自己斷成三、四截。那斷的地方會像刀割的一樣，能看出皮、骨和肌肉的紋理，上面也有血。可是，等時間一長，那三、四截斷了的身子就互相靠近連接起來，身體又像從前一樣。著作郎鄧隆說：「這是靈蛇的一類，能自斷身體，一定得是活了千年以上的。」

——此精記載於晉代干寶《搜神記·卷十二》、漢代劉安《淮南子·第十六卷》、宋代李昉等《太平廣記·卷第四百五十七》（引《窮神秘苑》）

196 龍馬

龍馬，是傳說中水裡的一種精怪，被認為是一種瑞獸。

漢章帝的時候，王阜在益州當太守，政績卓著，有四匹龍馬從滇池裡跑出來。唐代武德五年三月，景谷縣西邊的水裡出現了龍馬，身長八、九尺，龍身馬頭，長著鱗甲，五彩斑斕，頭頂上長著兩隻角，白色，嘴裡銜著一個長三、四尺的東西，在水面上奔跑了一百多步，就消失了。

泰山到大海一帶出產玄黃石，傳說吃了可以長壽，唐玄宗曾經命臨淄的太守每年開採上貢。

開元二十七年，李邕在臨淄當太守，這年的秋天，帶人進山採玄黃石，碰到一個老頭，大鬍子，穿著褐色衣服，風度翩翩，從道路旁邊走出來，拉著李邕的馬，說：「太守，你親自採藥，是不是為了給皇上延壽？」李邕說是。老頭說：「皇上是聖主，應當獲得龍馬，如果是那樣，國家就會世代延續，不需要採什麼玄黃石。」李邕問：「龍馬在什麼地方？」老頭說：「在齊魯一帶的荒野裡，如果能得到，那就會天下太平，

即便是麒麟、鳳凰之類的，也比不上牠祥瑞。」說完，老頭就不見了。

李邕就命人到齊魯一帶找龍馬，開元二十九年五月，果然在一個叫馬會恩的人家裡找到了。龍馬為青白色，兩肋長著鱗甲，鬃尾像是龍的鬣毛，一天可以跑三百里。李邕問馬會恩怎麼得到龍馬的，馬會恩說：「我家裡有匹母馬，經常跑到淄水裡去洗澡，後來懷孕就生下了牠。」李邕把這件事上表報告給唐玄宗，玄宗十分高興，讓人把龍馬養在宮中，並且命令畫工將龍馬的形象畫出來，昭告天下。

——此精記載於唐代鄭常《洽聞記》、唐代張讀《宣室志·卷二》

197 龍門鯉

龍門在河東的界內。大禹鑿平龍門山，又開闢龍門，黃河從中間流經一里多長，兩岸不能通車馬。每到晚春時，就有黃色鯉魚逆流而上，過了龍門的就變成龍。傳說一年之中，登上龍門的鯉魚不超過七十二條。鯉魚剛一登上龍門，就會有雲雨跟隨著牠，天降大火從後面燒牠的尾巴，就變化成龍了。

從前，有個叫子英春的人，擅長潛水，他捉到一條紅鯉魚，因為喜歡魚的顏色，就帶回家去，放在池子裡餵養。他經常用穀物和米飯餵魚，一年後，魚長到一丈多長，並且頭上長出角，身上長出翅膀。子英春很害怕，向鯉魚行禮並道歉。魚說：「我是來迎接你的，你騎到我背上來，我和你一起升天。」子英春就和鯉魚一起升天了。

——此精記載於漢代辛氏《三秦記》、宋代李昉等《太平廣記·卷第四百六十七》（引《神鬼傳》）

198 履精

唐代，有個廣平人叫遊先朝，看見一個穿紅褲子的人，知道是鬼怪，就用刀砍它。過了好一會兒一看，原來是自己經常穿的鞋。

——此精記載於唐代薛用弱《集異記·補編》

199 樂橋銅鈴

宋代，平江樂橋有戶人家，家裡女兒已經出嫁了，每天晚上都被妖物所擾。母親很擔心，就和女兒同床睡覺，暗地裡偷偷察看。

晚上，母親看見有個人從地下蹦出來，頭上紮著雙髻，穿著紅色衣服，聲音很大，跳出來之後，地就復合了。連續好幾個晚上都是這樣。

母親把這件事告訴女婿。女婿挖地尋找，找到了一個銅鈴，有紅布帶子拴著鈴鼻。他們把這個銅鈴打碎了，就再也沒有發生奇怪的事情。

——此精記載於宋代洪邁《夷堅志‧夷堅丙志‧卷第十》

200 老面鬼

清代，有個叫張楚門的人，在洞庭湖的東山教書。

有一天晚上，他正和一幫學生談論詩文，看到窗櫺下面有隻鬼把腦袋伸了進來。

剛開始的時候，這隻鬼的臉只有簸箕大小，然後變成了鍋底那麼大，最後大如車輪。它的眉毛如同掃帚，眼睛如同鈴鐺，顴骨凸出，臉上滿是塵土。

張楚門看了微微一笑，取來自己的著作，對它說：「你認識上面的字嗎？」鬼不說話。張楚門又說：「既然不識字，何必裝出這麼大一張臉來？」說完，張楚門伸出手指彈鬼的臉，砰砰作響，大笑道：「臉皮這麼厚，難怪你不懂事。」鬼十分慚愧，頓時縮小得如同豆子大小。

張楚門對旁邊的徒弟們說：「我看他雖然裝出這麼大的一張臉，卻是一個不要臉皮的傢伙。」說罷，用佩刀砍了對方，那鬼發出一聲輕響掉在地上，他們上前拾起來，發現竟然是一枚銅錢。

——此精記載於清代沈起鳳《諧鐸‧卷三》

201 老蹣

清代，濰縣東關九曲巷相傳有個精怪，晚上出來，蹣跚而行，有時

候躺在道路中間，體大如盆，身上的毛如同刺一般，不傷人，也不幹壞事，當地人都稱之為「老蹣」，其實是一隻老刺蝟精。

九曲巷這裡，貨棧比櫛，生意興隆，是全縣最繁華的地方，之前有強盜前來搶劫，結果進去就迷路，人們都說是因為老蹣保佑的，不過，沒人知道白天它藏身何處。當地人很喜歡老蹣，相互轉告：「晚上碰到老蹣，可千萬不要傷害它呀！」

北京也將刺蝟視為財神，聽說極為靈驗。

——此精記載於清代陳恒慶《諫書稀庵筆記》

202 纜將軍

鄱陽湖裡的船隻碰到大風的時候，經常會有一條如同黑龍一樣的大纜繩呼嘯而來，只要它出現，定然會船毀人亡，所以人們都稱呼其為「纜將軍」，年年祭祀它。

清代雍正年間，大旱，湖水乾涸，有條腐朽的巨大纜繩擱淺在沙地上。周圍的農民看見了，就架起柴火燒了它。焚燒的時候，纜繩流出了很多血。

從此之後，鄱陽湖裡再也沒有出現過纜將軍，船工也就不去祭祀了。

——此精記載於清代袁枚《子不語·卷十八》

203 狼鬼

墳墓之精，名為「狼鬼」，一遇見人，就會和人爭鬥不休。你脫鞋扔它是沒用的，必須用鴟鳥的羽毛做箭羽，荊棘做箭，桃木做弓，拿來射它，它就會變成風，飄蕩而去。

——此精記載於唐代釋道世《法苑珠林·卷第四十五》（引《白澤圖》）

204 鼓女

　　清代，有個常德的書生，帶著一個僕人從雲南回老家。

　　這天黃昏，眼見得天快黑了，找不到旅店，他們就到一個小村子求人借宿。村裡人說：「我們這裡沒有旅館，只有一間古廟，但是那裡經常有妖怪殺人，不是住宿的地方。」書生也沒辦法，只能說：「我不怕。」就向村裡人要了一張桌子、一盞燈籠，進了古廟的一個房間，將筆墨紙硯放在桌子上，一邊讀書，一邊靜待其變。

　　過了二更時分，僕人睡著了，書生看到一個紅衣女子，年紀大概十八、九歲，婀娜而來。讀書人知道是妖怪，就不搭理。這個紅衣女子就對著書生唱歌，歌聲婉轉，含情脈脈。書生取來筆，蘸著朱砂，在女子的臉上畫了一道，女子大驚，慌忙逃出去後就消失了。

　　第二天，書生將事情告訴村裡人，大家一起在廟中尋找，發現大殿的角落裡，有一個破鼓，上面畫有朱砂。大家打破那個鼓後，發現裡面有很多鮮血，還有人骨。自此之後，再也沒有怪事發生。

　　　　　　　　　　——此精記載於清代樂鈞《耳食錄·卷二》

205 穀精

　　清代，某甲很窮，都二十歲了，還沒有任何產業。

　　有一天，有個青衣人拉著一個白衣人來到他家，對他說：「我等被人關押，幸而逃脫出來投奔你，過幾天，黃兄也會來。」言罷，二人徑直走進了某甲的房間。某甲很驚詫，他進屋後卻沒看到那兩個人，只見地上有東西堆積。他看了看，原來是青色的銅錢和白銀，這才知道那兩個是銀錢精。

　　幾天後，又有個穿黃衣服的人來到他家之後消失了，家裡隨後發現了幾百兩黃金。

　　自此，某甲便成了富豪，於是建造房舍，購買田地，榮華富貴，賓朋滿座，揮金如土。他的兒子比他更奢侈，鋪張浪費得簡直無法言說。

　　有一天，某甲出去遊玩，看到道路旁邊有泡屎，裡面有幾粒稻穀，忽然醒悟，說：「農民辛苦耕田，好不容易才種出了它，凡是人，日日都

離不開，怎能眼看著它們被丟棄在汙穢之中呢？」就要奴僕把穀粒撿起來，用水洗乾淨收好。

回到家，兒子對他說：「今天中午時，有好多衣冠楚楚的人，成群結隊從我們家離開了。家裡的金銀財寶，全都不見了。」父子倆捶胸頓足，又變成了窮光蛋。

後來，某甲做了一個夢，夢見有人對自己說：「我是穀精，感念你把我從汙穢之中救出來，看到你窮困至此，特來幫助你。」第二天，有無數的黃色蚊子飛到某甲家裡，全部化成了稻穀。父子吃完後，稻穀又會出現，一直到兩人都過世為止。

──此精記載於清代樂鈞《耳食錄·卷二》

206 桂男

唐代，交城縣南十幾里，常常夜間有精怪在人前出現，碰到的人大多因驚悸而死。村裡人為了這件事都非常憂慮。

後來，某甲帶著弓箭夜間行路，碰到一個像巨人一樣的龐然大物。那東西穿紅衣服，用黑頭巾蒙著頭，慢慢走來，跌跌撞撞地像個喝醉的人。某甲十分害怕，就拉滿弓，一箭射中那個精怪，對方就消失了。

第二天，縣城城西的一棵丹桂樹上有一支箭貫穿在上面，竟是某甲射出的那支箭，箭頭上有許多血。

這件事情被縣令知道了，便命人燒了那棵丹桂樹，自此之後，就再也沒有發生過怪事。

──此精記載於唐代張讀《宣室志·補遺》

207 觀

井的精靈，名為「觀」，長得如同美女，喜歡吹簫。只要喊它的名字，它就會離開。

──此精記載於唐代釋道世《法苑珠林·卷第四十五》（引《白澤圖》）

208 棺板

　　唐代咸通年間，隴西有個叫李夷遇的人，在邠州擔任從事。李夷遇有個僕人叫李約，是他考中進士的時候就帶在身邊的。李約為人樸實敏捷，還善於走路，所以李夷遇常讓他進京城送信。

　　有一年七月，李約從京城返回邠州，早早起來，走過幾個區，覺得很疲倦，便在一棵古槐樹下休息。當時月亮映在林梢，餘光還比較明亮。

　　有一個白髮老頭，彎著腰拄著拐杖，也來到槐樹下歇息，坐下之後還呻吟不止。

　　過了好一會兒，他對李約說：「老漢我想到咸陽去，但是腳步不靈，不能長時間走路，你要是有義心，能背我嗎？」

　　李約很生氣，堅決不答應。老頭不停地哀求，李約沒辦法，就對他說：「行，你上來吧。」

　　老頭高興地趴到李約背上。李約知道他是鬼怪，暗中把帶在身邊的木棒拿了出來，從後邊把他扣住，往前走。

　　到了開遠門時，東方已經放亮了。老頭幾次要求下來，李約對他說：「你三更半夜非要騎在我背上，如今又要害怕地跑下去，這是為什麼呢？」於是，他死死不放。老頭急得語無倫次，苦苦地哀求，李約就是不答應。

　　太陽出來時，李約忽然覺得背上變輕了，好像有東西墜落到地上。回頭一看，是一塊爛棺材板子。

　　李約把它扔到里巷牆下，後來也沒發生什麼災禍。

　　宋代，有個人叫王仲澤，年少時去棣州求學。有個廚師告訴他：「我們這裡有一個女人模樣的妖怪，每天晚上會來攪擾我們，我們睡覺都睡不安穩。」王仲澤說：「今晚如果再來，你抓住她的衣服，我去看看！」

　　晚上，那妖怪果然來了。廚師抓住她的衣服不放，王仲澤和一幫學生跑去看，發現是一塊年代久遠的棺材板。大家燒了它之後，就再也沒鬧什麼妖怪。

——此精記載於唐代皇甫枚《三水小牘·卷下》、金代元好問

《續夷堅志·卷二》

209 光化寺百合

唐代，兗州徂徠山的光化寺裡，有個書生一心要考取功名，就在寺裡苦讀。

夏季一個較涼爽的日子，書生來到廊下觀看壁畫，遇上一位十五、六歲，身著白衣的美麗少女。書生詢問女子從哪裡來，女子笑著回答，家在山前。書生心裡明知山前沒有這女子，只是因為特別喜歡她，也沒有懷疑她的身分。

書生和白衣女子一見鍾情，情意綿綿，過了一晚。白衣女子說：「你沒有因為我是村野之人而瞧不起我，所以我想永遠留在你身邊，但是今晚必須離去。再回來就可以永不分離了。」書生心裡戀戀不捨，把平常帶在身上的一件寶貝──白玉指環，送給了她。

書生爬上寺裡的門樓，遠遠看著白衣女子走出此門百步左右，忽然就不見了。

寺前平闊數里，周圍都是小樹小草。書生對這裡很熟悉，但就是找不到女子的蹤跡。

天將黑時，書生看到草叢間有一株百合，白花絕美，就把它挖了出來。等他拿到屋裡，才發現那只白玉指環就裹在這株百合裡。

書生既驚慌又悔恨，後來一病不起，不久就死去了。

──此精記載於唐代薛用弱《集異記‧補編》

210 狗精

狗為人類較早馴養的家畜之一，自古以來，人們視狗為靈物，年歲大的老狗因薰染人間的煙火氣，往往被認為會生出蹊蹺之事。

晉朝，濟陽領軍司馬蔡詠家養了一群狗，每到晚上，群狗吠叫，喧鬧異常，起來去查看，狗群隨即安靜下來，誰也不知道發生了什麼事。

有一天，大家在夜裡躲藏起來偷偷地窺視，發現有一隻狗，穿著黃色衣裳，戴著白色頭巾，體長五、六尺，如同人一樣，其他的狗一起朝著牠汪汪大叫。人們發現，這隻狗正是蔡詠家的老黃狗，養了許多年。後

來，大家將其殺死，晚上就再也沒發生過類似的事情了。

唐朝開元二十八年，定州的張司馬半夜和妻子當庭閒坐，聽到空中有什麼東西飛來，那聲音像翅翼飛動，來到堂屋，似乎被瓦阻礙，在屋外縈繞，不久後就落到簷前，飛快逃去。張司馬派人去追，追的人用腳踢那東西，結果對方發出狗的聲音。捉到後，用火一照，原來是一條老狗，全身赤紅，毛很少，身體很長，腿很短，只有一、兩寸。張司馬生怕牠還會作怪，就讓人用火燒死了牠。

——此精記載於晉代陶潛《續搜神記·卷九》、宋代李昉等《太平廣記·卷第三百六十二》（引《紀聞》）

211 髣頓

年代久遠的破敗牧場，池子裡會產生一種精靈，名為「髣（ㄎㄨㄣ）頓」，長得像牛但沒有腦袋，看見人就會驅趕人。只要喊它的名字，它就會離去。

——此精記載於唐代釋道世《法苑珠林·卷第四十五》（引《白澤圖》）

212 狐龍

驪山下有一隻白狐狸，經常驚擾山下的百姓，但人們沒辦法除去牠。

唐代乾符年間，有一天，這隻白狐到溫泉洗浴，不一會兒，水氣升騰、霧氣翻滾，刮起一陣大風，牠變成一條白龍，升天而去。從那以後，有時遇上陰天，常常有人看見白龍在驪山附近飛騰。

這種情況連續三年。有一個老人，每到天剛黑時，就在山前哭泣，哭了好幾天。有人就等在那裡，問他哭泣的原因，老人說：「我的狐龍死了，所以才哭。」

那人問他：「為什麼叫狐龍？你又為什麼哭呢？」老人說：「狐龍，就是從狐狸變成了龍，三年就會死去，我是狐龍的兒子。」

那人又問：「狐為什麼能變成龍？」老人說：「這隻狐狸，因為稟受

了西方的正氣而生，所以是白色的。牠寄住在驪山下面已經一千多年，後來偶然與雌龍交配，上天知道了這件事，就下命令讓牠變成龍。也就好比人類，從凡人變成聖人一樣。」說完，老人就不見了。

——此精記載於宋代李昉等《太平廣記·卷第四百五十五》

（引《奇事記》）

213 胡桃

唐代大曆年間，有個寡婦柳氏居住在渭南。柳氏有個兒子，十一、二歲。

有個夏天的晚上，兒子忽然害怕，驚悸到睡不著，三更後，看見一個老頭，穿著白衣服，兩顆牙齒齜出唇外，走到他的床前。當時，有個丫鬟已經睡著，老頭就掐住丫鬟的喉嚨，撕碎丫鬟的衣服，吃了丫鬟。那老頭嘴大得如同簸箕，柳氏的兒子看了，大叫，老頭隨之消失了，丫鬟只剩下骨頭。

幾個月後，柳氏坐著乘涼，看見有個胡蜂圍著自己，就用扇子擊打，胡蜂掉在地上，變成了胡桃。柳氏撿起胡桃，放在屋子裡，那胡桃突然長大，剛開始如同拳頭大小，然後長成了磨盤一樣大，突然爆裂為二，如同飛輪一樣，飛起來，啪的一聲夾住柳氏的腦袋，將柳氏夾得腦漿迸裂，然後飛走了。

——此精記載於唐代段成式《酉陽雜俎·前集卷十四》

214 護門草

常山北有一種草，名叫「護門草」。把它放到門上，夜間有人經過，它就會發出喝斥聲，保護主人的宅邸，不讓人進來。

——此精記載於唐代段成式《酉陽雜俎·前集卷十九》

215 花月精

唐代，武三思（武則天的姪子）家裡有個歌妓叫素娥，舞姿優美，被認為天下第一。武三思非常喜歡她，經常舉辦盛大宴會，讓素娥出來亮相。

有一次，武三思舉辦歌宴，滿朝公卿大夫全都聚集來了，只有納言狄仁傑稱病不來。武三思很生氣，在席間說了些不滿的話。宴會結束之後，有人告訴狄仁傑。

第二天，狄仁傑去拜見武三思，道歉說：「昨天我的老毛病突然發作，不能到會。沒有見到麗人，也是我沒有這個福分。以後如果還有良宴，我一定會提前拜會。」

素娥聽說這件事後，對武三思說：「狄仁傑是個剛毅之士，不是個輕薄狎邪之人，不喜歡這種場合，沒必要請他來。」

武三思卻不這麼想，他說：「如果他敢拒絕我的宴請，我一定殺他全家！」

幾天之後，武三思又辦宴會，客人們還沒到，狄仁傑果然先到了。武三思特意把狄仁傑迎進內室，慢慢地飲酒，等待眾賓客。狄仁傑請求讓素娥提前出來，他要領略一下素娥的技藝。

武三思放下酒杯，擺好座榻叫素娥出來。過了一會兒，奴僕出來說，素娥藏起來了，不知她在哪裡。武三思親自進屋去叫她，也沒找到，不過，他在堂屋深處牆縫中嗅到蘭麝的香氣，就附耳去聽，是素娥說話的聲音。她的聲音像絲一樣細，稍微可以辨清。她說：「我請你不要找狄仁傑，現在你把他請來了，我就不能再活了。」武三思問為什麼，她說：「我是花月之精，天帝派來的，要我用言語動搖你的心志，要興李氏天下。狄仁傑是當代的正直之人，我根本不敢見他。我曾經做過你的僕妾，哪敢無情！希望你好好對待狄仁傑，不要萌生別的想法。不然，你老武家就沒有傳人了。」她說完，就不見了。

第二天，武三思祕密地向武則天奏明此事。武則天感嘆道：「看來，李唐當興，這是上天的安排呀。」

——此精記載於唐代袁郊《甘澤謠》

216 畫馬

　　山東臨清的崔生家中貧窮，院牆破敗不堪。崔生每天早晨起來，總看見一匹馬躺在草地上，黑皮毛，白花紋，只是尾巴上的毛長短不齊，像被火燎斷的一樣。崔生把牠趕走後，牠又會在夜裡回來，不知是哪裡來的。

　　崔生有一位好友在山西做官，崔生想去投奔他，苦於沒有馬匹，就把這匹馬捉來，拴上韁繩騎著去，臨行前囑咐家人說：「如果有找馬的人來，就說我騎著去山西了。」

　　崔生上路後，馬一路急馳，瞬間就跑了一百多里路。到了夜裡，馬不怎麼吃草，崔生以為牠生病了，第二天就拉緊馬嚼子，不讓牠快跑，但馬卻亂踢著嘶叫不已，口噴著沫，跟昨天一樣雄健。崔生只好任牠奔馳，中午便到達山西。

　　此後，崔生時常騎著馬到集市上，看到的人無不稱讚。晉王聽到消息，用高價買這匹馬。崔生怕丟馬的人來找，不敢賣。崔生住了半年，也沒人找馬，他就以八百兩銀子賣給了晉王，自己又從集市上買了一匹健壯的騾子騎著回家。

　　後來，晉王因為有急事，便派遣校尉騎著這匹馬到臨清。剛到臨清，馬就跑了，校尉追到崔生東鄰家，進了門，卻不見馬，便向主人索要。主人姓曾，說確實沒有見過馬。

　　校尉進到主人的房裡，看見牆壁上掛著趙孟頫的一幅畫，畫上的馬毛色很像那匹馬，尾巴上的毛被香頭燒了一點兒，這才知道，那匹馬原來是畫上的馬成精了。

　　晉王的校尉因為難覆王命，就狀告了這個曾某。這時，崔生用當初賣馬的錢做生意，家中居積盈萬，自願找曾某賠償馬錢，交付校尉回去覆命。曾某很感激崔生的恩德，卻不知道崔生就是當年賣馬的人。

——此精記載於清代蒲松齡《聊齋志異·卷八》

217 畫精

清代，有一戶人家裡掛著一幅仙女騎鹿圖。每當屋子裡沒人的時候，畫中的仙女就會走出來，沿著牆壁行走。有一天，這家人偷偷將長繩子繫在畫軸上，等到畫中的仙女離開了，便將畫扯過來。那仙女就留在牆上，色澤剛開始很鮮豔，但越來越淡，過了半天，就徹底消失了。

北魏有個叫元兆的人，在雲門黃花寺抓住了一個畫精，情況和上述故事類似。元兆抓住畫精後問它：「你被人畫在紙上，沒有形體，不過是虛空而已，怎麼會變成妖怪呢？」畫精回道：「我的形體雖然是畫出來的，卻是按照人世間的形象畫的，如果畫師技藝高超，我就會產生神智。」

聽起來，畫精說得很有道理，不知道元兆最後有沒有放了它。

——此精記載於清代紀昀《閱微草堂筆記・卷十二》

218 槐精

唐代元和年間，一個叫陳樸的人，在崇賢里北街大門外的自家，倚著門往外看。正是黃昏時候，他看見一些好像婦人及老狐、異鳥之類的東西，飛入一棵大槐樹裡。

陳樸就把大槐樹砍倒，想看看到底是怎麼回事。大槐樹一共三個杈，中間都是空的，一個杈中裝有獨頭栗子一百二十一個，中間用布包著一個死孩子，一尺多長。

同樣在唐代，有一個叫吳偃的禮泉縣山民，家在田野之間。他有個十來歲的女兒。

有一天，女兒忽然不見了。過了幾天，吳偃夢見死去的父親對他說：「你的女兒在東北角，大概是木精作怪。」吳偃被驚醒了。

到了第二天，吳偃就到東北角徹底地查找蹤跡，果然聽到呼喊呻吟的聲音。吳偃一看，女兒在一個洞穴裡。洞穴的口很小，但裡面稍微寬敞。旁邊有一棵老槐樹，盤根極大。吳偃把女兒帶回家，但是女兒變得癡癡呆呆的。

某天，有一個道士來到縣裡，吳偃就請道士用符術整治。那女孩忽

然睜開眼睛說：「此地東北有一棵大槐樹，槐樹有精，拉著我從樹肚子裡走進地下的洞穴內，所以我就生病了。」吳儇砍掉了那棵大槐樹。幾天後，女兒的病也好了。

——此精記載於唐代段成式《酉陽雜俎‧前集卷十五》、唐代張讀《宣室志‧卷五》

219 揮文

　　年代久遠的宅子裡有精靈，名為「揮文」，又叫「山冕」，長得像蛇，一身兩頭，鱗甲五彩。只要喊它的名字，可以驅使它帶來金銀。

——此精記載於唐代釋道世《法苑珠林‧卷第四十五》（引《白澤圖》）

220 渾

　　有一種山精，長得像一枚大鼓，紅色，一隻腳，名為「渾」。

——此精記載於南北朝劉敬叔《異苑‧卷三》

221 黃雲妖

　　甘肅平涼一帶，夏天五、六月間，經常會有暴風，有黃雲從山裡來，風也是黃色的，緊接著一定會降下冰雹，冰雹大的如拳頭，小的如同粟米，經常砸壞地裡的農作物。當地人稱之為「黃妖」，看到黃雲過來，當地人趕緊敲響鼓，然後開槍放炮，黃雲就會散去。如果打中黃雲，會灑下血雨，黃雲就變得很低，鑽入山洞之中。若人們過去尋找，圍住山洞，用火藥燻，精怪就會死掉，挖出來的不是大蛇就是大蛤蟆，嘴裡和肚子裡都是冰塊。

　　甘肅徽縣也有這種精怪，騰雲駕霧，帶來冰雹。當地有進山的人，看到山谷間有無數的蛤蟆，不論大小，嘴裡面都含著冰。有個叫沈仁樹的人在徽縣當官，看到雲層來，命人開槍，從雲層裡掉下一隻靴子，將

之送到城隍廟後，第二天就不知所蹤，大概是這精怪的靴子。

——此精記載於清代劉獻廷《廣陽雜記‧卷三》、清代姚元之
《竹葉亭雜記‧卷八》

222 河伯女

陽羨縣有個小官吏，名為吳龜。有一天，他坐船過大溪，看見溪水中有一個五色的浮石，很可愛，就拿回來放在床頭。晚上，石頭變成了一個女子，自稱是河伯女。

——此精記載於南北朝劉義慶《幽明錄‧卷一》

223 河精

傳說，大禹在黃河邊，有白面魚身的巨人出現，稱自己是河精，傳授給大禹河圖，告訴他治水的方法，然後消失於水中。

還有一種說法，堯命令鯀治水，九年沒有成功，鯀自沉於羽淵，變成了玄魚，經常揚鬚振鱗，出現在水浪之中，看見的人都稱之為「河精」。

——此精記載於漢代《尚書中侯》、晉代王嘉《拾遺記》

224 黑漢

洛陽是古都，經常發生怪異的事情。

宋代宣和年間，忽然有精怪，長得像人，但全身漆黑，到了晚上會出來掠奪百姓的小孩為食，而且喜歡咬人。於是，家家戶戶準備棍棒防守，即便是炎熱的夏天，也不敢開門、開窗、出屋子，把這妖怪稱之為「黑漢」，過了一年多才平息。不久，金國來犯，北宋滅亡。

有人說，鞏縣有石炭坑，相傳有炭精，經常出來作祟，一丈多高，全身漆黑，當地人稱之為「黑漢」。洛陽人認為，鞏縣的黑漢，就是洛陽城中出現的那個精怪。

——此精記載於宋代蔡絛《鐵圍山叢談‧卷三》、宋代馬純《陶朱新錄》

225 侯伯

斷流且藏有金子的河川，有精靈，名為「侯伯」，長得像人，高五尺，穿著彩衣。只要喊它的名字，它就會離開。

——此精記載於唐代釋道世《法苑珠林·卷第四十五》（引《白澤圖》）

226 猴王神

宋代，福州永福縣有個能仁寺，寺裡有個護寺神，乃是將一隻猴子活活弄死，然後在外面裹上泥，做成泥塑供奉，稱為「猴王」。年月久了，它就變成妖精作祟，凡是被它作祟的人，會得寒熱之病，往往致死。有人請法師來除妖，寺裡的僧人就敲鐘擊鼓，說是來為猴王神助陣。

——此精記載於宋代洪邁《夷堅志·夷堅甲志·卷第六》

227 旱龍

清代光緒年間，黃河北岸飛沙沖天，橫亙半天，有白龍飛舞，有人說是旱龍。那東西仰頭向日，雙目炯炯，仔細看，竟然是兩方蘆席。

——此精記載於清代薛福成《庸庵筆記·卷四》

228 行釜

唐代，陽武侯鄭絪被罷免了丞相之職，後來，他從嶺南節度使入京做了吏部尚書，住在昭國裡。

他弟弟鄭緼是太常少卿。有一天，鄭絪和鄭緼都在家，廚房的飯菜將齊備的時候，鍋子（釜）忽然像被什麼東西在灶中舉著，離灶一尺多高。旁邊還有十幾個平底鍋，也在煮著東西，也開始慢慢晃動起來。

過了不久，這些鍋全都動了起來，有三個平底鍋架起那口大鍋，跳下來，往外走，其餘的排著隊跟在後面，浩浩蕩蕩離開廚房。剩下的，有原本破損折斷腳的，有廢棄不用的，也都一個個一瘸一拐地跟上去，

十分滑稽。這些鍋出了廚房，向東走過水渠，水渠旁邊有個堤壩，很多鍋都能過去，那些斷腿的就被阻擋了下來。現場十分熱鬧，引來很多人觀看，大家都不知道怎麼辦好。

有個小男孩看見了，說道：「既然鍋都能作怪了，為什麼斷了腳的鍋就不能過堤壩呢？」那些平底鍋聽了，就把大鍋丟在地上，轉過身，退回來，架起那些斷腿的，一起越過了堤壩。

後來，它們來到了鄭緼家的院子裡，排隊站好，天空中突然轟隆作響，所有的鍋都變成了土塊、煤塊。

過了幾天，鄭緼死了，不久之後，鄭絪也死了。

——此精記載於宋代李昉等《太平廣記·卷第三百六十五》

（引《靈怪集》）

229 忌、作器

年月久遠的道路有精靈，名為「忌」，長得如同野人。只要喊它的名字，就不會迷路。

道路的精靈名為「作器」，長得如同精壯的男子漢，喜歡讓人眩暈昏迷。只要喊它的名字，它就會離開。

——此精記載於唐代釋道世《法苑珠林·卷第四十五》（引《白澤圖》）

230 嘉陵江巨木

閬州城靠近嘉陵江，江邊上有一根大木頭，長一百多尺，粗五十多尺。這木頭在水上漂蕩衝撞已經多年了，誰也不知它是從哪裡來的。閬州的老年人說，相傳是堯帝的時候發大水，把這根木頭沖到這裡來的。

襄漢節度使渤海人高元裕，唐朝大和九年從中書舍人遷任閬州牧，來到當地不久就見過這根大木頭，覺得很稀罕。

有一天，江邊的官吏來報告說，那江中的大木頭從來都是頭向東，昨夜無緣無故向西了，高元裕便更加驚奇，立即和同僚們逕直趕到江邊

觀看。於是，他就召集周圍擺船的，又叫來一些軍吏群民，用大繩子掛住那大木頭往岸上拉。一開始還沒什麼阻礙，隨著大夥兒一拖，那木頭就出水登岸了。但是出水大半以後，它就屹立在那裡不動了。即使是一千個人加上一百頭牛，也拉不動它。人們的力氣用盡之後，它就又恢復原樣了。從此，它便在風吹日曬之下，臥在沙灘上。

有的和尚想要把這根大木頭做成大柱子，有的州吏想把大木頭鋸開，做木雕的原材料。高元裕因為此木奇偉異常，所以全沒同意。他打算把大木頭送還到江裡去，但考慮到要動用許多勞力，就猶猶豫豫，一直沒有定下來。

開成三年正月十五日，高元裕依照先例到開元觀燒香，同僚官吏全部到了，高元裕想趁人多力眾，共同拉動那木頭，便弄來不少大繩子，召集一些有力氣的人，準備把大木頭送還江中。

就在大家準備一鼓作氣拉它的時候，它卻借著眾人的聲勢，好像自己轉移，輕易地回到水裡去了。在它離江水還有一尺遠的時候，轟然一聲巨響，上百條大繩子全都迸斷，像被斬斷一樣。那大木頭則沿著漩渦沉沒了，江面上立刻出現了從來沒有過的寂靜。

高元裕派了幾個擅長潛水的人下到水底察看。江水很清澈，一根頭髮也看得清。善潛水的人在水底觀察了許久才出來，說：「水裡另有東西方向的兩根木頭，大小和剛才下去的那根沒什麼兩樣，剛才下去的那根南北向擺在那兩根木頭上。」

從此，那木頭再也沒人看見過。

——此精記載於唐代薛用弱《集異記・補編》

231 賈誳

生長千年的大樹會生出一種蟲子，名為「賈誳」，長得像豬，吃了有狗肉的味道。

——此精記載於唐代釋道世《法苑珠林・卷第四十五》（引《白澤圖》）

232 蕉女

宋代隆興二年，舒州懷寧縣主簿章裕帶著僕人顧超前去赴任，夜宿在一間書館。

晚上，顧超看到一個穿著綠衣裳的女子前來，說是被母親逐出家門，沒有去處，見顧超在此，特來相會。顧超問她住在哪裡，她說在城南紫竹園。顧超就和她同床共枕，才過了幾個晚上，顧超就覺得身體虛弱，好像生病一般。

章裕發現情況不對勁，就詢問顧超，顧超把事情說了，章裕認為那女子肯定是妖精，就和顧超定下計策。

第二天晚上，女子又來了，顧超拉住女子不放，而章裕挑著燈前來捉拿，那女子逃竄不得，變成了一枚芭蕉葉。後來才聽說，紫竹園裡有一叢芭蕉年代久遠，經常發生怪異的事。章裕就命人把芭蕉砍了，砍的時候，芭蕉流出了很多血。這件事情發生後，顧超悶悶不樂，過不久就死了。

明代，蘇州有個書生，名叫馮漢，住在閶門石牌巷的一個小院子裡。院中種著一些花草，青翠可愛。

有一年夏天的晚上，月華朗照，馮漢洗完澡後坐在榻上，看見一個穿著綠色衣裳的女子站在院子裡。馮漢喝斥她，女子說：「我姓焦。」接著便走進屋裡。馮漢抬頭觀看，發現這女子長得十分美麗，不像凡人，就一把抓住她。女子掙脫逃跑，馮漢只撕下了她的一片裙角，就放在床下。第二天早晨起來，他發現那裙角是一片蕉葉。

馮漢曾經從寺廟移植了一株芭蕉在院子裡，於是就拿著這片芭蕉葉走過去，發現那株芭蕉果然缺了一片，比對一下，正是手裡的這片。馮漢砍掉那株芭蕉，發現芭蕉流出了很多血。

後來，馮漢把這件事告訴寺裡的和尚。和尚說，寺裡曾經有芭蕉作怪，魅惑死了好幾個僧人。

——此精記載於宋代洪邁《夷堅志·夷堅丙志·卷第十二》、明代陸粲
《庚巳編·卷五》

233 酒榼

唐代，汝陽王喜好飲酒，喝一整天也不醉，來到王府的客人，無不從早留到晚。

當時有個術士叫葉靜能，常常到王府拜訪，汝陽王逼他喝酒，他不喝，說：「我有一個門徒，酒量極大，可以做大王的飲客。雖說他是個侏儒，也有過人之處。明天讓他來拜見大王，大王可以試著與他談談。」

第二天早晨，有人投來名片，上寫「道士常持滿」。汝陽王讓他進來，一看這道士才二尺高。坐下以後，談論道學，道士說得頭頭是道，接著又談三皇五帝、歷代興亡、天時人事、經傳子史，清清楚楚，瞭若指掌，汝陽王張口結舌不能應對。

不久，矮道士見王爺接不上話，就更換話題，談論一些淺顯的幽默戲耍的故事，汝陽王就高興起來了。汝陽王對矮道士說：「法師也常飲酒嗎？」常持滿說：「聽您的吩咐。」汝陽王就令左右的人行酒。酒過數巡，矮道士說：「這樣喝不帶勁，請把酒移到大器皿中，我和大王自己舀著喝，量盡為止，那樣才快樂！」汝陽王便按照他所說的那樣，命人搬出幾石醇厚的美酒，倒進大斛中，用巨杯取酒來喝。

汝陽王喝著喝著，就醉醺醺的了，而矮道士卻安然不亂，容顏姿態更顯得高昂。又喝了很久，常持滿忽然對汝陽王說：「我只能喝再這一杯了，我醉了。」汝陽王說：「我看你的酒量根本還沒有喝足，請你再喝幾杯。」常持滿說：「大王不知道度量有限嗎？何必勉強我。」於是又喝盡一杯後，便忽然倒下了，眾人再看那矮道士，原來是一個大酒榼（ㄎㄜˋ，一種盛酒器），裡面已經裝了五斗酒。

——此精記載於宋代李昉等《太平廣記·卷第七十二》（引《河東記》）

234 酒蟲

山東長山的劉某身體肥胖，愛好飲酒，每次獨飲，總要喝盡一甕。好在他家裡非常富足，並沒因為愛喝酒而使家境受影響。

有一天，一個西域來的僧人見到劉某，說他身患奇異的病症。劉某

回答：「沒有。」僧人問他：「您飲酒時是不是不曾醉過？」劉某說：「是的。」僧人說：「這是因為肚裡有酒蟲。」

劉某非常驚訝，便求他醫治。僧人說：「很容易。」劉某問：「需用什麼藥？」僧人說什麼藥都不需要，只是讓他在太陽底下俯臥，綁住手足，並在離頭半尺多的地方，放置一盆好酒。

過了一會兒，劉某感到又熱又渴，非常想飲酒。鼻子聞到酒的香味，饞火往上燒，卻又喝不到酒，十分痛苦。過了一會兒，劉某忽然覺得咽喉中猛然發癢，哇地吐出了一個東西，直落到酒盆裡。劉某被解開手足後，前去一看，竟是一條紅肉，三寸多長，像游魚一樣蠕動著，嘴、眼俱全。

劉某驚駭地向僧人致謝，拿銀子報答他，僧人不收，只是請求要這個酒蟲。劉某問他：「這玩意兒能有什麼用？」僧人回答：「它是酒之精，在甕中盛上水，再把蟲子放進去攪拌，就成了好酒。」劉某讓僧人試驗，果然是這樣。

從此，劉某厭惡酒如同仇人，身體漸漸地瘦下去，家境也日漸貧困，最後竟連飯都吃不下了。

——此精記載於清代蒲松齡《聊齋志異·卷五》

235 金累

有一種山精，長得像人，身高九尺，穿著皮衣，戴著斗笠，名為「金累」。

——此精記載於南北朝劉敬叔《異苑·卷三》

236 金精

南北朝時代，安陽縣有戶姓黃的人家，住在古城南。這家人的祖先輩輩都很富有。有一個巫師替他家占卜，說他家的財物要離去，應該好好守護。自此之後，黃家人每夜都派人分別看守。

這天晚上，黃家人看到有一隊人，全都穿黃色衣服，騎著馬，從北門走出來；一隊白衣人，騎著馬，從西門走出來；一隊青衣人，騎著馬，從東園門走出來。這些人都打聽趙虞家離這裡多遠。走出去的黃、白、青幾隊人，全都是金銀錢貨。但當時黃家人都忘了財物要離去的事，直到幾隊人馬離去之後才明白過來。黃家人非常後悔，但是已經不能去追趕了。這件事情發生後，黃家很快一貧如洗。

唐代天寶年間，長安永樂裡有一個凶宅，居住在這裡的人全都遭了殃，以後便沒人再敢住。

有個扶風人叫蘇遏，因為窮，即便知道這是個凶宅，還是買了下來，不過是賒帳，還沒有付錢。到了晚上，蘇遏睡不著，出來閒逛，忽然看見東邊牆根有一個紅色的東西，像人的形狀，沒有手和腳，裡外透澈明亮，嘴裡喊叫：「爛木！爛木！」然後西邊牆根下有東西回應說：「在，在這裡！」兩個東西嘀嘀咕咕說了一會兒話，紅色東西就消失了。

蘇遏走下臺階，問西邊牆根下的東西，那個紅色的是什麼，對方說：「是金精。以前死在這裡的人，都是它害的。」

第二天，蘇遏借來鐵鍬，先在西牆下挖，挖出一根腐朽的柱子，柱子木心的顏色像血一樣。後來，他又在東牆下挖了兩天，挖到將近一丈深，才看見一塊方形石塊，寬一丈四寸，長一丈八寸，上面用篆書寫道：「夏天子紫金三十斤，賜有德者。」又向下挖了一丈多深。挖到一個鐵罐，把鐵罐打開，看到紫金三十斤。

蘇遏想要這些金子，又擔心自己不是什麼道德高尚的人，正在猶豫不決，那塊爛木頭說：「這很好辦，你改名叫『有德』不就行了？」蘇遏聽了，大喜過望，連稱這個主意好。爛木說：「我幫了你大忙，你能不能把我送到昆明池裡？我保證以後再也不會禍害人了。」蘇遏答應了它。

蘇遏用這筆金子還了帳，然後安心閉門讀書。三年後，蘇遏被范陽節度使請去做幕僚。七年後，官獲冀州刺史。

至於那座宅院，再沒發生過什麼怪事。

——此精記載於宋代李昉等《太平廣記·卷第三百六十一》（引《廣古今五行記》）、宋代李昉等《太平廣記·卷第四百》（引《博異志》）

237 金人

唐代有個叫龔播的人，當初很窮，以販賣蔬菜水果為生，住在江邊的一個草房子裡。

有一天晚上，風雨大作，天地昏暗，龔播看到江南有火光，又聽到有人在對岸喊著開船過去。但當時已經是半夜了，江邊的人都早已上床休息。

龔播划著小船，在風雨中將那個人接過了河。過河之後，那個人突然倒地，龔播走上去看，發現是一個四尺多高的金人。龔播就把金人帶回家，不久後生意越做越大，成為四川出名的富豪。

——此精記載於宋代李昉等《太平廣記・卷第四百一》（引《河東記》）

238 漆桶

唐代開成年間，河東郡有一個官吏，常常半夜巡察街道。

一天夜裡，天清月朗，官吏來到景福寺前，看到一個人俯身低頭坐在那裡，兩手交叉抱住膝蓋。這個人身上全是黑的，一動不動。官吏害怕，就喝斥了他一聲，那人依然不理不睬。官吏上前打了他一下，他這才抬起頭。

這個人的相貌很特別，只有幾尺高，膚色蒼白，身形瘦削，非常可怕。官吏嚇得栽倒在地，等甦醒後，這個人不見了。官吏跑回去，把這件事情仔細地告訴了身邊的人。

後來，重建景福寺門時，從地底下挖到一個漆桶，有幾尺高，上邊有白泥封閉的桶頂，就是官吏見到的那個怪物。

——此精記載於唐代張讀《宣室志・補遺》

239 漆鼓槌

東晉桓玄時代，在朱雀門下，忽然有兩個通身黑如墨的小男孩，一唱一和地唱〈芒籠歌〉。路邊的小孩跟著唱和的有幾十人。唱的歌詞是這

樣的：「芒籠首，繩縛腹。車無軸，倚孤木。」歌聲非常哀傷悽楚，讓人不禁潸然淚下。

天已經要黑了，這兩個小男孩回到建康縣衙，來到閣樓下，就變成一對漆鼓槌。打鼓的官吏說：「這鼓槌堆積放置好長時間了，最近常常丟失了又回來，沒想到它們變成了人！」

第二年春天，桓玄兵敗身死。人們這才明白，那首歌中的「車無軸，倚孤木」，就是個「桓」字。荊州把桓玄的頭顱送回來，用破敗的竹墊子包裹著，又用草繩捆綁他的屍體，沉到大江之中，完全像童謠唱的那樣。

——此精記載於南北朝吳均《續齊諧記》

240 棋局

古人稱棋盤為「棋局」。

唐代，馬舉鎮守淮南，有個人攜帶一個鑲嵌著珍珠寶玉石的棋盤獻給他。馬舉給了那個人很多錢後，把棋盤收下了。過了幾天，棋盤忽然不見了。馬舉叫人尋找，但沒有找到。

有一天，忽然有一個拄著拐杖的老頭來到門前求見馬舉。老頭談論的大多是兵法，造詣很深，馬舉聽得很入迷，就和他探討。雙方談論了很久，老頭從兵法戰略、治軍識人、破關打陣等多個角度，談得頭頭是道，讓馬舉敬佩得五體投地。

馬舉詢問老人是哪裡人，並問他為什麼在兵法上有如此深的學問。老頭說：「我住在南山，自幼就喜歡新奇的東西，人們都認為我胸懷韜略。因為我屢經戰事，所以熟悉用兵之法。我們今天所說的，都是用兵打仗的要點，希望能對你有幫助。」說完，老頭就要告辭，馬舉堅決挽留，把他請到館驛休息。

到了晚上，馬舉叫左右的人去請老頭，只看見室內有一個棋盤，就是丟失的那個。馬舉這才知道那老頭是精怪，就命令左右的人用古鏡照它。棋盤忽然跳起來，落到地上摔碎了。

——此精記載於唐代柳祥《瀟湘錄》

241 蚑

有一種山精，形似小孩，但只有一隻腳，而且腳後跟在前，喜歡攻擊人，名叫「蚑」（ㄑㄧˊ）。如果碰見了，大聲喊它的名字，它就會馬上逃走。蚑還有一個名字，叫超空。

——此精記載於晉代葛洪《抱朴子‧內篇‧卷十七》

242 橋祟

杭州武林門有座長壽橋，橋的左邊還有一座橋，沒有名字，人們稱其為小橋。當地的某甲是個無賴，經常召集同夥，拿著鋤頭、鐵鍬在無主的荒地上挖各種石頭賣錢，不管是柱子還是臺階、雕欄，看到什麼挖什麼，後來某甲竟然把小橋上的欄石給偷了，裝在小船上，到附近的鎮子賣了。

某甲有個兒子，才七歲，這天忽然生了病，第二天越發嚴重。

兒子說：「有人打我。」

某甲就找來占卜的人詢問，占卜的人說：「是小橋作祟。」

某甲很吃驚，趕緊買來祭品前去祭奠，但沒有什麼效果，過了幾天，兒子就死掉了。

——此精記載於清代俞樾《右台仙館筆記‧卷十六》

243 錢蛇

明代，豐都地區有個村子，經常有一條大蛇為非作歹，不知道從哪裡來的，幾丈長，經常吃掉人家的雞鴨，偷人家的食物，但是不傷人。當地人想把牠殺掉，卻找不到牠的蹤跡。

村裡有個寺廟，廟裡有塊空地，某甲租了下來，在上面種植林木。有一天早晨，某甲正在鋤草，看見那條巨蛇爬了過來，正要舉起鋤頭去砍，發現牠鑽進洞裡，結果只砍斷了牠的尾巴。

某甲砍蛇的尾巴時，鋤頭發出了噹噹的響聲，他便上前去看，發現

有很多銅錢散落在洞口。某甲就懷疑蛇是銅錢所化，把妻子和弟弟叫來挖開洞穴，得到了十幾萬銅錢，全都挑回家，就成了富豪。

至於那條蛇，從此之後再也沒有出現。

——此精記載於明代陸粲《庚巳編·卷四》

244 青桐

唐代，臨湍寺有一個叫智通的和尚，經常念誦《法華經》。他入禪靜坐時，一定找寒林靜境、幾乎沒有人跡的地方。

有一晚，忽然有人繞著院子喊智通，直到天亮了喊聲才止，一連幾晚都是這樣。

第三夜，喊聲從窗口傳進來，智通忍耐不下去了，就回應說：「喊我有什麼事？可以進來講。」

接著，有個怪物走進來，長六尺多，黑衣黑臉，睜著眼，嘴挺大。怪物見了智通，雙手合十，行了禮。智通端詳他許久，說道：「你冷嗎？坐進來烤烤火。」那怪物就坐下了。

智通也不管他，只是念經。到了五更時分，怪物閉著眼、張著口，擁著火爐發出鼾聲。智通見狀，就用香匙取出炭火，放到怪物口中。怪物被燙得怪叫而起，跑到門外，消失了。

智通等到天明，在那怪物摔倒的地方，拾到一塊樹皮。登山尋找了幾里，看到一棵大青桐樹，它的根部有一塊凹陷的地方好像是新近弄掉的。智通把手中的樹皮往上一摁，正好合上。樹幹一半處，有砍柴人砍成的一個陷窩兒，深六、七寸以上，大概這就是怪物的嘴，裡邊還裝著炭火。

智通把這棵樹燒了，怪事也就從此絕跡。

——此精記載於唐代段成式《酉陽雜俎·續集卷一》

245 青牛

　　山裡的古樹如果超過萬年（也有說是千年），就會變成青牛。

　　東漢，漢桓帝有一次在黃河邊遊玩，忽然有一頭大青牛從黃河裡跑出來，周圍的人嚇得四散逃走。

　　陪伴皇帝的人中，有個姓何的將軍十分勇猛，衝上去，左手拉住牛蹄，右手舉起斧頭，砍掉了牛頭。不過，那頭牛的屍體很快就消失了。人們這才知道，那頭青牛是萬年樹精所化。

　　晉代，桓玄去荊州，在鸛穴遇到一個老頭，趕著一群青牛。桓玄看那些牛長得十分雄健，就用自己的車子跟老頭換了一頭，騎著牛一路行走如風。

　　到了靈溪，桓玄下來，牽著牛到河邊喝水，那頭牛走入水中就消失了。後來，桓玄請來巫師詢問這件事，巫師說那頭青牛乃是樹精。

　　宋代，京口有個人晚上到江邊，看見石公山下面有兩頭青牛，肚子和嘴巴都是紅色的，在水邊嬉戲。有個三丈多高的白衣老頭，拿著牛鞭站在旁邊。過了一會兒，老頭回頭看到這個人，就舉起鞭子把兩頭牛趕入水裡，自己逕直走上石公山，消失不見了。

　　——此精記載於晉代郭璞《玄中記》、唐代余知古《渚宮舊事·卷五》、五代徐鉉《稽神錄·卷二》、宋代李昉等《太平御覽·卷九百》（引《嵩高記》）

246 慶忌

　　慶忌是水澤裡的精怪。沼澤湖泊如果乾涸了上百年，生長不了草木禾穀，但是其中又沒有徹底斷絕水，就會生出慶忌。慶忌的長相跟人類差不多，身高四寸，穿著黃色衣裳，戴著黃色冠冕，打著黃色傘蓋，騎著一匹小馬，奔跑起來速度飛快。如果有人抓住它，喊它的名字，可以千里之外一日往返。

　　——此精記載於唐代釋道世《法苑珠林·卷第四十五》（引《白澤圖》）、晉代干寶《搜神記·卷十二》

247 曲生瓶

唐代，道士葉法善對使用符籙的法術很有研究，皇上多次拜他為鴻臚卿，給他的待遇特別豐厚。

葉法善住在玄真觀，曾經有十幾個朝中的官員來到觀中，坐在一起想要喝酒。忽然有人敲門，說他是曲書生。葉法善派人對他說：「正有朝中的同僚在此，沒有時間和你交談，希望你改日再來。」話還沒說完，就見一個衣著寒酸的讀書人直闖進來。此人二十歲左右，又白又胖很好看。他笑著向各位作揖，然後坐到了末席。宴會上，書生大聲談論，援引古今，大家都對他另眼相看。

後來，葉法善對大家說：「這傢伙突然進來，又如此能言善辯，很蹊蹺，你們可以拿出劍，試一試他。」

有一天，曲書生又來了，依然在宴會上跟人激烈辯論，時而握住手腕，時而擊掌，尖銳地提出問題，時時發難，勢不可當。

葉法善偷偷地拿起劍砍他，他的腦袋掉在地上，變成一個瓶蓋。滿座人目瞪口呆，再看那個曲書生，變成一個瓶子，裡面裝著好酒。

大家哄堂大笑，一邊喝酒，一邊摸著那個瓶子說：「曲書生呀，曲書生，你的味道還不錯嘛。」

——此精記載於唐代鄭棨《開天傳信記》

248 犀導

晉代，東海郡的蔣潛有一次來到不其縣，見林下有一具屍體。屍體已經腐爛，烏鴉來啄食死人肉。蔣潛看到一個三尺來高的小孩前來驅趕烏鴉，如此往復好幾次。蔣潛覺得奇怪，就走過去看。他看到死人頭上佩戴一枚通天犀導（註：用犀角製成的導髮具），價值數萬錢，就拔取了這枚犀導。蔣潛走後，一群烏鴉爭集而來，沒有人再來驅趕。

後來，蔣潛把犀導獻給晉武陵王。武陵王死後，犀導又被施捨給僧人，王武剛用九萬錢把它買下，後來又落到褚太宰手裡。褚太宰又把它送給齊國前丞相豫章王。

豫章王死後，其妻江夫人就把它弄斷做成釵。每天夜裡，她總能聽見一個男孩繞床頭質問：「你為什麼要殺害我？我一定要報復！無論如何也不能忍受這樣的冤枉和殘酷！」江夫人對此感到厭煩又畏懼，一個多月以後就死了。

——此精記載於南北朝吳均《續齊諧記》

249 傒囊

傒（ㄒㄧ）囊為山精。三國時代，諸葛恪很有名，是諸葛亮的姪子，大將軍諸葛瑾的長子，為東吳的權臣。諸葛恪曾經在丹陽這個地方當太守，經常出去打獵。

有一天，諸葛恪在打獵的時候，看到兩座山之間，有個東西像個小孩，伸出手想拉人。諸葛恪就讓它把手伸出來，拉著它離開了原來的地方，那東西很快就死了。

部下問諸葛恪這是什麼緣故，諸葛恪告訴他們，這精怪名叫傒囊，《白澤圖》裡有記載。「你們不要以為我神通廣大，無所不知，其實只不過是你們沒有看過《白澤圖》而已。」諸葛恪說。

——此精記載於晉代干寶《搜神記·卷十二》

250 傒龍

房舍裡，有一種精靈名為「傒龍」，長得如同小孩，高一尺四寸，穿著黑衣服，戴著赤色頭巾、大大的頭冠，拿著劍和戟。只要喊它的名字，它就會離開。

——此精記載於宋代李昉等《太平御覽·卷第八百八十六》
（引《白澤圖》）

251 喜

左右有石頭，水從裡面流出來，並且千年不絕，這種地方會有一種叫「喜」的精靈，長得如同黑色的小孩。只要喊它的名字，就可以驅使它帶來食物。

——此精記載於宋代李昉等《太平御覽·卷第八百八十六》
（引《白澤圖》）

252 朽木

南朝梁末年，蔡州有個空宅，傳說是凶宅，不能居住。

有一次，一個叫魏佛陀的軍人，率領著十名兵士進入宅中，在前堂住下。日落時，堂屋裡出現一個東西，人面狗身，沒有尾巴，在堂屋裡亂跳。魏佛陀挽弓搭箭射那東西，射中後它就不見了。第二天，眾人在堂屋裡挖掘，挖到一塊被箭射中的朽爛木頭。木頭有一尺來長，下端有凝結的血跡。

從此以後，凶宅就沒有再發生什麼詭異的事情。

——此精記載於宋代李昉等《太平廣記·卷第四百一十五》
（引《五行記》）

253 新婦子

唐代，京兆人韋訓閒暇之日在自家的家學裡讀《金剛經》，忽然看見門外有一個穿粉紅色衣裙的婦人，三丈多高，跳牆進來，遠遠地伸手去捉他家的教書先生，先生被她揪住頭髮拉到地上。她又伸手來捉韋訓，韋訓用手抱起《金剛經》遮擋身體，倉促躲開了。

教書先生被婦人拉到一戶人家，韋家人跟在後面喊叫，婦人便丟下他，跑進一個大糞堆裡，消失了。

教書先生被那女子勒得舌頭吐出來一尺多長，韋家人把他扶到家學中，過了好長時間他才醒過來。韋訓帶人挖那個糞堆，挖到幾尺深時，

竟挖到一個布做的新婦子（年輕貌美的女子）。韋訓把它放在四通八達的路口燒掉，那怪就滅絕了。

同樣在唐代，盧贊善家有一個瓷做的新婦子，放了幾年，他的妻子開玩笑對他說：「讓這瓷娃娃給你當小老婆吧！」之後，盧贊善總能看到一個婦人躺在他的帳中。時間長了，他料到這是瓷新婦子作怪，就把它送到寺院裡供養起來。

寺裡有一個童子，早晨在殿前掃地時，看見一位婦人。問她從哪兒來，她說她是盧贊善的小老婆，被大老婆嫉妒，送到這裡來了。後來，童子見盧家人來，就說起這件事。盧贊善就讓人把那個瓷新婦子打碎，發現它心頭有個血塊，像雞蛋那麼大。從那以後，就再也沒有什麼怪事發生。

唐代，越州兵曹柳崇忽然頭上生了個瘡，痛得直呻吟，於是找來術士在夜裡觀察。術士說：「是一個穿綠裙子的女人作祟，我要她放過你，她不答應。她就在你窗下，應該趕緊除掉她。」柳崇查看窗下，只看見一個瓷做的女子，很端莊。於是把它放到鐵臼中搗碎，他的瘡就好了。

——此精記載於唐代戴孚《廣異記》、唐代張鷟《朝野僉載·卷六》

254 杏精

清代，滄州有個人叫潘班，擅長書畫。

有一天，他留宿在朋友的書齋裡，聽到牆壁裡有人小聲說話：「今晚沒有人和你共寢，如果不嫌棄，我出來陪你吧。」潘班聽了十分害怕，趕緊搬了出來。

朋友聽說這件事，告訴他：「這個書齋裡有妖精，經常變化成一個美麗的女子，但從來不會害人。」

人們都說，書齋裡的這個妖精，並不是狐狸鬼怪之類的東西，它比較講究，碰到粗俗之人不會出現，反而格外看重那些落魄的讀書人，因為敬佩潘班的才華，所以才會自薦枕席。果然，後來潘班一直不得志，鬱鬱而終。

十幾年後，有人聽到書齋裡傳來哭泣聲，第二天，起了颶風，吹折了一棵老杏樹，書齋裡的妖精就再也沒有出現過。

同樣在清代，有個書生住在北京的雲居寺，看到有個十四、五歲的小孩，經常來寺裡。書生見小孩可愛，就把他留在自己的房間。但是時間久了，書生發現來見自己的朋友似乎看不到他，彷彿小孩是個透明人一般。

書生懷疑小孩不是常人，便拉著他詢問。小孩說道：「你不要怕，我其實是杏精。」書生驚道：「難道你是鬼魅，來傷害我的嗎？」小孩說：「精和鬼魅不同，厲鬼這些東西是幹壞事的，所以叫鬼魅。千年的老樹，吸取日月精華，時間長了，便會在體內結胎，就成了精，精是不會害人的。」書生又問：「我聽說花精都是女的，為什麼你是男孩呢？」小孩說：「杏樹有雌雄之分，我是雄杏。至於為什麼我來找你，是因為你我有緣。」雖然這個孩子說自己不會害人，但書生還是離開了他。

——此精記載於清代紀昀《閱微草堂筆記·卷一、卷八》

255 雪衣女

唐玄宗天寶年間，嶺南進獻了一隻白鸚鵡。由於養在皇宮裡的時間長了，鸚鵡能理解人的話語。宮裡的人，乃至楊貴妃，全都稱呼鸚鵡為「雪衣女」。因為鸚鵡的性情已經很溫順馴服了，所以大家常常放開牠，任其吃喝飛鳴，可是牠總是不離開屏風和帳幕之間。皇上讓人把近代詞臣的文章念著教給牠，幾遍後，牠就能背誦，十分聰明。

皇上常常和嬪妃及各位王爺下棋玩，只要皇上的棋稍呈敗勢，左右的人呼喚雪衣女，牠一定會飛到棋盤上，鼓動翅膀攪亂棋局。有時還啄嬪妃以及諸王爺的手，使他們不能搶到好的棋路，唐玄宗和楊貴妃都很喜歡牠。

一天早晨，雪衣女飛到楊貴妃的鏡臺上，說：「我昨天夜裡夢見被老鷹捉住，性命就要結束了嗎？」皇上要貴妃教牠念《多心經》，此後牠記得特別熟練，晝夜不停地念，像是害怕遭受災禍，進行祈禱以求免災。

有一次，皇上與貴妃到別的宮殿遊玩，貴妃就把鸚鵡放在輦車上，帶牠一起去。到了以後，皇上和隨行的將校進行圍獵。鸚鵡這時正在宮殿的欄杆上飛來飛去，一瞬間有一隻鷹飛來，捕殺了鸚鵡。皇上和貴妃都很傷心，命人把鸚鵡埋在御花園中，還立了一座鸚鵡的墳墓。

——此精記載於宋代李昉等《太平廣記·卷第四百六十》
（引《譚賓錄》）

256 宣平坊賣油郎

唐代長安宣平坊，有一位官人夜裡歸來。他走進曲斜僻靜之處，看到有個賣油的人，戴著草帽，用驢馱著油桶，大搖大擺地走在路上，也不避開。官人的隨從見對方十分放肆，就上去打他，結果他的頭應聲而落，身體的其餘部分以及驢和油桶，迅速地跑進一個大宅院的門裡。官人覺得奇怪，就跟了進去，只見那個人和驢跑到一棵大槐樹下不見了。

官人趕緊將事情告訴這家的主人。這家主人便命人挖掘。挖到幾尺深，見樹的枯根下有一隻大蛤蟆，一副驚慌失措的樣子，蛤蟆的兩邊有兩隻筆帽，筆帽裡裝滿了樹的津液，還有一個挺大的白蕈，不過頂部已經掉了。官人這才明白，蛤蟆就是驢，筆帽就是油桶，白蕈就是那個賣油郎了。

之前，周圍的人有的在一個月前就買過他的油，還奇怪他的油為什麼品質好、價錢便宜。等知道這件事，吃過那油的人全都嘔吐起來。

——此精記載於唐代段成式《酉陽雜俎·前集卷十五》

257 旋風

五代，江南有個人叫張瑗，一天日暮時分經過建康一座橋時，忽然看見一個美女，衣服敞開，氣勢洶洶地走在路上。張瑗覺得奇怪，就盯著她不放。那女人轉過臉，變成一陣旋風撲向張瑗。張瑗立刻人仰馬翻，身體不適，一個多月才好。

清代，有個陳某和朋友一起去討債，走累了在路邊休息，有兩個陌生人在旁邊。正說著話，忽然看見一陣大旋風呼嘯而來，兩個陌生人中有個人說：「大家看我去抓旋風裡面的妖精！」說完，這個人默默念咒，旋風來到他面前，飛速旋轉卻無法前進，從風裡掉下一隻黃鼠狼，幾乎有狗那麼大，背上還背著一個黃色的包裹，應該是傳說中的仙家。大家都勸這個人放過它，黃鼠狼才駕風而去。過了一會兒，旋風又來了，把先前作法的這個人捲到半空中，拋下來活活摔死。

——此精記載於五代徐鉉《稽神錄·卷二》、清代李慶辰
《醉茶志怪·卷三》

258 蕈童

宋代，豫章人都喜歡吃蕈，其中有一種黃姑蕈，味道特別鮮美。

有一戶人家在蓋房子，就準備了一些黃姑蕈，想用來招待幫忙蓋房的工匠。

有個工匠在房上安放瓦片時，往下看了一眼，見地上無人，有一個光著身子的小男孩繞著那鍋跑，倏地跳進鍋裡消失了。不多時，主人把煮好的蕈擺到餐桌上，安放瓦片的那名工匠覺得事情怪異，就沒吃，其他的工匠都吃了。

到了天黑，吃蕈的人全死了，只有那個工匠活了下來。

——此精記載於五代徐鉉《稽神錄·卷六》

259 紙人

唐代，武功人蘇丕於天寶年間擔任楚丘縣縣令，女兒嫁給了一個姓李的人。李男素來寵愛婢女，因而和蘇丕女兒的感情不夠篤誠。那婢女求一個術士做害人的法術，把符埋在李家宅院裡的糞土中，又紮製了七個婦人形狀的紙人，每個都是一尺多高，藏在東牆洞中，用泥偽裝好，想用來詛咒蘇丕的女兒。

但是，幾年之後，蘇丕的女兒沒事，李男和婢女反倒相繼死亡。儘管如此，害人的法術還是成了，紮製的紙婦人經常在宅中出遊，蘇丕的女兒也因為受到詛咒，時常發病昏倒。

蘇家人多次求術士，什麼樣的禁咒都用了，就是不能制止。後來，等它們再出來時，蘇丕就率領幾十人捕捉，捉到了其中一個。它的眉目形體全都具備，在人的手中，總是不停地動。

蘇丕就堆起柴草燒它，它的同伴都來燒它的地方號叫，或在空中，或在地下。

此後半年，蘇丕陸續又捉到六個，全都燒了。只有一個捉到以後又跑了，追它時，它忽然進到糞土中。大家找來工具掘糞，挖了七、八尺深，掘到一塊桃符。符上有紅色字跡，似乎還可以辨識。那上面寫的是：「李氏的婢女詛咒蘇氏的女兒，做了七個紙人，在東壁上的土龕中，此後九年會成功。」

於是，蘇家人打破東壁，捉到僅剩下的那一個紙人，蘇丕女兒的病很快就好了。

清代，南康縣有個姓方的貢生，世代耕讀，家裡還算富足。

有一天，方家雇用一個小名叫毛狗的小孩來放牛，毛狗來的時候，有個只有一尺多高的小人跟他一起來。這個小人有時候能被看到，有時候就消失了。時間長了，小人的數量越來越多，有的四處罵人，有的打人耳光，貢生喝斥它們，它們也不怕。

過了四十年，小人已經增加到一百多個，它們毀壞家裡的東西，弄髒飲食，燒毀衣服，做了很多壞事。方家人都很苦惱，請來僧人和道士作法，都被它們打得頭破血流而跑走了。

貢生沒有辦法，來到了龍虎山，向天師求救。天師算定了日子，告訴貢生會在那天作法，讓他放心回去。貢生回到家中，那些小人依然每日嬉戲。到了法師說的這天，天空忽然電閃雷鳴，接著一道閃電霹靂而下，那些小人全都不見了。貢生要毛狗去尋找，看到很多一、兩寸長的紙人散落得到處都是。

——此精記載於唐代戴孚《廣異記》、清代俞樾《右台仙館筆記·
卷十一》

260 珠寶精

清代嘉慶二年十月二十一日，乾清宮發生了大火，當時有個侍衛在大殿頂上救火，看見一縷白煙從大殿的殿脊上升起來，高有一、兩尺，煙中出現一個戴著頭冠的人，只有一尺多高，冉冉上升，越往上變得越小，發出一聲怪響，化為黑煙散去，然後出現很多這樣的人，有的是女子，有的是道士，有的是書生，還有穿著盔甲的人，一直到大殿的殿脊出現大火才消失。人們說，這些東西都是大殿裡的珠寶精，因為被火燒，精氣上出，火燒而散。

——此精記載於清代姚元之《竹葉亭雜記·卷二》

261 豬善友

宋代，永寧地區有個屠宰場，養了十幾頭肥豬。

有一天，徒弟們問屠夫該宰哪一頭，屠夫站在豬圈旁邊看，裡面那群豬嚇得驚慌不已，唯獨有一頭豬安然不動。屠夫就指著牠說：「這頭豬吃得少，養了很久，可以殺了。」徒弟們走進豬圈，套上繩索往外拉，那頭豬一聲不吭。

等到殺的時候，刀子戳進去，這頭豬的喉嚨不出血，也不死。徒弟們告訴屠夫，屠夫便自己拿著刀，伸手進去試探了一下，發現這隻豬竟然沒有心肺。屠夫大為驚慌，自此放下屠刀，再也不幹殺戮的營生了。

這頭豬沒有死，安然生活在豬圈裡，屠夫一家人對其呵護備至，稱其為「豬善友」。周圍的鄉親聽說了，紛紛前來觀看，沒有不驚歎的。

有一天，鄰居做了一頓齋飯，請「豬善友」前往，這隻豬哼哼兩聲，好像是答應的樣子。第二天，鄰居還沒來請，豬就坐在鄰居家的門前。一連三十多天，周圍的人紛紛請這頭豬吃齋飯。

後來，有人發現這頭豬蹲在墓園裡，一動也不動，走過去一看，發現牠已經死了。

——此精記載於金代元好問《續夷堅志·卷三》

262 鐘精

鐘在古代多用於寺院等宗教場所，除此之外，也做計時之用，故有「晨鐘暮鼓」之說。鐘大多為銅鐵所造，故能長久流傳，又因其上鑄造的各種紋飾、神獸等，古人認為往往會發生蹊蹺之事。

唐朝開元年間，清江郡有一個老頭在田間牧牛，忽然聽到有一種怪異的聲音從地下發出來，老頭和幾個牧童都嚇得跑開了。回去之後，老頭生病，發燒一天重似一天。過了十幾天，老頭的病稍微好了一些，他夢見一名男子，穿著青色短衣，對他說：「把我搬遷到開元觀去！」老頭驚醒了，但不知這是什麼意思。

後來過了幾天，他到野外去，又聽到那怪異的聲音。他就把這件事報告郡守，郡守生氣地說：「這簡直就是胡說八道！」派人把老頭轟了出去。這天晚上，老頭又夢見那名男子，告訴他說：「我寄身地下已經有好長的時間了，你趕快把我弄出來，不然你就會得病！」

老頭十分害怕，到了天明，就跟他的兒子一起來到郡南，挖那塊地。大約挖了一丈多深，挖出一口鐘，青色的，就像他夢見的那名男子的衣服顏色。於是，老頭又去報告郡守，郡守便把鐘放在開元觀。這一天辰時，沒人敲鐘，鐘自己響了，聲音特別響亮。

郡守就把這件事上奏給唐玄宗，唐玄宗特意讓宰相李林甫去畫下鐘的樣子，並告示天下。

宋代，廣寧寺有口大鐘，有一天，寺裡的和尚撞鐘，發現鐘不響，反而在城西南橋下面傳出了鐘聲，周圍的行人聽了，沒有一個不被驚嚇到的。有人把這件事告訴寺裡的僧人，僧人們帶著法器前往橋下做了法事，第二天，寺裡的這口大鐘才恢復正常。

晚唐天祐年間，吉州龍興觀有一口巨大的古鐘，鐘上鑄有一行字：「晉元康年鑄造。」大鐘的頂上有一個洞，相傳是武則天時代，鐘聲震動長安，女皇不悅，命人鑿壞了它。

有一天晚上，大鐘突然丟失，第二天早晨又回到原處。但是，鐘上所鑄的神獸蒲牢上，有血跡並掛著菾草。菾草是江南一帶的水草，葉子像蓴草。居住在龍興觀前長江邊上的人們，有幾天夜裡都聽到江水風浪

的巨大響聲。一天早晨，有個漁人看見江心有一杆紅旗，從上游漂下來，便划著小船去取紅旗，看見浪濤洶湧的水中鱗片閃著金光，打魚的人急忙掉船回來。這才知道是神獸蒲牢咬傷了江龍。

清代，某個地方有個廢棄的寺廟，傳說有怪物，所以沒人敢待在那裡。有一群販羊的商人，為了躲避風雨而夜宿寺中，聽到嗚嗚的聲響，看到一個怪物，身體臃腫肥碩，面目模糊，蹣跚而來，走得很遲緩。

這群販羊商人都是一些毛頭小夥子，也不害怕，就一起撿起磚塊向那怪物砸去，發出很大的聲響。看到那怪物沒有反擊的舉動，這幫人膽子更大了，一起去追趕它，追到了寺門倒塌的牆跟前，發現竟然是一口破鐘，裡面有很多人的碎骨，應該是先前它吃掉的。

第二天，這群人把事情告訴當地人，讓他們把鐘熔化了。自此之後，這座寺院再也沒有怪事發生。

——此精記載於唐代張讀《宣室志·補遺》、五代王仁裕《玉堂閒話·卷三》、金代元好問《續夷堅志·卷三》、清代紀昀《閱微草堂筆記·卷十二》

263 帚精

唐代，鄭余慶在梁州，龍興寺裡有一個叫智圓的和尚，擅長用法術制邪理痛，多有奏效，每天都有幾十人等候在門口。智圓老了，鄭余慶很敬重他，就在城東的空地上蓋了一所草房給他居住，還派了一個小和尚和一個僕人侍奉他。

幾年之後，有一天，智圓曬著太陽剪腳指甲，有個端莊的婦人來到階下行禮，哭著說：「我很不幸，丈夫死了，兒子還小，老母親病得很重。知道大師您的神咒能助我一臂之力，特來求您救護。」智圓說：「我本來就討厭城裡的喧鬧，你的母親病了，可以到這裡來，我給她療理一下。」婦人又再三哭著求情，說母親病得危急，不能攙扶。智圓也就答應了。

婦人就說，從此地向北二十多里，到一個小村，村附近有個魯家莊，只要打聽韋十娘住的地方就行了。

智圓第二天早晨起來，按照婦人說的，走了二十多里，並沒有找到那個莊子，就回來了。

第三天，婦人又來了。智圓責備她說：「我昨天遠道去赴約，沒有找到呀！」婦人說：「我住的地方只離大師去的地方二、三里了。大師慈悲，一定要再走一趟。」智圓生氣地說：「老僧我身老力衰，如今堅決不出去了！」婦人突然發起火來，衝上去拉智圓的手臂。智圓懷疑她不是人，便拿起小刀刺她。

婦人應聲而倒，智圓一看，中刀的竟然是小和尚，而且已經死掉了，趕緊和僕人一起把小和尚埋在水缸下。

小和尚是本村人，家離寺院十幾里。那一天，小和尚的家人在田間勞作，有一個穿黑衣、揹褐色包袱的人，一大早到田間來討水喝，說了這件事。小和尚的全家哭號，來到寺院，找到小和尚的屍體，拉著智圓告到了官府。

鄭余慶聽說之後非常吃驚，派捉拿盜賊的官吏細查此案，認為老和尚一定是冤枉的。智圓老和尚把事情說了一遍，又道：「我一生擅長法術，用法術殺死了不少精怪，這是我欠的一筆老賬，看來是報應到了，只得一死了！」智圓要求七天後再處死他，用這七天來念咒懺悔。鄭余慶可憐他，就答應了。

智圓沐浴設壇，用法術查訪那個女子，第三天，她就出現在壇上，說：「我們修行不易，你不分青紅皂白，動不動就用法術殺我們，實在是太過分。小和尚並沒有死，如果你發誓從此之後不再使用法術，我就把他還給你。」智圓懇切地發了誓，女子高興地說：「小和尚在城南某村的古墓裡。」官吏按照她講的去找，果然發現了小和尚。在小和尚的棺材裡，發現了一把笤帚。

從此之後，智圓就再也沒有使用過法術。

明代洪武年間，本覺寺有個年輕僧人，叫湛然。湛然的僧房很僻靜。

有一天，來了一個美麗的女子與湛然調情，兩人就住在一起。

過了一段時間，湛然覺得自己身體枯瘦，沒精打采，找了很多醫生都沒有治好。

寺裡有個老僧對他說：「我給你診脈，發現你被邪氣侵犯，趕緊說

到底怎麼回事，否則你性命不保。」湛然不得已，把事情告訴了老僧。

等到女子再來的時候，湛然便在她的頭髮上偷偷地插了一朵花，寺裡的僧人衝進房間捉拿，那女子立刻推門逃竄。

眾人跟在後面，追到寺裡西北的廚房，見女子消失在那裡。四處尋找，看見一把笤帚上插著一朵花，正是湛然插的那朵。於是，眾人就把笤帚燒掉了，那女子再也沒有出現。

——此精記載於唐代段成式《酉陽雜俎·前集卷十四》、明代吳敬所
《國色天香》

264 枕精

南北朝時代，中山人劉玄住在越城。天黑了，劉玄忽然看見一個穿著黑褲子的人來取火，頭臉上沒有七竅。於是，劉玄就去請巫師占卜。巫師說：「這是你家長輩的東西，時間久了就變成了精怪殺人。趁它還沒有長出眼睛，可以及早除掉它。」於是，劉玄把那個怪物捉拿捆綁起來，用刀砍了幾下，它竟變成一顆枕頭。原來是他祖父那時候用的枕頭。

——此精記載於唐代薛用弱《集異記·補編》

265 枕勺

曹魏景初年間，咸陽縣縣吏王臣家裡出現了怪事，無緣無故地會聽見拍手和呼喊的聲音，留神查看時卻看不見什麼。

有一天，王臣的母親在夜裡工作得累了，就靠在枕頭上睡覺。不一會兒，她便又聽見灶下有喊聲說：「文約，你為什麼不來？」王母頭下的枕頭馬上回答說：「哎呀，對不起，我被枕住了，不能到你那邊去。你可以到我這兒來喝水。」

到天亮，眾人一看，發現鍋灶下跟枕頭說話的，原來是飯勺。王臣就把它們放在一起燒掉，家裡的怪事從此就沒有了。

——此精記載於晉代干寶《搜神記·卷十八》

266 蚩

蚩，是一種海獸，傳說是水精。漢武帝曾經建造柏梁殿，大臣中有人建議，稱：「蚩是水精，能辟火災，可以雕刻它的形狀，放在殿上。」這種海獸的嘴巴如同鴟鳶，所以後人呼之為「鴟吻」，其實是以訛傳訛。

——此精記載於唐代蘇鶚《蘇氏演義・卷上》、宋代黃朝英
《靖康緗素雜記・卷一》

267 蚳

蚳（ㄔˊ）是水精的一種，生長在小水窪裡。蚳長得很有趣，有一個腦袋，兩個身子，身形跟蛇很像，長八尺。

如果有人抓住它，喊它的名字，就可以出入水中如履平地，捕捉魚鱉，十分方便。

——此精記載於晉代干寶《搜神記・卷十二》

268 赤莧

晉代，有個人買了一個鮮卑的女僕，名為懷順。懷順說，她姑姑有個女兒，曾經被赤莧所魅惑。

據說，這個女兒看到一個男子，穿著紅色衣服，長得風流俊俏，自稱家在廁所的北面，經常和這個女兒幽會。後來，姑姑一家人暗中跟蹤，看見那人變成了一株赤莧，姑姑女兒的指環還掛在赤莧上。姑姑一家人砍掉了赤莧，女兒十分傷心，過了一晚上就死了。

——此精記載於南北朝劉敬叔《異苑・卷八》

269 船山藏

五代十國時期，兵荒馬亂，富貴人家經常把珍寶藏在深山大澤中，來躲避災難。這些珍寶很多都找不到了，時間長了，就會變成精怪。

宋代，建州浦城縣有座船山，山中經常出現紅色或白色的人、馬以及牛羊，往往有好幾千個，集體出動，列成長長的隊伍遊玩，但是很少有人能夠得到它們。山上有塊石頭，上面刻著一句話：「船山有一藏，或在南，或在北，有人拾得，富得一國。」看來，那些東西都是金銀珠寶變成的。

—— 此精記載於宋代章炳文《搜神秘覽》

270 槎精

葛祚是三國東吳的衡陽太守。衡陽郡境內，有一個大木筏（即「槎」〔ㄔㄚˊ〕）橫在水上，興妖作怪。老百姓沒有辦法，便為它修一座廟，過往行人均向它祭拜、祈禱，那木筏才沉下去，否則它浮在水面上，過往的船隻便會遭到它的破壞。

這時，葛祚即將離職而去，他想在臨走之前為民解除這一憂患，便打算大動刀斧。在動手的前夜，葛祚聽見江裡人聲喧鬧，便帶人去看，只見那木筏子竟然自己移動，順流行了好幾里地，停在一個水灣裡。從此，過往船隻再也不用擔心被顛覆沉沒了。衡陽的老百姓為葛祚立碑，上面寫著「正德祈禳，神木為移」。

衡山有座白槎廟。很久以前，人們就傳說：早年，這裡有一個神奇的木筏，皎然白色，向它祈禱沒有不靈驗的。晉代，孫盛來此任郡守，他不信鬼神，便讓人毀掉它。不料，那斧頭一砍下去，木筏竟然流出血來。當天夜裡，水流奇蹟般地將木筏送往上游，只聽鼓號聲聲，不知停在什麼地方。後來，這座廟便毀廢了，如今還有個白槎村留存著。

—— 此精記載於晉代羅含《湘中記》、南北朝劉義慶《幽明錄·卷一》

271 車輻

　　唐代有個人叫蔣惟岳，不怕鬼神。

　　有一次，他獨自躺在窗下，聽到外面有人說話的聲音，蔣惟岳說：「如果你是冤魂，可以進來相見。如果是閒鬼，不應該來驚擾我。」於是鬼魂窸窸窣窣地打開窗子，想要到床上來。見蔣惟岳不怕，旋即站到壁下去，共有七個。

　　蔣惟岳問他們要幹什麼，他們立而不答。蔣惟岳用枕頭擊打他們，他們都跑出門去。蔣惟岳出去追趕，見他們消失在庭院裡。

　　第二天，蔣惟岳挖掘庭院，挖到破車輻條七根，那精怪就絕跡了。

　　唐代，華陰縣東七級趙村，村路因為雨水沖刷而形成深溝，就在上面架了一座橋，以幫助行人來往。

　　有一個村正（註：此為職役名）曾經在夜裡過橋，看見一群小孩聚在火堆旁邊玩遊戲。村正知道他們是妖精，便用箭射他們，聽起來就像是射中木頭的聲音，然後火就滅了，只聽見一個聲音啾啾地說：「射到我阿連的頭了。」

　　後來，村正從縣裡回來時，找到那個地方一看，是六、七片破車輪，有一片的頭梢還釘著他射出去的那支箭。

——此精記載於唐代戴孚《廣異記》、唐代段成式
《酉陽雜俎‧續集卷二》

272 長鳴雞

　　晉代，兗州刺史宋處宗曾經買了一隻長鳴雞，他非常喜歡，就放在籠子裡置於窗戶上。

　　後來，這隻雞忽然口吐人言，與宋處宗談論學問，詩文歌賦無所不通，宋處宗因此學識大進。

——此精記載於南北朝劉義慶《幽明錄‧卷三》

273 常開平遺槍

元朝末年朱元璋起義，平定天下，建立明朝。常遇春追隨明太祖，戰功赫赫，死後被追封為開平王。清代初期，南京開平王府相傳有精怪作祟，凡是進去的人都會死掉，所以只能貼上封條禁止出入。

有一天晚上，府中忽然火光耀眼，周圍的人以為是失火，趕緊去救。開啟封條進入後，發現裡面殿宇沉沉，一團漆黑。眾人正在疑惑之時，忽然狂風大作，雷電交加，大殿後面的東北方向，一支丈八長槍拔地而起，化作龍形，蜿蜒沖天而去。眾人驚訝萬分。

後來，一個遊方道士經過，聽說此事後，笑著說：「開平王常遇春活著的時候，曾經提著這把長槍，輔佐明太祖平定天下。當年從北平府回來，病危，留下遺命，將此槍埋在殿側。這槍原本是他收服的毒龍所化，現在埋在地下五百年，應當化龍而走了。」眾人問道士的姓名，道士不願意回答，懇求再三，才知道對方就是張三豐。

——此精記載於清代朱翊清《埋憂集·卷七》

274 成德器

姜修是並州一家酒店的店主，性情不拘小節，嗜酒，平常喜歡和人家對飲，每次都喝得大醉。並州人都怕他沉湎於酒，有時他求與人同飲，人們大多躲著他，所以姜修很少有朋友。

有一天，忽然有一位客人，黑衣黑帽，身高才三尺，腰粗幾圍，到姜修這兒來要酒喝。姜修一聽說飲酒，就特別高興，便與來客促膝同席而飲。

客人笑著說：「我平生喜歡喝酒，但是從來沒有一次喝得盡興過。聽說你也愛喝酒，就想和你做個朋友。」

姜修說：「你能和我有共同的喜好，真是我的好兄弟，我們應該親密無間啊！」

於是，兩人一起席地而坐喝起來。客人喝了將近三石酒都沒醉，姜修非常驚訝，認為他不是尋常人，便問他家住哪裡以及姓名，又問他為

什麼能喝這麼多。

客人說：「我姓成，名德器，我的先人大多住在郊野。我現在已經老了，又自己修得道行，能喝酒，要裝滿肚子，得五石。如果能喝夠量，我就很高興。」

姜修聽了這話，又擺上酒喝起來。不一會兒喝到五石，客人大醉，發狂地唱歌跳舞，最後倒在地上。姜修認為他醉了，要家僮扶他到室內。到了室內，客人忽然跳起來，驚慌地往外跑。大家追出去，發現他撞到一塊石頭上，「噹」的一聲就不見了。

等到天亮去看時，才發現原來它是一個多年的酒甕，已經破了。

——此精記載於唐代柳祥《瀟湘錄》

275 承雲府君

京兆人董奇，家中院子裡有棵大樹，枝葉繁茂。

有一天，下著雨，董奇獨自在家，忽然有個小官吏前來，說：「承雲府君前來拜訪。」過了一會兒，這個承雲府君來了，戴著通天冠，高八尺，自稱是方伯的第三個兒子，十分有才學，和董奇相談甚歡。

這樣過了半年多，董奇的身體變得強健無比，一家人也都健健康康的，沒有生病。

後來，董奇去別的地方居住，有僕人說：「院子裡的那棵大樹，木材可用，想砍伐賣掉，如何？」董奇就答應了。

自從那棵大樹砍倒後，承雲府君再也沒有來過。

——此精記載於南北朝劉義慶《幽明錄·卷三》

276 石大夫

山東章丘東陵山下有一塊大石，一丈多高，經常會變化成人，四處行醫。

明代嘉靖年間，這塊石頭變成一個男人，自稱石大夫，來到陝西渭

南，看到一個叫劉鳳池的人，對他下拜，說：「你是我的父母官呀。」結果劉鳳池果然考中科舉，做了章丘的縣令。

後來，劉鳳池四處尋找石大夫，章丘人都不知道有這個人。石大夫晚上託夢給劉鳳池，說：「我不是人，而是東陵山下的大石。」劉鳳池來到東陵山下，親自祭祀，並且為石大夫立了廟。

當地人生病，都會去廟裡祈禱，石大夫就會在夢中為人醫治，治好了很多人的病。

——此精記載於清代蒲松齡《聊齋志異·卷十二》

（呂湛恩注引《章五縣誌》）

277 石孩

宋代，嘉禾縣北門有座橋，橋欄四角都立著石頭刻成的小孩，所以得名「孩兒橋」，不知道是什麼時候建的。時間長了，這些石孩就出來作怪。有的晚上敲打人的門窗求吃的，有的晚上到夜市上玩耍，當地人經常看見。一天晚上，有個膽子大的人偷偷察看，看見兩、三個石孩從石橋上跑下來，這個人就拿著刀追趕到石橋上，砸掉了它們的腦袋，從此就沒有再發生怪事了。

——此精記載於宋代魯應龍《閒窗括異志》

278 石人

晉代，豫章郡的戴氏有個女兒，久病不癒。

有一天，戴女看見一塊小石頭，形狀像個人，便對它說：「你有人形，難道是神仙嗎？如果你能把我的老病治好，我將重重地謝你。」當天夜裡，她夢見有人告訴她說：「我今後會保佑你的。」

從此以後，戴女的病情漸漸好轉，於是母女就在山下建起一座祠廟，戴氏就在那裡做巫師，因此這座祠廟便被稱為「戴侯祠」。

豐城縣南邊，有塊石頭酷似人形，先前在羅山腳下的河中，洪水也

不能將其淹沒。後來，有人在河邊洗衣服，將衣服掛在它的左臂上。這時，天空忽然下起大雨，電閃雷鳴。石人的左臂被折斷。不久後，它自己便從河中走到山邊。

當時，人們都感到驚訝，共同為它修建祠堂。它常常顯靈，於是大家便叫它「石人神」。

——此精記載於晉代干寶《搜神記·卷四》、南北朝雷次宗
《豫章古今記》

279 十二日精

到了山裡，在不同時日會碰到不同的精怪。

寅日，自稱「虞吏」的是虎；自稱「當路君」的是狼；自稱「令長」的是老狸。

卯日，自稱「丈夫」的是兔；自稱「東王父」的是麋；自稱「西王母」的是鹿。

辰日，自稱「雨師」的是龍；自稱「河伯」的是魚；自稱「無腸公子」的是蟹。

巳日，自稱「寡人」的是社神；自稱「時君」的是龜。

午日，自稱「三公」的是馬；自稱「仙人」的是老樹。

未日，自稱「主人」的是羊；自稱「吏」的是獐。

申日，自稱「人君」的是猴；自稱「九卿」的是猿。

酉日，自稱「將軍」的是老雞；自稱「捕賊」的是野雞。

戌日，自稱「人姓字」的是狗；自稱「成陽公」的是狐。

亥日，自稱「神君」的是豬；自稱「婦人」的是金玉。

子日，自稱「社君」的是鼠；自稱「神人」的是伏翼。

丑日，自稱「書生」的是牛。

如果知道它們的底細，它們就不能為害。

——此精記載於《白澤圖》、晉代葛洪《抱朴子·內篇·卷之十七》

280 士田公

唐代，豫章一帶，山林茂密，以出產木材著稱。

天寶五年，有個叫楊溥的人，跟很多人一起進山伐木。

冬天的晚上，大雪紛飛，沒有住宿的地方，眾人就找了個大樹洞躺進去。有個嚮導在進樹洞前，向山林跪拜，說：「士田公！今晚我們在你這裡借宿，一定要保佑我們！」如是再三，才肯進來睡覺。

當天晚上，楊溥聽到外面有人喊：「張禮！」樹上有人答應，說：「在呢！」外面那人道：「今晚北村有人女兒出嫁，有酒有肉，我們一起去唄！」樹上的人說：「有客人在我這裡，得守護他們到天亮，如果跟你去了，黑狗子那傢伙恐怕要來傷害他們。」外面的人說：「雪下得這麼大，沒事！」樹上的人說：「那不行，我已經接受了人家的祈請，得照顧好他們。」

一夜無事，第二天早晨，大家起來收拾鋪蓋時，才發現下面有一條巨大的黑色蟒蛇。一幫人嚇得魂飛天外，趕緊跑掉。

——此精記載於唐代牛肅《紀聞・卷七》

281 書神

書神不是神仙，而是書籍因為歲月久遠而變成的精怪。

清代，南京鈔庫街的某甲，家裡世代都是書生，但因為讀書不能發財，他就改行做了商人。

有一天，某甲獨自在店裡睡覺，忽然聽到床頭有嘆氣的聲音，喝斥之後，聲音就會消失。一連幾天都是這樣。

有一晚，一個戴著方巾、穿著紅鞋的人，從床後走出來，愁眉苦臉，一副悶悶不樂的樣子。某甲問他是誰，他說：「我是書神，自從來到你家，你的祖父、你的父親都很喜歡我，本來想和你也做好朋友，想不到你竟然不讀書了。你看看你，現在成了金錢的奴隸，斯文喪盡，我勸你還是趕緊放棄經商，一心讀書，不然等禍事發生，你就後悔莫及了。」說完，他就消失了。

某甲急忙起來，舉著蠟燭四處照看，只看到有幾卷破書，用錢串捆著放在床頭。某甲認為是舊書作祟，把書燒了。不料，火起之後，四處飛舞，將店房全都燒毀。某甲也因此變成窮光蛋，沒過多久就飢寒交迫地死掉了。

——此精記載於清代沈起鳳《諧鐸‧卷十一》

282 水木之精

清代，關東有個獵戶，在荒野之中看到一個精怪，有三尺多高，戴著頭巾，長著白鬍子，站在馬前雙手作揖。獵戶問他是何人，精怪搖頭不說話，然後張開嘴向馬吹氣，馬立刻驚慌失措無法行走。然後，精怪向獵戶吹氣，獵戶就覺得自己的脖子奇癢難耐，伸手去抓，脖子越來越長，最後軟得如同蛇的脖子一般。有人說，這個精怪是水木之精。

——此精記載於清代袁枚《子不語‧卷九》

283 水太尉

宋徽宗大觀年間，湖北提學李夷曠有事要到湖北去。

大船駛到一個驛站，李夷曠想去住宿，看到驛站上掛了一個大牌子，上面寫著「水太尉占」。當時，周圍只有這個地方能住宿，李夷曠就前去拜見。

過了一會兒，裡面走出來一個穿著青色衣服的少年，模樣長得有點像廟裡供奉的勾芒（註：伏羲氏的輔佐神，鳥身人面），一手拄著拐杖，一手牽著一隻像狗但比狗高、像牛卻沒有角的怪物。這個少年帶著十幾個美麗的女子狂奔而出，走入驛站門外的大池水中，就消失了。

——此精記載於宋代王明清《投轄錄》、宋代洪邁
《夷堅志‧夷堅支景‧卷第六》

284 水君

水君，是水之精，也叫魚伯，形狀如人，騎著馬，大水的時候出現，後面跟著無數的大魚。漢代末年，有人在黃河上看到過。

——此精記載於晉代崔豹《古今注·卷中》

285 水銀精

唐代大曆年間，有個姓呂的書生住在永崇里。

有一天傍晚，書生和朋友在家裡吃飯。吃完了，大家正要散去歇息，忽然看到一個老太太，穿著一身白色的衣服，身高大概二尺多，從屋子的北面緩緩走過來。一幫人看著她，都覺得很奇怪。老太太走到書生面前，說：「你有宴會，怎麼能不請我呢？」書生喝斥了一番，她就消失了。

第二天，書生獨自一人在家，老太太又從北牆出來，書生再次罵了她一頓。第三天，也是如此。

書生心想：「這肯定是個妖精。」於是，他偷偷地將一把劍放在自己的床下。當天晚上，老太太果然再次出現，來到床前。書生拿起劍砍了過去，老太太竄上床，用手臂擊打書生的胸膛。書生舉著劍亂砍，發現那老太太雖然被砍成很多段，但每一段都會變成一個一模一樣的老太太，一時間，無數個老太太圍繞在書生身邊，書生覺得全身寒冷，如同掉進了冰窟之中。

書生很害怕，不知道該怎麼辦。

這時候，其中一個老太太說：「我們能合而為一，你看看。」說罷，無數老太太合成一處，竟然還是一個人。

書生越發害怕，說：「你到底是什麼妖精？趕緊走，不然，我去請法師來！」

老太太笑道：「我只不過和你開個玩笑而已，並不想加害於你。如果你叫來法師，我也不怕。」

這件事發生後，書生找了一個非常厲害的田法師。

當天晚上，田法師和書生坐在屋子裡，時間不長，老太太又來了。

田法師說：「你這個妖精，趕緊離開！」

老太太說：「我，不是你能對付的。」言罷，老太太的手掉在地上，變成了一個很小的一模一樣的老太太，跳入田法師的嘴裡。

田法師十分驚慌，急忙說：「難道我要死了嗎？」

老太太對書生說：「我跟你說了，不會害你，你還找法師來，這個法師因為你恐怕要丟掉性命。」

第二天，有人給書生出主意說：「既然她是從北牆出來的，你就在北牆下面挖，說不定能有所發現。」書生覺得這個意見很對，回家後便跟僕人一起開挖，果然挖出一個大瓶子，裡面裝滿了水銀。這時書生才明白，那個老太太是水銀變的。

至於田法師，他因為吞下水銀，在回家之後就過世了。

——此精記載於唐代張讀《宣室志·卷六》

286 蛇子

東漢，竇武的母親在生竇武時，同時生下一條蛇，就把蛇送到荒野中。後來，竇武的母親死了，出殯那天還未下葬前，有條大蛇銜著一棵草出來，一直來到靈堂，用頭撞著靈柩，淚水和血水都流了出來，頭一低一仰地彎曲著，像是悲泣的樣子，沒多久就離開了，當時的人們知道這是為竇氏所做的祭祀。

唐代，益州的邛都縣有個老婦人，家裡貧窮，孤獨一人，每當吃飯時，就有一條頭上有個肉冠的小蛇，在碗盤之間爬動，老婦人可憐牠，於是在吃飯時也餵牠吃。

後來，小蛇漸漸長大，有一丈多長。縣令有匹馬，忽然被蛇吞吃了，縣令大怒，就收押了老婦人。

老婦人說：「蛇在我的床下。」縣令就派人去挖掘，挖得越來越深，卻什麼也沒看見，縣令就殺了老婦人。

那條蛇因而託夢給縣令說：「為什麼殺我的母親？我一定要為她報仇！」

從此，當地就經常聽到下雨颳風似的聲音。一天夜裡，全城及方圓四十里的地方，一下子都陷下去成為一片湖泊，當地人叫它「邛河」，也叫「邛池」。只有老婦人舊住宅的宅基沒有淹沒。

打魚的人去捕魚，一定會在老婦人的舊宅旁邊停下住宿，那裡很安全，而且水很清，在湖底還能清楚地看見原來的城郭和房舍。

——此精記載於晉代干寶《搜神記·卷十四》、宋代李昉等《太平廣記·卷第四百五十六》（引《窮神秘苑》）

287 蛇王

傳說楚地一帶有種妖怪叫蛇王，沒有耳朵、眼睛、爪子、鼻子，但是有嘴，長得如同一個方方的肉櫃，咣噹咣噹行走，它經過的地方，草木都會枯萎死掉。蛇王張開嘴猛吸，周圍的巨蟒、惡蛇都會被它吸入嘴裡，變成汁水，它的身體就變得龐大無比。

常州有姓葉的兄弟兩人去巴陵遊玩，在路上看到一群蛇蜂擁而來，趕緊閃在一旁躲避。過了一會兒，刮起一陣風，腥臭無比。兄弟二人感到害怕，就爬到樹上。

過了一會兒，他們看到一個方方的肉櫃從東邊過來，弟弟拉弓放箭，射中那櫃子，對方卻渾然不覺，帶著羽箭走過來。弟弟跳下樹，來到那東西的面前，想再放箭，卻身形搖晃，暈倒在地。哥哥下來查看，發現弟弟的屍體已經化為黑水。

有個老漁翁說：「我能捉拿那個蛇王。」人們問他有什麼辦法。老漁翁說：「製作一百多個饅頭，用竹竿、鐵叉送到它的嘴前，讓它吸氣。剛開始，饅頭會因為沾染毒氣而發黴腐爛變黑，然後再換新饅頭，慢慢地耗盡它的毒氣，等到饅頭再也不變色的時候，大家就一起上，那時殺它就如同殺豬殺狗一般容易。它殺人，只不過依靠毒氣而已。」

大家覺得有道理，按照老漁翁的辦法，果然殺掉了蛇王。

——此精記載於清代袁枚《子不語·卷十八》

288 勺童

唐朝元和年間，國子監學生周乙在夜間溫習學業，看見一個小男孩，頭髮蓬鬆雜亂，二尺多高，脖子上發出細碎的像星星一樣的光亮，令人厭惡。

這個小孩隨意擺弄周乙的筆和硯，弄得亂七八糟也不停止。周乙向來有膽量，便喝斥他，小孩稍微向後退了退，又靠到書桌旁邊。周乙就等著看他要幹什麼，當小孩逼近的時候，周乙突然撲上去抓住了他。小孩連連求饒，言辭非常淒苦懇切。

天要亮的時候，周乙聽到好像有什麼東西折斷的聲音。一看，是一把破木勺，上面還黏了一百多顆米粒。

——此精記載於唐代段成式《酉陽雜俎·續集卷一》

289 守財

明代，有個御史到雲南的某個地方，晚上秉燭獨坐，忽然有個人出現在眼前，說：「我不是人，是為你守財的，跟你很久了。」這個人告訴御史，座位下有銀子。御史看了看，果然有一千兩銀子。

清代，蘇州清嘉坊有個姓潘的人，生活很窮苦，租賃屋子居住。有一天晚上，潘某的妻子做飯時，看到一個面白、頭髮垂下的小孩，對她說：「我為你們守財很久了。」說完，小孩走入鍋灶下面就消失了。潘某夫婦挖開地面，得到了一甕銀子。

——此精記載於明代郎瑛《七修類稿·卷五十》、清代李鶴林《集異新抄·卷之三》

290 山都

山都，是山裡的精怪。

在廬江的大山之中，有人能看到山都。這種精怪長得跟人很像，赤裸著身體，似乎很怕人，見到人就逃走了。它們有男有女，身高四、五

丈，彼此呼喚，生活在幽暗深處，如同魑魅鬼怪。

在江西南康的山中，也能看到山都，這裡的山都身高二尺，全身漆黑，紅眼，黃而長的頭髮披在身上。它們在深山的樹上築巢，巢的形狀和鳥蛋差不多。

南朝宋元嘉元年，袁道訓、袁道虛兄弟二人把山都築巢的樹砍倒了，並且拿著它們的巢回到家。山都很快就出現在二人面前，生氣地說：「我在荒山野嶺裡住著，礙到你們什麼事了？能用的樹山裡到處都有，但這棵樹有我的巢，你卻偏偏把它砍掉了。為了報復你的胡作非為，我要燒掉你的房子！」這天二更時分，弟兄倆家的裡外屋都起了大火，燒得片瓦無存。

——此精記載於晉代干寶《搜神記·卷十二》、南北朝任昉《述異記》

291 山蜘蛛

山蜘蛛，是中國古代著名的一種妖怪，體型巨大，常常潛伏在山林之中。

相傳，唐代的裴旻在山裡行走，看見一個蛛網，垂下來的絲如同布一樣，上頭的蜘蛛大如車輪。裴旻便拉開弓射走了山蜘蛛，弄斷了幾尺蛛網，收藏起來。山蜘蛛的蛛網很有用，如果貼在傷口上，不管傷口多大，立刻就不流血了。

五代，泰山腳下有座岱嶽觀，樓房殿堂的年代已經很久遠了。有一天晚上刮大風，聽到「轟」的一聲，響聲震動了山谷。人們早晨去看時，發現是經樓倒塌了。人們在樓的廢址上來回查看時，找到的各種枯骨能裝滿一車，還發現了一隻老蜘蛛，長得像腹部能裝五升煎茶的鼎那麼大，伸開前後爪子就能覆蓋方圓幾尺的地面。以前住在寺觀附近的老百姓家，常常丟失孩子，數量不少，原來全都是被老蜘蛛吃了。樓屋上有很多蛛網，如果被那黏糊糊的蛛絲束縛住，逃不走，就會被蜘蛛吃掉。觀主讓人燒死那隻老蜘蛛，燒時散發出來的臭氣在十多里外都能聞到。

清代，海州大伊山裡，傳說有千年蜘蛛，呼出來的氣能夠化為黑風。周圍的居民只要一看到這種黑色的煙霧，就會立刻關閉門窗，走路的人

則面向牆壁躲避，不敢沾染。有時候，蜘蛛會變成老人，打扮得如同私塾先生，喜歡和小孩嬉戲，人們都能看見它，習以為常，它也不害人。

嘉慶十三年七月十八日，忽然雷電轟鳴，有兩條龍來抓蜘蛛精，蜘蛛吐絲布網，竟然把那兩條龍困住了。又突然出現了兩條火龍，燒掉蛛網，前面出現的那兩條龍才逃脫。過了一會兒，雨停雲散，龍和蜘蛛都不見了。當地人在十里外撿到蛛絲，比人的手臂還粗，顏色灰黑，堅韌無比。

同樣在清代，海州馬耳山上有大蜘蛛，不知修行了多少年，經常在周圍的山裡遊走，當地人常常看到。這隻蜘蛛有時候在山間飛馳，有時候跑到海裡戲弄船舶。有個吳某，一天在路上行走，看見西邊的林子裡黝黑一片，似乎潛伏著一個龐然大物，走到近前，忽然砂石撲面，趕緊趴在地上，只聽得疾風驟雨從頭頂呼嘯而過。海州城內經常大風呼嘯，城外卻是草木不搖，有人說也是那隻蜘蛛精所為。

　　——此精記載於唐代段成式《酉陽雜俎·前集卷十四》、五代王仁裕《玉堂閒話·卷四》、清代樂鈞《耳食錄二編·卷四》、清代錢泳《履園叢話·叢話十六》

292 山中人

如果晚上在山裡見到長得像胡人的東西，那是銅鐵精，見到長得如同秦人的，是百年木精。不要害怕，它們並不會傷人。

　　——此精記載於《白澤圖》

293 杉魅

唐代，有一年夏天，董觀和表弟王生到荊楚一帶遊玩，然後計畫要去長安。

一天，兩人來到商於，就在山館中住下。

晚上，王生已經睡著了，董觀忽然看見一個東西出現在燭光下。接

著，那東西就去遮住燭光。它伸出來的東西像人手，但是沒手指。董觀慌忙喊王生。王生一起來，那兩隻手便消失了。

董觀對王生說：「小心，不要睡覺。那精怪還會再來。」於是他就抱著棍子坐著等候。

過了許久，王生說：「精怪在哪裡？你太荒唐了！」就又睡著了。

不一會兒，有個五尺多長的東西，遮蔽著燭光站在那裡，沒有手也沒有面目。董觀更害怕了，又喊王生。王生生氣不起來。董觀就用棍子捅那東西的頭，它的身軀就像用草做的，棍子一下子就捅了進去，妖怪便逃走了。董觀擔心它會再來，直到天亮都沒敢睡。

天亮之後，董觀便問館吏。館吏說：「從這往西幾里，有一棵老杉樹，常常鬧出詭異的事情，你看到的可能就是那東西。」

於是，館吏、董觀、王生三人一起向西走，果然看見一棵老杉樹，有一根棍子橫穿在枝葉之間。館吏說：「人們說這棵樹作妖很久了，我卻不曾親眼見過，這回我可信了。」三個人急忙取來斧頭，把杉樹砍了。

——此精記載於唐代張讀《宣室志·卷五》

294 參翁

人參，在中國被視為百草之王，十分珍貴，有延年益壽、起死回生之效。傳說有年歲的人參，會吸收日月精華，出來作祟。

南北朝時代，上黨當地，有人在半夜聽到孩子的哭聲，找到哭聲的源頭，發現來自地下。這個人就拿起鋤頭往下挖掘，挖出一枚人參，四肢俱全，和人一模一樣。

唐代天寶年間，有個姓趙的書生，兄弟數人都讀書考取了進士，當了官，唯獨他生性魯鈍，雖然到了壯年，依然沒有考取功名。參加宴會時，周圍的朋友都穿著紅色、綠色的官服，只有他是穿著白衣的書生，所以很鬱悶。

後來有一天，書生離開家，在晉陽山隱居，建起一間茅草屋，日夜苦學。吃的是粗茶淡飯，日子過得很清苦。但書生越是努力勤奮，進步

越是不大，這讓他既憤怒又痛苦。

過了幾個月，有一個老翁前來拜訪。

老翁說：「你獨居深山，刻苦讀書，是不是想考取功名做官呀？你學習了這麼久，竟然連斷句、弄懂文字的意思都不會，也太愚鈍了吧。」

書生說：「我生來就很笨，所以沒希望考取功名，只想進山苦讀，不給家裡丟臉，就足夠了。」

老翁說：「你這個孩子，決心很大，我很喜歡。我老了，沒什麼才能，但能夠幫你一把，你有時間去我那裡一趟吧。」

書生問老翁家住何處，老翁說：「我姓段，家在山西邊的一棵大樹下。」說完，老翁就不見了。

書生覺得這個老翁恐怕是妖怪，就去大山的西邊尋找，果然見到有一棵大椴樹，枝繁葉茂。

書生想了想，說：「老翁說姓段，段和椴同音，又說住在大樹下，那應該就是這裡了。」

於是，書生用鋤頭往下挖，挖出來一根一尺多長的人參，模樣長得和那個老翁很像。

書生想起老翁的話，就把人參吃了。從此之後，書生變得格外聰慧，過目不忘，進步神速，過了一年多，果然考取進士，做了官。

——此精記載於南北朝劉敬叔《異苑・卷二》、唐代魏徵《隋書・卷二十三》、唐代張讀《宣室志・卷五》

295 商羊

春秋時代，齊國有一群一足鳥，聚集在王宮前面。齊國的國君派人問孔子，孔子說：「這種鳥，名為商羊，是水精。當年有小孩砍掉了它的一足，它跳躍唱歌：『天降大雨，商羊鼓舞。』現在，它在齊國出現了，應該趕緊讓民眾疏通溝渠，修堤壩，將來會有大水災。」

——此精記載於先秦《孔子家語・卷三》

296 上清童子

唐代貞觀年間，岑文本下了朝，多半都在山亭避暑。

一日午時，他剛睡醒，忽然聽到有人在山亭院門外敲門。藥童報告說，是上清童子元寶求見。

岑文本平素喜歡道教，一聽是道士求見，就急忙束帶讓他進來。走進來的居然是一個不滿二十歲的小道士，儀態氣質超凡脫俗，真可謂仙風道骨，衣服也與眾不同。戴淺青色圓角道士帽，披淺青色圓角帔，穿青色圓頭鞋。小道士的衣服輕細如霧，有名的齊綺魯縞也不能與它相比。

岑文本和他說話。他便說：「我是上清童子，從漢朝時就修成正果。本來生於吳地，後被吳王送進京城，見到漢帝。漢帝有困惑不解的都求教於我。自文武二帝，直到哀帝，都喜歡我。王莽作亂，我才到了外地，到哪裡都受到人們的喜愛。從漢成帝時起，我開始討厭人間了，就尸解（註：指修練得道者遺其形骸而成仙）而去，或秦地或楚地，不一定在哪裡落腳。聽說你好道教，所以來拜見你。」

岑文本向道士問一些漢魏齊梁之間君王社稷的事，道士有問必答，對答如流，事事都像他親眼見過。雙方言談甚歡，不知不覺到了天黑，道士就告別回去了。道士剛出門就忽然不見了，岑文本便知道他不是個平常人。

之後每次下朝，岑文本都讓人等候那道士，道士一來，他們就談論個沒完沒了。後來又派人暗中跟蹤他，看他究竟到什麼地方去。結果，他出山亭門後，往東走沒幾步，在牆下就不見了。

岑文本派人就地挖掘，在三尺深處挖到一座古墓。墓中沒有別的東西，只有一枚古錢。岑文本恍然大悟，「上清童子」是「青銅」的意思，名「元寶」是錢上的字，「漢時生於吳」是漢朝在吳王那裡鑄了五銖一枚的錢。十年之後，岑文本忽然失去了那枚古錢，便過世了。

宋代，建業有個管庫的人姓邢，他家裡很窮，總是存錢存到兩千就生病，如果不生病，那些錢就不見了。他的妻子偷偷地存錢，埋到地下。一天夜裡，忽然聽到有一種聲音像小蟲在飛，是從地裡鑽出來的，穿過窗戶飛去，有撞到牆上然後落到地上的。天亮一看，竟然都是銅錢。他

的妻子就把自己埋錢的地方告訴他，挖開一看，錢全都沒了。

——此精記載於宋代李昉等《太平廣記・卷第四百五》（引《傳異志》）、
五代徐鉉《稽神錄・卷五》

297 升卿

如果夜裡在山中見到一條大蛇，戴著頭巾、頭冠，其實是一種名叫
「升卿」的精靈。如果喊它的名字，會帶來吉祥的事情。

——此精記載於《白澤圖》、晉代葛洪《抱朴子・內篇・卷之十七》

298 繩

百姓家的鍋灶之下，會有長得如同小孩的一種精怪，名為「繩」。
看到它時，叫它的名字，就能帶來吉祥的事情。

——此精記載於漢代應劭《風俗通義校注》（引《禮緯含文嘉》）

299 肉芝

關於肉芝這種東西，有不同的說法，但共同點都是土中之精。

有一種記載認為是萬歲蟾蜍。這種蟾蜍頭上長角，脖子下有好似紅
筆寫出的雙重的「八」字。傳說在五月五日中午將牠捉住，陰乾一百天，
用牠的足畫地，立刻就能流出水來。把牠的左腿帶在身上，能躲避五種
兵器。如果敵人用弓箭射你，那箭頭便會反過去向他自己射去。

除此之外，還有一種記載，認為這是一種生長在地下的類似肉類的
東西。

唐代，蘭陵有個姓蕭的隱士，沒有考中進士，就隱居在潭水邊，跟
著道士學神仙之術，勤勤懇懇十幾年，頭髮花白，身體佝僂，牙齒也掉
了不少。

有一天，蕭隱士照鏡子時，生氣地說：「我捨棄了名聲和財富，隱

居在田野中，辛辛苦苦學神仙之術，竟然變成了這副模樣！」於是，他再也不學神仙之術了，回到城裡，變成一個商人，在幾年後成了富豪。

有一天，蕭隱士因為修建園林挖地，得到了一個東西。這東西長得如同人的手掌，肉乎乎的，又肥又潤，顏色微微泛紅。蕭隱士把這東西煮了吃下去，味道十分鮮美。從此之後，他的耳朵聽力越來越好，力氣越來越大，長得也越來越年輕，就連先前掉光了的頭髮和牙齒也都長了回來。蕭隱士覺得這件事很奇怪，但也不敢告訴別人。

後來，有個道士路過，看到蕭隱士，大驚，說：「難道你得到了神仙給的仙藥了嗎？不然怎麼會如此？」道士又給蕭隱士把脈，然後說：「你應該是以前吃了肉芝。這東西長得像人手，又肥又潤，顏色微紅。」蕭隱士這才把當初的事情告訴道士。

道士說：「恭喜你，你可與龜鶴齊壽！不過，你不適合再居住於凡人之中，應該退隱山林，這樣說不定可以成為神仙。」

蕭隱士聽從道士的話，離開了家，自此之後，沒有人知道他去什麼地方。

——此精記載於唐代張讀《宣室志·卷五》

300 人木

大食國西南兩千里有個國家，那裡有一種名為「人木」的精怪，山谷間的樹木之上會長出人的腦袋，如同花朵一般，不會說話。人問它什麼，它就笑笑，笑得多了，就會凋零落下。

——此精記載於唐代段成式《酉陽雜俎·前集卷十》

301 梓潼神

明代，有個叫陳孟玉的人，為人正直厚道，鄉親們都叫他大善人。有一次，他上廁所，看見旁邊有一塊鍋巴，就撿起來在水中洗淨後吃掉，平時忠厚可見一斑。

有一天晚上，陳孟玉夢見一個怪物對自己說：「你為人正直忠厚，應當獲得福報。我是梓潼神，在胥門線香橋一戶人家的樓上，他家不知道供奉我，你趕緊去把我接回來。」

醒來後，陳孟玉告訴妻子，妻子說她也做了同一個夢。

陳孟玉就來到那戶人家，上了樓，發現樓上供奉著一尊木像，滿是塵土，就要了回來，重新裝飾，十分虔誠地供奉。

沒過多久，陳妻懷孕，生下一個兒子，後來做了大官。

——此精記載於明代陸粲《庚巳編‧卷三》

302 自行板凳

清代，嘉慶十二年冬天的十月，有個叫袁叔野的人離開北京，到位於焦家橋的舊宅子裡，剛放下行李，他就去廁所方便。廁所裡有一條板凳，無緣無故自己動了起來。袁叔野剛開始不覺得奇怪，方便完了走出廁所，一回頭，看見板凳跟著自己一搖一晃地走了過來。袁叔野的一個老僕人上前喝斥了一聲，板凳才恢復如初。

——此精記載於清代錢泳《履園叢話‧叢話十四》

303 藻兼

漢武帝有一次和群臣在未央殿召開宴會，正吃吃喝喝很高興的時候，忽然聽到有人自稱老臣。漢武帝四處看，也沒發現這個人，抬起頭，看到殿梁上有個老頭，高八、九寸，拄著拐杖，佝僂而行。漢武帝問他話，老頭下來，只對著漢武帝稽首，卻沒有回答，抬頭看了看大殿，又指了指漢武帝的腳，就消失了。

漢武帝問東方朔，東方朔說：「它叫藻兼，乃是水木之精。夏天在林子裡，冬天會躲進河裡。陛下您興造宮室，砍掉了它居住的大樹當殿梁，所以特來向您控訴。它剛才看了看大殿，又指了指你的腳，腳是足，是止的意思，就是告訴您，這座宮殿不要再造了，該停止了。」

漢武帝聽了東方朔的話，停止修建未央殿。過了一段時間，漢武帝到黃河上遊玩，聽見水底傳出音樂聲，然後看見這個老頭帶著很多人，從水底出來，奉上精美的食物。老頭對漢武帝說：「老臣之前冒死控訴，陛下您讓人停止砍伐，保全了我們的居所，所以特意前來表達謝意。」說完，就命令手下為漢武帝演奏歌舞。

老頭獻給漢武帝一枚紫螺，螺殼中有東西像是牛脂。漢武帝說：「你有珍珠嗎？」老頭便命人去取，旁邊的一個人跳入水裡，很快就上來，獻了一顆直徑好幾寸的大珍珠，光華萬道。良久，老頭帶著手下離開了。

東方朔告訴漢武帝：「紫螺殼裡的東西是蛟髓，塗抹在臉上，可以讓人容顏亮麗，如果是女子用了，就不會難產。」

——此精記載於南北朝劉義慶《幽明錄·卷五》

304 棗精

清代，有個叫汪曉園的人，寄居在閻王廟街的一個院子裡，那裡長著一棵棗樹，已經超過一百年了。每到月明之夜，就能看到一個紅衣女子坐在樹上，抬頭看著月亮，也不害怕人。如果你走近了，她就會消失不見，但如果你後退幾步，她就會出來。

有一次，汪曉園讓兩個人一個站在樹下，一個站在屋子裡，屋子裡的人能看到紅衣女子，站在樹下的人卻什麼也看不見。借著月光看向地面，地上有樹的影子，但看不到女子的影子。如果向她扔石塊，石塊破空而過，似乎並沒有砸到什麼。如果舉起火槍射擊女子，她會應聲消失，等硝煙散後又復原如初。院子的主人說，自從買了這個宅子，就有這個妖精，但她從來不害人，所以也就與她和平相處。

草木成精是常見的事。一般來說，這些精怪都擅長變化，唯獨這個妖精，枯坐在枝頭，不知道是因為什麼。汪曉園認為對方畢竟是個妖精，所以搬走了。後來，聽說院子的主人把那棵棗樹砍掉了，紅衣女子就再也沒有出現。

——此精記載於清代紀昀《閱微草堂筆記·卷四》

305 皂莢

曲阿縣境內，有個人叫虞晚，自家的庭院裡長著一棵皂莢樹，高十幾丈，枝葉繁茂。虞晚叫奴僕砍掉一些樹枝，以免遮住自家的房子，結果奴僕掉下來摔死了。這時，空中有人大罵：「虞晚你這個混帳東西！為什麼叫人砍我家！」說完，扔下來無數的瓦片和石塊，如此整整過了兩年才停止。

——此精記載於南北朝劉義慶《幽明錄·卷三》

306 摧

宋代宣和年間，皇宮之內屢次發生怪事，有一個自稱為「摧」的精怪作祟。到了晚上，這個精怪大聲喊著：「摧！」遇到人就會將人撕裂。皇宮中有幾個膽大的人聚在一起追趕，那巨人逃跑，變成了內府收藏的一個鐵襆頭（註：襆頭為一種古代男子用的頭巾）。

——此精記載於宋代邵博《邵氏聞見後錄·卷三十》

307 倉唐

金精名為「倉唐（ㄊㄤˊ）」，長得很像豬，有它出現的人家，男人不容易娶到媳婦。只要喊它的名字，它就會離去。

——此精記載於唐代釋道世《法苑珠林·卷第四十五》（引《白澤圖》）

308 四徼

夜裡，如果在山水中間看到有東西長得像官吏，其實是一種叫「四徼（ㄐㄧㄠˋ）」的精靈。只要喊它的名字，就會帶來吉祥。

——此精記載於《白澤圖》、晉代葛洪《抱朴子·內篇·卷之十七》

309 松精

　　唐代，傳說茅山有個當地人看到一個使者打扮的人，穿著奇異的服裝，牽著一隻白羊。當地人就問他住在什麼地方，他說住在偃蓋山。

　　當地人跟著他，看他到了一棵古松下，倏忽不見。那棵松樹的形狀果然如同偃蓋，樹的身上長著白色的茯苓。當地人這才明白，那個使者是松精，牽的羊就是白茯苓。

　　清代，黑水城駐軍有個軍官叫劉德，帶著一個叫李印的手下穿山行路，看到一棵老松樹長在懸崖邊，樹上釘著一支箭，不知道是何緣由。

　　晚上，兩人在驛站住下後，李印跟劉德提到這件事。

　　據李印講，當年他從這個地方經過時，看到一騎馬飛馳而來，馬是野馬，上面坐著的東西，似人非人，長相怪異。

　　李印知道對方是妖怪，就拉開弓，射了一箭。羽箭射中目標時，發出嘭的聲響，跟敲鐘一樣，那怪物化為一團黑煙散去。

　　這次在懸崖上看到的那支箭，正是之前李印射出的，所以他說，這下子能確定那個怪物是松樹變成的精怪了。

——此精記載於唐代馮贄《雲仙雜記·卷四》、清代紀昀

《閱微草堂筆記·卷十七》

310 宋無忌

　　宋無忌，也叫宋毋忌，是傳說中的火精或者月精。傳說宋無忌原本是個術士，本領高強，後來形體化解，成了精怪。

——此精記載於漢代司馬遷《史記·卷二十八》

（引《白澤圖》、《老子戒經》）

311 依倚

廁所裡的精怪，名為「依倚」，穿著青衣，拿著白色的手杖。如果碰到了，喊它的名字，它就會離開，否則就會被它害死。

——此精記載於宋代李昉等《太平御覽·卷第八百八十六》
（引《白澤圖》）

312 意

池塘的精靈，名為「意」，長得像豬。只要喊它的名字，它就會離開。

——此精記載於宋代李昉等《太平御覽·卷第八百八十六》
（引《白澤圖》）

313 野

年代久遠的門有精靈，名為「野」，長得如同侏儒，見到人會下拜。只要喊它的名字，就會很有食慾。

——此精記載於宋代李昉等《太平御覽·卷第八百八十六》
（引《白澤圖》）

314 夜行燈

唐代開成年間，桂林裨將（副將）石從武擅長騎射。這一年，他的家人都生了惡病，全家老少很少有人倖免。每到深夜，家裡人就能看見一個怪物從外邊進來，身上光亮閃爍。只要這個怪物出現，病人就呻吟得更加厲害，連醫生都束手無策。

有一天晚上，石從武拿著弓箭，等那怪物再來的時候，開弓放箭，一擊即中。怪物被射中後，全身的光芒如同星斗一樣散開。石從武叫人拿燈燭過來照，原來是家裡以前使用的樟木燈架。他把這支燈架劈碎並燒了，再將灰扔到河裡。家裡的病人都不治而癒了。

——此精記載於唐代莫休符《桂林風土記》

315 煙龍

清代某地，有個老頭喜歡抽菸，手上總是拿著一個旱煙管（註：類似菸斗）。這個煙管是用竹子做的，杆子有五尺多長，跟隨他已經三十多年了。

有一天，有個道士從門前路過，看到老頭拿的煙管，便說：「你這東西吸取了人的精氣，因為年歲久了，已經成了煙龍，治療怯症最為有效，以後如果有人找你要，不能輕易給對方。」

後來，果然有一個商人找上門，說自己的兒子患了怯症，「知道你有老煙管，希望你能賣給我。」老頭就以七十吊銅錢的價格，截掉半尺煙杆，賣給了商人。

商人回到家，給兒子服下，兒子肚子裡的瘵蟲全部融化成紫水，被拉了出來，病也就好了。

有一天，那個道士又從門前過，老頭把煙管拿給道士看。道士說：「煙龍被傷了尾巴，不過還能活，你再抽十年，就可以用它煉化丹藥了。」老頭向道士求煉化丹藥的方法，道士笑而不言，走掉了。

那個煙管很多人都見過，光潤無比，晚上掛在牆上，所有的毒蟲、蚊蟻都不敢靠近。

——此精記載於清代袁枚《續子不語·卷八》

316 簷生

唐代，有個書生在路上遇到一條小蛇，便收養了牠。幾個月後，蛇漸漸長大。書生很喜歡牠，經常用衣服遮蓋牠，帶著四處去玩，還稱呼蛇叫「簷生」。後來，小蛇越長越大，用衣服蓋不住了，書生就把蛇放到范縣東面的大澤之中去。

四十多年以後，那條蛇長得像倒過來的船一樣，被人稱為「神蟒」，凡是經過大澤的人，一定會被蛇吞吃。

此時，書生已經年邁，走路經過這座大澤附近，有人對他說：「澤中有條大蟒蛇吃人，你不能去。」當時正值隆冬時節，天很冷，書生認

為冬月蛇都會冬眠，沒有這個道理，就穿過大澤。

　　書生走了二十多里，忽然有蛇來追趕。他還認識那條蛇的樣子和顏色，遠遠地對蛇說：「你不是我的簧生嗎？」蛇就低下頭，和書生玩耍，過了很久才離開。

　　書生回到范縣，縣令聽說他遇見蛇卻沒有死，認為很怪異，就把書生押到監獄裡，因為蛇吃了太多人，縣令就判書生死刑。書生私下憤恨地說：「簧生，養活了你，卻反而讓我死，你太過分了。」那天夜裡，蛇便把整個縣城陷為湖泊，只有監獄沒有陷落，書生免了一死。

——此精記載於唐代戴孚《廣異記》

317 魘精

　　唐代天寶年間，邯鄲縣出現了魘精，經常跑到一個村莊，待十幾天才走，周圍的人都習以為常。

　　有三名彍騎（唐代宿衛兵名）到一個村子投宿，一位老太太說：「我不是不留你們，村子裡來了魘精，雖然不會傷人，但是會給你們帶來麻煩，讓你們昏迷、做惡夢。」這三名彍騎一向不怕妖怪，就留下歇息了。

　　二更時分，其中兩人睡著了，只有另一人還沒睡，看見有個東西從外面跑進來，長得如同老鼠，但毛是黑色的，穿著綠色衣衫，手裡拿著五、六寸長的玉笏，向一個熟睡的彍騎走去，那個人立刻表情十分痛苦。接著，那東西又魘了另一個睡著的人，然後來到未睡的人面前，那人覺得自己的身體頓時冰冷起來，趕緊一把抓住了它。天亮，大家一起問它，它也不說話。

　　彍騎十分生氣，說：「如果你不告訴我們，你到底是什麼東西，我們就用油鍋炸了你。」那東西十分害怕，才說：「我是千年的老鼠，如果魘了三千人，就能夠變成狐狸。我雖然魘人，但從沒有傷人，還希望你能夠饒了我。」這三名彍騎就把它放走了。

——此精記載於唐代戴孚《廣異記》

318 銀精

宜春郡有個人叫章乙，家裡以孝義聞名，幾輩子都沒分過家，各房親屬都吃同一個灶做出來的飯，一大家子很和睦。

章乙居住的房舍，亭屋、水竹什麼都有，子弟們都喜歡收藏書籍，喜歡與方士、高僧、儒生結交往來。

一天傍晚，忽然有一位婦人，年輕貌美，打扮得很漂亮，與一名小婢女一起，上門來要求留宿。章家的女人們欣然上前迎接，擺酒宴招待，直到深夜。

章家的一個小夥子，是個書生，年輕而聰明俊秀，見這婦人有姿色，就囑咐他的乳娘另外打掃一間屋子，讓婦人和小婢睡下。到深夜，他偷偷潛入室內，上床撲到婦人身上。

那婦人的身體冰涼，小夥子大驚，點燃蠟燭一照，原來是兩個銀人，重量有千百來斤，一家人又驚又喜。

江南有個人叫陳浚，與伯父和叔父生活在鄉間，喜歡作詩。同鄉人都叫他「陳白舍」，拿他與白居易相比。

陳白舍性情豪爽，熱情好客。曾經有兩個道士，一個穿黃衣，一個穿白衣，到他家求宿，他便讓兩個道士住在廳堂裡。夜間，陳白舍聽到兩個道士的床塌了，發出很大的響聲。過了一會兒，又靜得像沒有人似的。他拿著蠟燭進去查看，見穿白衣的躺在壁下，是一個銀人；穿黃衣的不知到哪裡去了。從此他們家就富裕起來了。

清代，紀昀的外祖父家，夜裡總是能夠看到有個怪物在樓前跳舞，看到人就跑開躲避。家裡人在月夜偷偷窺視，發現這個精怪穿著慘綠色衣服，形狀如同一隻巨鱉，只看到手腳，卻看不到腦袋，不知道是什麼。

有一天，家裡人拿著刀杖和繩索埋伏在門外，等它出現，就突然上前捉拿。這精怪倉皇逃到樓梯下，大家拿起火把照去，發現牆角有個綠色棉襖，裡面包裹著一艘銀子做成的船，這艘船左右有四個輪子，應該是當年小孩子玩耍的東西。看到這個，大家才明白，那個妖怪穿的綠衣服就是綠色棉襖，手腳就是四個輪子。家裡人把它融化了，秤一秤，足足有三十兩。

後來，一個老僕人說：「我當年做婢女時，房間裡丟了這個東西，老爺以為是我們偷了，還把我們打了一頓，想不到竟然成了精怪。」

——此精記載於五代王仁裕《玉堂閒話‧卷四》、唐代柳祥《瀟湘錄》、清代紀昀《閱微草堂筆記‧卷九》

319 羊魃

有一種精怪叫「羊魃（ㄅㄚˊ）」，長得如同小羊，只有幾寸長，晚上會出來到水邊找吃的，不會害人。傳說它是被水浸泡多年的羊骨，吸收天地精氣變成的。

——此精記載於清代李慶辰《醉茶志怪‧卷二》

320 羊骨精

清代，杭州有個人叫李元珪，在沛縣當韓某的文書。

有個鄉親要回杭州，李元珪就託他帶封家信。李元珪寫好了信，讓僕人調麵糊來封信口。僕人調好了麵糊，盛在碗裡，李元珪用完了，就放在桌子上。

夜裡，李元珪忽然聽到窸窸窣窣的聲響，以為是老鼠來偷吃麵糊，便起床來看，看到燈下有一隻小羊，兩寸高，全身長著白毛，吃光麵糊跑走了。

李元珪以為自己眼花，第二天，他特意又做了麵糊放在桌子上，晚上那隻小羊又來了。李元珪留了心，觀察小羊的去處，發現牠跑到窗外的大樹下就消失不見了。

隔天，李元珪帶人在樹下挖，挖出了一塊朽爛的羊骨頭，骨腔裡的麵糊還在。他將羊骨燒了，自此之後，那妖怪再也沒有出現。

——此精記載於清代袁枚《子不語‧卷三》

321 櫻桃精

清代，熊本和莊令輿兩個人在北京當官，是鄰居，每天晚上都在一起喝酒，感情很好。

有一年的八月十二日晚上，莊令輿邀請熊本喝酒時，正好有人招呼莊令輿去辦事，所以只留下熊本一個人喝酒。

熊本倒了一杯酒，準備等莊令輿回來，沒想到還沒喝，杯子裡面的酒就不見了。熊本又倒了一杯，看見一隻藍色大手從桌子下面伸出來取杯子。熊本站起來，那藍手也站起，原來是個長得像人的妖精，腦袋、眼睛、臉、頭髮，都是藍色。熊本大叫，僕人趕緊過來，點起蠟燭四處尋找，卻沒發現有什麼東西。

不久之後，莊令輿回來，聽了這件事，笑道：「今天晚上你敢睡在這裡嗎？」熊本年輕氣盛，就讓僕人搬來床和褥子，自己一個人拿著一把劍坐在黑暗中。這把劍是當初將領年羹堯送的，殺人無數，煞氣十足。當時，秋風怒號，斜月冷照。

三更時分，桌子上忽然掉下來一個酒杯，接著又掉了一個。

熊本笑道：「偷酒的傢伙來了。」

過了一會兒，一條腿從東邊的窗戶伸了進來，接著是一隻眼睛、一隻耳朵、一隻手、半個鼻子、半張嘴，過了一會，另外的一半從西邊的窗戶進來，就像是一個人被鋸成兩半那樣。很快的，它的身體合而為一，全身都是藍色。

熊本拔劍就砍，砍中了對方的手臂，那妖精跳出窗戶逃跑，熊本一直追到院子裡的櫻桃樹下，它才消失不見。

第二天，莊令輿前來，看到窗戶上有血跡，趕緊問熊本。熊本如實相告。於是，莊令輿派人砍掉了櫻桃樹，焚燒的時候，這棵樹還散發著酒氣。

——此精記載於清代袁枚《子不語·卷六》

322 無支祈

　　無支祈，又叫巫支祈，是淮河裡的精怪，經常被認為是淮河的主宰者。

　　傳說大禹治水的時候，三次到桐柏（註：位在今河南省境內），都遇到驚風迅雷，大水滔天。大禹很生氣，就召集眾妖，派遣應龍去調查是怎麼回事。應龍潛入淮河，發現一切都是無支祈在作祟。無支祈長得像猿猴，縮額高鼻，白色腦袋，青色身軀，金目雪牙，脖子有百尺長，力氣巨大無比。

　　大禹派出很多妖怪，都被打敗了，後來就讓庚辰（註：為上界天神）去，庚辰制服了無支祈，在它的脛骨上鎖上鏈子，又在它的脖子上穿上金鈴，把它囚禁在淮陽的龜山下。

　　到了唐代，唐玄宗經過龜山的時候，曾經命宦官高力士帶人拉住鏈子，看過無支祈的長相。就跟古代傳說一樣，無支祈長得像猴，毛長覆體，它大吼一聲，就鑽進了水裡。

　　唐代貞元年間，隴西人李公佐遊覽湘江和蒼梧山時，偶然遇見征南從事（註：此為官職名）弘農人楊衡在一個古河岸邊停船休息。他們就結伴在佛寺裡盡情地遊覽。到了晚上，江面寬廣空曠，水面漂浮著明月的倒影。他們在船上互相講述奇聞異事。

　　楊衡告訴李公佐說：「永泰年間，李湯擔任楚州刺史。有個漁夫夜間在龜山下釣魚，他的鉤子被什麼東西掛住了，拉不出水面。那漁夫善於游泳，迅速潛到水下五十丈深的地方，看見一條大鐵鍊，盤繞在山根下，看不到鐵鍊的盡頭，於是報告李湯。李湯派那名漁夫及幾十個善於游泳的人，去打撈那根鐵鍊。這些人提不動，又加上五十頭牛，鎖鏈才有點晃動，當時並沒有大風和波浪，但是，就在快要將鎖鏈拉到岸上時，卻突然翻滾起巨大的波浪，觀看的人們非常害怕。只見鎖鏈的末尾有一個動物，樣子像猿猴一樣。雪白的頭髮，長長的脊毛，身高五丈多，蹲坐的樣子也和猿猴一樣。但是，牠的兩隻眼睛沒有睜開，似乎沒有知覺地呆坐在那裡一動也不動。眼睛和鼻子像泉眼一樣向外流水，口裡的涎水腥臭難聞，人們不敢靠近。過了很久，牠才伸伸脖子，挺直身子，兩

眼忽然睜開，目光像閃電一樣四處張望圍觀的人，人們嚇得四散奔逃。
那怪獸竟然慢慢地拖著鎖鏈，拉著牛回到水裡，再也不出來了。」

——此精記載於晉代郭璞《山海經箋疏・訂偽一卷》、唐代李公佐
《古岳瀆經》、宋代李昉等《太平廣記・卷第四百六十七》
（引《戎幕閒談》）、清代褚人獲《堅瓠集・續集卷之二》、
清代朱翊清《埋憂集續集・卷二》

323 罔象

罔象是一種水中的精怪，長得如同三歲的小兒，全身赤紅，大耳，
長爪。使用繩索做成的圈套就可以抓住它，據說將其烹煮來吃，會有吉
祥的事。

據說，當年黃帝出遊的時候，在水邊丟失了寶貝「玄珠」，黃帝派
遣了很多人前去尋找，都沒有找回，最後拜求了罔象，玄珠才失而復得。
罔象的本領，連黃帝都不得不歎服。

——此精記載於晉代干寶《搜神記・卷十二》、唐代釋道世《法苑珠林・
卷第四十五》（引《白澤圖》）、明代董斯張《廣博物志・卷九》

324 於蝟

乾涸的河流會產生一種精怪，叫「於蝟」。於蝟一頭兩身，形狀如蛇，
長八尺。如果抓住它，喊它的名字，就能驅使它抓取魚鱉。

——此精記載於戰國《管子・卷第十四》

325 玉孩

中華民族是世界上少數喜歡玉器、尊崇玉器的民族，古人認為玉有
五種品德，不僅是君子的象徵，更具有靈性。所以年歲久遠的玉器，就
會成為精怪。

清代，一個村子裡，某甲的兄長死了，只剩下守寡的嫂子。家裡很貧窮，某甲將外出工作所賺的錢全部交給嫂子，而且對嫂子十分尊敬、孝順。

有一天晚上，某甲在家裡做活，忽然看到窗戶的縫隙間出現一張人臉，跟銅錢差不多大小，雙目閃閃發光地往屋裡偷看。某甲急忙伸出手，抓住了對方，借著燈光一看，原來是一個美玉做成的小玉孩，高四寸左右，雕刻得很精美，應該入過土，沁色斑斕。

由於某甲住在窮鄉僻壤，沒有要買的人，他就拿著玉孩到當鋪裡典當，得了四千銅錢。當鋪把玉孩放在盒子裡，過幾天後卻發現它不見了，一直擔心某甲會來贖（當鋪的規矩是，如果對方在典當期之內前來贖回，而當鋪拿不出東西，就要加倍賠錢）。

後來，某甲聽說這件事，就說：「這個玉孩也是我偶然所得，怎麼能夠以此來要脅當鋪呢？」

當鋪老闆十分感激他，經常讓他來幫忙幹活，給他的酬勞也比別人高幾倍，時間長了，這個人就過著溫飽不愁的生活了。

——此精記載於清代紀昀《閱微草堂筆記·卷十二》

326 玉精

三國時代，有一個叫江嚴的人，在富春縣清泉山，遠遠地看到一個穿著紫衣的美女，蹁躚（旋舞）唱歌。江嚴往前走了幾十步，那美女就消失了。他來到美女唱歌的地方，得到一枚紫玉，有一尺多長。

又有一個叫邴浪的人，在九田山看見一隻鳥，長得如同雞一樣，紅色，鳴叫的聲音好像在吹笙。邴浪開弓射箭，那隻鳥被射中，落入一個洞穴。邴浪挖開洞穴，得到了一枚如同鳥形的赤玉。

南北朝，宋順帝升明年間，荊州刺史沈攸之的馬廄裡養了一群好馬，但這些馬總是踢蹄驚叫，好像看到了什麼東西似的。沈攸之便要養馬人在馬廄裡觀察，那人看到一匹白色小馬駒，有一根綠繩繫著肚子，從廄外奔來。

養馬人把這件事詳細地告訴沈攸之後，沈攸之便派人於夜間埋伏在馬槽子旁邊等著。不多時，那人看到白馬駒到來，忽然又離去。他去查看廄門，廄門還是關著的。沈攸之便叫人去查那白馬駒的蹤跡，結果竟直入他所居住的小樓裡。當時見到的人，都認為這是精怪。

沈攸之又檢查家人，發現只有愛妾馮月華的臂上佩有一匹玉馬，用綠絲繩穿著。到了晚上，她總是把玉馬摘下來放在枕頭邊，夜間有時候會丟失，到天明就又回來了。沈攸之把玉馬取來一看，見馬蹄下有泥。

後來，沈攸之兵敗，也不知那玉馬到哪裡去了。

唐代，執金吾（註：古代保衛京城的官員）陸大鈞有個侄子，侄子之妻常常在夜間聽到兩件東西打鬥的聲音。一天早晨醒來，她在枕邊摸到兩個東西，急忙點燈一照，原來是兩隻玉雕的小豬。小豬的大小有幾寸長，形狀特別精妙。她把它們當成寶貝，放在枕頭裡珍藏。

從此，這一家的錢財一天比一天增多，家境繁盛起來，就這樣過了二十年。有一天夜裡，玉雕小豬忽然不見了，陸家也就漸漸不如從前昌盛了。

——此精記載於三國曹丕《列異傳》、唐代張讀《宣室志·卷六》、
唐代牛肅《紀聞·卷九》

327 元

荒廢的墳墓有精靈，名為「元」，長得如同老年的勞役之人，穿著青色衣服，喜歡舂米。只要喊它的名字，就能帶來豐收。

——此精記載於宋代李昉等《太平御覽·卷第八百八十六》
（引《白澤圖》）

328 元緒

三國時代，吳國有個永康人進山，捉到一隻大龜。大龜說：「出遊沒遇到好時候，竟然被你捉住。」永康人覺得很奇怪，把龜帶出山，準

備獻給吳王孫權。

　　夜裡停泊在越里這個地方，把船拴在一棵大桑樹上。半夜時，這個人聽到大桑樹招呼龜說：「元緒，你很辛苦吧，什麼事把你弄成這個樣子？」

　　大龜說：「我被捉住了，他們恐怕會把我煮了做肉湯吃。不過，即使砍光了南山上所有樹木當柴燒，也不能煮死我。」

　　桑樹說：「諸葛恪見識廣博，必定會使你受苦。如果他下令尋找我們這一種類的樹當柴燒，你又能有什麼辦法呢？」

　　大龜說：「子明你不要多說話，不然災禍就將加到你的身上。」

　　桑樹就靜靜地不再說話了。

　　孫權收到這隻龜後，果然下令將其煮成肉湯，結果燒了幾百車的木柴，根本燒不死龜。

　　諸葛恪知道了這件事，說：「應該用老桑樹燒火，才能煮熟牠。」獻龜的人也說了桑樹和龜的對話。孫權便派人去砍伐桑樹，用來煮龜，立刻就煮熟了。

　　後來，人們煮龜時大多使用桑樹作燒柴，老百姓因此把龜叫作「元緒」。

　　　　　　　　　　——此精記載於南北朝劉敬叔《異苑·卷三》

329 雲陽

　　如果聽到山中的大樹在說話，那並不是樹發出的聲音，而是一種名為「雲陽」的精靈。如果喊它的名字，就會帶來吉祥的事情。

　　　　　　——此精記載於《白澤圖》、晉代葛洪《抱朴子·內篇·卷之十七》

鬼部

330 畢

唐代太和五年，復州有個醫生叫王超，很善於用針給人治病。經過他醫治的病人，沒有治不好的。

王超曾經死過一次，但過了一夜又甦醒過來。醒來後，王超說像做了一場夢。

夢中，他到了一個地方，高牆樓閣，看見一個人躺在那裡。那個人招呼王超上前替他診脈，王超發現病人的左臂長了一個腫瘤，像酒杯一樣大，就用針為他醫治，從腫瘤裡排出一升多膿水。那個病人回頭對身穿黃衣的小吏說：「你帶他去看看『畢』吧。」

王超就跟隨黃衣人走進一個門，門上標有「畢院」二字。在院子裡，王超看見有數千隻眼睛聚在一起，像山一樣，瞬間明滅、閃亮。黃衣小吏說：「這些眼睛就是『畢』。」

不一會兒，有兩個身材高大的人，分別站在兩邊，搧動著巨大的扇子。扇子一動，那些眼睛就有的飛，有的跑，頃刻間消失了。

王超問那些眼睛是什麼，黃衣小吏說：「有生之類，先死為『畢』。」

黃衣人說完，王超就復活了。

——此鬼記載於唐代段成式《酉陽雜俎·續集卷一》

331 病鬼

唐代，丹陽郡有個官員叫章授，奉派到吳郡出差。他經過毗陵時，有一個三十多歲的人請求搭乘便船。這個人和章授一起走了好幾天，卻不吃東西。

兩人經過的村鎮，那個人都要去轉一轉，然後就會聽見村鎮裡傳出哭喪招魂聲。過了很久，那個人才回到船上來。章授起了疑心，就趁那個人走開後，偷偷打開他的箱子，看到裡面有幾卷文書，上面都是吳郡的一些人名，還有幾百枚根針。

每次那個人進村鎮時都拿一些針，有一次他回來時，拿了一些酒、幾塊肉，對章授說：「感謝你幫我，我弄來了一些酒肉，來和你告別。我每次拿一些針走，都是去找那些應該得病的人，用針扎他們的靈魂。現

在我去找的都是本郡人，丹陽郡另外有人去。今年得病的人會很多，你千萬別到病人家。」章授向他求藥，他說：「我只能傳病殺人，不會治病救人。」

——此鬼記載於宋代李昉等《太平廣記・卷第三百二十三》

（引《法苑珠林》）

332 哺兒鬼妾

宋代，汴河岸邊有個賣粥的老婆婆，每日都會把賺來的銅錢放在一個瓦罐裡，收攤的時候就用繩子串起來，奇怪的是，每天都會發現銅錢裡有兩枚紙錢。老婆婆懷疑有鬼來買粥，就暗自觀察。果然，老婆婆發現有名女子穿著青衫，每天花兩個大錢來買粥，風雨無阻。老太婆特意將這女子的銅錢收起來，黃昏時發現銅錢變成了紙錢。

有一天，女子又來買粥，老太婆就跟蹤她，發現女子往北走了一里多地，來到一個荒涼的地方，四下看了看，發現沒人，就走入荊棘叢中消失了。

如是這般，過了一年。有一天，女子又來，對老婆婆說：「我在這個地方寄居已久，如今我的丈夫要來迎接我，即將和你告別。這些日子蒙你照顧，特來相告。」老婆婆就問怎麼回事，女子說：「我是李大夫的小妾，跟著他去上任，在這個地方病死了，他就把我埋在荒草之中。雖然我死了，但已經懷有身孕，因為沒有奶水，所以每天到你這裡買粥養活孩子。我擔心李大夫來挖墳的時候，聽到孩子哭泣會驚慌，而且不願意養育，老人家你能不能去告訴他，請他善待我的孩子？」說完後，女子交給老婆婆一枚金釵，就走了。

過了一會兒，有一艘大船駛來，老婆婆詢問別人，知道是李大夫的船。李大夫帶人去挖掘墳地，挖出棺材的時候，聽到裡面傳來孩子的哭泣聲。李大夫非常害怕，老婆婆趕緊上前將事情說了一遍，然後取出金釵給李大夫看。李大夫說，那真的是死去小妾的金釵，於是就打開棺材，把孩子抱出來，好好撫養長大。

——此鬼之名為作者所加；此鬼記載於宋代郭彖《睽車志・卷三》

333 不淨巷陌鬼

不淨巷陌鬼出沒於巷間小路，撿食垃圾或骯髒的東西吃。前世給出家人吃不乾淨的食物，故受此報。

——此鬼記載於唐代釋道世《法苑珠林·卷第六》

334 撥廁鬼

明代，雲南有戶人家養過一個撥廁鬼，喜歡吃人的魂魄，凡是被它作祟的人，過了一晚就會死去。這種鬼十分怕狗，聽到狗叫就會逃跑。

——此鬼記載於明代楊慎《滇程記》

335 博泥鬼

清代，豫章有個靈官廟，地處偏僻，廟裡的神像年代久遠，做工精緻，因為荒廢已久，乞丐、無賴經常在這裡聚集，晚上也有很多人在此賭博。

有個叫陳一士的人賭癮很大，經常到廟裡和一幫無賴賭博，但越賭輸得越多，去廟裡的次數也就越來越多。

有一天，有個短鬍鬚的人也來賭博，穿著的衣服像是衙役。這個人運氣很好，每次都能贏。大家問他住在哪裡，他也不說。時間一長，這個人把陳一士和眾人的錢都贏走了。陳一士和一幫無賴設局抽老千，也沒贏他。陳一士覺得奇怪，就暗中跟隨，發現他出廟門後就消失了。第二天，這個人來的時候，眾人群起攻之，他倉皇逃跑，再也沒有出現。

當時下了幾個月的雨，廟門前原來有兩個泥塑的馬，做了兩個泥鬼牽著，其中一個鬼長著短短的鬍鬚，因為雨水澆淋，短鬚鬼牽的馬塌了，肚子裡掉下了很多銅錢。眾人上前瘋搶，發現裡面有十幾吊錢，數一數，正好是眾人輸的那些錢，這才明白那個短鬚人就是這個泥鬼。

——此鬼記載於清代曾衍東《小豆棚·卷十一》

336 白獼猴

宋代，有個叫劉公佐的人，被罷免了衡州太守的職位，於是坐船回京城。半路上，劉公佐得了病，妻子趙氏每天晚上都會悉心照顧，餵劉公佐吃藥。當時正是盛夏，船艙的門都沒關上。

有一天晚上，趙氏在床邊伺候，劉公佐還沒睡醒。忽然有個東西，長得如同獼猴，全身潔白，從劉公佐睡覺的地方衝了出去，然後跳到岸上。趙氏不敢說話，叫兒子出來觀看。那東西還在岸上，頻頻回顧船隻，不久就消失了。

劉公佐屬猴，人們都說那隻猴子是劉公佐的靈魂。果然，半路上，劉公佐就死了。

——此鬼記載於宋代洪邁《夷堅志·夷堅乙志·卷第十一》

337 白骨婦

有個姓談的書生發奮讀書，沒時間談情說愛，四十歲還沒有娶妻。

有一天夜裡，有個十五、六歲的絕代佳人來找書生，主動要求做他的妻子。女子說：「我和人不一樣，請不要用燈火照我，三年後才可以照。」他們結合後生了一個兒子。

兒子兩歲時，書生忍不住好奇心，夜裡等女子睡著了，偷偷點燈看她，只見她腰以上已經長出和真人一樣的肉了，但腰部以下還有白骨。

女子驚醒後，發覺書生偷照自己，說：「我就要復活了，你怎麼就不能再忍一年而用燈光照我呢？」書生急忙賠罪，女子仍哭個不停，說：「我要和你永別了，只是惦念我們的兒子，以後如果你窮得養活不了他，就暫時交給我。我準備送你一些東西。」

書生隨女子來到一座華貴的屋中，見屋中的陳設裝飾不同凡人。女子拿了一件綴著珍珠的袍子贈給書生說：「你把這袍子賣了，起碼可以維持生活。」臨分別時，女子撕下了書生的一塊衣裳下擺留作紀念。

後來，書生到市場上賣珠袍，被睢陽王的人買去，得錢千萬。

睢陽王一看，竟是自己死去女兒的袍子，以為書生是盜墓賊，就把

書生抓來拷問。

書生實話實說，睢陽王仍不信，就到女兒的墳上去看，見墳墓完好如初。打開墓穴，在棺蓋下發現了書生的那塊衣擺。後來又看書生的兒子，果然長得像自己的女兒，睢陽王這才相信，把書生請來，認他當女婿，後來又上表給朝廷，賜給書生的兒子侍中的官銜。

——此鬼記載於五代耿煥《野人閒話》

338 白骨小兒

周濟川是汝南人，有豪宅在揚州的西邊，兄弟幾人都很好學。

一天夜裡，眾人聽完講授，大約三更時分，各自躺在床上將要睡覺，忽然聽到窗外有格格的聲音，很久都不停。

周濟川從窗縫往外看，發現那是一個白骨小兒，在院子裡東西南北奔跑，一會兒叉手，一會兒擺臂，格格是骨節相摩擦的聲音。周濟川招呼兄弟一起看，過了很久，他的弟弟巨川厲聲喝斥對方，小兒卻說：「阿母給我奶吃。」巨川用掌打他，小兒掉落到地上，隨後一躍而起，動作敏捷得像猿猴。

家裡人聽見動靜，全都起來，拿著刀棒打那小兒。奇怪的是，那小兒的骨頭一節一節地散開，接著又聚集在一起，不停地說：「阿母給我奶吃。」周家人用布袋裝上它，出城四、五里，投到一個枯井裡。

第二天夜裡，小兒又來了，手拿著布袋，十分得意。周家人再次將它裝進布袋裡，要揹它走時，它在袋中仍然說：「明天我還會來。」果然，第三天，白骨小兒又來了。

周家人沒辦法，找來一個大木頭，將中間鑿空，把小兒裝在裡面，用大鐵片覆蓋兩頭，又用釘子釘上，然後用一把鐵鎖鎖起來，掛上大石頭，扔進江裡。眾人抬起「棺材」時，小兒在裡面說：「感謝用棺槨相送。」之後，那小兒就沒再來了。

這是唐代貞元十七年發生的事情。

——此鬼記載於唐代戴孚《廣異記》

339 北門邪

清代，從瓊州到崖州，所有州縣北面的城門都不開。

以前，這一帶經常有鬼來到集市，用紙錢買東西，等人們發現時，那些紙錢都變成了灰燼。所以，商人在收到銅錢之後，都會放在水裡檢驗，如果銅錢漂在水上，那麼買東西的就是鬼。

有個風水先生說：「要對付這種鬼，要把北門關閉，建蓋真武廟鎮服它。」

後來，官府按照風水先生的說法辦了，果然鬼就消失了，所以各個州縣都這麼做。

——此鬼記載於清代屈大均《廣東新語・卷二十八》

340 報冤鬼

清代，有個叫門世榮的老僕人。有一天，他來到吳橋鉤盤河，當時太陽快下山了，天降大雨，河水猛漲，他正發愁不知什麼地方才能過河，忽然看見有兩個人騎著馬在前面，來回幾趟，找到了淺水的地方。

門世榮就跟著他們來到河邊，正要準備過河，其中一個人忽然勒馬停下，等待門世榮過來，小聲說：「你不要跟著我們，往左走半里多路，能看到對岸有一棵枯樹，從那個地方過河。我引著同行的那個人，是要做一些事情，你不要跟著摻和。」

門世榮以為對方是強盜，趕緊返回，按照他的指引往前走，一邊走一邊回頭看那兩個人。

很快的，門世榮見那個跟自己說話的人打馬先行，後面跟著的那個人來到河中間，忽然被大水吞沒，人和馬都被沖走了，而先前的那個人變成一股旋風消失了。門世榮這才知道，這個人是報冤鬼，後面的那個人應該曾經是他的仇人。

——此鬼記載於清代紀昀《閱微草堂筆記・卷十三》

341 披麻煞

清代，安徽新安有個姓曹的老太太，孫子當了官，和一個女子訂婚，馬上就要娶親。老太太命人大掃除，收拾新房給新娘住，新房距離老太太的房間有十幾步。

這天黃昏，老太太獨自坐在樓下，聽到樓上傳來腳步聲，剛開始以為是丫鬟，後來覺得不對勁，懷疑是小偷，便站起來推開門，看到一個人，戴著麻冠，穿著麻鞋，手裡拿著桐杖，站在樓上。對方看到老太太，轉身退走。老太太向來膽子大，不管對方是人是鬼，就上前捉拿，對方狂奔到新房中，化為一縷青煙消失了。老太太這才知道對方是鬼，本想告訴別人，但想到明天就是大婚之日，暫且忍住沒說。

第二天，將新娘子迎進門，一切如常。老太太想起之前的事，睡不著覺，去看新娘，發現她已經梳妝打扮好了，而且和孫子郎情妾意，也就放心了。

過了一段時間，新娘想上樓，老太太想起樓上的那東西，不情願，問新娘要去做什麼，新娘說上廁所。新娘上去之後，很長時間不下來，老太太就派僕人提著燈上去，結果發現新娘子不見了。老太太大驚。

丫鬟說：「是不是到廚房去了？」老太太說：「我一直坐在樓梯旁，沒看到她下來。」事情傳開了，全家都很驚慌。

這時候，一個丫鬟在樓上喊：「在這裡！」眾人上去，發現新娘蜷縮在一個小漆椅下，四肢如同被捆綁了一樣。眾人扶她出來，她已滿嘴白沫，奄奄一息。眾人用水將她灌醒後，新娘說：「我碰到了一個披麻的人作祟。」老太太哭道：「錯在我。」於是把之前的事情說了。

當天晚上，新郎和新娘在房間，丫鬟也在，到了五更時分，丫鬟睡著了，新郎睏得不行，他剛一閉眼，就發現有一個全身披著麻布的人破窗而入，手指在新娘的脖子上掐了三、五下。新郎趕緊上前救護，但披麻人縱身跳出窗戶，速度快如飛鳥。此時，新郎呼喊新娘，新娘不應聲，再一看，她已經氣絕身亡了。

很多人說，這家人犯了披麻煞。

——此鬼記載於清代袁枚《子不語·卷三》

342 婆女

釜甑（ㄗㄥˋ）鬼，名為婆女，凡是遇到釜甑鳴叫，喊婆女的名字，就不會發生禍事。（註：釜甑為古代蒸煮食物的瓦器，類似現代的蒸籠。）

——此鬼記載於明代徐應秋《玉芝堂談薈·卷十三》

343 噴水嫗

萊陽人宋玉叔在任四川按察使時，租住的宅院十分荒涼。

一天夜裡，兩個丫鬟陪宋玉叔的老母親住在客廳裡，突然聽到院子裡有一陣陣嗤嗤的噴水聲，如同裁縫在噴衣服一般。老夫人催促丫鬟起來，戳開窗戶紙偷偷向外察看，丫鬟看到有一個老婆子身材短小且駝背，一頭白髮如同掃帚一般，頭上盤了一個髮髻，高兩尺左右，繞著院子轉圈，伸長脖子邁著鶴步，一邊走一邊噴水。

丫鬟回來報告，老夫人聽後很吃驚，坐起來由兩個丫鬟扶著來到窗前。她們聚在一起觀看那老婆子時，對方忽然逼近窗戶，把一口水直噴在窗欞上，窗紙破裂，老夫人和兩個丫鬟一齊倒在地上。

早晨，家裡人撬開門進了屋，發現老夫人和兩個丫鬟倒在一起，其中一個丫鬟的胸口還有點溫熱，便扶她起來並灌水，過了一陣，丫鬟才醒過來，把所看見的一切說了出來。

宋玉叔得報趕來時，悲憤欲絕，便下令挖開院子裡的地，深挖到三尺左右時，漸漸露出白髮，接著挖出一具屍首，如同老夫人的丫鬟所見的那個老婆子的樣子，臉部肥腫如同活人。宋玉叔讓手下擊打那具屍體，骨肉皆爛，肉皮裡都是清水。

——此鬼記載於清代蒲松齡《聊齋志異·卷一》

344 迷途鬼

蘇州有個人姓顧，住在鄉村。有一天早晨，他離開家，走了十幾里地，忽然聽到西北有聲響，抬起頭，看見四、五百個穿著紅色衣服、高

兩丈的人飛奔而來，圍住自己。

顧某被圍，覺得喘不過氣來，一直到太陽快下山了，還沒有解圍，只能心中向北斗祈禱。過了一會兒，那幫鬼相互說：「這傢伙心中有神，只能捨棄掉了。」說完，眾鬼消散。

顧某回到家中，筋疲力盡，躺在床上，發現家門前點燃了一個火堆，那幫鬼有的圍著火堆說說笑笑，有的跑進來鑽進他的被子，還有的跳上了他的腦袋。一直到早晨，這幫鬼才消失。

——此鬼記載於南北朝劉義慶《幽明錄·卷五》

345 廟鬼

新城秀才王啟後，有一天看見一個又胖又黑、其貌不揚的婦人走進屋裡，嬉笑著靠近他並坐到床上，樣子很放蕩。王秀才趕她，婦人卻賴著不走。從此，王秀才不論坐著躺著，總看見那婦人在跟前。

王秀才拿定主意，絕不動心。那婦人惱羞成怒，抬手將王秀才的臉打得啪啪作響，王秀才也不覺得怎麼痛。婦人又將帶子繫在梁上，揪住王秀才的頭髮，逼他與自己一起上吊。王秀才身不由己地跟到梁下，將頭伸進圈套裡，做出上吊的姿勢。有人目睹王秀才腳不沾地，直挺挺地立在半空，卻吊不死。

從此，王秀才就患了瘋癲病。有一天，他忽然說：「她要和我跳河了！」說完就朝河邊猛跑，幸虧有人發現，才把他拖回來。天天如此，百般折騰，一天發作數次。家中人請巫抓藥，都不見效。

有一天，忽見有個士兵模樣的人，拿著鐵鎖鏈，怒氣衝衝地進來，對那個婦人喝斥道：「你怎敢欺擾這樣樸實忠厚的人！」隨後就用鐵鍊套住婦人的脖子，硬把她從窗櫺中拉了出去。拖到院子裡，婦人就變成一個目如閃電、血盆大口的怪物。有人忽然想起城隍廟裡的四個泥鬼中，有一個很像這個怪物。從此，王秀才的病便好了。

——此鬼記載於清代蒲松齡《聊齋志異·卷二》

346 面然

面然，也叫面燃，或者餓鬼王，是地獄中的餓鬼之王，傳說是觀音
菩薩所化。

四川嘉定州，烏尤山上有烏尤寺，相傳觀音菩薩到這個地方，看到
有很多鬼哀嚎，就變成了鬼王，名為面燃，鎮服它們。

——此鬼記載於清代陳祥裔《蜀都碎事·卷之二》

347 木鬼

北魏時代，洛陽阜財里有座開善寺，原來是京城人韋英的住宅。韋
英很早就死了，他的妻子梁氏沒有辦理喪事就改嫁，接納黃河西的向子
集為丈夫。雖說梁氏已經改嫁，但仍然居住在韋英的房宅裡。

韋英得知梁氏改嫁，在一天白天，帶領幾個人，騎著馬趕回來，在
院門外高喊：「阿梁，你忘了我啦！」

向子集驚慌害怕，拉開弓用箭射韋英。韋英中箭倒地後，變成了桃
木人，騎的馬變成了茅草馬，跟隨的幾個人也都是蒲草紮的。梁氏很害
怕，便捨棄房宅，捐出當作寺院。

唐代，長安有一個窮和尚，衣服非常破舊，到處賣一隻小猴。這隻
小猴善解人意，可以驅使牠做事。虢國夫人聽說了，急忙叫和尚到宅院
裡來。和尚到來之後，夫人見了猴子，就問這猴子的來由。

和尚說：「貧僧本來住在西蜀，在山中住了二十多年。偶然有一次
一群猿猴路過，丟下了這隻小猿猴。我憐憫牠，就把牠收養了，才半年，
這小猿就明白人的意思，又會人的語言，和人心意相通，要牠做什麼牠
就會做，實在和一名弟子沒什麼兩樣。貧僧昨天才到城裡來，很缺錢，
沒有辦法保住這隻小猿了，所以就在市集上賣牠。」夫人便買下了小猿。

小猿從早到晚待在虢國夫人左右，夫人非常喜歡牠。半年後，楊貴
妃贈送給虢國夫人一株靈芝草，夫人把小猿叫來，給牠觀看玩耍。沒想
到，小猿在夫人面前倒地，變成一個小男孩。小男孩的容貌端莊秀美，年
齡有十四、五歲。夫人覺得很奇怪，就問怎麼回事。

小男孩說：「我本姓袁，偶然跟著父親進山採藥，在林中住了三年，我父親常拿一些藥草給我吃。有一天，自己忽然變身成了猿猴。父親害怕，把我扔了，所以被那和尚收養，然後到了夫人這裡。自從受到夫人的恩育，很想和夫人說說心裡話。沒想到今天竟然變回人身，還請夫人不要丟棄我。」夫人覺得奇怪，就命人拿衣服來給他穿，吩咐任何人都不能洩露這件事。

又過了三年，因為小男孩容貌特別好看，楊貴妃曾經屢次注視他。夫人怕他被奪走，就不讓他出來，另外安排住在一個小屋裡。小男孩嗜好藥物，夫人便讓侍婢經常供給他藥食。忽然有一天，小男孩和這個侍婢都變成了猿猴。夫人感到怪異，派人射殺牠們，才發現那小男孩原來是個木頭人。

——此鬼記載於南北朝楊衒之《洛陽伽藍記・卷第四》、宋代李昉等《太平廣記・卷第三百六十八》（引《大唐奇事》）

348 馬陂大王

元明時代，江南有很多祠堂，供奉一種名為「馬陂大王」的鬼，這種鬼生前是死於鬥毆的人，死後怒氣不消而變身成厲鬼。小偷經常去祭祀，如果祭祀豐厚，就能偷盜成功。

——此鬼記載於元代陶宗儀《說郛・卷一九》

349 磨刀小兒

有個叫徐元禮的人，女兒即將出嫁。徐元禮的叔祖父和同母異父的兄長孔正陽，一起前去拜訪。

兩個人在路上看到有個小孩，全身赤裸，拿著一把五、六寸長的刀，坐在一截土牆上磨刀，然後，這個小孩又跳到徐家門前的桑樹下磨刀。

第二天，徐元禮的女兒穿上嫁衣，坐在車裡，只見那個小孩拿著刀闖進去，舉刀就刺，徐元禮女兒被刺倒。

家裡人趕緊將女兒扶回來，解開衣服，只見小肚子上有一片大如酒盅的紫色，過了一會兒，女兒就死了。

——此鬼記載於晉代祖台之《志怪》

350 魔羅身鬼

魔羅身鬼又稱殺身惡鬼，此鬼應屬於魔中之死魔，能傷人性命。《大智度論》卷六十八說：「魔，秦言能奪命者。唯死魔實能奪命，餘者亦能作奪命因緣，亦奪智慧命，是故名殺者。」其前世皆信邪教，行邪法，擾亂佛法智慧，故受此報。

——此鬼記載於唐代釋道世《法苑珠林·卷第六》

351 買棺鬼

明代成化年間，蘇州瘟疫橫行，鄉村地區更是厲害。五澴涇這個地方，有一戶人家七口人全都過世，沒人收屍下葬。

有一天，有個人來到棺材鋪買了七口棺材。棺材鋪的老闆向他要錢，他說：「你拉到我家，我給你錢。」老闆就裝上棺材和他一起走，快到家門口的時候，這個人說：「我先回家，開門迎你。家中沒有錢，只有二十斛麥子，算作棺材錢吧。午後西北有一戶人家，是我的親家，麻煩你幫我找來。」說完，這個人就走入家中。

棺材鋪老闆進入這戶人家，看到家中橫躺著七具屍體，買棺材的那個人就在裡面。

老闆非常害怕，趕緊找到這個人的親家，把事情說了一遍。親家前來，果然在家中發現二十斛麥子，就把麥子給老闆，將這家人的屍體放入棺材下葬了。

——此鬼記載於明代祝允明《志怪錄·卷一》

352 賣花娘子

鄂州，某甲本來是農家子弟，後來當了官，想娶豪族的女兒，就叫人殺了自己的妻子，把屍體丟在江邊，連妻子的婢女都沒倖免。然後，某甲跑到家裡，哭著喊妻子被盜賊殺了，周圍的人都沒有懷疑。之後，某甲娶了豪族的女兒，飛黃騰達。

過了幾年，某甲到廣陵做官，晚上住宿在一個驛館。隔天，他看到有個賣花的女子，很像多年前被殺的妻子的婢女，他走過去一看，果然是那個婢女。

某甲問：「你是人還是鬼？」

婢女說：「是人。當年被強盜襲擊，幸虧沒死，醒了之後，嫁給一個商人，如今在這裡，和夫人賣花為生。」

某甲問：「我娘子在什麼地方？」

婢女說：「就在附近。」

然後，某甲跟著婢女去見原先的妻子。婢女帶著他，來到一個小巷子裡，指著一間貧寒的屋子，說：「就在裡面。」婢女先進去，過了一會兒，某甲的妻子也出來了。妻子見到某甲，痛哭流涕，訴說這些年的苦楚。某甲就叫奴僕買來酒菜，和妻子、婢女一起喝酒。

僕人在外面等到了傍晚，發現主人還不出來，就走進去看，結果發現主人變成了一具白骨，衣服都毀壞了，血流滿地。

後來，鄰居過來說：「這個地方是荒宅，早就沒人住了。」

——此鬼記載於五代徐鉉《稽神錄·再補》

353 美人首

有幾個商人一同寓居在京城的一家房舍中。房舍和鄰屋相連，中間隔著一層木板壁，板上有個松節脫落了，洞穴像杯子大小。

一天晚上，忽然有個女子從板壁洞穴中把頭伸了過來，挽著鳳髻，美麗無比，隨即伸過一隻手臂來，潔白如玉。眾人害怕她是妖怪，想捉住她，但她已經縮了回去。過了一會兒，美人頭又露出來，只是隔著板

壁看不見她的身子。等到人跑過去，美人頭就又縮回去了。

有一個商人持刀藏到板壁下。待美人頭再伸過來，那商人突然用刀砍去。美人頭隨刀而落，血濺滿地。眾商人驚告主人。

主人很害怕，帶著美人頭去告官。官府逮捕了這些商人並審問他們，認為這件事很荒唐。把他們羈押了半年，終究沒問出合理的供詞來，也沒人因人命來告狀，這才釋放商人，掩埋了這顆美人頭。

——此鬼記載於清代蒲松齡《聊齋志異·卷六》

354 貓鬼

隋朝的獨孤陀，字黎邪，在隋文帝時代擔任延州刺史。

獨孤陀這個人，喜歡旁門左道。其外祖父家姓高，以前供奉貓鬼，已經害死了他的舅父郭沙羅，於是貓鬼就被他招入家裡。

獨孤陀的姐姐是皇后，病得很嚴重，隋文帝招來御醫，御醫說皇后的病是因為貓鬼作祟。

隋文帝懷疑是獨孤陀幹的，暗中下令讓獨孤陀的哥哥獨孤穆找他旁敲側擊詢問，又派左右的大臣去勸他，但獨孤陀並不承認。隋文帝很不高興，就降了獨孤陀的官職，獨孤陀由此心生怨恨。

後來，隋文帝派左僕射高熲、納言蘇威、大理正皇甫孝緒、大理丞楊遠一同去審查，獨孤陀的婢女徐阿尼供認，她本來是從獨孤陀的母親家來的，曾經侍奉貓鬼，常常在子日的夜間祭祀貓鬼。貓鬼這種鬼怪，不但可以殺人，還可以將被害者家裡的財物暗中移到養貓鬼的人家。

隋文帝向眾公卿詢問這件事應該怎麼辦，有個叫牛弘的人說：「妖由人興，殺了那個人，妖也可以滅絕了。」隋文帝決定處死獨孤陀，但因為獨孤陀的家人求情，最終還是免他一死。

不過，這件事情發生後，獨孤陀很快就死了。

——此鬼記載於唐代李延壽《北史·卷六十一》

355 毛老人

南京有個玄武湖，明朝的時候，在湖中建立黃冊庫，收藏全國的戶口黃冊（註：黃冊即是戶口冊籍），嚴令禁止煙火。

明太祖朱元璋的時候，有個姓毛的老人獻黃冊，朱元璋覺得黃冊庫最怕的就是鬧老鼠，怕老鼠咬壞那些黃冊，這個人姓毛，毛和貓同音，於是就將毛老人活埋在庫裡，命令他死後驅趕老鼠。從那之後，黃冊庫裡一隻老鼠都沒有，紙張也不曾被咬壞。朱元璋特別命人為毛老人設立祠堂，春秋時節都祭祀他。

——此鬼記載於明代張岱《夜航船‧卷十八》

356 毛鬼

唐代建中二年，江淮一帶謠傳有厲鬼從湖南來。有的人說那是毛鬼，而且這種鬼變化無常。

當時的人都說，這隻鬼喜歡吃人心，尤其喜歡抓少女、少男。老百姓很害怕，只得湊在一起居住，並在夜間點燃火把，不敢睡覺，還拿著弓箭、大刀，以備不測。每當鬼進入一戶人家，各家都會擊打木板和銅器製造聲響，響聲震天動地。有的人碰到了鬼，被活活嚇死，連官府也無可奈何。

前兗州功曹劉參有六個兒子，都英勇好鬥，原先在淮泗，舉家遷徙到廣陵去。路過鬧鬼的地方，為了預防不測，家中女眷都留在屋裡，劉參率領兒子們操持弓箭守夜。

後半夜，天色昏暗，忽然聽到屋內驚叫，說鬼已經在屋裡。兒子們想衝進去，發現門從裡面插上，無法進入，只能從窗戶往裡觀望。

他們看到一個怪物，長得方方的，有點像床，身上有著像刺蝟身上的那種長刺，高有三、四尺，四面有腳，在屋內轉跑。怪物的旁邊有一鬼，身上長滿了又黑又密的長毛，爪子和獠牙無比尖利。鬼把劉參的小女兒放在那個像床的怪物的身上，接著去抓二女兒。

情況緊急，劉參的兒子們破牆而入，用箭射鬼和那個怪物。不一會

兒，鬼消失了，怪物中箭數百，鑽出屋，向東跑去。

劉參的一個兒子撲上去，抓住了它，相互扭打在一起，最後都掉進河裡。那兒子喊：「快來，我抱住它了！」大家跑過去，舉起火把，發現這個兒子抱著的是一根橋上的柱子。

在這場惡鬥中，劉參的兒子們都被抓傷了，小女兒也被丟在路上。

過了幾天，軍營中有個士兵，夜裡看見那個毛鬼在屋頂飛奔，士兵拉弓射箭，沒射中，驚動了很多人。

那個毛鬼後來自己消失了，也不知道到底是怎麼回事。

——此鬼記載於宋代李昉等《太平廣記・卷第三百三十九》
（引《通幽記》）

357 毛家姑媽

湖北咸寧當地的一個村裡，有戶姓毛的人家，家裡有個女兒，沒有出嫁就和人私通，父母一氣之下就殺了她，將她的屍體埋在野地裡，不久她就成了僵屍，出來追逐行人。毛家人聽了，就掘開墳墓，燒了屍體。

傳說焚燒僵屍的時候，一定要先用漁網裹住再燒，那樣就會徹底除掉。但是毛家人焚燒女兒的屍體時，並沒有裹上漁網，過了不久，果然有惡鬼出來作祟，凡是長得潔白端莊的男女，往往都會被它害死，所以大家都稱之為「毛家姑媽」。

凡是被毛家姑媽作祟的男女，一剛開始並不會告訴父母，而是請父母替自己準備衣服、褲子、鞋襪，等準備妥當了，就會跟父母說：「毛家姑媽招我去。」說完就死了。

因為鬧得很凶，各村都為其立廟祭祀，但依然不能禁止。

咸寧縣令聽說了，十分生氣，將這些廟宇全部搗毀，又派人去龍虎山請人施法，才沒有再發生禍事。

——此鬼記載於清代俞樾《右台仙館筆記・卷五》

358 冒失鬼

古代傳說，如果一個人的瞳孔是青色的，就能看到妖怪；如果瞳孔是白色的，就能看到鬼。

杭州三元坊石牌樓旁邊，住著一個老太婆叫沈氏，她就能看到鬼。

沈氏說，十年前她曾經看到一個蓬頭鬼，有一丈多高，藏在牌樓上的石繡球裡，拿著紙錢當飛鏢，看到有人從下面經過，就偷偷地用紙錢打人家的腦袋。被打到的人，會立刻打寒戰，全身冰冷，回到家就會生病。如果想恢復健康，就必須向空中祈禱，或者舉行祭祀獻上祭禮。蓬頭鬼憑藉著這個伎倆，享受供奉和煙火。

有一天，有個高大的男子，昂頭挺胸，揹著一個錢袋從牌樓下經過，蓬頭鬼故技重施，扔紙錢砸向那男子，男子的頭上突然冒出火焰，燒掉紙錢。蓬頭鬼從牌樓上掉下來，一直打噴嚏，最後化為黑煙散去，而那個男子卻好像什麼都不知道。從此之後，石牌樓再也沒有發生過怪事。

後來，有人說：「即便是當鬼害人，也得看對方是誰。這個蓬頭鬼，就是人們常說的『冒失鬼』呀。」

——此鬼記載於清代袁枚《子不語·卷八》

359 伏屍

武周時代，有個司禮卿叫張希望，移居到舊房，稍做改造後就住了下來。

有個能看到鬼的人叫馮毅，有一天見到張希望，就告訴他說：「在你新蓋的馬廄下面，埋著一個屍體，它很兇惡，你應該迴避它。」

張希望笑著說：「我從小到大都不相信這類事，你不要多說了。」

一個多月後，馮毅來了，看見鬼拿著弓箭，跟隨在張希望後面。張希望剛走到臺階，鬼就發箭射中了他的肩膀，張希望覺得背痛，當天就死了。

同樣在武周時代，左司員外郎鄭從簡家裡的大廳，經常無緣無故地發出吵鬧聲，搞得全家很不安寧。鄭從簡請巫師到家看一看，巫師說：

「這裡有伏屍，在大廳的地基下面。」鄭從簡請巫師問鬼，鬼說：「你坐在我門上，我出入常碰到你，你自然就感到不好了，這不是我故意的。」

鄭從簡命人挖地三尺，果然發現有一具年代久遠的屍骨。鄭從簡就把屍骨移出並改葬別處，於是再沒有鬼來吵鬧了。

——此鬼記載於唐代張鷟《朝野僉載·卷二》、宋代李昉等《太平廣記·卷第三百二十九》（引《志怪》）

360 髮奴

唐代，有個叫韋諷的人，有一天叫奴僕清理花草鋤地，忽然看到人的頭髮，越往下挖，頭髮越多，而且一點都不散亂。韋諷覺得很奇怪，又往下挖了幾尺，發現一個婦人，肌膚容色儼然如生。那婦人爬出來對韋諷施禮，說：「我是你祖父的女奴，名為麗質，你祖母嫉妒我，叫人把我活埋在這個園子裡。」

——此鬼記載於唐代《會昌解頤錄》

361 肥婦

南北朝時代，某甲的家中有個奴僕，屢次三番前來請假，說是要回家，但某甲一直沒答應。

過了幾天，奴僕在南窗下睡覺，某甲看到門外有個婦人，年紀大概五、六十歲，十分肥胖，步履艱難，走到跟前，將地上的被子撿起來替奴僕蓋上，然後走出門去。過了不久，奴僕又把被子踢掉，那婦人又出現，替奴僕蓋上，如此幾次三番。

某甲覺得很奇怪，第二天就把那奴僕找來，問他為什麼要回家。奴僕說家裡的母親病了。某甲詢問奴僕母親的樣貌，結果發現跟那天看到的婦人很相似，就是沒那麼胖。

某甲問：「你母親得了什麼病？」

奴僕說：「腫病。」

某甲就答應讓奴僕回家探病。但奴僕還沒出門，家裡的信就送到了，說他的母親已經病故。之前某甲看到的肥胖婦人，乃是奴僕母親生前的病腫脹所致。

——此鬼記載於南北朝劉義慶《幽明錄·卷四》

362 方面鬼

清代，山東樂陵有個進士姓李，在北京吏部供職。

有一天晚上，他喝醉了回家，走到東安門外的丁子街，迎面看到一隻鬼走過來，鬼的臉長得四四方方，鼻子、嘴、眉毛、眼睛也都是四四方方的。

李某醉了，也不怕，笑道：「你這張方臉，世所罕見，不過不如長臉好看。」說完，李某伸出手，揉捏鬼的臉，鬼臉竟然被捏成了長臉，有幾尺長。李某又笑道：「太長了。」再用兩手擠壓，沒想到用力過猛，將鬼的臉弄成了寬一尺、長幾寸。李某用手壓鬼臉，把鬼的鼻口眉目都弄沒了，然後鬼鑽入了地下。

李某回到家，酒醒之後，跟家裡人說：「人都說看到鬼的人，就快要死了，與其死在北京，不如回到老家再死。」第二天，李某就請假回到老家。

父親見到李某，十分生氣，李某把見到方面鬼的事情告訴父親，說自己快要死了。李某在家一年，一直安然無恙，被父親痛罵了一頓，他才灰溜溜地回到京城。

熟悉李某的人都說：「這傢伙性情婉順，自幼讀書聰明，父親很喜歡他，從來沒罵過一句，如今因為這件事被臭罵，看來真是那隻鬼故意戲弄他。」

——此鬼記載於清代陳恆慶《諫書稀庵筆記》

363 風鬼

會稽郡曾有過一隻鬼，好幾丈高，幾十抱粗，戴著高帽子，穿著黑色衣服。郡裡將要有什麼吉凶福禍，這隻鬼都會做出預兆。

謝弘道的母親死前幾個月，那隻鬼早晚都來。後來，謝弘道快要升任吏部尚書時，那隻鬼又拍手又跳舞，從大門到院裡來回地蹦。不久，升遷喜訊便到了。

有一次，謝弘道經過離塘的墓地，馬上就要天黑了，看見離塘裡有兩隻火把。不一會兒，兩隻火把進了水中，火苗越來越高，有好幾十丈，起初火色像白綢，後來變成紅色，再後來又散開，變成了幾百個火把跟著他的馬車走。

在火光中，謝弘道看見了那隻鬼，像喝醉了似的，頭有能裝五石米的大籮筐那麼大，它的兩旁有小鬼們攙扶著。這一年，孫恩造反，會稽的人都受到株連。所以當時的人都認為，謝弘道看見的那些情景，就是天下大亂前的預兆。

據說，這種鬼叫「風鬼」，古時候大禹在會稽召集諸侯，就是為了要抵御風鬼。

——此鬼記載於宋代李昉等《太平廣記‧卷第三百二十三》

（引《志怪錄》）

364 地羊鬼

在三國時代由孟獲占領的地方，到了明代成為雲南的孟密安撫司，朝廷每年都會命令當地上貢寶石。

當地有種鬼，名為「地羊鬼」，擅長用泥土或木頭，換取別人的五臟六腑或肢體。它換的時候，人是不知道的，等到發作的時候，人會活活痛死，如果剖開那人的肚子，會發現裡面全是泥土或木頭。如果它害人不深，就會換掉人的一隻手或一條腿，讓人成為殘疾。

這種鬼禿頭、黃眼、黑臉，長得極為醜陋，除了換取人的五臟六腑或肢體，還會換取牛馬的，如果冒犯它，一定會死掉。

對付這種鬼，如果穿上青色內衣，它就沒辦法了。

——此鬼記載於明代郎瑛《七修類稿・卷五十一》、明代朱孟震《西南夷風土記》

365 獨腳鬼

清代，浙江富陽桐廬山中，有很多獨腳鬼，當地人稱之「獨腳仙」，家家供奉，不然就會有戴著烏紗帽、穿著袍子的鬼物在夜裡進入家中，讓人夢魘致死。這種鬼還會偷竊人家的財物，有時候也變成老頭，拄著拐杖到某戶人家。如果尊敬它，祭祀它，會有求必應，否則它就會作祟。

——此鬼記載於清代東軒主人《述異記・卷下》

366 毒藥鬼

茂州當地在古代是汶山郡，唐代時曾被吐蕃攻陷，人煙稀少。從茂州東行六十里，有個地方叫甘溝；往西行二十里，有個地方叫打鼓石。

沿途有很多旅店，裡面負責招待的、主事的都是婦女。其中長得特別漂亮的婦女，都生有一種怪病，當地人稱之為「毒藥鬼」。每到立春、立秋的時候，病就會發作。發作的時候，這些女人肚脹如鼓，皮膚腫脹，嘴裡、眼裡及十指都會流出黃水，到夜裡就更嚴重。

這些婦女的身邊都有竹筒，即便是父母、丈夫也不讓其知道。竹筒裡藏著各種獸毛，狗、豬、牛、馬、騾的，都有。生病時，這些女子往往在夜裡拿出一根毛，拿出什麼毛，她的魂就會變成什麼動物，並且跑到野外，迷惑行人。如果有膽大且勇猛的人抓住她們，再用錘子擊打，她們就會哀號並乞求對方放過，如果殺了這些魂魄變成的動物，那女子就會死掉。

她們流出的黃水，人是不能沾染的，只要沾上，就會中毒，也會變成毒藥鬼。

——此鬼記載於清代俞樾《右台仙館筆記・卷九》

367 妒婦津

相傳，晉朝泰始年中，劉伯玉的妻子段氏妒忌心強。

劉伯玉曾經在她面前誦讀《洛神賦》，對她說：「如果能娶到這樣的老婆，我就沒有遺憾了。」

段氏說：「你為什麼誇讚水神卻輕慢我？我死了的話，還怕不能變成水神嗎？」於是當天夜裡，她就跳河死了。

段氏死後七天，向劉伯玉託夢說：「你喜歡水神，我現在已經變成水神了。」伯玉醒來很不舒服，於是終身不再渡此河。

有女人要渡這條河的話，都會先弄亂自己的衣服和妝容，才敢渡河，不然的話，河水就會起大風浪。但是，醜女人即使化了妝過河也沒關係，因為段氏並不妒忌醜女人。這讓許多醜女人很忌諱，於是過河前也都會自毀妝容，以避免被人嘲笑。所以當地人有這種說法：「要想娶到漂亮女子，站在妒婦津那條河邊，就美醜自現了。」

——此鬼記載於唐代段成式《酉陽雜俎·前集卷十四》

368 肚仙

慈溪當地有一種名為「肚仙」的鬼物，相傳這種鬼生前欠人錢，死後就進入債主的肚子裡，債主憑藉此鬼的力量，為人招魂來賺錢。等債主賺的錢能抵上肚仙生前欠的債，肚仙就會離開。有的債主肚子裡有一隻鬼，還有的有好幾隻鬼。

鬼剛進入人的肚子裡時，人會生一場大病，每次吃飯都會劇烈嘔吐，等人習慣了，鬼能從嘴裡自由出入，人的病就好了。

慈溪人很相信肚仙，認為很靈驗。有個姓王的人在戰亂中丟失了兒子，就請肚仙幫忙尋找。肚仙說：「你的兒子被炮火轟死了，我看到他全身如同黑炭，長相醜惡，而且一直和厲鬼在一塊，已經忘掉了生前的事，要是招來，一定會帶來禍害，還是別招他吧。」王家人不聽，一定要肚仙將兒子的鬼魂招來，肚仙答應了。

這天，王家果然發生禍事，一個女兒和一個老太婆暴死，王家便求

肚仙把兒子的鬼魂趕走。肚仙說：「這件事我一個人辦不到，幸虧這肚子裡還有三隻鬼，大家一起，倒是可以。」說完，王家人聽到空中傳來激烈的打鬥聲，很久後才平息。肚仙說：「我們已經為你趕走了，不過剛才那一仗，可把我們累死了。」

——此鬼記載於清代俞樾《右台仙館筆記·卷五》

369 大名倉鬼

宋代政和年間，有個叫王履道的人負責看守大名府崇寧倉。

有一天晚上，守倉的十幾名士兵同時發出驚叫，聲音很大。王履道不知道發生了什麼事，趕緊起來去看。

一名士兵說：「外面有個怪物，長得十分可怕，你可不能出去！」

王履道看了一眼，發現一隻大鬼坐在倉庫的大門上，雙足踏地，雙腿晃動時連屋瓦都搖晃。過了一會兒，那大鬼走出倉庫，進入對面的李秀才家中消失了。

後來打聽才知道，大鬼走進去的時候，李秀才就死了。

——此鬼記載於宋代洪邁《夷堅志·夷堅乙志·卷第十四》

370 大頭鬼

清代，奉天城內，每到三更時分，很多人能聽到敲梆子的聲音。有人爬起來偷看，看見一個東西，人形，頭大如斗，嘴巴如同簸箕，張著嘴發出敲梆子的聲音，全身長滿黃毛。事情傳出去，民眾都十分驚慌。當地有無賴模仿這種聲音，趁機掠奪財物，後來官府嚴查，鬧騰了很久。

清代咸豐年間，北京也傳聞有大頭鬼出現。據說，這鬼頭大，碰到小門就無法通過。後來，同治、光緒年間科舉考試，大頭鬼也出現過。有人看到，大頭鬼臉上金光閃閃，長得大腹便便。看到它的人，如果是當官的，一定會升官；如果是讀書人，一定會中舉。

——此鬼記載於清代東軒主人《述異記·卷中》、清末民初況周頤
《眉廬叢話》

371 大力鬼

大力鬼是地獄中的一種鬼，雖有大力神通，但常由此而被役使招來禍患。其前世皆曾拐賣人口、偷盜財物，雖然能力很大，卻全用來做壞事了。

——此鬼記載於唐代釋道世《法苑珠林・卷第六》

372 大鬼

古代傳說中，鬼的種類紛繁眾多，有一種鬼和其他的鬼很不一樣，身形極其魁梧巨大，稱之為「大鬼」。

清代，有個叫孫太白的人，祖上在南山柳溝寺一帶有產業。有一年秋天，孫太白回老家待了幾個月，返程時在柳溝寺住宿。屋子裡滿是塵土和鳥糞，孫太白讓僕人打掃乾淨後，便躺下準備睡覺。

此時，月色滿窗，萬籟俱寂。忽然聽到大風呼嘯，吹得寺裡的山門隆隆作響。很快的，風聲逐漸靠近屋子，不久後，房門被推開，傳來了咚咚的腳步聲。

孫太白趕緊起身，看到一隻大鬼彎著腰，費力擠了進來，站在床前，腦袋伸到梁上。這大鬼一張臉乾枯褐黃，雙目閃著寒光，大嘴如盆，牙齒尖利，足有三寸多長，伸出舌頭，發出怪叫，震得牆壁都在動。它四處觀望，好像在找什麼東西。

孫太白害怕極了，想到屋子就這麼大，逃也逃不掉，不如跟大鬼拼了。所以，他偷偷從枕頭下抽出佩刀，狠狠地刺進了大鬼的肚子裡。

大鬼十分憤怒，伸出巨爪要抓孫太白，孫太白閃身躲過，大鬼抓走了他的外衣，憤憤而去。

僕人聽到動靜，舉著火把趕來，發現門窗緊閉，破窗而入，看到孫太白嚇得幾乎昏厥。檢查周圍，發現孫太白的那件外套夾在臥室的門縫裡，窗戶上留下一個大如簸箕的爪子的痕跡。

天亮之後，孫太白和僕人不敢停留，離開了那裡。後來問了僧人，僧人說寺裡並沒有發生什麼怪異的事。

——此鬼記載於清代蒲松齡《聊齋志異・卷一》

373 大小綠人

清代乾隆年間，有個叫香亭的人，和朋友邵一聯進京，四月二十一日到了欒城東關。

當時，所有旅店都住滿了人，唯獨一家新開的旅店沒有客人，他們就前去投宿，邵一聯睡在外間，香亭睡在內間。

半夜，兩個人躺在床上，隔著一堵牆聊天，忽然看到有個一丈多高的人，綠臉、綠色鬍鬚，穿著綠色袍子，從門外進來，因為太高了，他的帽子頂在梁柱上，發出嚓嚓的聲響。

緊接著，有個小人，不到三尺高，長著大腦袋，也是綠色的臉、綠色衣服，來到窗前，舉起袖子上蹦下跳，如同跳舞一般。

香亭想叫，卻發現自己發不出聲音，只能聽到隔壁邵一聯在說話，正惶恐不安時，他看到床邊的桌子旁倚著一個人，滿臉麻子，鬍鬚很長，頭戴烏紗帽，繫著寬大的腰帶，指著那個大綠人對香亭說：「這個不是鬼。」然後，又指著那個小綠人說：「這個才是鬼。」

麻臉人又向大小綠人揮手低語，兩個點了點頭，向香亭拱手施禮，拱一下手，就退一步，拱了三次後，就消失了，那個麻臉人也消失了。

香亭趕緊跳起來，正要走出房間，邵一聯也發出驚呼，跑了進來。香亭問邵一聯，有沒有看到大小綠人，邵一聯搖頭說：「沒有。我剛要睡覺，覺得你那邊陰風陣陣，跟你說話，你也不搭理我，然後看見你屋裡有十幾個大大小小的人臉跑來跑去。剛開始我以為自己眼花，忽然大小人臉層層疊疊在門框上，又有一個如同磨盤大的大臉出現，朝著我笑，這才趕緊過來，並沒有看到你說的大小綠人。」

第二天，二人上路，聽到有兩個當地人在竊竊私語：「聽說他們昨天住的是鬼店，凡是投宿的，不是死了就是生病、發瘋，當地縣官疲於應付，只能將其關閉，已經十多年了。昨天晚上，這兩位客官住了一宿，沒有發生什麼事，難道他們天生是貴人，將來會飛黃騰達？」

——此鬼記載於清代袁枚《子不語·卷十一》

374 刀勞鬼

江西臨川的群山之中，傳聞有一種鬼怪，出現時經常風雨大作，傳出巨大的呼嘯之聲。這種妖怪能夠以各種東西射人，被射中的部位很快就會腫起來，如同中了劇毒。這種鬼怪有公母之分，如果被公的射中，很快就會死去，如果被母的射中，毒發身亡的時間稍微慢一點，不管公母，短的半天，長的一夜，人就會死掉。當地人稱之為「刀勞鬼」。

清代，紀昀有個老僕人叫施祥，曾經騎著馬趕夜路，來到空曠的野地，黑暗中突然有幾隻鬼以土塊、沙子射擊他，馬嚇得連連嘶鳴。

施祥知道遇到了刀勞鬼，便大聲罵道：「我並沒有到你們的墳塚地盤，你們為什麼侵犯我？」群鬼嬉笑說：「我們是在惡作劇，誰和你講道理呀！」施祥大怒道：「既然不講理，那就來打一架吧！」於是，施祥下了馬，用馬鞭抽打對方。但對方人多勢眾，施祥逐漸無法抵擋，落於下風。

就在此時，施祥忽然看到一隻鬼跑過來，大聲喊道：「你們惡作劇的人是我的好朋友，不要造次！」那群鬼聽了，一哄而散，施祥就趕緊逃跑了。

因為當時跑得急，施祥忘了問救自己的到底是誰，第二天便帶著酒菜來到與群鬼打鬥的地方祭奠，算是緬懷故人之情。

—— 此鬼記載於晉代干寶《搜神記・卷十二》、清代紀昀
《閱微草堂筆記・卷二十二》

375 痘花婆

清代，小孩出痘也叫出花。有一戶人家，兩個兒媳婦的兒子都出痘，大兒媳的兒子已經很危險了，小兒媳的兒子剛剛發作。

當天晚上，小兒媳夢見一個賣花的老婆婆，小兒媳和大兒媳一起買了花，然後，小兒媳用自己手裡的花，跟大兒媳的花做了交換。

醒來後，小兒媳發現大兒媳的兒子病好了許多，自己的兒子反而病

情嚴重，奄奄一息。這才知道，夢裡交換了賣花老太婆的花，才會這樣。

——此鬼記載於清代俞樾《右台仙館筆記·卷十六》

376 鐵臼

東海人徐甲，前妻許氏生了一個男孩，取名鐵臼。不久後，許氏過世，徐甲又娶了陳氏。陳氏非常兇狠殘暴，總想殺害前妻的孩子。

後來，陳氏生了一個男孩，剛生下來就暗自祈禱說：「如果你不除掉鐵臼，就不是我的兒子。」因此，她為孩子取名叫鐵杵，想要用鐵杵搗碎鐵臼。

陳氏常常捶打鐵臼，用盡了各種辦法讓鐵臼受苦，餓了不給吃的，冷了不給衣服。徐甲生性糊塗軟弱，又多半時間不在家，陳氏虐待鐵臼的行徑更加肆無忌憚。後來，可憐的鐵臼又冷又餓，被陳氏用木棍打死了，死時才十六歲。

鐵臼在死後十多天，變成鬼回家，登上陳氏的床說：「我是鐵臼，我實在沒有什麼過錯，無故被你殘害。我的母親上天訴冤，得到天官的命令，來洗刷我的冤仇。該當讓鐵杵得病，和我遭受一樣的痛苦，我自有要走的時候，但我現在要住在這兒等待。」家裡的人看不見鐵臼的形體，但都能聽到他說話。

陳氏跪著道歉，一次又一次地擺設祭奠。鐵臼鬼說：「不用這樣，餓我、打死我，怎麼是一頓飯就能補償得了的呢？」

陳氏在半夜時暗自提起這些事，鐵臼鬼就應聲說：「為什麼說我？我現在要鋸斷你的屋棟。」接著就聽到鋸聲，木屑也隨著落下來，嘩啦一聲響，就好像屋棟真的崩塌了一樣。全家嚇得都跑出來，拿來蠟燭照著一看，沒有一點異樣。

鐵臼鬼又罵鐵杵說：「殺了我，你安安穩穩地坐在屋子裡高興了嗎？我該燒你的屋子。」接著就見火燃起來，火越燒越大。內外一片混亂，不一會兒又自己滅了。茅草還是跟以前一樣，不見一點減少損壞。

鐵臼鬼每天都責罵，有時又唱歌，歌聲非常悲傷淒涼。那時，鐵杵

六歲，鐵臼鬼來時，他就生病了，肚子大，喘不上氣來吃不下飯。鐵臼鬼還經常打鐵杵，鐵杵被打的地方就有青色的印記，並且在一個多月後就死了。鐵臼鬼從此安靜了。

——此鬼記載於南北朝顏之推《冤魂志》

377 挑生鬼

挑生鬼是蠱鬼的一種。清代，廣東東部許多山區的縣邑，當地人精通下蠱，蠱鬼中的挑生鬼，能夠改變貨物的輕重，它鑽入貨物就能讓貨物的重量增加，跑出來就會讓貨物的重量減輕，以此來坑害貨商，為主人謀取利益。到商旅投宿時，如果發現對方家中十分整潔，便知道有挑生鬼存在，就會在吃飯喝水前嚼甘草，這樣挑生鬼便無法作祟。

廣西有一種巫術，會對魚肉作法，讓人吃下後，魚肉就能夠在人的肚子裡生長，進而讓人死掉。相傳因此身亡的人會變成挑生鬼，供主人驅使。破解這種巫術的辦法也很簡單，如果吃下魚肉，覺得肚子裡不舒服，趕緊吃下一升的麻油或鬱金，就能好。

——此鬼記載於宋代周去非《嶺外代答·卷十》、清代屈大均
《廣東新語·卷二十四》

378 土伯

土伯是傳說中陰間幽都的統治者。幽都位於陰森恐怖的幽冥世界，《山海經》曾記載：北海之內，有一座山，叫幽都山。黑水從那裡流出，上面有黑鳥、黑蛇、黑豹、黑虎、黑色蓬尾的狐狸。土伯的樣子很可怕，手上拿著九條繩子，頭上長著尖銳的角，隆背血手，飛快地追逐著人；它有三隻眼，老虎頭，身如牛，把人當美味。

——此鬼記載於戰國屈原等《楚辭·招魂》

379 兔鬼

司農卿楊邁在年輕時喜歡打獵。

有一次，他在長安放鷹狩獵，遠遠看見草叢中有一隻兔子跳躍前行。鷹看見了，從天空中飛下去捕捉，但撲下去，卻發現那隻兔子消失了。楊邁收了鷹，準備走，回頭看了一下，那隻兔子又出現了，他放出鷹，又沒抓住兔子，如是再三。

楊邁覺得奇怪，走到前面，割除了厚厚的野草，發現下面有一具兔骨，原來是碰到了兔鬼。

——此鬼記載於五代徐鉉《稽神錄·卷二》

380 討債鬼

清代，常州有個學究，在私塾裡教書為生。學究有個兒子，在他三歲時，妻子就過世了。

由於家中沒有其他人，學究就帶著兒子在私塾裡養育。等到兒子四、五歲時，就教他識字讀書。兒子十五、六歲時，已經把四書五經背得滾瓜爛熟。

學究多年辛辛苦苦，省吃儉用，見兒子長大了，就想給兒子找媳婦。他正要去下聘禮，兒子忽然生了大病，趕緊把學究喊來。

學究問：「你喊我幹嘛？」

兒子說：「你前世和我合夥做買賣，向我借了二百多兩銀子，某件事扣掉一些，某件事扣掉一些，現在還要還我五千三百文錢，趕緊還我，我得走了！」說完，兒子就死掉了。

人們都說，這孩子是個討債鬼。

——此鬼記載於清代錢泳《履園叢話·叢話十五》

381 偷吃鬼

有個叫劉他的人，有一天忽然有隻鬼來到家裡，那鬼和人一樣，穿著白布褲。從那以後，幾天就來一次，也不隱形，還不走。這隻鬼愛偷吃東西，雖然不會害人，但也很討厭，劉他又不敢罵它，只能默默忍受。

有個叫吉翼子的人，和劉他的關係很好，為人正直不信鬼，聽說這件事後，就到劉家來，說：「你家的鬼在哪裡，把他叫來，我替你罵他！」這時，就聽見屋梁上有聲音。當時還有很多客人在，大家一齊抬頭看，鬼就扔下一個東西來，正好扔到吉翼子的臉上，拿下來一看，是劉妻的內衣，惹得大家都笑起來。吉翼子非常羞愧，洗了臉就跑了。

有人對劉他說：「你可以下毒藥毒鬼！」劉他便煮了二升野葛汁，偷偷拿回來，讓妻子拌在肉粥裡，放在桌上，用盆子蓋好，不一會兒就看到鬼從外面進來，揭開盆子取肉粥。鬼吃了幾口，就把盆子摔破，跑出去了，然後聽見鬼在房頭嘔吐，而且憤怒地敲打窗戶。劉他事先已有防備，就和鬼打鬥起來。鬼始終沒敢再進屋，到四更時分，終於逃掉了，從此再也沒來。

東晉義熙年間，劉遁在家為母親守喪，有一隻鬼來到家裡住下了。這隻鬼又搬桌椅又挪床，經常把器具打翻弄壞，有時又罵又叫又哭又鬧，還愛偷吃，家裡的僕人都不敢得罪他。

有一次，劉遁讓弟弟看家，回來一看，弟弟的頭被繩子綁著吊在房梁上，慌忙跑去解下來。但弟弟已經丟了魂，一個多月後才好轉。劉遁每次做飯，飯剛要熟就沒了。於是劉遁就偷偷買來毒藥野葛，煮成粥。鬼又來偷吃，接著就聽見鬼在屋子北面嘔吐，從此鬼就沒再來了。

——此鬼記載於晉代陶潛《續搜神記・卷六》、宋代李昉等《太平廣記・卷第三百二十二》（引《廣古今五行記》）

382 偷兒鬼

唐代開元年間，東都洛陽安宜坊，有個書生在夜裡關門整理書籍時，忽然看見門縫間露出一顆腦袋。

書生喝問對方是什麼人，對方回答說：「我是鬼，想和你一起玩玩。」鬼邀請書生出門，書生跟著他出去了。不過，書生很小心，從出門開始，就一邊走一邊用腳在地上畫十字，留下記號。

走出安宜坊，到了寺門鋪，不久後，又到了定鼎門，鬼帶著書生一直走到五橋，道旁有一棟房子，窗戶發出光亮。鬼就揹著書生來到屋頂，從天窗往下看，但見一個婦女，對著有病的小孩啼哭，丈夫在旁邊哈欠連天。

鬼從天窗跳進屋裡，用手遮擋住燈光。婦女十分害怕，拉著丈夫說：「兒子現在快要死了，你怎麼忍心貪睡？家裡好像進來了什麼東西，你趕緊把燈弄亮！」丈夫起來添燈油，鬼趁機拿出一個布袋，將那個孩子裝在裡面，揹了出來。

鬼將書生送回家，十分感激地說：「我奉地下閻王的命令，來偷這個小孩。要完成這件事，必須要有活人做伴，所以這次麻煩你了。」說完，鬼就離開了。

第二天，書生把這件事情告訴朋友，朋友都不信。書生就帶著他們順著地上的記號，找到了那家人。果然，那家人的兒子在昨晚不見了。

唐代，有個叫裴盛的人，白天睡覺時，感覺自己的靈魂忽然被一隻鬼拉走。

鬼說：「跟我走，去偷一個小孩。」鬼帶著他，來到一戶人家，看見父母把兒子夾在中間。鬼揮了揮手，孩子的父母就都睡著了。鬼叫裴盛抱孩子出來，並在接過孩子後，伸出手使勁一推，裴盛就覺得自己的靈魂跌入身體，醒了過來。

——此鬼記載於唐代戴孚《廣異記》

383 泥魃

清代，七里海邊有水鬼，名為「泥魃」，長得如同小孩，高二尺多，通體紅色，經常用濕泥砸人，被打中的人就會生病。這種鬼怕金鐵，聽到金鐵交鳴的聲音，就會跑掉。

——此鬼記載於清代李慶辰《醉茶志怪·卷二》

384 溺死鬼

溺死鬼，乃淹死於水中之人死後所化。這種鬼只有找到代替者，才能投胎轉世。

宋代，澤州有個裁縫，有一天正在幹活，忽然看到有個人從河邊過來，一邊走一邊笑：「明天有人來接替我了！」裁縫就問：「誰來接替你呀？」對方回答：「一個從真定來的，肩上扛著傘、帶著書的人。」裁縫走出門，見那人消失了，才知道對方是鬼。

第二天，裁縫早早地就站在門口，果然看到一個人過來，把傘和書交給裁縫看管，說要去河裡洗澡。裁縫就問對方從哪裡來，那人說從真定來。

裁縫不忍看著這個人淹死，就說：「城裡有浴室，我給你搓背錢，你去那裡洗吧。」真定人問其中的緣故，裁縫就把昨天的所見所聞告訴了他。真定人十分感激，拜謝而去。

當天晚上二更時分，那隻溺死鬼出現了，往裁縫家裡扔磚瓦石頭，大罵道：「我好不容易才找到接替的，你竟然壞了我的好事！我發誓，一定要把你拉進水裡淹死！」

第二天，裁縫開門，見院子裡滿是磚瓦碎石。

溺死鬼一連好幾天都這麼做，裁縫不得已，乾脆搬家了。

——此鬼記載於金代元好問《續夷堅志·卷二》

385 孽僧

清代，順邑有個姓李的書生，閒遊野寺，看見籬笆上掛著一個大葫蘆，又圓又白，十分可愛，就摘下來塞入懷裡。

半路上，書生小便時，不小心讓葫蘆掉在地上，摔出一個縫隙，他發現裡面有個像是雞蛋的東西。

書生打破雞蛋，發現裡面有個小和尚，神色慌張，轉眼之間身體就變大，如同常人。

和尚對書生說：「你不要害怕，我是孽僧。當年化緣得來的財物，都用來吃喝嫖賭，還把寺裡的木佛像都拆碎了當柴火燒，結果報應來了，

身上長了毒瘡而死。死後，魂靈在地下的洞穴中遊蕩，孤苦伶仃，又怕再次受到懲罰，就躲進這個葫蘆裡，沒想到被你摘下，看來，我的懲罰馬上就要來了。」說完，和尚長嘆一聲，消失了。

——此鬼記載於清代李慶辰《醉茶志怪·卷二》

386 牛頭阿旁

南北朝時代，有個人叫何澹之，官拜劉宋的大司農，向來不相信佛法，做出了很多殘害生靈的事。

永初年間，何澹之得了重病，看見一隻大鬼，長得又高又壯，牛頭人身，手持鐵叉，晝夜看著他。何澹之十分恐懼，請人作法，依然如故。

後來，何澹之讓人請來和尚慧義，並將事情告訴慧義，慧義說：「這隻大鬼是牛頭阿旁。它之所以出現，是因為你做了很多惡事。如果你誠心信佛，懺悔自己的罪過，這隻鬼就會自動消失。」何澹之不信，過不久就死了。

——此鬼記載於唐代釋道世《法苑珠林·卷第八十三》

387 牛鬼

山海關以東，有個深山莊，莊裡的農民都養牛，耕完地，就會把牠們趕到深山放牧。村裡雇了一個牧人看守。

群牛在山中，最怕老虎出來。每一次，只要老虎出現，牛群裡總會有一頭牛出來和老虎打架，即便如此，也不能勝過老虎，需要牧人去驅趕牛。

有一天，牧人趕牛進山，忽然竄出一隻大老虎，牧人大叫道：「老虎來了！」話音剛落，一頭公牛跑出來，直奔老虎而去。

那頭公牛和老虎搏鬥，老虎雖然爪牙鋒利，但牛的犄角和蹄子也十分厲害，雙方打了許久，不分勝負，老虎就跑了。公牛停下來趕緊吃草，牧人知道公牛餓了，害怕老虎等一會兒再來，就趕緊拿麥麩餵牠。公牛

吃飽後，老虎果然又來了，公牛精神抖擻，再次和老虎搏鬥，竟然把老虎打敗了。

牧人大喜過望，自此之後，進山就跟著公牛，只要有老虎出現，公牛就能把對方趕走。後來，牧人把這件事告訴主人，說這頭牛厲害，希望他再買一頭牛代替公牛耕田，主人就同意了。

有一天，牧人在山裡放牛時，夢見這頭公牛說：「快點醒來！我之前因為吃了靈芝，所以有點能耐，今天晚上我就要死了。我死後，你把我的兩隻牛角收好，以後有大用處。如果你以後在山上遇到麻煩，就喊『牛鬼』數聲，我一定出來救你。」牧人醒來後，發現是夢，以為不可信，但隔天早晨起來，發現那頭牛果然死了。

按照規矩，牛死在山上，必須剝皮給主人，主人才會相信牛真的死了。牧人認為這頭牛很靈異，把牠的兩隻牛角收下後就將之埋葬。牛的主人聽說牛死了，又沒看到牛皮，以為牧人騙他，就將牧人辭退了。

牧人丟掉工作，就進山採人參。有一天，牧人和幾個同伴在樹下歇息，牧人爬到樹上乘涼，忽然來了幾隻老虎，將同伴都咬死了。牧人嚇得魂都飛了，本來想下樹，又怕老虎再來，突然想起曾經做過的那個夢，就大喊了幾聲「牛鬼」，喊完後，只見從東面來了一個人，身軀碩大，狀如公牛，抬頭看著牧人，說：「你趕緊下來，有我在，保你安全。」

牧人爬下樹後，這個人說：「跟我來！」然後帶著牧人來到一個院落，房舍堅實牢固。

牧人覺得很奇怪，心想：「這肯定就是我叫的牛鬼了。」就問對方的姓名，那人說：「你不要問了。」

過了一會兒，那人拿出酒肉供牧人吃喝。吃飽喝足後，那人說：「你來山裡，是採人參的吧，有個地方人參很多，你跟著我去採。」說罷便倒地變成了公牛。

牧人騎著公牛來到一個地方，果然挖出數百斤人參。

——此鬼記載於清代解鑑《益智錄・卷之四》

273

388 牛僵屍

清代，江寧銅井村有個人養了一頭母牛，十幾年來生下二十八頭牛犢，讓主人賺了不少錢。母牛老了，不能再耕地，有宰牛的前來購買，主人不忍心，讓僕人好生餵養，並在母牛死後埋葬下土。

有一天晚上，眾人聽到門外有撞擊的聲音，而且一連幾天都是如此，剛開始沒多想，但過了一個多月，動靜越來越大，還能聽到牛的吼聲和蹄聲。於是，全村的人都懷疑是這頭母牛在作怪。

大家來到埋葬母牛的地方，挖開地面，只見母牛的屍體並沒有腐爛，雙目閃閃，如同活著一般，四個蹄子之間夾著稻苗，好像是夜裡曾經破土而出過。母牛的主人大怒，拿刀來砍斷了母牛的四蹄，剖開母牛的肚子，並且用糞便之類的髒東西灌進去，重新埋上。

過了一段時間，再挖開查看，發現母牛已經腐爛了。怪事再也沒發生過。

——此鬼記載於清代袁枚《子不語·卷十四》

389 牛疫鬼

宋代紹興六年，有個叫餘干村的村莊，有戶人家姓張。

一天晚上，家裡人都睡覺了，在牛圈裡的牧童忽然聽到有人敲門，爬起來看，發現有幾百個壯漢，都穿著五彩的盔甲，戴著紅色的頭盔，衝進牛圈就不見了。

第二天，牛圈裡的五十頭牛全死了。人們都說那些壯漢其實就是牛疫鬼。

——此鬼記載於宋代洪邁《夷堅志·夷堅丙志·卷第十一》

390 撚胎鬼

南宋，有個人叫周必大，長得十分醜陋，參加科舉考試前，做了一個夢，夢見自己來到陰間，看見判官正在拷打一隻撚胎鬼，指著周必大

對鬼說：「這個人以後能當宰相，只是相貌這麼醜陋，怎麼辦？」撚胎鬼就請判官答應自己為周必大做「帝王鬚」，判官答應了。撚胎鬼站起來，在周必大的臉上摸來摸去，為周必大種上了鬍鬚。

傳說人在投胎前的模樣，都是由撚胎鬼捏出來的。

——此鬼記載於元代《湖海新聞夷堅續志・前集卷二》

391 獰瞪神

宋代政和年間，京城有幾十個少年，成群結隊，為非作歹，經常三、五年就會抓住一個美少年，將其放入油鍋烹炸，用來祭祀他們供奉的鬼。那鬼名為「獰瞪神」。據說他們抓少年的時候，會先擺案祭祀，喊出少年的名字，然後請求獰瞪神的指示，只有獰瞪神答應了，才會動手。

——此鬼記載於宋代洪邁《夷堅志・夷堅丁志・卷第十》

392 女尸

天帝有個女兒死了，名曰「女尸」，變成了姑媱山上的瑤草，吃了可以魅惑人。

——此鬼記載於戰國《山海經・卷五》

393 瘧鬼

瘧，指的是一種按時發冷發熱的急性傳染病，在古代，一旦沾染，死亡機率極大，古人常常認為是有瘧鬼在作怪。

清代，有個叫陳齊東的人，年輕時和張某寄居在太平府的關帝廟裡。張某染上了瘧疾，陳齊東和他住在一起，午後疲倦，躺在床上休息，看到屋外站著一個小孩，皮膚白皙，衣服鞋襪都是深青色，探頭看著張某。陳齊東剛開始以為是廟裡的人，也就沒有過問。過了一會兒，張某的瘧疾就發作了。等瘧疾停歇，那小孩就離開了。

又一天，陳齊東忽然聽到張某大叫，痛苦地吐痰，那個小孩站在窗前，手舞足蹈，十分得意。陳齊東知道這就是瘧鬼，上前撲倒了它。接觸到它的時候，感覺手上十分寒冷。小孩逃了出去，發出簌簌的聲響，陳齊東一直追到院子中，它才消失。

過了不久，張某痊癒，但是陳齊東的手上卻出現了黑氣，如同煙薰火燎一般，好幾天後才消失。

同樣在清代，平陽這地方有個趙某，夏天睡覺的時候，矇矓間看到一名婦人掀開簾子走了進來，穿著白衣麻裙，面色黃腫，一副愁眉苦臉的樣子，看了讓人害怕。那婦人走到窗前，用手摀住趙某的胸，趙某就覺得自己喘不過氣來，一會兒冷一會兒熱。到了晚上，瘧疾就發作了，過了幾天稍稍恢復，那婦人又來，瘧疾又嚴重。如此過了一個月，趙某形容枯槁，即便是盛夏也穿著棉衣。

有人告訴趙某，用桃木劍釘在床的四個轉角，在牆壁上貼上符咒，可以阻止瘧鬼，趙某依照吩咐布置。婦人再來時，十分憤怒地盯著趙某，但不敢近前。趙某大聲呼喊，婦人悻悻而去，再也沒來，趙某的瘧疾也就逐漸好了起來。

——此鬼記載於清代袁枚《子不語·卷七》、清代李慶辰《醉茶志怪·卷三》

394 黎丘

安徽望江縣令李某，任滿後住在舒州。他有兩個兒子，十分聰明。

有一次，李某晚上在外喝了酒回家，離家幾百步時，看見兩個兒子來接他。走到跟前後，兩個兒子突然抓住他狠揍，李某又驚又怒，大喊起來，但周圍沒有人，兩個兒子一邊走一邊打，到了家門口，都逃走了。進門以後，李某看見兩個兒子都在家裡，便問他們，他們說根本沒出門。

一個多月後，李某又到親友家喝酒，並向親友說了上次挨打的事，當時已經很晚了，李某不敢回家，就在朋友家住下來了。

這時，他的兩個兒子怕父親回來晚了再挨打，就出門迎接，半路上

遇見父親，父親大怒說：「誰讓你們晚上出來！」說罷便讓隨從的人打兩個兒子，兩個兒子費了很大勁才逃脫。

第二天，李某回家後聽兒子們說起這件事，心裡更加害怕。

過了沒幾個月，李某父子就都過世了。郡裡的人說，李某父子碰到的是一種名為「黎丘」的惡鬼，擅長變化成人形來欺騙人、幹壞事。

——此鬼記載於五代徐鉉《稽神錄・卷二》

395 流屍

宋代，有個叫魏良佐的人，從長沙返回老家，距離老家還有十幾里的時候，天黑了，就在岸邊停船休息。

晚上月華似水，船上的人都睡著了，魏良佐聽到船尾有聲音，擔心是盜賊，就爬起來查看，只見有個人的手裡拖著一截木頭，想爬上船。魏良佐舉起船篙打他，那個人便扔掉木頭並破口大罵，聲音恐怖而奇怪。魏良佐這才發現對方是鬼，趕緊開船逃離。

那東西跟著船，窮追不放，一邊追一邊罵。河水很深，到了中間，那個人露出上半身，魏良佐才發現竟然是一具流屍，一直跟了兩、三里才離開。

魏良佐回到家不久，就病死了。

——此鬼記載於宋代郭彖《睽車志・卷五》

396 煉形鬼

清代，科爾沁汗王達爾有個僕人，有一次在路邊撿到兩個皮袋子，一個裝滿了人的牙齒，一個裝滿了人的手指和腳趾。僕人十分詫異，就把皮袋子丟進水裡。

過了一會兒，一個老太太慌慌張張地過來，左顧右盼，似乎在尋找什麼，見到僕人，便問他有沒有看到兩個皮袋子，僕人說沒見到。但老太太猜到肯定是僕人撿到了，憤怒地撿起一根木棍打他。

僕人和老太太搏鬥，發現她的衣裳很柔脆，就像草一樣，她的肌肉虛鬆，如同乾癟的蓮蓬，用手抓一下，就皮開肉綻，但很快就能夠自動癒合。

兩個人打了很久，不分勝負，老太太掉頭走掉了，並且告訴僕人：「少則三個月，多則三年，我一定會來奪走你的魂魄，如果超過三年不來，那就是你的運氣好。」

有人告訴僕人，這個老太太就是傳說中的煉形鬼，因為修煉不足，不能凝結實體，所以收集人的牙齒、手指、腳趾和其他東西，用來煉化身體。至於那個僕人後來怎麼樣，就沒人知道了。

——此鬼記載於清代紀昀《閱微草堂筆記·卷二十三》

397 靈哥靈姐

靈哥靈姐是明清時期極為流行的一種鬼怪。

傳說有人會將人殺死，拘其魂魄，稱為靈哥靈姐，供自己驅使。另外一種傳言，則是用男女天靈蓋各四十九個磨成粉，半夜用油煎成黑豆，拘在木人上，一百天就煉成一對。

——此鬼記載於明代謝肇淛《五雜俎·卷六》、明代祝允明
《語怪四編》、清代袁枚《子不語·卷十四》等

398 靈侯

南平國有士兵在姑孰這個地方被鬼附身。鬼的聲音又細又低，有時候出現在屋裡，有時候在院子裡的樹上。每次占卜的時候，鬼就會索要琵琶，一邊彈著琵琶一邊說吉凶，十分靈驗。當時，有個叫郄倚的人是這裡的長史，向鬼詢問自己會不會升官，鬼說不久後會加官晉爵，果然郄倚很快就當了校尉。當地有人說這種鬼名為「靈侯」。

——此鬼記載於南北朝劉敬叔《異苑·卷六》

399 羅剎

羅剎為傳說中的一種惡鬼，吃人血肉，擅長鑽天遁地，而且速度極快。男羅剎相貌極醜，女羅剎則容貌嬌美。

晉代咸寧年間，渤海郡有個叫張融的人，兒媳生了個男孩。這孩子起初一切正常，到七歲時就聰明過人。

有一次，張融帶孫子去射箭，箭射出後叫人去把箭拾回來，但那個人走得太慢，半天才把箭拾回來。這時，張融的小孫子便說：「我去替爺爺拾回來。」張融剛把箭射出去，那孩子就起跑，竟然跑得跟箭一樣快，和箭同時到達靶棚，轉眼間就把箭拿回來了，在場的人都大為驚訝。

從射箭場回來的隔天，孩子忽然暴病而死。

孩子將要出殯前，張融請來一些和尚燒香，這時有一個和尚對張融說：「請快快把你孫子裝殮埋掉，他是個羅剎，會吃你們家人的。」張融看見取箭的事，已經懷疑孫子不是人類，這時立刻蓋上棺材，果然聽見裡面有撞擊的聲音，家人都很害怕，便抬出去埋掉了。

後來，那羅剎又幾次現形，張融請人做了法事，它才沒再出現。

唐朝，泰州赤水店，有個鄭家莊。莊裡有一個年輕男子，二十多歲，日暮時分，走在驛道上，看見一位青衣女子獨自走路。女子的姿容特別美麗。他上前打招呼，女子說要到鄭縣去，正在等兩個婢女，婢女還沒來。這個年輕人讓女子到莊上住宿，把她安置在廳中，供給她酒飯，拿來衣被與她同寢。

天明後，廳門很久都沒開，家人喊男子，他也不應。家人便從窗子往裡一看，只見男子只剩下頭骨，其餘的身體都被吃完了。家人破窗而入，在梁上的黑暗處見到一隻大鳥，朝著門飛出去。有的人說，那個女子就是羅剎鬼。

清代，有個叫魏藻的人，為人輕浮，喜歡偷看婦女。

有一天，魏藻在村外碰到一名少女，長得十分美麗，魏藻便上前調戲他，女子對他眉目傳情，低聲說：「這裡人多眼雜，你傍晚去我家，我家離這裡很近，你往西走，看到有戶人家的牆外東屋有棵棗樹，樹下拴著一頭老牛，就是我家了。」

魏藻按照女子的指示尋找，天快要黑的時候，果然看到一戶人家如同女子的描述。魏藻十分高興，偷偷地走到東屋，從窗戶偷看，發現那女子突然轉身，變成了一個羅剎鬼，鋸牙鉤爪，面色鐵青，雙目閃爍著凶光。魏藻嚇得掉頭就跑，狂奔了二十里，後來臥床了幾個月。大家都說，這是對魏藻平日偷看女人的懲罰。

——此鬼記載於南朝宋劉義慶《宣驗記》、唐代張鷟《朝野僉載·卷六》、唐代段成式《酉陽雜俎·前集卷三》、清代紀昀《閱微草堂筆記·卷三》

400 羅剎鳥

清代雍正年間，北京內城有戶人家為兒子娶媳婦，對方也是豪門大戶，住在沙河。

新娘上了轎，迎親隊伍經過一座古墳時，突然一陣大風從墳裡出來，繞著花轎飛捲，飛沙走石，迎親的人一個個東倒西歪。

風停之後，眾人這才重新上路。

很快的，到了新郎家，轎子停在大廳上，迎親的人從花轎裡扶出新娘子，不料又從裡面出來一個，衣服妝容和第一個一模一樣，根本看不出哪一個是真的，哪一個是假的。

他們把新娘扶到屋裡，一家人無可奈何，只能讓新郎站中間，兩個新娘一左一右拜天地。

新郎覺得自己一下子娶了兩個妻子，高興得不得了，當天晚上，喜滋滋地左擁右抱入洞房。

勞累了一天，家裡人剛睡下，忽然聽到洞房裡傳來慘叫聲，大家趕緊前去，發現滿地是血，新郎、新娘倒在血泊中，另一個新娘消失無蹤。

家裡人打著燈籠尋找，發現梁上有一隻大鳥，全身灰黑，爪子、嘴巴則是雪白色。眾人紛紛抽出刀劍、長矛、弓箭，要殺死那隻鳥，鳥兒卻張開翅膀發出恐怖的聲音，目光如同燃燒的青色磷火，灼灼放光，衝出房門，飛走了。

眾人費力地救醒新郎和新娘，新郎說：「當時，我正要解衣就寢，忽然左邊的新娘揮了揮袖子，我的兩隻眼睛就被掏了出去，痛得昏倒，不知道她怎麼變成了鳥。」再問新娘，新娘說：「丈夫慘叫時，那隻鳥也來啄掉了我的雙眼，我也昏倒了。」

後來，夫妻二人的病都治好了，感情很好，但都瞎了眼，真是可悲。

傳說墳地之中，陰氣太重，積屍之氣時間一久就會變成羅剎鳥，如同灰色的仙鶴、大梟，擅長變化並做壞事，而且喜歡吃人的眼睛。

——此鬼記載於清代袁枚《子不語·卷二》

401 舂穀鬼

宋代，有個漳浦人叫林昌業，博覽群書，研究術數，性格高雅，七十多歲隱居在龍溪縣關額山，家中有數頃良田。

有一天，他本想舂穀為米，載到集市上賣，但還沒幹活，就有一個三十多歲、紮著雙髻的男子前來拜訪。林昌業問他是什麼人，他只是微笑，不回答。林昌業知道他是鬼，就讓家人為他端來酒菜，這個人吃飽就離開了。

第二天，林昌業忽然聽到倉庫裡傳來舂（ㄉㄨㄥˊ）穀聲，便過去看，發現是昨天的那隻鬼拿稻穀來舂米。林昌業問他怎麼無緣無故幹活，他笑而不答。幹完活，給他吃飯，雖然只有粗茶淡飯，但鬼吃得很滿足。如此過了一個多月，鬼舂米五十多石後，拜辭而去，就再也沒有來過。

——此鬼記載於五代徐鉉《稽神錄·卷三》

402 驢鬼

唐代，有個農民向僧人獻上供養，求僧人傳授給他修行的密宗咒語。僧人隨口說：「驢。」

這個農民回到家中，一天到晚念著：「驢，驢，驢……」就這樣過了幾年，有一次站在水邊，他忽然看到自己的背上趴著一隻鬼，長得像

一頭青色的毛驢。自此之後，凡是有被鬼怪侵犯的人，只要找到他，就能立刻解決難題。

後來，農民知道僧人當初是戲弄自己，念的這個咒就不靈了。

——此鬼記載於唐代段成式《酉陽雜俎‧續集卷三》

403 綠毛鬼

清代乾隆六年，湖州有個叫董暢庵的人到山西芮城縣當幕僚。縣裡有一座廟供奉劉備、關羽、張飛三個神像。

寺門常年用鐵鎖鎖上，只有春秋舉行祭祀的時候，才會打開。傳言，廟裡有妖怪，就連僧人也不敢住。

有一天，有個陝西販羊的商人，帶著一千多隻羊經過，當時天快黑了，因為找不到住處，商人就想住在廟裡。周圍的人告訴商人，廟裡鬧妖怪，商人覺得自己力氣大，就說：「沒關係。」於是，商人把羊趕進廟，自己拿著羊鞭在屋子裡躺下。

三更時分，商人還沒睡著，忽然聽見神像的底座下方傳來聲音，一個東西跳了出來。商人借著燭光看過去，發現這怪物高七、八尺，長著人的臉，雙目深黑有光且大如核桃，脖子以下，長滿了綠毛。怪物伸出尖爪撲向商人，商人拿起手裡的鞭子就抽打，但那怪物完全不害怕，奪過鞭子放在嘴裡咬斷。商人很害怕，急忙逃出廟外，怪物緊跟在後面追。商人跑到一棵古樹那裡並爬上樹，怪物上不去，就在下面等待。

過了很久，天亮了。商人從樹上下來，發現那怪物不見了，於是趕緊告訴周圍的人。眾人一起在神像底座下面尋找，發現旁邊的一條石縫往外冒黑氣，沒人敢掀開，就報告官府。

芮城縣的縣令姓佟，命人移開神像底座挖掘，往下挖了一丈多深，看到一口腐朽的棺材，裡面有一具屍體，衣服都毀壞了，全身長滿綠毛，跟商人晚上看到的怪物一模一樣。眾人焚燒那具屍體時，它發出噴噴的聲響，鮮血流溢。從此之後，那座廟就平靜了。

——此鬼記載於清代袁枚《子不語‧卷十》

404.405 綠郎、紅娘

清代，廣州當地的女子成年時，有不少人因為被綠郎這種鬼怪侵犯而死掉，即便是茅山的法師前來驅除，也沒有多少效果。所謂的綠郎，傳說是車中之鬼，又叫天綠郎、駙馬。廣州當地的男子沒結婚的，也有很多人因為犯了紅娘這種鬼怪而丟掉性命，所以當地人有「女忌綠郎，男忌紅娘」的諺語。

——此二鬼記載於清代屈大均《廣東新語·卷六》

406 掠剩大夫

掠剩大夫，是掠剩鬼的長官，又名掠剩真君。

宋代，揚州節度推官沈某，為人剛直，他過世後，官府派遣十幾個人護送他的靈柩回老家。路旁的行人，看到一個穿著綠袍的官人坐在棺材上，手裡拿著一根木棒左看右看，如果護送的人懈怠了，這個人就會拿木棒打他們的腦袋。但護送的這些人看不見這個綠袍官人，只覺得腦袋疼得要命。

棺材送到老家後，沈某的鬼魂告訴家人：「如今我成為掠剩大夫，有權有勢，不要掛念我了。」

——此鬼記載於宋代洪邁《夷堅志·夷堅丙志·卷第十》

407 掠剩鬼

廣陵法雲寺有個和尚叫瑝楚，曾和中山縣的商人章某是好友，後來章某過世了，瑝楚為他設齋念經，超渡亡靈。

幾個月後，瑝楚突然在街上遇見章某。當時瑝楚還沒吃飯，章某就請他進飯館，買了幾個燒餅。兩個人吃飯時，瑝楚問道：「你已經死了，怎麼能出現在這裡呢？」章某說：「是的。我因為生前的一點小罪而受到陰府懲罰，發配我到揚州當掠剩鬼。」

瑶楚覺得很奇怪，就問他什麼叫「掠剩」。鬼說：「凡是商販，他們的利潤都有一定的數目，超過了這個數目就是不該得的，就叫『剩餘』，我就可以把這些剩餘的錢物掠為己有。現在，派在人間和我一樣的鬼有很多。」說著就指著路上的一些男女，說某某人就是掠剩鬼。

不一會兒，有一個和尚從他們面前走過，章某指著和尚說：「他也是個掠剩鬼。」說著就把和尚叫到跟前談了半天。

吃完飯，他們一起往南走，遇見一個賣花女人，章某說：「這賣花女也是鬼，她賣的花也是鬼用的。」說著就掏錢買了一束花給瑶楚說：「凡是看見這束花就笑的，都是鬼。」說完便告辭而去。

那束花紅豔芳香，拿著很重，瑶楚掐著花昏昏沉沉地往回走，一路上還真的有些人看見花就笑的。

到了寺廟北門，瑶楚心想，我和鬼在一起遊玩了半天，手裡又拿著鬼花，這怎麼行，就把花扔到水溝裡。回來後，廟裡的人都覺得他臉色很不正常，以為是中了邪。瑶楚說了他遇見鬼的經過，大家就到水溝裡去找那束花，撈上來一看，竟然是一隻死人的手。

——此鬼記載於五代徐鉉《稽神錄‧卷三》

408 雷鬼

唐代，有個御史叫楊詢美，住在廣陵郡，他的幾個兒子都很年幼，正是上學的年紀。

有一天黃昏，電閃雷鳴，好像馬上就要下雨。幾個兒子走出屋子往上看，一邊笑一邊說：「我聽說雷霆裡面有鬼，不知道是不是真的，如果真有的話，我們找機會殺死它。」說話間，雷聲越來越大，樹木都在發抖。忽然哮嚓一聲，天雷打在屋子旁邊。幾個兒子嚇得魂飛魄散，趕緊跑進家裡，貼著牆壁站著，不敢動。接著，他們又聽見雷聲圍繞屋子遊走，房舍搖動，過了很長的時間，雷電才消失。幾個兒子出了門，見院子裡的大槐樹被雷劈得七零八落。

這時候，幾個兒子都覺得大腿很疼。他們把這件事情告訴父親。楊詢美叫僕人拿蠟燭過來，看到兒子們的大腿上都有紅色的痕跡，就如同

被用廷杖打過一般。「這就是你們冒犯雷鬼的下場。」楊詢美說。

唐代，潤州府延陵縣有個叫茅山界的地方，元和年間的一個春天，狂風暴雨，農民徐訥親眼看到從天上掉下一個怪物。這怪物身長兩丈多，黑色，臉像豬，角長五、六尺，肉質的翅膀一丈多長，長著豹子尾。它穿著紅褲子，腰間纏豹皮，手腳和爪子全是金色，抓著一條紅蛇，用腳踩住，瞪著眼睛要吃蛇，聲音如雷。這件事很快就報到縣裡，縣令立即親自前往察看，並命人把它畫下來。一會兒又來了雷雨，那怪物便展開翅膀飛走了。人們都說，那就是雷鬼。

宋代，有個姓畢的人被徵召去當兵，在路過長安附近的時候，碰上大雷雨，就停下來休息。等雨小了，他看見前方有一百多人圍著山坡，議論紛紛。畢某問他們發生了什麼，他們都說：「剛剛大風大雨，有個東西掉落到山旁。」

畢某騎著馬往前走，看見一隻鬼，臉上長著四顆眼睛，頭髮赤紅，背如一口鐘那樣鼓起，皮膚深藍，手腳上長著鋒利的爪子，嘴如同鷹嘴，大概有二、三尺高，手裡拿著兩個槌子，嘴裡流出紫色的黏液，又腥又臭。畢某想要殺了它，卻被一個老頭阻止了。老頭說：「這是雷鬼，殺了會引來禍事。」過了一會兒，又下起大雨，那隻鬼就消失了。

——此鬼記載於唐代張讀《宣室志·卷七》、五代杜光庭《錄異記·卷之九》、宋代章炳文《搜神秘覽》

409 老吊爺

河南開封城有所謂的「老吊爺」，原本是個吊死鬼，生前姓張，背著幾匹布到集市上販賣，被賊偷走了，便憤而上吊自殺。

縣裡的捕役都供奉它，尊它為「老吊爺」，而且特地為它建了廟。凡是有找不到的盜賊，捕役就會到廟裡向老吊爺禱告查問，老吊爺就會把盜賊的下落告訴他們，十分靈驗。

老吊爺的像高二尺多，站著，手裡拿著雨傘，背著幾匹布，看上去就是一個很平凡的老頭。

——此鬼記載於清代俞樾《右台仙館筆記·卷六》

410 藍鬼

　　清代，有個山東人劉某寄居在天津，夜裡躺著抽菸，忽然覺得冷風陣陣，起了一身雞皮疙瘩。劉某覺得奇怪，睜開眼就發現窗前站著一隻藍臉大鬼，身上穿的衣服、戴的帽子也是藍色的，幾乎和屋子一樣高，瞠目結舌，非常嚇人。這藍鬼向劉某吹氣，劉某頓時覺得如墜冰窟。

　　劉某向來十分勇猛，便拔出佩刀砍藍鬼，藍鬼跑出屋子就消失了。劉某回來躺倒，又覺得身體發冷，抬頭發現藍鬼又來了，只得拔刀又砍。如此一夜反覆多次，到天明才消停。如此這般，一連好多天。

　　有人勸劉某趕緊搬家，劉某不願意，就找奴僕來跟自己睡在一起，藍鬼果然不來了。但是，奴僕一走，藍鬼就來。後來，奴僕留宿，藍鬼也來，但是奴僕看不見藍鬼，只覺得寒冷。

　　過了一段時間，劉某形銷骨立，打不過藍鬼，生了病，臥床不起。

　　有一天晚上，藍鬼又來了，劉某看見死去的母親站在自己床前，替自己抵擋藍鬼吹氣，可惜母親太矮，藍鬼伸過頭，依然能對著自己吹氣。劉某看到自己連死去的母親都連累了，不由得失聲痛哭。

　　如此，藍鬼纏了劉某半年，劉某就死了。

　　　　　　　　——此鬼記載於清代李慶辰《醉茶志怪‧卷一》

411 棱睜鬼

　　殺人來祭祀鬼這種事，在湖北最多，祭祀的對象叫「棱睜鬼」。當地人認為，把官員和書生殺了拿來祭祀，一個可以抵三個；把僧人和道士殺了拿來祭祀，可以一抵二；小孩和婦女，一個就算一個了。

　　福州有個書生少年登科，來到湖北的一個地方，看到森林之中有一塊特意設置的石頭，好像是供人歇腳的，就坐在上面休息，打發僕人先回去，自己隨後跟上。僕人等了很久，也不見書生回來，就去尋找，後來在深山中找到他時，發現他的五臟六腑都被人割走，拿去祭祀了。

　　　　　　　　——此鬼記載於宋代洪邁《夷堅志‧夷堅三志‧壬卷第四》

412 姑惡

姑惡是一種水鳥，因為發出「姑惡、姑惡」的叫聲而得名。古代，媳婦稱呼婆婆為「姑」，傳說姑惡是被婆婆虐待而死的媳婦的靈魂所化。

——此鬼記載於宋代蘇軾《五禽言五首》、宋代陸遊
《夏夜舟中聞水鳥聲甚哀若曰姑惡感而作詩》、
清代龔自珍《金侍御妻誄》等

413 過陰兵

明代，有個叫陸容的人，住在蘇州婁門外。

正德年間的一天傍晚，陸容靠著門站著，忽然聽到隔壁傳來盔甲碰撞發出的叮噹聲，過了不久，有幾千人從面前走過。這些人腰部以上的部分看不見，只能看到腰部以下，而且行走迅速。

陸容很驚慌，大聲喊了起來，全家老少出來，全都看見了。過了很久，那些陰兵才消失。

這一年，上海崇明海盜鈕東山作亂，當地官員上奏調集京城和各個衛所的士兵討伐，最終消滅。

陸容看到的就是那群陰兵。

清代乾隆年間，有個叫中石湖的地方，當地人每天晚上都能聽到人聲嘈雜，如同數萬人打仗，響徹幾里地。如果居民爬起來觀看，那聲音就沒有了，只能看到幾個紅點，在湖心處時隱時現。自鎮江、常州，乃至松江、嘉定、湖州之間，每天晚上都有燈光出現。有人說，這是陰兵作亂。

——此鬼記載於明代陸粲《庚巳編·卷一》、清代錢泳
《履園叢話·叢話十四》

414 鬼兵

　　唐代貞元二十三年，夏曆（農曆）六月，唐高宗在東都洛陽時，聽百姓說有鬼兵出現，大家驚慌失措，很多人都逃跑了。

　　那些鬼兵從洛水之南經過，在街市上發出巨大的喧鬧聲，漸漸到了洛水以北，百姓嚇得相互踩踏，不少人受了傷。傳說鬼兵經過的時候，天空中像有無數穿著鎧甲的騎兵經過，人馬嘈雜聲不斷，不久就全都過去了。那段時間，每到天黑，鬼兵就會一而再、再而三地出現。

　　唐高宗非常厭惡這件事，便派巫師向鬼神祝禱以消除災禍，每夜都會在洛水邊擺設飲食，以此來祭祀那些鬼兵。

　　關於鬼兵，《北齊書》也有記載。唐代天寶年間，晉陽傳說也有鬼兵出現，當地百姓擊打銅鐵來嚇唬鬼兵，但是，這樣做的人後來都死了。

——此鬼記載於宋代李昉等《太平廣記·卷第三百三十一》

（引《紀聞》）

415 鬼母

　　南海小虞山上有鬼母，一次可以生產一千隻小鬼，早上生下了，晚上就將小鬼吃掉。後來，蒼梧這個地方將它供奉起來，稱之為「鬼姑神」，長著虎頭龍足、蟒目蚊眉。

——此鬼記載於宋代魯應龍《閒窗括異志》

416 鬼父

　　南北朝時代，江陵淪陷，有一個關內人叫梁元暉，他俘獲了一個士大夫，姓劉。

　　劉某先遭到侯景之亂，家裡死了很多人，身邊只剩下一個小男孩，才幾歲。他揹著孩子逃命，當時趕上大雪，難以再往前走。

　　梁元暉負責押著他們入關，就逼迫他把孩子扔下，可是劉某非常疼愛孩子，捨不得丟下，就請求梁元暉，說寧可自己死了也要留下孩子。

梁元暉不肯聽，就強奪下孩子，把他扔到雪裡，又棍棒交加，驅趕劉某快點走。

劉某一步一回頭，又哭又號，一路上辛苦困頓，再加上悲傷過度，沒幾天就死了。

劉某死後，梁元暉天天都看見他伸手向自己要兒子，因此得了病。雖然梁元暉多次表示後悔並道歉，但劉某還是一直來找他。後來，梁元暉帶著病，一回到家就死了。

——此鬼名為作者所加；此鬼記載於南北朝顏之推《冤魂志》

417 鬼打牆

清代，杭州的某甲以種菜為生，小有家財，平生極為敬惜字紙，一看到街道牆壁上貼的告示或紙張被風吹落，就會撿回家，將其放在鍋灶底下燒掉，活到九十歲都是如此。

有一天晚上，某甲走路時，被鬼迷惑，一直走到三更，都被牆阻攔，俗稱「鬼打牆」。雙方正在較勁時，某甲忽然看到有一張紙在前面飄，他就取下來，發現手中發光，照見前方村裡的土地廟，就上前敲門投宿，才撿回了一條性命。

上古時，倉頡造字，天降下粟米，鬼神夜哭，世間的每一個字都應該珍惜、尊重。據說，珍惜十萬個字，就能延長十二年的壽命。字之珍貴，可見一斑。

——此鬼記載於清代梁恭辰《北東園筆錄三編·卷四》

418 鬼大腿

宋代，琅邪太守許誠小時候和堂表兄弟在一起，晚上談到了鬼神。

兄弟中有個膽大的，說：「我才不信呢，哪裡有鬼！」沒等說完，屋簷下忽然有隻鬼，垂下來兩條腿。那兩條腿很粗大，長著黑毛，腳也很大。剛才說話的那個兄弟，嚇得立刻逃掉，躲藏起來。

許誠的堂弟不怕鬼，便走過去，抱住鬼的腿，然後脫下衣服把鬼的腿捆起來。那隻鬼想抬起腿到屋簷上，因為腿被捆住，上不去，只好又下來，來來回回折騰。等堂弟玩夠了，覺得無聊，就把鬼放走了。

——此鬼記載於宋代李昉等《太平廣記·卷第三百三十二》

（引《紀聞》）

419 鬼袋

唐代元和年間，光宅坊有戶人家的男主人生了病，眼見要死了。家裡人請僧人來念經，妻子和兒女圍守著他。

有一天晚上，大家彷彿看見一隻鬼跑進屋裡，於是驚起追逐，抓住它，扔進甕裡，然後用熱水燙它，結果從裡面撈出一個袋子，看模樣，應該是傳說中鬼用的取氣袋。

過了一會兒，大家忽然聽到空中有聲音說要那個袋子，很哀傷懇切，並且說：「把鬼袋還我吧！我去抓別人來代替你家的男主人！」家裡人就把鬼袋還給鬼，生病的男主人很快就痊癒了。

同樣在唐代元和年間，有個淮西軍將，被派遣到汴州，住在驛館裡。夜已經深了，軍將快要睡著的時候，忽然覺得有個東西壓住自己的身體。軍將強壯無比，急忙爬起來，跟那東西搏鬥，打鬥中，奪下了它手裡的一個皮袋子。那東西現身，竟然是一隻鬼。

鬼乞求軍將，把袋子還給自己。軍將對它說：「要還給你也行，但是你得告訴我這東西是什麼？」鬼猶豫半天，說：「這叫取氣袋。」軍將沒有將鬼袋還給對方，而是拿起磚頭打跑了那隻鬼。

那個鬼袋很大，能裝好幾升東西，大紅色，材質如同藕絲一樣。如果把這個袋子放在陽光下，是看不到影子的。

——此鬼記載於唐代段成式《酉陽雜俎·續集卷二》

420 鬼燈

清代，桐鄉當地有個人叫徐小山，家住在偏僻的小鄉村。

有一次，徐小山從外地回來，船到永興堰時，天快黑了。忽然濃雲四布，風雨交加，難以分辨東西。船工十分害怕，正在彷徨時，忽然看到前方亮起一團磷火，比燈籠更大，逐漸靠近岸上，光芒耀眼，將水面照得如同白晝。

船工就划著船，跟著那燈光前行，一直來到村子的大虹橋，那燈光才消失不見。徐小山算了算路程，足有三十多里。

徐小山這個人向來善良，之前，曾經在那附近發現了許多荒墳暴露出來的骨頭，就重新為其裝殮入葬。人們都說，這是徐小山的善報。

——此鬼記載於清代朱翊清《埋憂集·卷六》

421 鬼胎

唐代，陳惠的妻子王氏未出嫁時，表兄褚敬想和王氏通婚，父母不答應。褚敬詛咒說：「如果不嫁給我，我做了鬼，一定娶你。」後來王氏嫁給陳惠。陳惠擔任陵州仁壽尉時，褚敬背地裡恨他，鬱鬱而終。

褚敬死了之後，王氏曾夢見褚敬，不久就覺得有了身孕，過了十七個月還沒生。王氏憂愁害怕，於是決心念《金剛經》，晝夜不停，褚敬便永遠不再來見王氏，鬼胎也就消失了。從此，王氏每天念經七遍。

清代，有個姓朱的奴僕，將自己的女兒嫁給主人為妾。主人去世後，這個女子經常晚上做夢，夢見和死去的主人一起睡覺，後來懷孕四、五個月流產，生下一個東西，如同紫色的爛荷葉。醫生說：「這是鬼胎。」後來，這個女子連續三年懷孕，都生下了這種東西。直到女子改嫁，才沒有再做類似的夢或發生類似的事。

——此鬼記載於宋代李昉等《太平廣記·卷第一百三》（引《報應記》）、
清代錢泳《履園叢話·叢話二十二》

422 鬼頭婦

　　明代，南京有個指揮使叫王敏，一直沒有兒子。後來，王敏往北京運送糧食，經過濟寧候了一個小妾。小妾不僅長得漂亮，還非常賢慧，王敏很喜歡她，兩人很快就生下一個兒子。過了不久，王敏和正室都相繼死去，這個小妾撫育兒子，管理家庭，很有法度。兒子長大之後，承襲了父親的官職，也往北京運糧。兒子幾次三番詢問母親的老家在哪裡，這個小妾都說忘記了。

　　小妾來到王家三十多年，每天早起都在床榻上的帷幕中梳洗，不讓別人看。兒子、媳婦早晨問安，也不能進房間，只能等到小妾出來才能上前。

　　小妾有兩個貼身丫鬟，也從來沒見過她如何梳洗。

　　有一天早晨，小妾梳洗的時候，兩個丫鬟站在床榻前伺候，忽然刮起大風，吹開了帷幕，只見有個無頭人坐在裡面，手裡拿著一個骷髏頭放在腿上。那小妾看到兩個丫鬟，慌張地舉起骷髏頭放在脖子上，然後撲倒在地，變成了一具枯骨。自此之後，人們都稱呼王敏的兒子「鬼頭王」。

　　　　　　　　——此鬼記載於明代楊儀《高坡異纂・卷中》

423 鬼市

　　宋代，有個翰林叫裴擇之，六、七歲的時候，伯父抱著他騎馬去縣東北的一個莊子。裴擇之到莊外玩耍，看到那裡有集市，裡面的人和東西都不到二尺大，有男有女，有老有少，官員、貧民、道士、僧人，各色人等一應俱全。裡面做買賣的人，有挑擔子的，有牽駱駝、驢的，也有趕大車的。裴擇之回來後，把這件事告訴伯父，伯父以為他說謊話，不相信。不過，後來很多人都說見到過。

　　還有個叫周鼎的人，小時候住在農村。有一天，周鼎騎著驢跟著父親去縣裡趕集，當時天還沒亮，他看到道路兩邊密密麻麻立著很多佛像，問父親，父親說沒看見。但周鼎的確看到了。

這兩個人看到的，就是鬼市。

——此鬼記載於金代元好問《續夷堅志·卷二》

424 鬼燒天

清代，文學家錢泳曾經在一個名為「釣渚」的地方寄居了十二年。當地有很多蘆葦，每到初春的晚上，就能看到蘆葦蕩中燈光閃爍，有成百上千個燈火上升，合併成一個大燈，照得夜空通紅一片，當地人稱之為「鬼燒天」。

傳說順治年間，天下初定，這裡有很多盜賊，有個叫席宗玉的人，帶領鄉兵剿匪，燒掉盜賊上千隻船，死傷無數，這些燈應該是那些人的陰魂所變的吧。

——此鬼記載於清代錢泳《履園叢話·叢話十五》

425 鬼爺爺

元代，杭州有個姓宋的人，來到大都（北京）求取功名，結果不如人意，以至於變得窮困潦倒，但他為人舉止謹慎，又不敢胡作非為，非常苦惱。

這天，宋某出了齊化門，看見一個水潭，就想跳水自殺。此時，虛空中有隻鬼對他說道：「你陽壽未盡，不能死。」宋某四處看看，並沒有看到什麼東西，就默默地返回。在回來的路上，宋某撿到一張紙，上面寫著：「宋某可以到吏部、令史手下、典吏處學習。」

第二天，宋某按照紙上寫的，找到這個典吏，果然找到了差事。

後來，宋某屢屢得到這樣的紙條，都是給他指點迷津，結果宋某很快就出人頭地，家裡變得很富裕，娶妻生子，生活舒適。

宋某認為自己之所以這樣，都是那隻鬼帶來的，所以全家都祭祀它，稱之為「鬼爺爺」。這麼多年，宋某從來沒見過對方的形狀，只是看到一個矮小的影子而已。

有一天，宋某忽然收到一張紙條，上面寫著：「我要一百八十兩的葉子金。」這是一大筆錢，而且鬼要得很急。宋某就問：「爺爺，你要這麼多錢幹嘛？」鬼說：「我要去揚州天寧寺供奉佛祖。」接著，有一天，宋某的妻子偶然弄丟了金釵和金鐲，宋某知道是鬼拿走了，就問他，鬼說：「在你的箱子裡，我上次借了用用。」還有一次，家裡弄丟了熟羊背皮，鬼留下紙條，說：「我借用了，明天還給你。」第二天，有隻大綿羊自己跑進了家裡。這樣的事情經常發生。

後來，宋某當了官，害怕家裡東西都被鬼拿走了，就請了龍虎山天師的一道符咒貼在家裡，第二天，發現符咒變成了四十個，全都倒過來貼著。宋某找法師來作法，也沒有效果。

有一天，宋某的官印丟了，知道是鬼幹的，就乞求它，鬼留下一張紙條，寫著：「在你家的一個箱子裡。」打開箱子，果然有。還有一次，宋某將官印寄存在同事家裡，同事也收到了紙條，上面寫著：「官印這種東西，應該是持有之人貼身保管，你趕緊把印還給宋某，不然我一棍打破你的腦袋！」同事很害怕，趕緊把官印還給了宋某。

後來，一個道士路過，宋某把這件事告訴他，道士說：「我為你把它送走吧。」道士從一棵桃樹上，取下東南方向的枝條，做成一個棍子和一塊砧板，然後釘在東南方向的土裡，叮囑宋某說：「每月初五、十五、二十五，用桃木棍擊打這個桃木砧板，那隻鬼就會消失。」宋某按照這個辦法做，那隻鬼果然消失了。

——此鬼記載於元代陶宗儀《南村輟耕錄·卷二十三》

426 鬼眼

清代，有個徐書生租賃了城東的一處民宅。他住進去之後，發現宅子裡蹊蹺甚多，衣服和食物經常丟失。

有一天晚上，他看見窗戶破洞上有人從外面往裡窺探，目光炯炯射人，如同明鏡一般。書生以為是小偷，出門查看，發現外面根本沒人。後來那東西又出現了，書生扔出一件東西，砸到窗戶上，它才走掉。一連幾天都是這樣。

後來，書生焚燒祭品，禱告了一番，那東西才沒有再來。

——此鬼記載於清代李慶辰《醉茶志怪·卷三》

427 拱屍鬼

明代，有個叫曹蕃的人在北京，生病快要死了，忽然看到一隻高大的鬼，臉又白又方，穿著團花皂袍，向曹蕃彎腰抱拳施禮，過了很久，它站起來，再次施禮。

曹蕃剛開始覺得很恐怖，但習慣了就無所謂了，如此經過一個多月，鬼突然不見了。過後不久，曹蕃的病就好了。

後來，曹蕃向別人打聽，有人說這是拱屍鬼。

——此鬼記載於明代沈德符《敝帚軒剩語·卷下》

428 貢院鬼

古代的科舉考試，會在貢院裡舉行。

十年寒窗，只為金榜題名，但是考取功名的人畢竟只是少數，所以貢院之中常常會有失敗者的鬼魂出現。

清代乾隆年間的一次科考中，有個叫馮廷的人負責監考。第三場十四日晚上，馮廷和同事李某坐在公堂上，當時月色微明，馮廷看見臺階下出現一隻鬼，高兩丈多，肚子如同糧倉那麼大，全身長滿了毛，雙目閃閃放光，從西邊的考場走出來，慢慢走進了東邊的考場。

馮廷向來膽子大，看到鬼，趕緊低聲叫李某，李某嚇得鑽到書案下面。等鬼消失了，兩個人回去休息，馮廷就敲牆嚇唬李某，正有說有笑，忽然聽到外面有東西大聲呼嘯，眾人都快嚇死了。馮廷和李某趕緊穿上衣服走出來，派人去打聽，所有人都說有聽到這聲音。

這次考試，第一場原本有十七、八個人考中，兩個主考官看了卷宗後，又從中黜落了七個人，難道是因為這七個人沒被錄取而招來這隻大鬼嗎？

——此鬼記載於清代袁枚《續子不語·卷九》

429 貢院將軍

宋代，嘉興貢院每次科舉都有幾千人參加，其中進入西廊第三間考試的舉子，經常為鬼魅附身致死，這隻鬼有時候變成貓經過，有時候則是婦人的形象，肆無忌憚。

有一年，監考官夢到一個人，自稱貢院將軍，說：「我死在這個地方，現在被升格為神了，每年舉子死，都是因為鬼作祟，你可以在西北建個廟，供奉我，就會沒事。」

後來就建立了祠堂，考生都會祭祀以祈求庇護。

——此鬼記載於宋代魯應龍《閒窗括異志》

430 高天大將軍

河內人姚元起，家住在樹林邊上，全家人都出去種地，只留一個七歲的女兒看家，後來發現女孩日漸消瘦。

父母便問是怎麼回事，女孩說，家裡經常有隻鬼來，有一丈多高，長著四張面孔，每張臉上都有七竅，自稱是高天大將軍。這隻鬼每次來都把女孩吞下去，然後又拉出來，還警告小女孩不許告訴別人，如果告訴別人，就把她永遠留在肚子裡。

全家一聽十分害怕，趕快遷到別處去躲避起來了。

——此鬼記載於晉代荀氏《靈鬼志》

431 高褐

晉代，吳縣有個人叫張君林，家住東鄉的楊里。

隆安年間，忽然有隻鬼到他家來幫忙幹活。張君林的家裡有口破鍋，已經沒用了，但鬼用一個破甕底和它穿在一起，做了個蒸飯用的甑子。常常是家裡人剛起床，鬼就把飯做熟了。

這隻鬼不要報酬，只求給一些甘蔗吃，自稱為「高褐」。有人說，

這是鬼在說反話，「高褐」就是「葛號」，葛號那一帶大多是丘陵，有很多古墓，這隻鬼可能就是從那兒來的。

這隻鬼的長相如同一個十七、八歲的少女，青黑色的臉，穿一身黑衣服。每次它看見張君林時，就要他拿一個大白罐子來，在裡面裝上水蓋好，第二天早上起床打開，裡面就會有好東西。張君林家一向很窮，有了這隻鬼後，就逐漸富裕了起來。

這隻鬼曾說：「別討厭我，日子到了我就會走的。」後來，果然它悄悄地走了。

——此鬼記載於晉代戴祚《甄異錄》

432 勾魂鬼

蘇州有個余某，喜歡鬥蟋蟀，每年秋天，一到傍晚就帶著蟋蟀泥盆到城門外抓，一直到天快黑了才回來。

有一天，余某回來晚了，城門已經關閉，不知如何是好，正在路邊徘徊，看見兩個穿著青色衣服的人遠遠走過來，腳下發出咚咚的聲響。這兩個人對余某笑著說：「你怎麼現在還不回家？我家離這裡不遠，到我家裡去吧。」余某十分高興地答應了。

余某來到二人家中，住進屋子，看到裡面有好幾部舊書，還有一個瓷瓶，一個銅爐，打掃得很乾淨。余某拿著十幾個蟋蟀盆，坐在燈下，很餓。兩個青衣人拿著酒肉過來，面對面吃喝。

余某隱隱聽到似乎有病人的呻吟聲，還有嘈雜聲，便問那二人。二人說：「是鄰居家的病人。」

等到半夜，那兩個人相互低聲嘀咕道：「事情可以辦了。」於是，從靴子中拿出一件文書，遞給余某，說：「請你在紙上哈一下氣。」余某不知道這是在幹什麼，就笑著答應了。余某哈完氣，二人大喜，雙腳跨上房梁跳舞，變成了一丈多高，兩隻腳都是雞爪的模樣。余某大驚，正要開口問，那二人不見了，隨後隔壁哭聲大作。余某這才知道那兩個人，是勾魂鬼。

天亮，余某想出來，卻發現門從外面上了鎖，於是大聲喊叫。辦喪事的這家人以為遇到了賊，開了門，爭相毆打余某。余某趕緊解釋，才消除誤會。

後來發現，那兩隻勾魂鬼帶來的酒肉、盤盒，都是喪家的東西，不知道那兩隻勾魂鬼是怎麼帶進來的。

——此鬼記載於清代袁枚《子不語·卷十四》

433 乾麂子

雲南這個地方有很多金礦，挖礦的礦工有的因為礦道崩塌而被埋在土裡無法出來，幾十年或上百年後，因為被金氣滋養，屍體就不會腐爛，雖然看起來像沒死，但是其實已經死了。

礦工挖礦時，苦於地下黑暗，都會在頭上點一盞油燈。遇到乾麂子的時候，乾麂子十分歡喜，對礦工說自己很冷，乞求能給一些菸抽。乾麂子抽完菸，就跪倒在地，求礦工把他帶出去。礦工說：「我來這裡是為了找金子，怎麼能空手而出呢？你知道金脈在什麼地方嗎？」乾麂子就帶礦工尋找，往往能找到金脈。

快要出去時，礦工就騙他，說：「我先出去，然後放籃子進來接你。」礦工出去後，放下一個籃子讓乾麂子爬進去，但等籃子吊到半空時，礦工會剪斷繩子，乾麂子就會被摔碎。

有個人很善良，覺得乾麂子很可憐，接連拉上來七、八個。但那些乾麂子見到風，衣服和皮肉都化為黑水，腥臭無比，凡是聞到的人都會沾染上瘟疫而死掉。

傳說在地下礦洞遇到乾麂子時，如果人多於乾麂子，就把它們摁到土壁上，四面用泥土封住，上面放燈，乾麂子就不會作祟了。如果人少於乾麂子，那就會被它們死纏著不放。

——此鬼記載於清代袁枚《續子不語·卷四》

434 骷髏

南朝宋泰始年間，有個叫張乙的人，因為被鞭打一頓，生了疥瘡，十分痛苦。

有人告訴他，如果燒死人的骨頭，用骨頭粉末敷在傷口處，就能痊癒。張乙就帶著家中的小僕人在荒山野嶺找到了一個骷髏頭，將之燒成粉末來療傷。

當天晚上，家裡突然出現一團火焰，追著小僕人燒他的手，而且，虛空中好像還有什麼東西，將小僕人的腦袋按向火焰，大罵：「你為什麼燒我的腦袋？現在我也要燒你的頭！」

小僕人大叫：「是張乙燒你的！」

那聲音回答說：「如果不是你拿給張乙，張乙怎麼會燒？」

小僕人的腦袋被按在火裡面很長的時間，頭髮燒光，皮肉焦爛。

張乙十分害怕，趕緊將剩下的骨頭送回埋葬，並且做了一場法事，才躲過災難。

清代，某甲趕集回來，遇到暴雨，看到路邊有個古墓，就躲在碑樓下避雨。

某甲無聊，看到土中有個骷髏頭，就拿起來，將濕泥塗在骷髏頭上，捏成五官，又把買來的棗子和大蒜塞入骷髏頭的嘴裡。雨停後，某甲就回家了。

過了幾年，附近的村子出現了詭異的事情。每天晚上，有東西如同紅色的燈籠飛進飛出，而且大喊：「棗很好吃，但是蒜太辣了！」這東西四處追人，被它追上了，就會得病。

某甲聽說了此事，驚訝道：「難道是那個骷髏頭？」趕緊來到當初避雨的地方，看那個骷髏頭還在原地，臉上生毛，如同長出了頭髮。大家趕緊把骷髏頭毀壞了，打碎的時候，骷髏頭還發出嚶嚶的叫聲。自此之後，再也沒有發生什麼怪事。

——此鬼記載於唐代釋道世《法苑珠林·卷第四十六》、清代李慶辰《醉茶志怪·卷二》

435 骷髏神

南宋宋理宗嘉熙年間，有術師拐偷人家的小男孩，剛開始給他吃飽飯，後來每日減少，時間長了就不給食物，而且每天用醋從頭到腳澆淋，還在其關節和經絡都釘入釘子，等小孩死後，將枯骨收斂，拘其魂魄使用，就能為術師占卜吉凶，稱之為「骷髏神」。

——此鬼記載於元代《湖海新聞夷堅續志‧前集卷二》

436 曠野鬼

曠野鬼是地獄中的一種鬼，常患飢渴，被天火燒身。其前世曾霸占曠野中的湖池，不許過往人飲用，並口出惡言。

——此鬼記載於唐代釋道世《法苑珠林‧卷第六》

437 空心鬼

清代，杭州有個人叫周豹先，家住在東青巷。

家裡的大廳每天晚上都會出現一個人，穿著紅色的袍子，戴著烏紗帽，方臉，滿臉鬍子。這個人旁邊還有兩名隨從，尖嘴猴腮，矮小猥瑣，穿著青色的衣服，聽其使喚。這個人從胸口到肚子都是透明的，人類可以透過他的肚皮，看到後面牆上掛的畫。

周豹先有個兒子才十四歲，生病臥床。他聽到這個戴烏紗帽的人和隨從一起商量道：「怎麼樣才能害了他呢？」隨從說：「明天，他要吃下盧浩亭的藥，我們兩個人變成藥渣混入他的碗裡，等他吃了之後，我們就可以讓他死掉。」

第二天，醫生來給周家的兒子看病，名字果然叫盧浩亭，給周家兒子開了藥，周家兒子說什麼也不肯吃藥，把昨天聽到的話告訴家人。

家裡人買了一幅鍾馗畫掛在堂上，想借此鎮鬼。沒想到，那三隻鬼一點都不怕，反而嘲諷說：「這位近視眼先生，老目昏花，人和鬼都分不清，有什麼可怕的？」

過了一個多月，兩個隨從又湊在一起說：「這一家人的氣運並沒有徹底衰竭，我們鬧騰了也不會有收穫，不如到別家去。」戴烏紗帽的說：「如果這樣就放過他們家，以後都像這樣不行了就走掉，那怎麼得到血食呢？今年是豬年，可以找一個屬豬的索命。」

不久後，周家果然有一個屬豬的僕人死掉了，而周家兒子的病也痊癒了。周家人稱呼這三隻鬼為「空心鬼」。

——此鬼記載於清代袁枚《子不語・卷五》

438 考場鬼

有個人叫郭承嘏，把一卷字帖當作寶貝一樣珍惜，常常隨身攜帶。

有一次，郭承嘏參加考試，寫完試卷，見天色還早，就把卷子放到隨身攜帶的書箱中。到了交卷時，他從書箱中拿出試卷交上，回到家，想取出那卷字帖欣賞，發現竟然是試卷，這才發現自己錯把字帖當作試卷交了。

郭承嘏十分焦急，想把字帖換回來，來到考場門外，見看守嚴密，根本進不去，沒有辦法，便急得團團轉。這時候，有一個老書吏走過來，見郭承嘏這副模樣，就問他是怎麼回事。郭承嘏把事情說了一遍，老書吏說：「我能給你換回來，可是我家貧窮，住在興道里，如果能給你換成，希望你給三萬錢當作酬勞。」郭承嘏答應了他。

老頭從郭承嘏手裡接過試卷，進了考場，過了一會兒，他走出來，把字帖交給郭承嘏，說事情辦完了。

第二天，郭承嘏拿著三萬錢，親自送到興道里，找到了老書吏的家。老書吏的家人聽郭承嘏說完這件事後，十分驚訝，說：「我父親已經死了三個月了，因為家裡很窮，一直沒有下葬。」郭承嘏也很震驚，這才知道他在考場門口碰到的，竟然是一隻鬼。儘管如此，郭承嘏還是遵守承諾，把三萬錢給了那隻鬼的家人。

——此鬼記載於宋代李昉等《太平廣記・卷第三百四十五》
（引《尚書談錄》）

439 虎鬼

五代，有個人叫陳褒，隱居在一個草廬之中，窗戶外面就是曠野。

有一天晚上，陳褒臨窗而坐，忽然聽到有人馬之聲傳來，他轉頭看過去，發現有個婦女騎著老虎從床下經過，徑直走入了西屋。

樓下有個奴婢正在睡覺，那婦人取來細珠枝從牆壁的縫隙中刺奴婢，奴婢覺得肚子疼，開門去上廁所。陳褒剛想要開口提醒，那奴婢就走出了門，結果被老虎抓住。

陳褒趕緊出去，從老虎的口中救下了奴婢。

後來，聽周圍的鄉親說，當地一直有這個東西，名為「虎鬼」。

宋代，永新州有個醫生叫林行可，醫術高超。

有一天傍晚，有個老婆婆前來，請他去自己家裡看病。林行可覺得天晚了，想第二天早晨再去。但老婆婆不答應，林行可只能跟著過去。走了五里，來到東嶽廟前，老婆婆說：「你在這裡等著。」說完，老婆婆來到一個墳墓旁邊消失了。

林行可覺得奇怪，趕緊爬上東嶽廟的亭樓上，關上門窗，從窗戶縫隙裡偷看，見老婆婆引著一隻老虎前來，四下看了看，不見林行可的蹤影，就撫摸著老虎的背，說：「真是可惜！我三年才給你謀得這份肉，沒想到讓他跑了！」

天亮之後，林行可才敢下樓回家。

——此鬼記載於五代徐鉉《稽神錄·補遺》、宋代《異聞總錄》

440 虎倀

古代傳說被老虎吃的人，死後會變成虎倀（彳尢，註：供虎使喚的鬼），無法投胎轉世，被老虎逼著幹壞事。

唐朝開元年間，渝州多次發生老虎吃人的事件，獵人們設了有機關的陷阱，總是沒捉到牠。

一個有月光的夜晚，有個獵人爬到樹上去張望，看到有一個虎倀，長得像一個七、八歲的小男孩，光著身子輕手輕腳地行走。他全身是碧色的，來到陷阱處便發現那裡的機關。

等小男孩走過去後，樹上的這個人又下來重新裝好機關。不一會兒，一隻老虎徑直走來，掉進陷阱裡死了。又不一會兒，小男孩哭著走回來，鑽進了老虎的口中。等到天明，獵人們打開陷阱一看，有一塊雞蛋大的碧玉卡在老虎的喉嚨裡。

同樣在唐朝，天寶末年，宣州有一個小男孩，他的家與山靠近。

每天到了夜晚，他總能看見一隻鬼帶著一頭老虎來追他，如此已經十多次了。

小男孩對父母說：「鬼帶著老虎來，我就一定得死。世人都說，人被老虎吃了，就會變成虎倀鬼。我死了肯定得作倀。如果老虎要我替牠帶路，我就把牠帶到村裡來。村裡應該在主要道路上挖陷阱等著，就可以捉到老虎了。」

幾天之後，這小男孩果然被老虎吃了。

過了幾日，他的父親夢見他。他對父親說，他已經變成虎倀了，明天就會帶著老虎到村裡來，應該在偏西的路上趕快做一個陷阱。他的父親就和村裡人開始挖陷阱。陷阱挖成之後，果然捉到了老虎。

清代，有個樵夫在山裡伐木，工作累了休息時，遠遠看見有個人拿著一堆衣服，一邊走一邊丟棄，模樣很奇怪。樵夫就暗暗跟蹤，發現這個人走路很快，相貌也跟人不一樣，就懷疑他是鬼怪。

樵夫順著丟棄的衣服往前走，來到山坳，看到一頭老虎蹲伏在那裡，才知道剛才看到的那個人是虎倀，丟棄衣服是為了引人到老虎這邊，給老虎吃掉。樵夫嚇得魂都飛了，連柴火都不要，趕緊下了山。

——此鬼記載於唐代戴孚《廣異記》、清代袁枚《續子不語·卷五》、
清代紀昀《閱微草堂筆記·卷十七》

441 護界五郎

宋代，揚州有個僧人去江州，傍晚時路過一個村子，見路旁有個小廟，就在裡面住宿。

到了半夜，僧人看見一幫無賴少年抓著一個人來，殺了這個人祭祀，然後就離開了。

僧人天亮後趕路，走了幾里，看見一個廟宇甚是雄偉，上面寫著「護界五郎」，裡面有無數的白骨。僧人知道這一定是妖鬼，就用錫杖擊碎了神像，當天晚上，有五隻鬼前來索命，僧人持誦〈大悲咒〉自衛，安然無恙。

到了江州，僧人寄居在普賢寺，那五隻鬼又站在門外，身體高到了門楣，寬約兩丈。寺裡的方丈教僧人念〈火輪咒〉，這咒語只有七個字。僧人念咒，五隻鬼的身體逐漸縮小，等到只剩下一寸高的時候，五隻鬼跪地求饒，僧人不答應，繼續念，過了一會兒，旋風四起，將那五隻鬼吹成灰燼。

——此鬼記載於宋代洪邁《夷堅志·夷堅志三補》

442 花魄

清代，婺源地區的謝某，在張公山讀書。早晨起來，他聽到樹林中鳥鳴婉轉，好像是鸚鵡或八哥，便走上前去，發現是個美女，五寸多高，赤裸無毛，通體潔白如玉，表情似乎很愁苦。

謝某把美女帶回來，養在籠子裡，用飯餵養她。美女也跟人說話，但是謝某聽不懂她說的是什麼。過了幾天，美女被太陽照射，竟然乾枯而死。

當地有個叫洪麟的孝廉聽說這件事，跟謝某說：「這叫花魄，如果一棵樹上吊死過三個人，樹上的冤苦之氣就能凝結生出它來。把它泡在水裡，可以活過來。」謝某如是照辦，美女果然活了。

周圍很多人前來看熱鬧，謝某把它送回樹上，但過沒多久，一隻大怪鳥飛過來，銜著它飛走了。

——此鬼記載於清代袁枚《子不語·卷二十四》

443 化成寺鬼

宋代，有個叫沈持要的人，紹興二十四年六月，去臨江這個地方。到了湖口縣，他夜宿在化成寺裡，晚上和方丈聊天，方丈說起化成寺裡鬧鬼一事。

原本，寺裡停放了很多棺材，去年一名旅客前來投宿，晚上看到一具棺材放光，就爬起來觀看，覺得光芒之中好像有人在動。旅客很害怕，趕緊跑到佛殿的帷幕後面，伸出頭來看。

那棺材裡的鬼掀開棺蓋，也伸出頭來。旅客伸出一隻腳，鬼也伸出一隻腳；旅客收回腳，鬼也收回腳。旅客嚇壞了，拔腿就跑，鬼跟著就追。旅客繞著大殿跑，一邊跑一邊大聲叫寺裡的僧人。

僧人們出來時，旅客已經昏厥在地，那隻鬼撞到柱子上，走過去一看，變成了一地的枯骨。

——此鬼記載於宋代洪邁《夷堅志·夷堅甲志·卷第十六》

444 畫皮

太原的王生在早上出行，遇見一個女郎，懷抱包袱，獨自趕路，步履非常艱難。王生急跑了幾步趕上她，原來是個十六、七歲的美貌女子。

王生心裡非常喜歡她，就問女子：「為什麼天色未明就一個人孤零零地出行？」

女子說：「你也是行路之人，不能解除我的憂愁，哪裡用得著你費心問我。」

王生說：「你有什麼憂愁？或許我可以為你效力，我絕不推辭。」

女子黯然說：「父母貪財，把我賣給大戶人家做妾。正妻十分妒忌，早晚都辱罵責打我，我不堪忍受，就逃了出來。」

王生問：「你去什麼地方？」

女子說：「在逃亡中的人，哪有確定的地方。」

王生說：「我家在不遠處，你就跟我回家吧。」

女子很高興，就聽從了王生的話。

王生帶著女子一同回家，女子四面看看室中沒有別人，就問：「你怎麼沒有家眷？」王生回答說：「這是書房。」女子說：「這地方很好。但請你一定要保守祕密，不要洩露消息。」王生答應了她，然後二人同床共枕。

　　王生把女子藏在密室中，過了幾天把情況大略地告訴了妻子。妻子陳氏懷疑女子是大戶人家的陪嫁侍妾，勸王生打發女子走。王生不聽。

　　有一天，王生偶然去集市，遇見一個道士，道士回頭看見王生，十分驚愕，就問他：「你是不是碰到了什麼不乾淨的東西？」

　　王生回答說：「沒有。」

　　道士說：「你身上有邪氣縈繞，怎麼說沒有？」王生又盡力辯白。道士一邊離開一邊說：「糊塗啊！世上竟然有死到臨頭而不醒悟的人。」

　　王生因為道士的話而覺得奇怪，有點懷疑那女子，轉而又想，明明是漂亮女子，怎麼會是鬼怪，猜想道士肯定借作法驅妖來騙取食物，就沒放在心上。

　　沒過多久，有一次，王生去書房，發現門從裡面鎖上了，推不開。王生有點懷疑，就翻過殘缺的院牆，躡手躡腳地走到窗口窺看，只見一隻面目猙獰的鬼，翠色面皮，牙齒長而尖利，像鋸子一樣。那隻鬼在榻上鋪了一張人皮，手拿彩筆正在人皮上繪畫。不一會兒，它扔下筆，舉起人皮，像抖動衣服的樣子，把人皮披到身上，變成了那個女子。

　　王生看到這種情狀，十分害怕，便到處尋找那個道士。找到後，他跪在道士面前乞求他解救自己。

　　道士說：「這隻鬼也很苦，剛剛找到替身，我也不忍心傷害她的生命。」於是把手裡的拂子交給王生，令王生把拂子掛在臥室門上。臨別時，約定在青帝廟相會。

　　王生回去後，不敢進書房，於是睡在內室，在門上懸掛拂子。一更時分左右，他聽到門外有齒牙磨動的聲音，自己不敢去看，便叫妻子去窺看情況。只見到女子來了，遠遠望著拂子，不敢進門，站在那兒咬牙切齒，過了很久才離去。但女子過了一會兒又來，取下拂子扯碎，撞壞臥室的門闖進來，一直登上王生的床，撕裂王生的肚腹，掏取王生的心後離去。

王生的妻子號啕大哭，婢女走進去用燈照，發現王生已死，血流得到處都是。

　　陳氏十分害怕，不敢出聲，天亮後，她叫王生的弟弟二郎跑去告訴道士。

　　道士聽了十分生氣，說：「我本來同情她，想不到竟然如此大膽！」說完，道士跟隨二郎一起來到王家，但女子不知道跑到哪裡去了。

　　道士仰首向四面眺望，說：「幸好逃得不遠。」又問：「南院是誰家？」

　　二郎說：「是我住的地方。」

　　道士說：「現在在你家裡。」

　　二郎十分驚愕，認為家中沒有。

　　道士問道：「是否有一個不認識的人來？」

　　二郎回答說：「我實在不知道，你稍等一下，我去問問。」

　　他去了一會兒又返回來，說：「果然有個這樣的人。早晨一名老嫗來，想要為我們家做僕傭，我妻子留下了她，現在還在我家。」

　　道士說：「這就是那隻鬼。」於是和二郎一起到他家。

　　到了二郎家中，道士拿著木劍，站在庭院中心，喊道：「孽魅！賠償我的拂子來！」

　　老嫗在屋子裡，十分慌張，出門想要逃跑。道士追上去擊打老嫗。老嫗僕倒，人皮嘩的一聲脫下來，變成了惡鬼，躺在地上像豬一樣地嗥叫。道士用木劍砍下惡鬼的腦袋。鬼身旋繞在地，成為一團濃煙。接著，道士拿出一個葫蘆，拔去塞子，把葫蘆放在濃煙中，葫蘆瞬息便將濃煙吸盡。然後，道士塞住葫蘆口，把葫蘆放入囊中。

　　大家一同去看人皮，只見皮上眉目手足，沒有一樣不具備。道士把人皮捲起來裝入囊中，於是告別要離去。

　　陳氏在門口跪拜道士，哭著求道士讓王生復活。道士推辭，表示自己無能為力。陳氏更加悲傷，伏在地上不肯起來。

　　道士沉思之後說：「我的法術尚淺，實在不能起死回生。你們去找一人，去求他一定會有效。」

　　陳氏問：「什麼人？」

道士說：「集市上有個瘋子，常常躺在糞土中。你試著哀求他。」

於是，二郎陪同嫂嫂一起去找瘋子。在集市上，二人見到一個乞丐瘋瘋癲癲地在路上唱歌，鼻涕流有三尺長，全身骯髒得不能靠近。陳氏跪下來苦苦哀求。乞丐調戲陳氏，毆打她，陳氏都默默忍受，後來乞丐救活了王生。

——此鬼記載於清代蒲松齡《聊齋志異·卷一》

445 火燒食鬼

火燒食鬼是地獄中的一種鬼，生前極吝嗇貪婪，乃至從僧人口中奪食，死後先下地獄，出地獄後轉生鬼道，常被大火爐燒身。

——此鬼記載於唐代釋道世《法苑珠林·卷第六》

446 鑊湯鬼

鑊湯鬼是地獄中的一種鬼，該下油鍋或開水中煮，因為它們前世曾以殺生為生，包括劊子手和屠夫之類；還有的是因為生前有人託他們寄存財物，他們見財起意，拒不歸還。

——此鬼記載於唐代釋道世《法苑珠林·卷第六》

447 還魂

在中國古代，有著「人死了會還魂」的說法。

到了還魂這天，家裡的人都會出去躲避，即便是富貴大族，也會如此。那一天，家人會打掃死者的房間，在地上撒鍋灰，銅錢也要用白紙封上，以免鬼見了害怕。他們還會在炕頭擺上一個案子，上面放一杯酒，煮幾顆雞蛋，點一盞燈，然後關閉房門。

第二天，家人回家前會敲響鐵器，打開屋子時，會發現灰土上有雞爪、虎爪、馬蹄等印記，有的還會發現蛇爬過留下的痕跡，大概和死去

的人的屬相有關，屬相是什麼，就會留下什麼樣的痕跡。家裡的雞、狗之類的家畜，也經常會有碰到還魂而死掉的。

有個書生的弟弟死掉了，他向來不相信有還魂，便在半夜時偷偷跑到窗戶下偷看。屋子裡只有一盞燈，發出昏黃的光線，並沒有什麼東西出現。接著，他忽然看到一股小旋風降臨，有個黑色的漁網之類的東西罩在桌案上，燈光馬上變得慘綠一片，暗淡無比。書生站在外面，頓時覺得全身僵硬，無法動彈。過了一會兒，燈光恢復先前的明亮，他才覺得能喘過氣來。因為這件事，這個書生過了很久才恢復正常。

清代乾隆年間，王硯庭擔任安徽靈璧縣的縣令。縣裡有個村子，死了一個姓李的婦女。這個婦女三十多歲，又瞎又醜，生了怪病，肚子奇大無比，就像母豬的肚子似的。婦女死後，丈夫進城買棺材回來，正要入殮的時候，這個婦女又活了過來，不僅雙眼能看到東西，而且肚子也不大了。

丈夫很歡喜，走過去想親近一番，那婦女卻嚴詞拒絕，哭著說：「我是別村的人，姓王，還沒有結婚，你怎麼能對我這般無禮？我的父母姊妹在什麼地方？」

丈夫嚇了一大跳，趕緊到她說的那個村子裡找到姓王的人家，那家人正在為剛剛埋葬的女兒哭泣，聽到這男子這麼做，趕緊來到他家裡來。那個婦女抱著親人哭訴，所說的事和王家女兒生前經歷的絲毫不差。

後來，兩家人為這個女子打官司，王硯庭做主，把這個女子判給了原本的丈夫，也算是天作之合了。

——此鬼記載於清代和邦額《夜譚隨錄·卷二》、清代袁枚
《子不語·卷一》

448 黃魔神

湖北秭歸縣歸州鎮西邊二里地，有一條吒溪流經此處，水流湍急，礁石橫布，水勢洶湧，聲若雷霆，是歸峽最險之處，船隻行駛到這裡，經常會觸礁翻掉，所以這地方被叫作「人鮓甕」（註：鮓，指醃製的魚類食品，音為ㄓㄚˇ）。歷史上，出入三峽的歷代文人，在詩文中經常把這地

方和鬼門關對應，可見其險惡。

傳說唐代咸通年間，有個叫林蘭陵的翰林要去貴州，八月的時候，他從三峽經過，來到秭歸時，江水高漲，水勢滔天，奔湧呼嘯。林蘭陵擔心船隻會遇到險情，在床上輾轉反側，忽然夢到一隻大鬼，頭髮赤紅如火，瞳孔呈現碧青色，對林蘭陵說：「不要害怕，你盡可以放心過。」林蘭陵醒來，覺得很奇怪，等再次睡著，又夢到了這隻大鬼，對他說：「我是黃魔神，將保護你安全渡過這處險灘。」

自此之後，人們就把這片險灘叫作「黃魔灘」了。

——此鬼記載於宋代樂史《太平寰宇記·卷之一百四十八》，
宋代范成大《吳船錄·卷下》，清代沈雲駿、劉玉森《光緒歸州志》

449 黃父鬼

在南朝宋的黃州地區，有黃父鬼的傳說。黃父鬼穿一身黃衣服，會闖入人的家裡張開嘴笑，很快的，這家人就一定會得瘟疫。這種鬼的身高變化莫測，百姓家裡的籬笆有多高，它就會有多高。

孝建年間，廬陵人郭慶之的家裡有個叫采薇的丫鬟，年輕俊俏。忽然有一個人，自稱是山靈，一丈多高，手臂和腦門上都有黃色，相貌端正，風度翩翩，與采薇私通。

據采薇說，它經常來，但一般都隱身。有時候也現形，但變化無常，時大時小，有時像一股煙，有時又變成一塊石頭。有時變成小孩、女子，有時又變成鳥或獸。黃父鬼的腳印像人，但有二尺長。有時腳印又像鵝掌，有盤子那麼大。這隻鬼來時，門窗自開，一下子就進屋了，和采薇說笑調戲，也和人一樣。

據說，黃父鬼以鬼為飯，喝露水，也叫尺郭、食邪、赤黃父。

——此鬼記載於漢代東方朔《神異經·東南荒經》、宋代李昉等
《太平廣記·卷第三百二十五》（引《述異記》）

450 黃大王

黃大王，是黃河之主。

相傳，黃大王生前是山西人，明朝時出生於農家，父親在他很小的時候就過世了，由母親撫養長大。他三歲的時候，母親替人洗衣服，從井裡提水，黃大王在井邊玩耍，看到井裡出現自己的影子，就跳了進去。母親嚇壞了，趕緊叫人來救，結果發現他坐在水上，兩手拍著自己的影子嬉戲，身體根本就沒沉下去。

到了黃大王七、八歲時，母親也過世了，他的姑姑嫁給打魚的，沒有兒子，就將黃大王抱過去收為養子。黃大王跟著姑父、姑母打魚，更是以水為樂。

姑父屢次叫黃大王不要玩水，他也不聽。

有一天，姑父躺在船頭，被黃大王擊水弄濕了衣服，姑父很生氣，一腳將黃大王踹下船，黃大王隨波逐流而去。

姑母見了，大急，喊道：「你怎麼把我兒子踢進水裡了？黃家要絕後，我老了也無所依靠了！」

夫妻兩人正在爭吵，從下游來了一條船，船主人詢問後，說：「沒事，下游十里地，有個孩子正在玩水，估計是你家的，趕緊去帶回來。」

姑母趕緊去找，發現黃大王抱著一條大魚從水波裡走出來。

後來，黃大王漸漸長大，姑母就讓他為人放牛，然後送入私塾讀書，黃大王非常聰慧，過目不忘。

等黃大王成年，姑父和姑母也病逝了。時值明末，天下大亂，到處都是盜賊，黃大王被王爺招攬。接著，起義軍進入陝西，圍困太原，黃大王知道賊勢甚大，不能抵抗，就買了十幾條小船，沿黃河而上，最終救下王爺和其他許多人。黃大王安置了王爺，就回家教書。

後來，清兵入關，平定山西，治理黃河決口的堤防。黃大王前去，指揮築堤，決口即將合攏時，水流甚急，官府選了四名壯漢，要他們抱著木樁去堵缺口，那四個人都不敢去。黃大王見了，流下眼淚說：「你們四個人如果因此死去，就會立下大功，享受千年的祭祀，如果不答應，同樣會被處死。都是死，為什麼不去呢？」四名壯漢聽了，都覺得黃大

王所言甚是，於是大醉一場，抱著木樁用生命築成了大堤。

官府論功行賞時，黃大王拒絕，說：「我生是明朝人，死是明朝鬼，之所以前來築堤，是為了百姓，不是為了功名。」說完就離開了。

後來，黃河決堤，洪水四處氾濫，淹死了很多人。治理黃河的官員招來黃大王，黃大王登高，看著滔滔的洪水，選定日子，然後說：「那天，所有人都要迴避，我一個人去辦。」

這一日，風雨雷電交加，雲霧中看見一條黑龍下來，天地震動，黃河咆哮，一連持續了三天三夜。風平浪靜之後，大家前去觀看，發現決口已經堵上，但是黃大王已經死了。河官上奏朝廷，封其為黃河之主，稱「黃大王」，建立寺廟供奉，享受祭祀。

古話說，生而為英，死而為靈，黃大王之凜然正氣，當為世間所知。

——此鬼記載於清代吳熾昌《續客窗閒話·卷一》

451 紅袖

清代，有個叫臺布的人，晚上上廁所，把燈籠掛在牆上，過了一會兒，聽到外面傳來窸窸窣窣的聲響，然後看到一個紅色衣袖伸了進來，有一尺多寬，緩緩上升，遮住了燈籠。臺布喝斥一聲，紅袖縮回去，過了一會兒又來。如此三、四回，臺布害怕了，趕緊站起來，挑著燈籠四處查看，沒發現有什麼。

他回來後告訴夫人，夫人向來膽子大，就帶著丫鬟去廁所查看。來到廁所門口時，丫鬟害怕得不敢進去，夫人罵道：「就你命貴！怕被嚇死呀！」於是，自己奪去燈籠走進去，結果看到有個人蹲在廁所的轉角。

夫人走上前看，是個紅衣女子，臉色慘白，齜牙咧嘴。她大聲喝斥道：「你是鬼嗎？想幹什麼？」然後用手去搧，結果女子就不見了。

臺布聽見動靜，前來扶著夫人回到房間，見夫人嚇得面無人色。

過不久，臺布就病死了，再過兩天，夫人也突然死掉了。

——此鬼記載於清代和邦額《夜譚隨錄·卷四》

452 合魂

唐代天寶末年，有一位姓鄭的書生進京趕考。書生走到鄭州西郊的時候，天快黑了，就到一戶人家裡借宿。

這家主人問他貴姓，他說姓鄭。這時，裡屋忽然出來一個婢女對鄭生說：「我家娘子應該是你的堂姑。」接著，就見一個老婦從堂屋裡出來，鄭生連忙向堂姑問安。

二人坐著聊了很久，堂姑問鄭生結婚沒有，鄭生說沒結婚，堂姑就說：「我有個外孫女在這裡，姓柳，她父親是淮陰縣令，和你門第相當，我想把她許給你為妻，你看如何？」鄭生不敢推辭，就答應了。

這天晚上，鄭生和柳氏就舉行婚禮，入了洞房，二人十分稱心如意。

住了幾個月後，堂姑對鄭生說：「你可以帶著你媳婦去一趟柳家看看你的岳父母。」鄭生就帶著柳氏去了淮陰。

到淮陰後，鄭生派人先去柳氏家通報，柳家人一聽都十分驚訝。柳氏下車後，慢慢地走進院中，而柳家則走出來一個一模一樣的女子，兩個人在院中相遇之後，忽然合成了一個。鄭生的岳父追查這件事，才知道原來是自己死了很久的岳母，把她外孫女柳氏的魂許給了鄭生。

後來，鄭生再去尋找鄭州西郊那個曾投宿過的地方，但那裡已什麼都沒有了。

唐代大曆年間，在宮內尚衣局（管皇帝衣服的部門）當侍御的韋隱，娶了宮內將作府（管宮廷土木建築）的少匠韓晉卿之女為妻。

後來，韋隱奉詔出使新羅國，上路走了一程後，心裡覺得很難過。他睡著後，忽然發現妻子在帳外，驚訝地詢問她怎麼會來這裡，妻子說：「你渡海遠行，我實在不放心，所以跑來跟你一起走，別人不會知道的。」韋隱就騙手下人說，他收了個婢女在身邊侍候他，人們都沒懷疑。

兩年後，韋隱帶著妻子回到家中，一看屋裡還有個妻子，兩個妻子走近後，合成了一體。原來跟韋隱去新羅的，是妻子的魂魄。

——此鬼記載於唐代李冗《獨異記》、宋代李昉等《太平廣記·卷第三百五十八》（引《靈怪錄》）

453 海渚鬼

海渚鬼住在大海孤島上，無衣蔽體，遭受絕非人類所能忍受的暴寒暴熱之苦。因其前世曾於曠野遇到孤獨無助的病弱者，巧取豪奪其財物，故受此報。

——此鬼記載於唐代釋道世《法苑珠林·卷第六》

454 黑水將軍

弋陽郡的東南有條黑水河，河岸上有座黑水將軍祠。

唐代太和年間，薛用弱調任弋陽當郡守。有一天晚上，他做了這樣的夢：黑水廟的執事說黑水將軍到了，他便趕快請進來。一看，黑水將軍是一個身材魁梧的大丈夫，十分威嚴，穿著鎧甲，腰挎箭袋。黑水將軍坐下後說：「我生前是在黑水河裡淹死的，一生秉正剛直講求仁義，就向天帝請求放還。天帝說，我在陰界的官運很盛，任命我當黑水將軍。請郡守大人在河岸上給我立個祠廟，我就可以祐護這一帶的百姓。」

薛用弱在答應後就醒來了，於是下令建廟設祭。從此，不論水旱災害，凡是到廟裡祈禱，都很靈驗。

薛用弱有一把葛谿寶劍，黑水將軍託夢說很喜歡這把劍，薛用弱就將劍贈給了它，派人在廟裡的柱子上挖一個槽，再把寶劍裝在匣子裡後放進柱子，外面設個小門，用鎖鎖上。

乾符戊戌年，大理少卿徐煥由於執法公正辦案有功，被任命為弋陽刺史。他在秋天七月出京赴弋陽上任，遇上連綿的秋雨，往東去的道路十分泥濘。徐煥經崤山、函谷關，過東周一直走到許蔡，天仍不放晴。後來，他渡過淮河住在嘉鹿的旅店，總算到了弋陽的西邊縣境。

當時仍然是淒風苦雨不斷襲來，僕從和侍衛們都凍得受不了。徐煥就到黑水廟去祭祀，當晚就雨過天晴了。徐煥因此對黑水將軍更加崇敬。上任後，每到春秋兩次大的祭典，徐煥都會親自參加。

第二年冬天，有幾千名叛軍來攻打弋陽城，徐煥帶人堅守，叛軍始終攻不下來，只好轉向西面去攻義陽。

當時有個無賴，把薛用弱將寶劍藏在黑水神廟的事，告訴了叛軍的副將。副將就帶著人進廟，劈開柱子把寶劍拿走了。

拂曉時，這股叛軍四處燒殺搶掠，突然被彌天大霧裹住，不知道該往哪裡走。忽然遇見一個砍柴的少年，叛軍就抓住少年，叫他帶路。少年帶著叛軍翻過山後，濃霧頓時消散，一看竟然來到平叛的義軍將領張周的軍營前。張周率領義軍殺出營來，把叛軍全部消滅，並活捉了叛軍為首的那個副將，繳獲了那把寶劍，又送回廟裡。

現在，黑水將軍廟的香火仍然終年不斷。據說那個砍柴少年，就是黑水將軍變成的。

——此鬼記載於宋代李昉等《太平廣記·卷第三百一十二》
（引《三水小牘》）

455 黑闇鬼

黑闇鬼是地獄中的一種鬼，它們的眼睛看不見東西，總是住在布滿毒蛇的黑暗地方，被蛇咬得疼痛不堪，猶如刀割，天天發出淒慘的哀鳴。它們的前世多為贓官，貪贓枉法，將無辜的人打入牢獄。

——此鬼記載於唐代釋道世《法苑珠林·卷第六》

456 韓朋鳥

韓朋鳥，本是野鴨水鳥一類的鳥，生活在溪水湖泊之中，古人認為，韓朋鳥就是韓朋夫妻的靈魂所化。

古時有個人叫韓朋，他的妻子很美，被宋康王強奪到手。韓朋為此怨恨，宋康王就囚禁了他，韓朋隨即自殺了。

妻子和韓朋很恩愛，她被搶奪之後，私下故意將衣服弄得破爛，等到和宋康王一同登上高臺遊玩的時候，就跳了下去。宋康王的手下人想扯她的衣服，但衣服一扯就爛，所以沒拉住，她便掉下去摔死了。

她在衣帶中留下遺書說：「希望把我的屍體還給韓朋，與他合葬。」

宋康王很生氣，把她的墳埋在韓朋墳的對面，讓他們就算變成鬼，也只能互相對望。

過了一夜，忽然有梓樹從二人的墳上長出，樹根在地下相交一起，樹枝在地上相連，還有像鴛鴦一樣的鳥，經常棲息在樹上，從早到晚悲切地鳴叫。

——此鬼記載於晉代干寶《搜神記·卷十一》、唐代劉恂

《嶺表錄異·卷下》

457 漢楚王太子

唐高宗建造大明宮宣政殿，剛剛建成的時候，每到晚上都看見數十名騎馬的人行馳在殿的左右。殿中守夜的衛兵都看見了，騎馬人的衣服和馬匹非常整潔，一連十多天都是這樣。

高宗叫術士劉門奴問問那幫人到底是什麼來頭，對方回答說：「我是漢代楚王戊的太子。」

門奴質問他說：「按《漢書》的說法：楚王和七國串通謀反，漢軍殺了他，平滅了宗族。怎麼能有遺留的後代呢？」

對方回答說：「楚王謀反失敗，天子顧念我，沒殺我，養在宮中，後來因病而死，就埋在這個地方。天子可憐我，用一雙玉魚為我殉葬，現在放在正殿的東北角。史官漏掉了這些事，所以不見於史書。」

門奴說：「現在皇帝在此，你怎敢在院中騷擾？」

這位鬼太子回答說：「這是我過去住的地方。現在既然在天子宮中，行動很受拘束，我請求改葬在高敞美麗的地方，但是你們千萬不要拿走我的玉魚。」

劉門奴向唐高宗奏明了這件事，高宗命令改葬。

後來，眾人挖開這個地方，果然有一座古墓，棺木已經腐朽了，屍體的旁邊有一雙精緻的玉魚。唐高宗下令換了棺材，把這位太子移葬在宮外，並把玉魚隨葬。

此後，大明宮就再也沒有鬼出現了。

——此鬼記載於唐代戴孚《廣異記》

458 疾行鬼

疾行鬼是地獄中的一種鬼，平時總是以骯髒的東西為食物，吃進以後，突然全身燃著，燒得死去活來。這些鬼前世為僧人，身著法衣，四處化緣，假說為病人看病，但是化緣過來的錢，全買成好吃的獨自吃了。這是破戒之報。

——此鬼記載於唐代釋道世《法苑珠林·卷第六》

459 聻

古人認為，人死了，就會變成鬼，但是鬼也是會死的，鬼死了，就會變成「聻」（ㄐㄧˋ）。

鬼怕聻，就像人怕鬼一樣。所以，從唐代開始，老百姓就喜歡在一張紙上寫上「聻」字，貼在門上，用來鎮祛鬼祟。

現在，中國江浙個別地區還有「埋聻磚」的習俗，就是把一塊刻有「聻」字的石磚砌入房子，以達到防鬼、祛邪的目的；在端午，民間的廟宇或是正一派的散居道士，會向周圍的百姓發放一張祛邪的符，有的是紅底黑墨，但多數是黃底黑墨，上書「聻」字，鎮壓鬼祟。

河南衛輝府的戚生，有膽量，當時一個大戶人家有巨宅，因為白天見鬼，家裡人相繼死去，願意把宅子賤價賣掉。戚生貪圖價廉，便買下來住了。兩個多月後，死了一個丫鬟。沒過多久，戚生的妻子也死了。戚生一人孤苦伶仃，後來來了一個女鬼，自稱阿瑞，和戚生情意殷切。

戚生思念去世的妻子，就讓阿瑞招來了妻子的亡魂相見。阿瑞讓戚生燒了不少紙錢，賄賂了前來捉拿亡魂的鬼差，讓戚生和妻子歡聚了不少時間。

過了一年多，阿瑞忽然病得昏沉沉的，煩躁不安，神志不清，像是見了鬼的樣子。

戚生的妻子撫摸著她說：「她這是被鬼弄病的。」

戚生說：「阿瑞已經是鬼了，又有什麼鬼能使她生病呢？」

妻子說：「人死了變成鬼，鬼死了變成聻。鬼害怕聻，猶如人害怕鬼一樣。」

儘管戚生和妻子想了很多辦法，阿瑞還是變成了一堆白骨。

後來，戚生的妻子說，阿瑞死去的丈夫變成了聻，聽說她和戚生的事，很憤怒，要報復阿瑞。戚生就請了很多僧人，做了法事，超渡阿瑞，讓她轉世投胎，擺脫了聻的復仇。

——此鬼記載於唐代段成式《酉陽雜俎·續集卷四》、金代韓道昭《五音集韻·上聲第七·旨第四》、清代蒲松齡《聊齋志異·卷五》

460 家鬼

晉代元興年間，東陽太守朱牙之有個姓董的小妾。

有一天，有個穿著黃色衣服、戴著帽子的老頭，從小妾的床底下鑽出來，和小妾關係很好，有什麼吉凶，往往會提前告訴小妾。

有一次，朱牙之的兒子生了病，老頭說：「得用虎卵（即老虎的睪丸）才能治癒。」朱牙之就上山殺了老虎，取來虎卵給兒子吃下，兒子的病果然好了。

小妾為老頭梳頭髮時，發現老頭的頭髮如同野豬毛。朱牙之後來特別祭祀了老頭，老頭就消失不見了。

有人說，這個老頭是朱牙之家裡的鬼。

——此鬼記載於南北朝劉敬叔《異苑·卷六》

461 結竹村鬼

宋代，弋陽縣結竹村有個人叫吳慶長，叫奴僕晚上去看守稻子。結果發現有人來偷割，怎麼抓都抓不住，白天去看稻子，卻發現稻子並沒有少。這個奴僕向來膽大，就準備好長矛等待。

第二天晚上，那東西果然又來了，奴僕大步追趕，舉槍刺去，發現是一截破舊的杉木。

第三天，奴僕想燒掉它，被村裡的巫師知道了。巫師說，這是能變化的鬼，燒了不能制服它，需要先砍成碎片，然後放在小鍋裡煮。

奴僕按照巫師所說的做了，結果聽到鍋裡面傳來那隻鬼的哀求聲：「你饒了我吧！我再也不敢來騷擾你了，如果你不放我，我一定找巫師索命！」

奴僕就打破了鍋子，把木片扔到田野裡，那隻鬼果然就不來了。

——此鬼記載於宋代洪邁《夷堅志·夷堅乙志·卷第十四》

462 借屍鬼

元代末年，有個叫葉宗可的人去淮陽躲避兵災，這一年，盜賊橫行，屍橫遍野。葉宗可畫伏夜行，有一天，見前方有很多強盜，大概無法通過，就躺在屍體之中。半夜，在月光下，他遙遙看見有人提著燈籠走過來，等他們走到近前，才發現是一個道士和一個童子。

道士用燈籠照屍體，看見婦人、老頭、小孩及瘦弱的屍體都沒興趣，手提起來就扔了，如同扔一片葉子那樣隨意。過了一會兒，道士發現一個壯漢的屍體，非常高興，趕緊脫下衣服，面對面抱著壯漢的屍體，對其嘴裡吹氣。

這般過了很長時間，道士的氣息逐漸虛弱，那壯漢的屍體站起來，睜開眼，推開道士的屍體，帶著童子，飄然而去。

——此鬼記載於明代祝允明《志怪錄·卷二》

463 交道鬼

交道鬼是地獄中的一種鬼，常遭飛來的神鋸肢解，死而復生。飢渴不得食，只有在十字路口祭祀時，才能吃一些祭品。其前世攔路搶劫，奪取路人隨身攜帶的財物口糧。

——此鬼記載於唐代釋道世《法苑珠林·卷第六》

464 酒鬼

所謂的酒鬼，就是讓人嗜酒的一種鬼。

清代，有個人在師父家求學，晚上還沒睡覺，忽然聽到窗戶外面有人說話，打開窗戶，看見一隻披頭散髮的鬼站在師父家門外，自稱是酒鬼，和門神聊天。門神說：「主人不喝酒，你進來幹嘛？」酒鬼從懷裡掏出一張紙，遞給門神看，然後走進了師父的屋子。

師父向來討厭喝酒，家裡沒有釀酒的東西，也沒有酒杯，但第二天就叫人買酒，自此嗜酒如命，很快就連書都不教了，家裡也變得困頓。

——此鬼記載於清代李鶴林《集異新抄・卷之四》

465 煎餅鬼

傳說夜裡做煎餅，就會招來鬼魂。

宋代，有個書生經過衢州，晚上在一個叫崇福院的寺廟住宿，有隻鬼對他說：「昨晚寺裡的和尚做煎餅、肉羹，被我吃掉了煎餅。我打翻了鼎器，把肉羹和灰都埋在花欄下面。」

還有一隻煎餅鬼，在一戶人家沒有得到煎餅，就把女主人的丫鬟推入火中，說：「我能治療火傷，但你得給我煎餅。」

據說，有個女子晚上做煎餅，從窗戶中忽然伸進來一隻巨大的青手，拿走煎餅就消失了。

——此鬼記載於五代孫光憲《北夢瑣言・逸文卷第二、逸文補遺》

466 剪燭鬼

清代，有個姓宋的人是當地的富豪。家裡的太夫人深夜獨坐，叫丫鬟把蠟燭的火頭剪掉，以便熄燈睡覺。結果，一個婦女掀開簾子走了進來。這女子白布裹頭，穿著一身孝服，舌頭從嘴裡長長地伸出來，披頭散髮，號啕大哭，剪掉火頭後消失了。太夫人嚇了一跳，不久後生病，很快就過世了。自此之後，這一家也慢慢變得貧苦起來。

——此鬼記載於清代李慶辰《醉茶志怪・卷二》

467 剪衣鬼

宋代，光州定城有個主簿姓富，任職期滿後帶著家人回家，途經合肥，因為有朋友在，就停下來歇息幾日，住在佛寺裡。

一天晚上，富某睡覺時聽到裝著行李的箱子裡發出切切的聲音，以為是老鼠，就沒太在意。

第二天，他打開箱子，發現裡面的幾隻金釵都被剪短了，其他箱子裡的衣服都被剪成了細條。富某大驚，趕緊詢問寺裡的僧人。僧人說：「也不知道是什麼蠢鬼！以前從來沒發生過這種事情。」話音剛落，僧人的僧衣也被剪得稀巴爛。

隔天，富某去老朋友那裡赴宴，將事情說了一遍，道：「那隻鬼將我的東西全剪壞了，幸好我的衣服還沒遭毒手。」說完，富某發現自己身上的衣服也被剪得七零八落。富某害怕得要命，趕緊告辭而去。

——此鬼記載於宋代郭象《睽車志・卷三》

468 江俍

江河裡往往會有一種名為「江俍」的水鬼，喜歡呼喚人的名字，回應的人必會被淹死。

有個叫李戴仁的人，有一次乘船在湖北枝江縣的曲浦遊玩，晚上把船繫在江邊。這夜月色皎潔，忽見江面上冒出一個婦女和一個男人，他們四下看了看，吃驚地說：「這裡有生人！」接著就在江面上跑了起來，就像在平地上一樣，很快就跑到岸上，消失了。

當陽縣令蘇沕住在江陵時，有一天在夜裡回家，月光下見一個美女披散著頭髮，身上的衣裙都是濕的。蘇沕就開玩笑說：「你莫非是江邊的俍鬼？」那女子大怒說：「你竟然說我是鬼！」說罷就追趕蘇沕。蘇沕嚇得落荒而逃，直到遇見一個巡夜的更夫才得救。回頭看那女子，只見她悻悻地順著原來的路走入了江中。

——此鬼記載於五代孫光憲《北夢瑣言・逸文卷第三》

469 僵屍

　　陝西黃土極厚，往往向下挖三、五丈還見不到泉水。鳳翔的西面，有一種民俗：人死了之後不立刻下葬，而是讓屍體暴露，等待屍體血肉都腐爛掉再埋，否則就會鬧僵屍。

　　據說，如果屍體還沒腐爛就下葬，一旦得了地氣，三個月之後，就會長滿毛成為僵屍。長白毛的稱為「白僵」，長黑毛的稱為「黑僵」，會跑進人家裡做壞事。

　　有個姓孫的人，挖溝挖出一個石門，打開，見裡面墓道森森，陪葬品都是陶器，墓室裡懸著兩口棺材，旁邊有幾個男人和女人，被釘在牆上，應該是古代殉葬的人，屍體還沒腐爛。但風一吹進來，就成為幾堆粉末。還有的人，從地下挖到屍體，頭和四肢都有，但是沒有眼睛和耳朵，應該也是古代的屍體變化的。

　　清代，浙江石門縣，有個叫李念先的人，到鄉下去催討租金。

　　晚上，他進入一個荒村，遠遠看到一家茅屋亮著燈，就想要前去投宿。他走到屋前，看見有破籬笆擋著門，裡面傳來呻吟聲。李念先叫了幾聲，裡頭沒人回應。他往裡看，但見屋裡一地的稻草，稻草中有個病人，枯瘦僵硬，臉如同用紙糊的一樣，長五寸多，寬三寸多。

　　李念先喊了幾聲，那病人才低聲說：「你自己推門進來吧。」

　　李念先進去之後，那人告訴他說：「我染上了瘟疫，全家都快死了。」聽起來很淒慘。

　　李念先想喝酒，就要他出去買酒，那人堅持不去。李念先給了他兩百個銅錢，他才勉強爬起來，拿著錢走了。

　　屋裡的油燈很快就熄滅了，李念先睏極了，想睡覺，忽然聽見稻草中傳來沙沙的聲響，趕緊拿來火石取火，看見一個披頭散髮的人，比先前那個人更恐怖，如同僵屍一般。問對方話，對方也不回答。李念先趕緊往後退，想跑出去，他退一步，僵屍就往前走一步。

　　李念先害怕極了，推開門跑出去，僵屍緊追不放。他跑了好幾里地，闖進一家酒館，大喊救命，然後就昏倒了，後面追著的僵屍也倒了。

　　酒館裡的夥計用薑湯把李念先灌醒。李念先問了之後，才知道，那

個村子全村都鬧瘟疫，追他的僵屍就是病人的妻子，死了還沒入殮，因為感受到了生人的陽氣，才會走屍。

酒館裡的人去尋找那個病人，發現他拿著李念先的兩百個銅錢，倒在一座小橋的旁邊，也死了，距離酒館還有四、五十步遠。

清代，杭州有個人叫劉以賢，擅長替死人畫遺像。

鄰居有父子兩人，這一天，父親死了，兒子出去買棺材，就請劉以賢替父親畫遺像。劉以賢進了屋子，發現沒有人，以為死者在樓上，就爬梯子上了樓，坐在屍體的旁邊拿出筆。

他正要畫時，屍體突然嘩啦一下站了起來，劉以賢知道鬧了僵屍，便坐在原地一動不動。僵屍也不動，但是閉著眼，張著嘴，呼呼喘著氣。劉以賢知道，要是自己跑的話，僵屍肯定會追，就拿起筆替屍體畫遺像。他做什麼動作，僵屍就做什麼動作。

過了一會兒，兒子買棺材回來，看到父親變成僵屍，嚇得暈倒在地。又有一個鄰居來了，見到這情形，也嚇得落荒而逃。

劉以賢和僵屍待在一起，不知如何是好。

後來，抬棺材的人來了，劉以賢突然想起僵屍都怕笤帚，就大聲喊：「你拿笤帚過來！」抬棺材的人一聽，就知道樓上鬧僵屍了，拿著笤帚上樓，打在僵屍身上，僵屍就倒下了，這才將屍體放入棺材中入殮。

——此鬼記載於清代袁枚《子不語·卷二、卷五》

470 精媚鬼

精媚鬼，專與坐禪人搗亂，破壞精進修行。專迷惑禪定者，它或變美貌少女，以色相動搖禪定者心意；或變成老弱病殘之人，聲色淒苦，使之產生憐憫之意；或化作猙獰恐怖的形象，使之心生畏懼。禪定者只要心裡一亂，則前功盡棄。

這種鬼一般在子時活動。坐禪者如見到這樣的鬼在子時出現，大聲叫出「鼠」字，它便會立刻消散。

——此鬼記載於隋代智者大師《釋禪波羅蜜次第法門·卷第四》

471 精衛

　　發鳩山上生長著茂密的柘樹。山中有一種禽鳥，身形像一般的烏鴉，卻長著花腦袋、白嘴巴、紅足爪，名為「精衛」。精衛鳥原是炎帝的小女兒，名叫「女娃」。女娃到東海遊玩，淹死在東海裡，就變成了精衛鳥，常常銜著西山的樹枝和石子，用來填塞東海。

　　　　　　　　　——此鬼記載於戰國《山海經・卷三》

472 鏡姬

　　清代，有個叫俞遜的人在別人家當上門女婿，妻子沈氏非常貌美，喜歡打扮。沈家有面古鏡，聽說是唐宋年間的物品，在妻子手裡，不輕易示人。

　　俞遜聽說了，想看看，就向妻子索取，幾次都被妻子拒絕了，很不甘心。

　　有一天晚上，盜賊進了家中，什麼東西都沒丟失，唯獨少了那面鏡子，家人都覺得很奇怪。

　　過了一段時間，俞遜在集市上看到一個賣鏡子的老頭，拿著一面鏡子，看起來很古老，就上前買下，帶回家，得意揚揚地對妻子說：「你們家先前的那東西，不過是個廢銅，還視若珍寶！你看看我這面鏡子，在集市上買的，才花了一百文錢，多好！」

　　妻子拿過來，驚呼道：「這正是我丟失的那面鏡子呀！你從哪裡得來的？」

　　俞遜把事情說了一遍，妻子拿著鏡子照了照，忽然變得很害怕，大聲喊道：「你是何人？」

　　鏡子也發出聲音：「你是何人？」過了一會兒，鏡子又說：「我是郎君的小妾，應當做正室！」

　　俞遜也很吃驚，拿來鏡子，看見裡面站著一個美人，容貌絕代，妻子和她完全不能比。俞遜就問對方的來頭，鏡姬說：「我是五代時朱全忠寵愛的小妾，後來死於亂軍之中，遇到仙師，用我的血鑄造了這面鏡子，

我的靈魂附身其中。聽說郎君你風雅無比，願意做你的小妾。」

俞遜問：「你會帶來禍害嗎？」

鏡姬說：「不敢為禍，我只想伺候你，也不會與正室爭寵。」

俞遜很高興，就問鏡姬會什麼，鏡姬說歌舞說好。於是，俞遜就把鏡子立起來，夫妻兩個一起聽鏡姬唱歌，果然是餘音繞梁。自此之後，夫妻兩個就和那鏡姬一起生活。

過了一段時間，俞遜和沈氏都病了，而且十分嚴重。

俞遜的老丈人聽說後，拿來鏡子，大罵鏡姬，將鏡子鎖在鐵箱中。接著，老丈人又找來醫生醫治，過了半年，俞遜夫婦的病才好。後來，岳父死了，那鏡子也就不知所在了。

——此鬼記載於清代長白浩歌子《螢窗異草·二編卷二》

473 君

君，是中國水族群眾口中流傳的一種鬼，為單身漢的亡靈所變。此鬼不作祟時，可保牲口按時歸家或平安吃草，當其心境不順時就會作祟，使放牧於野外的牲口失蹤。如果家裡的牲畜不見了，人們就會備酒食到牧場附近祭奠此鬼，很快就能找到被其收藏的牲口。放牧之人在野外燒火，滅火時習慣留一根帶煙的柴頭，供此鬼繼續享用，如果把火全滅掉，往後放牧牲口時，容易被鬼收藏或自然走失。

——此鬼記載於當代徐華龍《中國鬼文化大辭典》

474 七爺八爺

七爺八爺，是臺灣地區盛傳的一種鬼，又叫「長爺短爺」，當地人習慣以「謝范二將軍」或「大爺二爺」稱呼。相傳七爺名為謝必安，因為身高面白，所以有「長爺」、「白無常」的叫法，八爺名為范無救，身矮面黑，所以有「矮爺」、「黑無常」的叫法。

七爺和八爺都是福建福州人，自幼結義，情同手足。有一天，走到

南台橋下，天將下雨，七爺回家取傘，要八爺等待。不料七爺走後，天降大雨，河水暴漲，八爺不肯離去，終因身矮被水淹死。七爺取傘過來，得知八爺已死，亦自縊於橋柱。閻王覺得二人信義，便令他們在城隍府中捉拿不法鬼魂。有人說，七爺八爺均無子女，故喜愛兒童，經常化身兒童，走入人群，保其平安。

——此鬼記載於當代樂保群《中國神怪大辭典》
（引《臺灣之寺廟與神明》）

475 奇相

奇相為長江之主。傳說上古時期，震蒙氏的女兒偷盜黃帝的玄珠，沉江而死，死後化為奇相。奇相傳說為具有龍的身體，長著馬頭。

——此鬼記載於唐代李泰《括地志·卷四》、清代張澍《蜀典·卷二》
（引《山海經》）

476 齊女

蟬，古代又叫「齊女」。傳說齊王的王后憤懣而死，死後屍體變成了蟬，在高樹上憤怒地鳴叫，所以古人稱呼蟬為齊女。

——此鬼記載於晉代崔豹《古今注·卷下》

477 竊嬰鬼

吳郡有個姓任的書生，能夠看到鬼。

有一天，任某和一個姓楊的書生，以及三、四個同伴，乘船去虎丘寺遊玩，在船上談及鬼神之事，楊某懷疑任某的能力。

任某笑著說：「鬼很多，人不認識而已，唯獨我能認識。」說罷，任某指著岸上一個穿著青色衣服的女子說：「那就是鬼，懷抱著的孩子，是嬰兒的魂魄。」任某站起來，對那女子大聲喝斥道：「你是鬼，為何偷

竊別人家的孩子？要去哪裡？」

那女子聽到了，十分驚慌，趕緊往回跑，跑了十幾步，就消失不見。

第二天，大家從虎丘寺回來，來到原來的地方，發現岸邊有一戶人家在舉辦法事。楊某去詢問，巫師說：「昨天鄉裡有個嬰兒突然死掉，後來又復活了。」

看那戶人家的嬰兒，果然和昨天那個女子手中抱著的嬰兒一模一樣。眾人十分驚訝，對任某佩服得五體投地。

——此鬼記載於唐代張讀《宣室志·卷四》

478 欽鴉

鐘山有一種大鶚，身形像普通的雕鷹卻長有黑色斑紋、白色腦袋、紅色嘴巴和老虎一樣的爪子，發出的聲音如同晨鵠鳴叫。傳說它是欽鴉（ㄆㄟˊ）所化，曾經和鐘山山神的兒子鼓，聯手在昆侖山南面殺死天神葆江。天帝因此將鼓與欽鴉誅殺，欽鴉一出現就會有大戰爭。

——此鬼記載於戰國《山海經·卷二》

479 琴鬼

嵇康有一次在燈下彈琴。忽然有隻鬼進了屋子，高一丈多，穿黑衣服，腰繫皮帶。嵇康盯著它看了一會兒，一口吹滅了燈，說：「和你這樣的鬼同在燈光下，我真感到羞恥！」

還有一次，他出門遠行，走到離洛陽幾十里的地方，住在月華亭裡。有人告訴他，這裡過去常殺人。嵇康為人瀟灑曠達，一點也不怕。一更時分，他在亭中彈琴，接連彈了好幾首曲子，琴聲悠揚動聽，忽然聽到空中有人叫好。

嵇康邊彈邊問：「你是誰呀？」

對方回答說：「我是鬼，死在這裡很久了，聽你的琴彈得清新悠揚，我以前也愛彈琴，所以來欣賞。我生前沒得到妥善的安葬，形象損毀了，

不便現形和你見面。然而，我十分喜歡你的琴藝。如果我現形，你不要害怕。你再彈幾首曲子吧。」

嵇康就又為鬼彈琴，鬼和著琴聲打拍子，很高興。

嵇康說：「夜已深了，你現形見我吧，你的形象再可怕，我也不會在意的。」

鬼魂就現了形，用手捂著自己的臉說：「聽你彈琴，我感到心情舒暢，彷彿又復活了。」於是就和嵇康談論琴藝方面的理論。

鬼向嵇康要琴，自己彈了一首著名的古曲〈廣陵散〉。嵇康要求鬼把這首曲子教給他，鬼就教了。

天亮時，鬼告別說：「雖然我們只交往了一夜，但友情可以勝過千年啊！現在我們要永遠分別了。」兩個心裡都十分悲傷。

後來，南北朝的時候，有個會稽人叫賀思令，琴彈得很好。

有一天，他在月朗風清的院中彈琴，忽然有一隻身材魁偉、戴著刑具的鬼來到院中，看起來臉色很凄慘。這隻鬼十分欣賞賀思令的琴藝，賀思令就和他聊天。

這隻鬼自稱是嵇康，對賀思令說：「你左手的指法太快，這不合乎古代的彈奏技法。」然後就把〈廣陵散〉教給賀思令。賀思令學會了，使〈廣陵散〉得以流傳至今。

——此鬼記載於晉代荀氏《靈鬼志》、南北朝劉義慶《幽明錄‧卷四》

480 牆女

隋朝末年，修築汾州城時，城牆的西南角總是出問題，早上建成後晚上就倒塌了，一連四、五次都是這樣。城中有個小女孩，年齡十二、三歲，告訴家裡人說：「如果不把我築入城中，此城最終便難以合攏。」家裡人不相信，鄰居們也譏笑她。

之後修築城牆，仍像之前一樣，朝成夕倒。小女孩就說：「我今天就要死了，死後你們用罈子盛殮我，埋在築牆之處，城牆就沒問題了。」說完就死了。

人們就像她說的那樣埋葬了她。葬畢，大家立即開始築牆，那牆便再也不倒了。

——此鬼記載於宋代李昉等《太平廣記·卷第三百七十四》

（引《廣古今五行記》）

481 取寶鬼

海南有種鬼，似人非人，似獸非獸，高不足三尺，能聽懂人的話。這種鬼能夠進入大山尋取沉香以及其他的寶貝，所以海南有很多人購買它，讓它去尋寶。尋寶前，鬼會伸出指頭，和主人約定時間，一般都是幾年，如果它不願意，就會擺手。主人把斧頭、鋸子交給鬼，用水果餵飽它，鬼就拎著工具離開了，往往會按照約定時間帶回寶貝。不過，約定一過，這隻鬼就會投靠新的主人，不能挽留。

——此鬼記載於明代鄭仲夔《耳新·卷之六》

482 犬鬼

宋代，平江城有個屠夫張小二。

紹興八年，張小二去十五里地之外的黃埭柳家買狗，那條狗見到張小二，似乎十分歡喜，徑直走過去。張小二花了三千文買下，狗自己跟著張小二回來了。

到了齊門的時候，張小二覺得不對勁，就想用繩子把狗拴上，狗忽然說：「我是你爹，又不欠你的債，你不能殺我！」張小二就把狗帶回家。

回到家，狗看見張小二的媳婦，就說：「兒媳婦，過來，我是你公公。七、八年不見你們夫妻倆，現在回來了。原先我欠柳家三千文錢，如今已經還了。你們不能殺我。你丈夫，也就是我兒子，壽命很短，還有一、兩年就會死，你趕緊準備改嫁吧。我很餓，快拿飯給我吃。」張小二媳婦趕緊把丈夫的飯分一半餵狗，沒有把狗說的話告訴張小二。

吃飯時，張小二發現自己飯少了，十分生氣，媳婦才把剛才的事情

說了一遍。張小二很害怕，留下那條狗，不敢殺，過了三天，那條狗跑出去咬人，被人殺了。自此之後，張小二改行去一家油坊做了夥計。

——此鬼記載於宋代洪邁《夷堅志·夷堅甲志·卷第七》

483 希望鬼

希望鬼是地獄中的一種鬼，經常飢渴。其生前是做買賣的商人，買賣東西的時候在價格上欺騙顧客。

——此鬼記載於唐代釋道世《法苑珠林·卷第六》

484 嚇人鬼

三國東吳赤烏三年，句章人揚度乘船去餘姚。

晚上，有個抱著琵琶的少年請求上船，揚度就答應了。少年彈了十幾曲琵琶，彈完了，雙目圓睜吐出舌頭，嚇得揚度失聲大叫，接著少年就消失了。

又往前二十多里，有個老頭請求上船，揚度心好，答應了。老頭上船後，揚度對他說：「剛才我碰到一隻鬼，琵琶彈得很好聽，就是太嚇人了！」老頭說：「我也能彈呀！」說完，又雙目圓睜吐出舌頭，就是剛才的那隻鬼！

揚度嚇得幾乎要死掉！

——此鬼記載於南北朝《錄異傳》

485 魃鬼

五代時，有個叫全清的僧人擅長畫符念咒使喚鬼。

有個姓王的人，兒媳婦被鬼侵犯，請全清前去驅除。

全清紮了一個一尺多高的草人，給它穿上五彩的衣服，念了很長時間的咒，那隻鬼便哭哭啼啼求饒。

全清問對方的底細，那隻鬼說自己叫「魈（ㄒㄧㄠ）鬼」，春天的時候在禹廟前看見王某的兒媳婦，才附上了身。

於是，全清取來一個土甕，把鬼趕進去，拿到桑林下面埋了，叮囑王某家人不要打開。

過了五年，鬧兵災，人們都逃跑了。有人發現了那個土甕，以為裡面裝了財寶，就打破了，然後看見一隻野雞從裡面飛出來，站在桑樹的樹梢上，說道：「今天才見到陽光！」

——此鬼記載於五代陳翥《葆光錄·卷二》、明代彭大翼《山堂肆考·卷一百五十一》

486 孝鬼草

清代，無錫有個人叫姚舜賓，為人忠厚老實，鄉裡人都很尊敬他。姚舜賓雖然貧窮，但為人孝順，母親七十歲了，還恭敬對待，從來不給母親臉色看，悉心照顧她穿衣、吃飯。

乾隆五十年，發生了大饑荒，姚舜賓家裡本來就窮，見供養不了母親吃食，姚舜賓憂鬱過度，就病死了，死後被埋在屋後的空地上。

第二天，姚舜賓埋葬的地方忽然長出一片草，跟山藥一樣，結出累累的果實，吃起來十分香甜，如同糯米。妻子採摘了吃掉，發現吃一頓後一整天都不餓，就趕緊給婆婆吃。這種草高四、五尺，早晨採了，中午就會再次生長出來，取之不竭。

母親聽說了，知道是兒子靈魂所化，撫摸著這些草，號啕大哭。周圍的人聽說了，很多人都來觀看，稱讚姚舜賓孝順。

——此鬼記載於清代梁恭辰《北東園筆錄三編·卷二》

487 閒鬼

陽壽未盡卻死掉的人，死後不能還陽，成了不能進入輪迴的野鬼，也稱之為「閒鬼」，往往三、五百年都無法投胎轉世。

——此鬼記載於唐代戴孚《廣異記》

488 心頭小人

安丘有個張貢士，因生病仰躺在床上。忽然看到從自己的心窩裡鑽出一個小人，身長僅有半尺。他頭戴著書生的帽子，穿著書生的衣服，動作像個歌舞藝人。

他唱著昆曲，音調清澈動聽，說出的姓名、籍貫都和張貢士一樣，所唱的內容情節，也都是張貢士生平所經歷的事情。四折戲文都唱完，小人又吟了一首詩，才消失不見。

——此鬼記載於清代蒲松齡《聊齋志異·卷九》

489 新鬼

有個新死的人變成了鬼，形色憔悴、身體消瘦，忽然又遇見一隻鬼，是他死了二十多年的朋友。

這隻鬼又肥又胖，就問新鬼：「你怎麼弄成這副樣子啊？」

新鬼說：「餓的呀，你以為我願意這樣嗎？老兄這麼胖，大概知道不少竅門，教教我好吧？」

友鬼說：「這太簡單啦！你只要到人們家裡去作怪，他們一害怕，就會給你吃的。」

新鬼就來到一個大村莊東頭的一戶人家，這家人十分信佛。西廂房裡有一盤磨，新鬼就像人那樣推起磨來。這家主人看見後，就對兒子們說：「佛可憐咱們家窮，派來一隻鬼為咱家推磨了！」於是就弄來很多麥子往磨上續。

新鬼磨了好幾十斗麥子，累得跑去找友鬼罵道：「你這傢伙怎麼騙我？」

友鬼說：「你再去一家，保證行得通。」

新鬼又到村西頭的一戶人家，這家信道教，門旁有個舂米的石碓，新鬼就上了碓搗起穀子來。這家主人說：「昨天鬼幫助村東頭那家推磨，今天來幫咱家搗米，快給他多運穀子來！」又讓婢女們跟著又簸又篩。新鬼一直做到天黑，累壞了，也沒混上一口吃的。

晚上，新鬼回去見到那友鬼，大發脾氣說：「咱倆在人世時還是姻

親，非同一般交情，你怎麼總是騙我？我白幫人幹了兩天活，連一口吃喝也沒混上！」

友鬼說：「老兄，你也太不湊巧了，這兩家不是信佛就是通道，都不怕鬼怪。你再到平常百姓家去作怪，保你能成功。」

新鬼又去了一戶人家。這家門口有竹竿，新鬼進了門，看見一群女子在窗前吃東西，到了院子裡看見一隻白狗，新鬼就把狗舉起來在空中走。家裡人看見大驚，說從來沒見過這樣的怪事，請來巫師掐算。

巫師說：「有個外來的鬼到你家討吃的，你們把狗殺掉，再多準備一些酒飯果品，放在院子裡祭祀，就什麼事也不會有了。」這家人照著辦了，新鬼飽餐了一頓。

從此新鬼常常作怪，這都是鬼朋友教的。

——此鬼記載於南北朝劉義慶《幽明錄·卷四》

490 相柳氏

相柳氏，原來是共工氏（又名康回）的臣子，有九顆頭，九顆頭分別在九座山上吃食物。

相柳氏所觸動之處，便會成為沼澤和溪流。大禹殺死了相柳氏，血流過的地方會發出腥臭味，不能種植五穀。

——此鬼記載於戰國《山海經·卷八》

491 擲錢鬼

南北朝大明三年，有個叫王瑤的人在京城病故。王瑤死後，有一隻鬼常常到王瑤家來，它是細高個兒，渾身黑色，上身光著，下穿一條犢鼻形褲子，有時唱歌，有時大叫，有時學人說話，還常常把糞便等髒東西扔進食物裡。

後來，這隻鬼又跑到王瑤家的東邊鄰居庾家去禍害人，和在王家時一模一樣。

庾某就對鬼說：「你拿泥土石塊打我，我才不怕。你要是拿錢打我，

那我可真受不了。」鬼就拿了幾十個新錢打下來，正打在庾某的額頭上。庾某又說：「新錢打不痛我，我只怕舊錢。」鬼就拿舊錢打庾某，前後打了六、七次，庾某一共得了一百餘錢。

——此鬼記載於南朝祖沖之《述異記》

492 滯魄

宋代，和州當地的一位將軍修建房舍。房舍修建好之後，將軍就帶著全家入住。

第二天，日上三竿還不見將軍家開門，手下都覺得很奇怪，而且叫門也沒人答應。眾人撞開門窗進去，發現裡面杯盤狼藉，將軍和家人全部死在屋裡。眾人都很害怕，然後上報官府。

官府命人在房間裡往下挖，挖了幾尺，看到兩個長長的條石，條石下面，有兩具白骨。有人說，這是滯魄作祟。

——此鬼記載於宋代郭彖《睽車志‧卷三》

493 忠孝鬼

義門鄭氏供奉了一隻大鬼，每次祭奠它，它一定會來到家中。大鬼曾經現形說：「我是天地間的忠孝鬼，曾經在江州的陳氏家裡接受供奉，現在來到你們家，你們不要為非作歹，不然就會帶來禍事。」說完就消失了。鄭家人對這隻鬼十分敬重，專門建了閣樓供奉，家族人丁興旺，都是這隻大鬼的幫助。

（註：義門，指崇尚孝義的家族。義門鄭氏即著名的鄭義門，又稱「江南第一家」，自宋至明，數百年在今浙江金華聚族而居。）

——此鬼記載於明代王圻《稗史彙編‧卷之一百三十三》

494 鍾馗

鍾馗，唐代安徽靈璧人，傳說他的長相極為醜陋，且十分貧窮。後來，鍾馗參加科舉，考中了功名，卻因為長得醜被除名，憤懣自殺，死後成鬼。

唐玄宗有一次白天睡覺，夢見一隻小鬼，一腳穿鞋，一腳光著，另一隻鞋別在腰上，來偷自己身上的香囊，唐玄宗就喝斥它，問道：「你是何人？」小鬼說：「我叫虛耗。」唐玄宗大怒，正要叫宦官高力士，忽然看見一隻大鬼，戴著破帽子，穿著藍色袍子，繫著魚袋，穿著朝靴，走上去抓住了那小鬼，先挖掉它的眼睛，然後將其撕開吃了。

唐玄宗問大鬼是誰，大鬼回答：「我是進士鍾馗。由於皇帝嫌棄我的長相醜陋，決定不錄取我，一氣之下，我就在宮殿的臺階上撞死了，死後我就從事捉鬼的事。」

唐玄宗醒來後，命令當時最有名的畫家吳道子，把夢中鍾馗的形象畫下來，並且對他進行了封賞，從此之後，鍾馗就成了中國人供奉的打鬼驅邪的神靈。

——此鬼記載於明代張岱《夜航船·卷十八》

495 塚間食灰土鬼

塚間食灰土鬼，常吃死人，常住在被焚燒的屍體熱灰上。其前世以盜賣寺廟花果為生，故受此報。

——此鬼記載於唐代釋道世《法苑珠林·卷第六》

496 昭靈夫人

小黃縣，就是宋地（位於今河南省商丘市）的黃鄉。當年，沛公劉邦帶著軍隊在野外戰鬥，母親就死在這裡。天下平定以後，劉邦派使者用皇帝的靈柩在荒野裡為母親招魂，有條紅蛇在水裡，自己往身上弄水

洗澡，洗完後進到靈柩裡。蛇洗澡的地方有掉落的頭髮，所以劉邦母親的諡號叫「昭靈夫人」。

——此鬼記載於晉代江微《陳留風俗傳》

497 舟幽靈

宋代，四明人鄭邦傑，以海運經商為業，經常往來於高麗、日本之間。

有一天，商船正在海上航行，忽然聽到鐃鼓之聲傳來。那聲音越來越近，直到面前，發現聲音來自一艘長長的船，上面旗幟飄揚，坐著很多人，敲鑼打鼓。

這船上的人似乎對鄭邦傑等人很畏懼，船靠近時突然沉入水下，過了半里地才又浮出海面，繼續敲鑼打鼓。

有人告訴鄭邦傑，那是鬼船，船上的人都是先前淹死的幽靈。

——此鬼記載於宋代郭彖《睽車志·卷三》

498 針口臭鬼

針口臭鬼是地獄中的一種鬼，咽喉食道如針尖一樣細小，別說吃飯，連嚥一滴水也不能通過，乃因前世雇兇殺人所致。

——此鬼記載於唐代釋道世《法苑珠林·卷第六》

499 陣亡鬼

清乾隆五十三年，清軍平定作亂，所有杭州、京口、江南的陣亡士兵，按照慣例，將髮辮帶回原籍，進行撫恤。

負責押運這些陣亡將士髮辮的官員，叫韓興祖。

押運隊伍走到同安時，投宿在當地，因為客店很小，韓興祖便住在

另一個旅店裡。

當天晚上，有無數鬼出來鬧騰，有個差役膽子大，大喊道：「我們這幫人帶著你們的靈位和髮辮回老家，你們為何出來喧鬧？」

有一隻鬼回答：「韓老爺不在這裡，我們出來說說話，有什麼關係！」

第二天，韓興祖知道這件事，自此之後，不管是在水上還是陸地上，都和大家一起住宿，那群鬼就再也沒出來鬧騰。

當時，軍需局設立在廈門的天后宮，前臨大海。每到晚上，就會聽到海中有鬼哭，如同有百萬軍鼓在響，夜夜如此，後來撤兵了，海中鬼哭就消失了。

——此鬼記載於清代錢泳《履園叢話・叢話十五》

500 樟柳神

樟柳神，並不是神，而是一種身世極為可憐、悲慘的鬼魂。古代有一種術士用巫術害死小孩，拘其魂魄來幫助預測吉凶，小孩的魂魄往往附在使用樟樹或柳樹雕刻的木人上，因此明清時代稱之為「樟柳神」。

清代，吳越一帶，有的江湖術士會殺死年幼的小孩，利用他們的生辰八字，將其魂魄封在木人上，對人說那東西叫「樟柳神」，從事占卜的人會爭相來買，據說得到的人在為人推算時，十分靈驗。乾隆年間，有個人走在荒野裡，聽到小孩的聲音，找了一番，從草叢裡撿到一個小木人，就是這種所謂的樟柳神。

同樣在清代，有個姓焦的孝廉，娶妻金氏。有個算命瞎子從家門前經過，金氏就叫過來試探了一下，發現算命瞎子說的事情很靈驗，就給了他一些錢財。

當天晚上，金氏的肚子裡有人說話：「我師父走了，我借你的肚子住幾天。」金氏懷疑是樟柳神，就詢問。肚子裡的這東西說：「我師父讓我在你的肚子裡作祟，嚇唬你，騙取你的錢財。」說完，就撕扯金氏的腸肺，讓金氏痛不欲生。

焦孝廉千方百計地尋找那個算命瞎子，幾天後，總算找到了，就把他帶回家，答應只要去除妻子肚中的樟柳神，就給瞎子一大筆錢。

算命瞎子答應了，對著肚子喊：「二姑，趕緊出來吧。」喊了幾聲，肚子裡回答說：「我不出去。我生前姓張，做了一戶人家的小妾，後來被這戶人家的妻子凌辱致死，這個妻子轉生就是金氏，我之所以投靠師父而成了樟柳神，就是等待這一天報仇雪恨。現在我進了金氏的肚子，一定要取她性命。」算命瞎子大驚，說：「既然是如此的孽緣，我也沒辦法了。」說完，連錢也不要，就走了。

焦孝廉四處求醫，都沒有效果，每當醫生來，肚子裡的鬼就說：「這是個庸醫，開的藥拿我沒辦法。」如果碰到好醫生，它就會捏住金氏的喉嚨，讓她把藥吐出來。金氏被折磨得如同萬箭穿心，滾地哀號，最後痛苦死去。

——此鬼記載於清代錢泳《履園叢話·叢話二十四》、清代袁枚《子不語·卷十四》

501 爭壺小兒

南北朝元嘉年間，有一天下大雨，散騎常侍劉俊看到自家門前有三個小孩，都有六、七歲，相互戲耍，衣服卻完全沒濕。劉俊就懷疑這三個小孩不是人。過了一會兒，這三個小孩相互爭搶一個瓠壺，劉俊就用彈弓打了過去，噹啷一聲打中壺，三個小孩立刻不見了。劉俊得到了那把壺，就掛在樓上。

第二天，有個婦人來到家中，對著壺哭泣。劉俊詢問，那婦人說：「這是我家死去的小兒的東西，不知道為何在這裡？」劉俊把昨日之事說了一遍，女人就拿著壺埋在兒子的墓前。

又過了一天，看見之前的小孩來到劉俊的門前，拿著壺，笑著對劉俊說：「你看，壺又在我手裡了！」說完，小孩就消失不見了。

——此鬼記載於南北朝劉義慶《幽明錄·卷四》

502 赤丁子

唐代，洛陽有個人叫牟穎，年少時有一次喝醉了跑到野外，半夜酒醒，在路旁歇息，看見有具屍體露出地面。牟穎見了，覺得過意不去，就將這具屍體掩埋了。

當天晚上，牟穎夢見一個身穿白衣的少年，拿著一把劍，來對自己叩拜，說：「我是個強盜，生前喜歡打抱不平，殺了很多人。後來和同夥爭鬥，被殺死，埋在路邊。最近風大雨大，所以屍體暴露，幸虧你埋了我，因此特來感謝。我生前凶勇，死後成為厲鬼，如果你能夠收留我，每天晚上稍微祭祀我一下，我答應供你驅使。」

牟穎醒來之後，就祭祀它，然後暗暗祈禱。晚上，他又夢到這個人來，說：「以後，如果你有事情讓我辦，就叫一聲『赤丁子』，我一定會應聲而至。」

牟穎從此之後就召喚這隻鬼，讓它去偷盜，很快就富裕起來。

有一天，牟穎見鄰居家的女子十分漂亮，就讓赤丁子去偷來。半夜，赤丁子將那女子帶來。之後，差不多一年的時間，女子都和牟穎幽會。

後來，女子知道牟穎有這個法術，就跟家人商量對策。家人暗地裡請了一個道士作法，在家裡貼了很多符咒。

赤丁子再去帶女子的時候，見她家的符咒，回來對牟穎說：「她家以道法來對付我，不過還是鬥不過我。我會強取這女子，帶回來後，你一定不能再放走了。」

過了一會兒，鄰居家狂風四起，符咒全都刮飛了，連女子也不見了。

第二天早上，女子的丈夫上報官府，官府派人來牟穎家裡捉拿，發現牟穎帶著婦人，不知道跑到什麼地方去了。

——此鬼記載於唐代柳祥《瀟湘錄》

503 赤鬼

東晉，平原人陳皋坐船路過廣陵的樊梁，突然有隻紅色的鬼，有一丈來高，頭戴一頂像鹿角的絳色帽子，要求搭乘，沒等陳皋答應就上了

船。陳皋放聲唱起了南方家鄉的民謠，那隻鬼似乎不喜歡聽，又吐舌頭又瞪眼睛。陳皋很生氣，拿起棍子就打，鬼立刻散成一團火，把周圍都照亮了。不久之後，陳皋就死了。

南北朝時代，有個叫謝晦的人，在荊州看見牆角有一隻紅色的鬼，有三尺來高。鬼來到他面前，手裡拿著一個銅盤子，裡面滿滿一盤血。謝晦接過來，銅盤變成了紙盤，不一會兒鬼就不見了。

　　　　——此鬼記載於晉代荀氏《靈鬼志》、南北朝劉敬叔《異苑・卷四》

504 熾然鬼

熾然鬼是地獄中的一種鬼，常無緣無故渾身著火，像被人澆上油再點著火，痛得鬼哭狼嚎，滿地亂滾。此類鬼前世或為官兵，或為流賊，攻城掠地，殺害百姓。按規定，此種鬼再投生為人後，還要遭別人搶掠。

　　　　——此鬼記載於唐代釋道世《法苑珠林・卷第六》

505 吹燈鬼

宋代，唐州方城縣麥陂團有個王某，和當地的僧人關係很好。這個僧人死了好幾年後，王某夢見他來和自己交談，並且贈詩而去。王某醒來後，還能記得幾句詩，就覺得這是不祥之兆。

有一天，王某有事從外面歸來，當時天快黑了。王某騎著馬獨自行走，把僕人甩在後面。王某走了二十里地，看見路邊的荊棘叢裡有七、八個人聚在一起烤火，他走到跟前看了看，發現都是乞丐，圍坐在一起不說話。

王某仔細觀察，發現這些人雖然長得像人，但是有的缺胳膊，有的缺眼，還有沒脖子的。這幫人看到王某，就一躍而起，吹王某手裡的燈。那燈的罩子是用豬的膀胱做的，因此吹不滅。王某嚇得要命，提著燈就跑，鬼跟著就追。

王某跑了二十里回到家中，大喊：「有鬼追我！」家裡人趕緊出去，

那群鬼才散去。過了不久，王某就病死了。

——此鬼記載於宋代洪邁《夷堅志·夷堅乙志·卷第八》

506 潮部鬼

宋代，浙江寧波有個士兵叫沈富，其父親在錢塘江溺死的時候，他才六歲，由母親撫養長大。父親死後，沈富經常生病，沈母便尋訪巫醫，巫醫都說是沈富的父親作祟。

祭祀的當天晚上，沈母夢見沈父前來，說：「我死了之後，被錢塘江的江神招為潮部鬼，工作就是每天去推著潮水前進，十分勞苦，需要草鞋和木板急用，你要多燒一些給我，明年期限滿了，找到一個代替我的，我才能脫離苦海。」沈母按照沈父說的，燒了草鞋和木板，沈富就沒再生病。

同樣在宋代，海鹽縣的海邊，有一對兄弟划船去海裡打魚，遇上大風浪，全都淹死了。家人日夜哭號，有一天晚上，夢到他們前來，說：「我們現在成為海中的潮部鬼，每天都推著海潮，非常淒慘，你們給我們的祭祀全都被其他的鬼奪去了。」

——此鬼記載於宋代洪邁《夷堅志·夷堅甲志·卷第十四》、
宋代魯應龍《閒窗括異志》

507 抽筋鬼

唐代大曆年間，盧州有個書吏叫王庚，請假回家。晚上，他正走在野外，忽然聽到有個騎馬的侍從大聲喝斥他，要他退到路邊。王庚十分生氣，覺得對方不懂得尊重官員，就站在旁邊看。

過了一會兒，只見從後面來了一支浩浩蕩蕩的隊伍，儀仗排場很像節度使。再後面來了一輛華麗的馬車，車上的人穿著紫色衣服，十分尊貴。隊伍行進到水邊，剛要渡河，騎馬的侍從來到車前，對那紫衣人報告說：「拉車的繩子斷了。」紫衣人說：「查一查書冊。」後面的幾個官

吏拿出一本書冊，查了一會兒，說：「應該抽盧州一個叫張道的妻子脊背上的筋來修。」

王庚聽了，非常驚訝，因為這個張道的妻子就是他姨母。

接著，立刻有差役飛奔而去，過了一會兒，差役回來，手裡拿著兩條白色的東西，都有幾尺長。差役用那東西修好了繩子，一幫人就過河消失了。

王庚到他姨母家時，姨母還沒有生病，過了一宿，她忽然覺得背痛，半天就死了。

——此鬼記載於唐代段成式《酉陽雜俎‧前集卷十四》

508 臭鬼

宋代政和年間，一個清明節當天，有個太學士和朋友一起去郊遊，看到有個白衣人跟在後面，相隔十幾步。那個白衣人長得很英俊，儀表堂堂，就是全身散發強烈的臭味。

回來後，太學士說起那個人，朋友都說沒看到，太學士覺得很奇怪。

太學士回到自己的房間，發現那個白衣人就在自己屋裡，一喝斥他，他就消失不見，過了一會兒又出來，而且身體散發的氣味越來越臭。

太學士很害怕，就把這件事情告訴別人。有人說：「這恐怕是你遇到了冤魂野鬼，不如離開這裡，對方就不纏你了。」太學士就回到老家。

過了幾年，太學士的父母督促他趕緊回去繼續讀書，太學士沒辦法，只能回來。

結果剛回來，那個白衣人又出現了，而且厲聲對太學士說：「這次碰到你，我可不會弄丟你了！」過了不久，太學士就病死了。

——此鬼記載於宋代洪邁《夷堅志‧夷堅乙志‧卷第一》

509 陳王神

南中有一種妖鬼，自稱陳王神，面黑眼白，長得很醜陋，但如果向它祈禱，就會很靈驗，但人們很討厭它。

南北朝時代，陳霸先用木頭雕刻這種鬼的形狀，虔誠供奉，鬼和陳霸先敘舊，陳霸先尊稱它為「叔父」。後來，陳霸先建立陳國取代梁國，就尊這種鬼為帝。

——此鬼記載於宋代樂史《太平寰宇記·卷之一百六十九》

510 長恩

守護書籍的鬼，名為「長恩」。在除夕這天，喊它的名字並且祭祀它，家裡的書不僅老鼠都不敢咬，也不會生蛀蟲。

——此鬼記載於明代張岱《夜航船·卷十八》

511 食鬘鬼

食鬘鬼是地獄中的一種鬼，有人用鮮花進行祭祀時，此鬼便於此時食花，雖身常飢渴，但也不能吃其他東西。因其前世用偷盜裝飾佛像的「華鬘」（鮮花編製成串的裝飾物）來打扮自己。

——此鬼記載於唐代釋道世《法苑珠林·卷第六》

512 食夢獸

食夢獸，也叫伯奇，是一種喜歡在人熟睡時，偷吃人所做的惡夢的鬼怪。

伯奇是周宣王輔臣尹吉甫和前妻生下的孩子。後來，尹吉甫娶了後妻，也生下了孩子，後妻就向尹吉甫說伯奇的壞話。伯奇很孝順，不願意去辯白，就跳進了江裡。後來，尹吉甫知道伯奇是冤枉的，就射殺了後妻。

食夢獸，就是伯奇的冤魂所化。

——此鬼記載於南北朝范曄《後漢書·志第五》、唐代段成式《酉陽雜俎·前集卷八》、清代陳夢雷《古今圖書集成·曆象彙編·庶徵典》（引《物類相感志》）

513 食法鬼

食法鬼是地獄中的一種鬼，常年飢渴不堪，瘦得皮包骨，只有靠聽僧人說法解些許飢渴，維持精氣不散（如同維繫生命）。因其前世以營利為目的，為人講說佛法。

——此鬼記載於唐代釋道世《法苑珠林·卷第六》

514 食風鬼

食風鬼是地獄中的一種鬼，常十分飢渴，但只能喝西北風，因其前世見僧人來乞食，非但不給，反而作弄一番。

——此鬼記載於唐代釋道世《法苑珠林·卷第六》

515 食毒鬼

食毒鬼是地獄中的一種惡鬼，先墮入地獄道，刑滿後轉生鬼道，飢餓時只能吃一種毒火，受燒身之痛。前世曾在食物中下毒，致人死命。

——此鬼記載於唐代釋道世《法苑珠林·卷第六》

516 食炭鬼

食炭鬼是地獄中的一種鬼，常不自覺地吞進火炭，燒得半死。因其生前曾主管刑獄，虐待犯人，讓他們忍飢挨餓。

——此鬼記載於唐代釋道世《法苑珠林·卷第六》

517 食吐鬼

食吐鬼是地獄中的一種鬼，吃喝後會立即吐出。這大多是婦人的果報，生前其夫樂善好施，勸婦人施捨錢財，但婦人吝惜，積財不施。

——此鬼記載於唐代釋道世《法苑珠林·卷第六》

518 食唾鬼

食唾鬼是地獄中的一種鬼，常感飢渴，又時常被扔入湯鍋燒煮，只能食人的唾液和髒東西。因其前世以不乾淨的食物打發乞食僧人所致。

——此鬼記載於唐代釋道世《法苑珠林·卷第六》

519 食火鬼

食火鬼是地獄中的一種鬼，飢渴時所食所飲立即化為烈火，燒得痛苦嚎叫。因其前世曾斷人食糧，令人餓死。

——此鬼記載於唐代釋道世《法苑珠林·卷第六》

520 食精氣鬼

食精氣鬼是靠吃人的精氣為生的厲鬼，前世為軍官或士兵，戰鬥時與親友相約，互相救護，實際上卻眼看他人苦戰而亡也不救護，反依靠他人的勇氣掩護才逃得性命。

——此鬼記載於唐代釋道世《法苑珠林·卷第六》

521 食氣鬼

食氣鬼是地獄中的一種鬼，常感到飢渴，但不能吃喝。因其前世總是自己獨吃獨喝美食，不顧妻子、兒女。

——此鬼記載於唐代釋道世《法苑珠林·卷第六》

522 食血鬼

食血鬼是地獄中的一種鬼，只能於祭祀時吃一些帶血的祭品。因其前世宰殺牲畜給自己吃肉，卻不給妻子、兒女吃。

——此鬼記載於唐代釋道世《法苑珠林·卷第六》

523 食小兒鬼

食小兒鬼是常吃嬰幼兒的厲鬼。

其前世曾假作咒術，騙人財物，並無緣無故地虐殺豬羊。死後先下地獄，服滿刑期，又墮入鬼道。

——此鬼記載於唐代釋道世《法苑珠林·卷第六》

524 食香鬼

食香鬼是地獄中的一種鬼，以香的煙氣為食。

其前世曾以劣質香當作優質香賣，賺取高額利潤。

——此鬼記載於唐代釋道世《法苑珠林·卷第六》

525 食屍鬼

南北朝元嘉年間，南康縣有個人叫區敬之，和兒子一起乘船出遠門。

傍晚時，他們停船靠岸，來到一個人跡罕至的地方，在一棟房子裡歇息。到了半夜，區敬之突然發病猝死。

兒子點著一堆火，守著屍體，忽然聽到有哭聲，有人喊著：「阿舅！阿舅！」兒子又驚慌又疑惑，抬起頭，看見那個人已經走到面前。對方披頭散髮，看不見臉，說是前來弔唁。兒子十分恐懼，就假裝離開去找柴火，並暗暗偷窺。

那東西坐在區敬之的屍體旁邊大哭，然後用自己的臉覆蓋住屍體的臉，屍體的臉部立刻裂剝露骨，很快的，屍體就變成一具白骨，皮肉都沒了。

——此鬼記載於南北朝祖沖之《述異記》

526 食水鬼

食水鬼是地獄中的一種鬼，心中焦渴異常，拚命喝水也不能緩解。因其前世曾是以烈酒為水騙人上當，或是不持齋戒的人。

——此鬼記載於唐代釋道世《法苑珠林・卷第六》

527 食肉鬼

食肉鬼是地獄中的一種鬼，此鬼奸詐且相貌醜陋，為人憎惡。只能吃供祭的雜肉，不能吃別的東西。

其前世為屠夫，將動物肢解切碎而秤重售賣，並常常缺斤短兩，或掛羊頭賣狗肉。

——此鬼記載於唐代釋道世《法苑珠林・卷第六》

528 梳女

唐代，有個叫范俶的人，在蘇州開酒館。

一天晚上，有個女子從門前經過，長得十分美麗。范俶就讓那個女子住下來，女子剛開始不肯，後來就答應了。

范俶點亮蠟燭，見女子用頭髮蓋住臉，面對黑暗而坐。范俶抱住她，晚上和她幽會。

天還沒亮，女子就說自己丟了梳子，離去了。離開之前，她在范俶的手臂上咬了一口。

天亮之後，范俶在窗前發現了一把紙做的梳子，心裡很驚慌，不久後，范俶身體疼痛紅腫，過了六、七天就死了。

——此鬼記載於唐代戴孚《廣異記》

529 樹下住鬼

樹下住鬼，住在樹中，飽受熱寒之苦。本來是前人種樹，後人乘涼，是積陰德的事，但此類鬼前世偏心懷惡意，盜伐眾人乘涼的大樹而換取錢財。

——此鬼記載於唐代釋道世《法苑珠林・卷第六》

530 水莽鬼

水莽，是一種毒草，藤蔓如同葛，開出的花為紫色，像扁豆花，人如果誤食了，立刻就會死亡，而且死後會成為水莽鬼。相傳，水莽鬼不能輪迴，必須有再毒死的人代替它才行。所以，楚地桃花江一帶，水莽鬼很多，經常出來蠱惑人吃下水莽。如果有人被水莽鬼騙而吃下了水莽，知道鬼的姓名，只要找到這隻鬼生前的舊衣服，放進水裡面煮，然後喝下煮過的水，就能痊癒。

——此鬼記載於清代蒲松齡《聊齋志異・卷二》

531 水鬼帚

清代，有個米客到嘉興販米，經過黃泥溝，因為裡面淤泥太深，就騎著水牛過去。他剛走到溝中間時，有一隻黑手從泥裡伸出來，抓住了他的腳。米客把腳縮回來，那隻黑手就去扯牛的腿，讓牛無法動彈。

米客很害怕，叫路上的行人來拉牛，牛也不起來。沒辦法，他只好用火把燒牛的尾巴，牛忍受不了疼痛，使盡全力從泥裡跑出來。

牛的肚子下有個破笤帚裹著，又腥又臭。米客用木棍擊打笤帚，笤帚發出啾啾的響聲，滴下的都是黑色的血。

大家取來柴火把那個掃帚燒掉，附近臭了幾個月。從此之後，黃泥溝再也沒有淹死過人。

想來，那笤帚就是水鬼所化的吧。

——此鬼記載於清代袁枚《子不語・卷二》

532 殺

傳說人死後的幾天，會有一種鳥從棺槨之中飛出，這種鳥名為「殺」。

唐朝大和年間，有個姓鄭的書生，經常在隰川這個地方的野地裡捕鳥，有一次，他用獵網抓住了一隻大鳥。這隻大鳥全身青色，有五尺多高。把網解開後，卻發現裡面空空如也，那隻大鳥竟然消失不見了。

書生很驚訝，就向周圍的村民打聽。有個村民對他說：「村裡有個人死了好幾天了，巫師說，今天是『殺』離開的日子。死者的家人偷偷在一旁窺視，發現有一隻青色的大鳥從他的棺材裡面飛了出去。你捕捉到的，是不是這個？」書生十分震驚地離開了。

據說，京兆尹崔廣遠也曾經遇到過這樣的一隻鳥，發生的事情也差不多。

——此鬼記載於唐代張讀《宣室志·補遺》

533 社公

古代以二十五家為一社，所以社是鄉里組織的最小單位，社公就是掌管一社的鬼怪，也被視作神，與土地公公類似。

晉代，會稽人賀瑀生了病，夢見自己被一個小吏帶著上天，看見一個架子，上層有印，中層有劍，任憑他取。賀瑀拿了劍，並沒有拿印，小吏嘆息說：「可惜了，你沒有拿印。如果你拿了，就可以驅使一切精怪神靈。現在，你只拿了劍，就只能驅使社公了。」

賀瑀醒來後，病就好了，過了不久，果然有鬼來，自稱是社公，甘願受賀瑀驅使。

——此鬼記載於晉代干寶《搜神記·卷十五》、宋代程大昌《演繁露·續集卷六》、清代徐時棟《煙嶼樓筆記·卷一》等

534 設網鬼

有個小孩和幾個夥伴在野地裡放牛，忽然看見一隻鬼在草地上到處設網，似乎是想用網捉人。這幫小孩偷偷取下網，反而把鬼逮住了。

——此鬼記載於南北朝劉義慶《幽明錄·卷四》

535 攝人鬼

明代，上虞有個八十多歲的老太婆，夏天風雨大作之後，突然消失了。兒子尋找七、八天也沒結果，後來還是一個樵夫在山頂上看到老太婆坐在荊棘之中，才叫兒子將她帶回家裡。老太婆神志不清，幾個月後才恢復如初。

餘姚郭家有個老女僕，在廚房裡做飯，忽然也消失了。郭家四處尋找，後來在山中發現了她。老太婆說，她被三、四隻鬼拖抱，從屋脊上飛過，來到山中。郭家把她帶回來，但後來又被鬼帶走了。

——此鬼記載於明代田藝蘅《留青日札·第二十八卷》

536 守橋鬼

守橋鬼，流傳於廣西、湖南、貴州等地的山區。民間認為，凡是建木結構的風雨橋或石橋，附近村寨必有人去世後化為守橋鬼。守橋鬼為善鬼，守護橋梁。

因此每逢架橋，寨裡的獨生子都會遠離本村和建橋工地。尤其是在立橋柱吉時之前的三、四點鐘，會有獨子之家打發獨子出村，獨子要拚命奔跑，不能慢跑，更不能停步，一直跑到聽不見工地的架橋打錘聲之處，才能停下來，而且要等到橋梁架成之後，才能回村子。

——此鬼記載於當代徐華龍《中國鬼文化大辭典》

537 山鬼

四川的山道上有很多山鬼。有個小吏，與同行的幾個人外出去迎接上級官員。

日暮時分，小吏看見道路旁邊有個婦女，拎著水罐站在溪流邊。他很渴，就走上前去討水喝，還調戲那個婦女。

婦女並沒有反抗，小吏就越發肆無忌憚，把雙手伸進她前胸的衣服裡，發現這女子的胸口長著幾寸長的青毛，而且寒冷如冰。

小吏嚇得大叫。那個婦女則大笑，拎著水罐走了。

——此鬼記載於宋代郭彖《睽車志·卷四》

538 善爽鬼

善爽鬼，是生前有善行的鬼魂，或者當官清正廉潔，或者生前有功，可以改世更生，也可以成為地下的主宰。

——此鬼記載於唐代段成式《酉陽雜俎·前集卷二》

539 神像鬼

南康郡有座宮亭廟，有個神像非常靈驗。

東晉孝武帝在位時，有一個僧人來到廟前，廟裡的神像看見他，露出了眼睛。

僧人覺得很奇怪，就問神像。

神像說：「我認識你呀。」神像說出自己的名字，僧人發現竟然是自己死去的好朋友。

神像又說：「我罪孽深重，才會寄身在這個木偶裡，你能不能幫助我早日解脫？」

僧人當即為它齋戒誦經，並說：「我能看看你的真身嗎？」

神像說：「我長得很醜，不可現原形呀。」

僧人再三請求，神像變成一條蛇，有好幾丈長，把頭垂在房梁上，

聚精會神地聽僧人誦經。

後來，這隻蛇的眼睛裡冒出血來，過了七天七夜，牠就死了，不久之後，這座廟也關了門。

——此鬼記載於南北朝劉義慶《幽明錄·卷五》

540 傷魂

晉惠帝的時候，常山郡獻上傷魂鳥，長得像雞，羽毛的顏色如同鳳凰。晉惠帝不喜歡牠的名字，沒有接納，但是很喜歡牠的羽毛。

當時，有知識廣博的人說，黃帝殺蚩尤的時候，有老虎誤咬了一個女子，女子過了七天還沒有嚥氣，黃帝很哀傷，最後就用重棺石槨將她安葬，那時有鳥飛在墳上，叫著：「傷魂，傷魂！」此鳥便是那女子的魂魄。

——此鬼記載於晉代王嘉《拾遺記》

541 上床鬼

清代，有一對夫妻中的妻子，夜裡睡覺時常說夢話。

有一天晚上，丈夫實在忍受不了，怒氣衝衝地離開了家。妻子知道丈夫出去了，也不問，埋頭繼續睡覺，恍惚間，她覺得有人進了屋子，上了床。

妻子以為是丈夫，就翻身轉向床裡面，給丈夫留出空位。

對方上了床之後，很久都沒有聲音，不像平時丈夫的所作所為。妻子湊過去，摸到對方的手臂，感覺對方的身體寒冷如冰，知道它是鬼不是人，便大驚呼救。

鄰居聽到了，急忙挑著燈籠跑過來。只見那鬼物從床上滾下來，顏色漆黑，身形肥胖，倏忽不見。

第二天丈夫回來，人們都說夫妻不和，所以晚上鬼才趁機而入。從此之後，這對夫妻的感情就變得很好了。

——此鬼記載於清代樂鈞《耳食錄·卷二》

542 人面瘡

江左有個商人，左手臂上長了一個人面瘡，雖然長了瘡，但並不痛苦。這瘡長著人臉，也有五官，很有趣。商人有時候會戲弄它，滴酒在它嘴裡，它喝醉了，臉就會變得通紅，給它東西吃，它也能津津有味地吃下。如果吃多了，商人手臂上的筋肉就會鼓脹，就好像是它的胃一樣。

醫生讓商人餵它吃草木金石各種藥，都沒事，唯獨給它吃貝母，它就皺著眉頭不肯張嘴。商人大喜，說：「這味藥肯定能制服它！」於是，強行給它灌下去，很快的，人面瘡就結痂脫落了。

有的書記載，人面瘡是晁錯的冤魂所化，當年晁錯向漢景帝提出了削藩的建議，引起七國諸侯舉兵反叛，喊出「請誅晁錯，以清君側」的口號，漢景帝沒辦法，便將晁錯腰斬了。

——此鬼記載於明代謝肇淛《五雜俎·卷十一》

543 祖母鬼

清代乾隆二十五年，有個叫李福的人，四十多歲，只有一個五歲的兒子，家裡十分貧困。李福在北京幹活，積攢了二十兩銀子就回家去。

李福在晚上走路，看到路邊有戶農舍，有燈光。他就去借火抽菸，看到一個老太太守著一個生病的孩子，看起來十分淒慘。

李福詢問，老太太說：「我家就只有這麼一個孫子，現在病危了，需要二兩銀子治病，但是我沒有那麼多錢。」李福聽了，就拿出二兩銀子，送給老太太。

李福回到家後，看見兒子十分瘦弱，好像剛剛大病初癒。李福的妻子說：「兒子生病，快要死了，一天晚上夢見祖母，給他餵了一碗藥，喝下去，就好了。」李福算了算日子，兒子夢見祖母的這一晚，正好是他給那老太太二兩銀子的時候。他再打開自己的錢袋，發現裡面的二十兩銀子，一分都沒少。

——此鬼記載於清代曾衍東《小豆棚·卷十六》

544 祖宗鬼

清代，有個叫何大金的佃戶，在夜裡看守麥田，有個老頭走過來，坐在他旁邊。何大金見老頭面生，以為他是路過的行人。老頭口渴，何大金就把自己水罐裡的水給他。

兩人閒聊，老頭問大金姓什麼，又問大金的爺爺是誰，大金都回答了。老頭聽了，臉上露出悲傷的神情，說：「你不要害怕，我是你的曾祖父，不會害你。」老頭問了很多大金家裡的事，而且問得很詳細，一會兒高興，一會兒難過，臨走的時候，囑咐大金：「人成了鬼之後，除了想得到一些祭祀之外，最放不下的就是子孫後代。有的聽說自己的後代人丁興旺，就會很高興，有的鬼聽說子孫零落，就會很難過。現在我聽你說你們的日子過得還不錯，心裡很欣慰，以後你一定要好好做人，要努力。」說罷，很捨不得地告別了何大金。

南北朝元嘉十年左右，有個叫徐道饒的人，忽然看見一隻鬼，自稱是他的祖先。當時是冬天，天氣晴朗，徐家將很多稻子堆在屋簷下，這祖先鬼就對徐道饒說：「明天你可以把稻子運到場上曬一曬，天要下雨了，後頭再沒有晴天的時候。」徐道饒覺得它是自己的祖先，肯定不會害自己，就聽從鬼的指教，把稻子運出來曬，鬼也幫著他運。日後，果然下起了連綿大雨。

——此鬼記載於南北朝劉敬叔《異苑‧卷六》、清代紀昀《閱微草堂筆記‧卷四》

545 棕三舍人

棕三舍人，其實是一條巨大的棕纜。明太祖朱元璋曾經在鄱陽湖和陳友諒大戰，死者數十萬。戰爭結束後，放了一條纜繩在湖中，冤魂附身其上，時間長了，就出來作祟。凡是遇到這東西，漁人都會祭祀，不然就會船毀人亡。

清代，有個叫徐孟夋的人去嶺南，路過鄱陽湖，正要升帆開船，船工趕緊讓徐孟夋祭祀棕三爺爺。徐孟夋就問棕三爺爺是什麼東西，船工

擺手不說。

後來，等徐孟夌歸來的時候，那個船工來迎他，竟然沒有祭祀。徐孟夌就問怎麼回事。

船工說：「當年明太祖和陳友諒大戰鄱陽湖，陳友諒船上有一條巨大的棕纜繩，斷成三截掉入湖中。其中兩截變成蛟龍隨風雨而去，剩下一截，在湖裡作祟，不祭祀，就會船毀人亡。今年湖乾了，那東西流進淺水河灣裡出不來，後來擱淺在沙灘上。大家去看，發現它滿身都是水藻，上面長出了鱗甲和鬃毛。大家報官，官府派人燒掉了，燒的時候，流出很多血，又腥又臭。從此之後，就再也沒東西出來作祟了。」

——此鬼記載於明代陸粲《庚巳編·卷十》、清代東軒主人《述異記·卷中》

546 促吊鬼

清代，唐縣有個姓張的人，家裡貧困，喜歡賭博。妻子韓氏紡織得來的錢，都被他賭光了，連首飾也被他賣了。

有一天，張某在一個地方賭博，輸光了錢，被趕出局。張某有個表弟蕭某，是個小偷，也在賭錢。

張某就跟表弟說：「你嫂子有個箱子，裝著三百文錢，是她賣棉線得來的。你去偷來，解我一時之急。」

蕭某說：「我怎麼敢偷嫂子的錢呢！」

張某說：「你怕個屁，有我在，即便是你嫂子發現了，也不會怪你。」

蕭某不得已，只能去偷。

到了張某家，韓氏不在家，蕭某就進了房間，開啟箱子，拿了錢後正要走，韓氏回來了。蕭某只能躲在梁上，心想等韓氏離開後，自己再出去。

韓氏點了燈，坐下來紡線。這時，蕭某看見從門縫裡進來一個人，穿著綠色袍子、青馬褂，戴著帽子，站在嫂子身後。蕭某心想：「好呀！這肯定是嫂子的情夫，我得告訴哥哥！」

看了一會兒，蕭某發現那個人不跟嫂子說話，嫂子好像也沒有看到他，心想：「這到底是人還是鬼呀？」又過了一會兒，蕭某看見那個人用手弄斷嫂子手裡的線，嫂子接上，那個人又弄斷，如此再三。韓氏停下來，低頭抹眼淚，那個人就露出歡喜的表情。

蕭某這才明白，那是鬼，不是人。

過了一會兒，韓氏站起來，找來一根繩子，掛在窗戶上。那隻鬼見了，歡喜跳躍，為韓氏做了一個繩套，又搬來凳子給韓氏。韓氏把頭伸進繩套裡，眼看就要上吊了。

蕭某大急，叫了一聲：「上吊了！」然後撲通一聲跳了下來。

鄰居也聽到了動靜，都趕過來。但見韓氏已經倒在地上昏迷不醒，那隻鬼則站在旁邊不動。

鄰居忙著救韓氏，看見那隻鬼，就問蕭某那是誰，蕭某趕緊將事情說了一遍，眾人知道是鬼，趕緊拿起木棒擊打它，那隻鬼身體僵硬，木棍擊打在上面發出邦邦的聲響，過了一會兒，變成煙霧一般的東西，一個晚上都沒有消散。後來，過了七天，那隻鬼才消失。

——此鬼記載於清代曾衍東《小豆棚·卷十一》

547 促織

明朝宣德年間，皇室裡盛行鬥蟋蟀（註：促織為蟋蟀的別名），每年都要向民間徵收蟋蟀。有個華陰縣的縣官，想巴結上司，把一隻蟋蟀獻上去，上司試著讓牠鬥了一下，結果那隻蟋蟀很能打鬥，上級於是責令他經常供應。縣官又把供應的差事派給各鄉的公差。於是，市上那些遊手好閒的年輕人，捉到好的蟋蟀就用竹籠裝著，餵養牠，抬高牠的價格，然後儲存起來，當作珍奇的貨物，等待高價出售。

鄉裡的差役們狡猾刁詐，借這個機會向老百姓攤派（平均分派）費用，每攤派一隻蟋蟀，就常常使好幾戶人家破產。

縣裡有個叫成名的書生，長期未考中秀才，為人拘謹，不善說話，就被刁詐的小吏報到縣裡，叫他擔任里正的差事。他想盡方法，還是擺脫不掉這差事。不到一年，成名微薄的家產都受牽累賠光了。正好又碰

上徵收蟋蟀，成名不敢勒索老百姓，但又沒有抵償的錢，憂愁苦悶，想要尋死。

他妻子說：「死有什麼益處呢？不如自己去尋找，也許還有萬一的希望。」

成名認為這話很對，就早出晚歸，提著竹筒絲籠，在破牆腳下、荒草叢裡，挖石頭，掏大洞，各種辦法都用盡了，最終沒有成功。即使捉到兩、三隻蟋蟀，也是又弱又小，不合規格。

縣官定了限期，嚴厲追逼，成名在十幾天中被打了上百板子，兩條腿膿血淋漓，連蟋蟀也不能去捉了，在床上翻來覆去只想自殺。

這時，村裡來了一個駝背巫婆，能借鬼神預卜凶吉。成名的妻子準備了禮錢去求神，燒香跪拜。約一頓飯的工夫，巫婆的簾子動了，一片紙拋落下來。妻子拾起一看，並不是字，而是一幅畫，當中繪著殿閣，就像寺院一樣，殿閣後面的山腳下，橫著一些奇形怪狀的石頭，長著一叢叢荊棘，一隻青麻頭蟋蟀伏在那裡，旁邊有一隻癩蛤蟆，就好像要跳起來的樣子。她展開看了一陣子，不懂什麼意思，但是看到上面畫著蟋蟀，正跟自己的心事暗合，就把紙片折疊好裝起來，回家後交給成名看。

成名反覆思索，覺得應該是提示自己捉蟋蟀的地方。細看圖上面的景物，和村東的大佛閣很相像。於是，他忍痛爬起來，拿著圖來到寺廟後面的古墳旁邊。

成名沿著古墳向前走，見一塊塊石頭好像魚鱗似的排列著，真像畫中的一樣。他在野草中一面側耳細聽一面慢走，用心探索著，突然一隻癩蛤蟆跳過去了。成名更加驚奇，急忙跟著癩蛤蟆的蹤跡，分開草叢去尋找，見一隻蟋蟀趴在棘根下面，急忙撲過去捉了牠。

這隻蟋蟀的形狀極其俊美健壯，尾巴長，長著青色脖頸、金黃色翅膀。成名十分高興，用籠子裝著提回家，全家慶賀，把牠看得比價值連城的寶玉還珍貴，裝在盆子裡，用蟹肉栗子粉餵牠，愛護得周到極了，只等到了期限，拿牠送到縣裡去交差。

成名有個九歲的兒子，一日見爸爸不在家，偷偷打開盆子來看。蟋蟀一下子就跳出來，等抓到手後，蟋蟀的腿掉了，肚子也破了，沒一會兒就死了。孩子害怕，就哭著告訴媽媽，媽媽聽了，嚇得面色灰白，大

驚道：「禍根，你的死期到了！你爸爸回來，自然會跟你算帳！」孩子哭著跑了。

不多時，成名回來，聽了妻子的話，怒氣衝衝地去找兒子，結果在井裡找到他的屍體。夫妻倆呼天喊地，悲痛欲絕。到了傍晚，成名拿著草席準備把孩子埋葬時，發現兒子還有一絲微弱的氣息。他們高興地把他放在床上，半夜裡孩子又甦醒過來。夫妻二人的心裡稍稍寬慰一些，但是孩子神氣呆呆的，氣息微弱，只想睡覺。

上交蟋蟀的日子馬上就要到了，成名愁眉苦臉，忽然聽到門外有蟋蟀的叫聲，起來四下尋找，看見一隻蟋蟀趴在牆壁上，個兒短小，黑紅色。成名見牠很小，就去尋找別的，這時，牆壁上的那隻小蟋蟀忽然跳到他的衣袖上。成名再仔細看牠，形狀像螻蛄，梅花翅膀，方頭長腿，從神情上看是蟋蟀的優良品種。成名高興地收養了牠，準備獻給官府，但心裡還是不踏實，怕不合縣官的心意，他想先試著讓牠鬥一下，看牠怎麼樣。

村裡一個年輕人養著一隻蟋蟀，給牠取名叫「蟹殼青」，每日跟其他少年鬥蟋蟀，沒有一次不勝的。他想留著牠，居為奇貨來牟取暴利，便抬高價格，但是一直沒有人買。

有一天，少年直接上門來找成名，成名正想和這個年輕人鬥蟋蟀。雙方把蟋蟀放進鬥盆裡，小蟋蟀趴著不動，呆呆像個木雞，年輕人大笑，試著用豬鬃撩撥小蟋蟀的觸鬚，小蟋蟀仍然不動。撩撥了牠好幾次，成名的蟋蟀突然大怒，直往前衝，騰身舉足，振翅叫喚，跳起來，張開尾，豎起鬚，一口咬住「蟹殼青」的脖頸。年輕人大驚，急忙分開兩隻蟋蟀，並承認自己的蟋蟀敗了。小蟋蟀抬著頭，振起翅膀，得意地鳴叫著，好像給主人報捷一樣。

成名大喜，這時，突然來了一隻雞，直向小蟋蟀啄去，小蟋蟀一跳有一尺多遠，麻利地躲開了。雞強健有力，又大步地追逼過去，成名趕過去時，小蟋蟀已被壓在雞爪下了。成名嚇得驚慌失措，不知怎麼救牠，急得直跺腳。忽然看見雞伸長脖子扭擺著頭，到前面仔細一看，原來小蟋蟀已蹲在雞冠上，用力叮著不放。成名越發驚喜，捉下放在籠中。

第二天，成名把蟋蟀獻給縣官，縣官見牠小，怒斥成名。成名講述

了這隻蟋蟀的奇特本領，縣官不信，試著讓牠和別的蟋蟀搏鬥，所有的都被鬥敗了；又試著讓牠和雞鬥，果然跟成名所說的一樣。於是，縣官就獎賞了成名，把蟋蟀獻給巡撫。巡撫特別喜歡，用金籠裝著獻給皇帝，並且上了奏本，仔細敘述了牠的本領。

小蟋蟀到了宮裡後，凡是全國貢獻的蝴蝶、螳螂、油利撻蟋蟀、青絲額蟋蟀及各種稀有的蟋蟀，都與牠鬥過了，沒有一隻能占牠的上風。牠每逢聽到琴瑟的聲音，都能按照節拍跳舞，大家越發覺得出奇。皇帝更加喜歡，便下詔賞給巡撫好馬和錦緞。巡撫不忘記好處是從哪裡來的，不久後，縣官也以才能卓越而聞名了。縣官一高興，就免了成名的差役，又囑咐主考官，讓成名中了秀才，巡撫也重賞了成名。

過了一年多，成名的兒子精神復原了。他說自己變成一隻蟋蟀，輕快而善於搏鬥，到這時才甦醒過來。

不到幾年，成名就擁有一百多頃田地，許多高樓殿閣，還有成百上千的牛羊，每次出門，身穿輕裘，騎上高頭駿馬，比世代做官的人家還闊氣。

——此鬼記載於清代蒲松齡《聊齋志異·卷四》

548 伺便鬼

伺便鬼是地獄中的一種鬼，渾身毛髮常常自燃，以食旁人排出的穢氣而存活。因其前世詐騙錢財，不修福業。

——此鬼記載於唐代釋道世《法苑珠林·卷第六》

549 伺嬰兒便鬼

伺嬰兒便鬼是地獄中的一種鬼，以食嬰兒大小便為生，而且常加害嬰兒。其前世曾殺害嬰兒，性情暴躁。

——此鬼記載於唐代釋道世《法苑珠林·卷第六》

550 死煞

唐代，青龍寺有個禪師叫儀光，修為極其高深。

開元十五年時，有個施主的妻子死了，請儀光到他家舉行法事。

儀光住在這位施主家幾天，舉行了盛大的法事。當時有種風俗是，家裡如果有人死了，都要向巫師詢問死煞出現的時日，到了死煞出現的時候，家裡人都會出去躲避。

這天，在巫師說的死煞出現的夜裡，這位施主的家人都出去了，但他們忘了告訴儀光。儀光待在房間裡，突然聽到外面傳來開門的聲音，看見一個婦人走出正屋，好像是到廚房裡準備吃的，接著打水弄火。儀光以為是這家裡的人，就沒有在意。

等到快要天亮時，婦人吃完飯，端著盤子上前來，只戴著面紗，光著腳，對儀光施禮說：「這次請師父您來做法事，真是辛苦了。今天晚上家裡人都出去了，所以弟子我來給您送飯。」儀光看了她一眼，知道這是死去的那個人，就接受她的飯，開始誦經。

正在這時，正屋北門有聲響，死煞變得很恐慌，說：「兒子來了。」說完，趕緊跑進了正屋。

過了一會兒，儀光聽到哭聲，施主的家人接著前來見他，問他有沒有事。施主看見碗裡的粥，便問儀光：「我們全家昨天晚上去躲避死煞了，忘記告訴師父，家裡沒有別人，這粥是誰做的呢？」儀光笑而不答。

這時，婢女驚慌失措地前來稟報，說：「死去的女主人屍體橫臥，手上有麵跡，腳上沾有泥土，不知道怎麼回事。」儀光指著那碗粥，把事情說了一遍，那家人非常驚訝。

——此鬼記載於宋代李昉等《太平廣記‧卷第三百三十》（引《紀聞》）

551 死人頭

新野有個叫庾謹的人，母親得了重病，兄弟三個人都在身邊服侍。忽然間，他們聽到母親的床頭有狗爭鬥的聲音，趕緊去看，沒看到狗，卻發現一個死人頭在地上，有血，而且兩隻眼睛還能動。家裡人很害怕，

就在後院挖了一個坑，把它埋了。第二天早晨去看，眾人發現死人頭鑽了出來。再埋，又跑出來。

後來，眾人用磚頭把這個死人頭埋了，它再也沒出來。過了幾天，庾謹的母親就死了。

——此鬼記載於南北朝劉義慶《幽明錄·卷二》

552 四目肉

唐朝大曆年間，有個叫韋滂的人，膂力過人，膽子也大，經常走夜路，絲毫不害怕。韋滂擅長騎馬射獵，經常把弓箭帶在身上，不僅獵取飛鳥走獸煮烤而食，就連蛇、蠍、蚯蚓、蜣螂、螻蛄之類，也不放過。

有一次，韋滂離開長安去拜訪朋友，眼看天快黑了，朋友家還很遠，就想去找地方投宿。他正不知去何處，忽然望見有戶人家，子弟正要鎖門，離家而去。韋滂上前去求宿。

主人說：「鄰居家有喪事，今天是頭七，所以我們全家都要到附近找地方躲一躲，明天再回來。」

韋滂說：「我不怕，只求在你家住一晚。」主人就把他帶進宅子，做了一些安排。

韋滂讓僕人把馬拴到馬槽上，在堂中點上燈，又讓他到廚房做飯。吃完飯，他讓僕人睡在另外的屋裡，自己把床擺在堂中，打開兩扇門，熄了燈，拉開弓，坐在那裡。

快到三更的時候，韋滂忽然看到一個光亮，像大盤子，從空中飛下，來到廳北的門扇下面，發出耀眼的光芒。韋滂拉弓射過去，一箭正好射中，那東西發出巨響，一抽一抽地好像在動。韋滂連射三箭，光亮漸漸減弱，已經不能動了。

韋滂叫奴僕拿燈燭來照，發現原來是一團肉。肉的四個方向都有眼睛，眼一睜開，就會放光。韋滂笑著要僕人把這四目肉給煮了，沒想到吃起來鮮美無比，便給主人也留了一塊。

天亮後，主人回來，見到韋滂沒事，很高興。韋滂將昨晚殺鬼的事

情說了一遍，獻上留給主人的肉，主人驚歎不已。

——此鬼記載於宋代李昉等《太平廣記‧卷第三百六十三》

（引《原化記》）

553 肅霜之神

河南郡有個叫陽起的人，字聖卿，小時候患瘧疾，在土神廟祭祀時得到了一部書，書名叫《譴劾百鬼法》。後來，他做了日南郡的太守。

有一天，他的母親在廁所裡看見一隻鬼，光是腦袋就有好幾尺長。母親回來後告訴陽起，陽起說：「這是肅霜之神。」隨即將它喊來。

這肅霜之神就變成了一個奴僕，去京城送信，早晨出發，傍晚就回來了。他發威時可以抵擋千人之力。

有個人讓陽起恨得牙癢癢的，他便派肅霜之神在深夜趕到那個人的床前，張開兩手，眼睛瞪得通紅，大舌頭拖拉到地上，差一點就把那個人嚇死。

——此鬼記載於南北朝劉義慶《幽明錄‧卷五》

554 一目五先生

傳說，在浙江有一種奇怪的鬼。這種鬼由五隻鬼組合而成，四隻鬼是瞎子，唯獨有一隻鬼長著一顆眼睛，其他的鬼都靠這隻鬼看東西，所以稱之為「一目五先生」。

發生瘟疫的時候，五隻鬼就會連袂而行，等待人睡熟了，就用鼻子去聞那個人。一隻鬼聞，那個人就會生病；如果五隻鬼一起聞，那個人就會死掉。這種情況，四隻鬼都不敢做主，唯獨聽那隻長著一顆眼睛的鬼的號令。

有個錢某夜宿旅店，其他的客人都睡了，他失眠睡不著，忽然看到燈光越來越暗，一目五先生跳躍而至。

四隻鬼想要聞一個客人，一目鬼說：「不行，這是大善人！」四隻

鬼要聞旁邊的一個人，一目鬼說：「不行！這是個有福氣的人！」它們又要聞一個客人，一目鬼說：「更不行了，這是個有名的大惡人，招惹他會引來麻煩。」

四隻鬼很不耐煩，說：「那今天的晚餐怎麼辦？」

一目鬼看了看，指著兩個客人說：「這兩個傢伙，不善也不惡，無福也無祿，就他倆了！」五隻鬼一起去聞，那兩個客人的喘息聲逐漸就聽不到了，而五隻鬼的肚子卻鼓脹起來，看來是吃飽了。

——此鬼記載於清代袁枚《子不語·卷九》

555 一足鬼

南北朝元嘉年間，有個叫宋寂的人，白天看到一隻鬼，長著一條腳，高三尺，自此之後，這隻鬼就被宋寂驅使。

同樣在元嘉年間，張承吉的兒子張元慶，十二歲，看到一隻高三尺的鬼，長著一隻鳥爪的腳，背上有鱗甲，來召喚元慶。

——此鬼記載於南北朝劉敬叔《異苑·卷六》

556 醫鬼

有個叫劉松的人，在家裡突然看見一隻鬼，就拿起劍砍了過去，鬼逃走，劉松跟著就追，看見鬼在一個石頭上躺著，周圍還有很多鬼，正在為那隻鬼療傷。劉松拎著劍跑過去，群鬼四散逃走，留下藥杵臼和剩下的一些藥，劉松就把這些藥帶回家。

從此之後，凡是有人受傷，劉松就拿一撮藥，放在那臼裡搗碎給人服下，藥到病除。

——此鬼記載於南北朝劉義慶《幽明錄·卷四》

557 易鼻鬼

宋代，萊州有個姓徐的人，後來做了郎中。

乾興年間，徐郎中來到武陵的一個驛站休息。驛站裡的驛卒說：「這裡面有個妖怪，沒人敢住，你最好還是換個地方吧。」徐郎中不以為然，就住下了。

當天晚上，他睡在大廳的屏風後面，半夜夢見一隻大鬼，身材魁梧，氣宇軒昂，手裡拎著一個竹籃，裡面都是人的鼻子。

大鬼喝斥徐郎中，說：「你是什麼人，竟敢睡在這裡，擋我的路！」

徐郎中很害怕，就趕緊賠罪。

大鬼仔細看了看他，說：「你面相不好，鼻子不直，我給你換一個吧。」說完，大鬼從籃子裡挑選了一個鼻子，先割掉徐郎中的鼻子，然後把那個鼻子給徐郎中裝上。

雖然是在夢中，徐郎中也覺得很疼。

大鬼替徐郎中裝好鼻子後，笑著說：「不錯，好一個正郎鼻呀！」

徐郎中的鼻子向來都是鼻骨彎曲、低塌，但是在他夢醒之後，鼻子變得又高又直。

——此鬼記載於宋代張師正《括異志·卷三》

558 易容鬼

南北朝元嘉二十年，有個叫王懷之的人，母親去世了。埋葬母親以後，他忽然看見樹上有一個老太婆，頭戴假髮，身穿白羅裙，雙腳並沒有踩在樹枝上，而是凌空站著。

王懷之回家後向家人說了這件事，他的女兒就突然得了急病，面孔變成剛才樹上那個老太婆的樣子。王懷之拿一點麝香讓女兒吃下去，女兒的面孔才恢復原來的模樣。世間都說麝香能辟邪惡，這就是一個很靈驗的例證。

唐代貞元年初，河南少尹李則死了，還未下葬，就有一個穿紅衣的人來，投上名片進行弔唁，自稱是蘇郎中。

蘇郎中進去後，哀傷慟哭得特別厲害。過了一會兒，李則的屍體突然站起來，與蘇郎中打鬥。全家人都嚇得跑出了屋子。二人關門打鬥，到晚上才平息。

過了很久，李則的兒子才敢進去，見兩具屍體一起躺在床上，長短形狀、姿態容貌、鬍鬚、衣服，沒有任何差別。全族的人都不能分辨，於是用同一個棺材埋葬了他們。

——此鬼記載於南北朝劉敬叔《異苑·卷六》、唐代李冗《獨異志》

559 義鬼

清代，東光縣南鄉，廖某為一些義士捐資修建了一座墳塚，很多村民都來幫忙，最終順利讓義士們入了葬。

雍正年間，東光縣發生瘟疫，來勢洶洶，害死了很多人。

有一天，廖某做了一個夢，夢見一百多個人站在自己的門外，其中有一個人走到自己面前說：「瘟疫是疫鬼帶來的，我求你焚燒十面紙做的旗子，再做一百多把木刀，上面裹上銀箔，一起燒給我們。我等義士願意和疫鬼打一仗，把瘟疫趕跑，以此來報答你和全村人的恩德。」廖某醒來之後，把這件事告訴村裡的人，大家一起做了木刀和紙旗，焚燒了。

幾天後的一個晚上，村裡人忽然聽到外面野地裡有喊殺聲震耳欲聾，一直到天亮才消失。那場瘟疫，別的地方死了很多人，唯獨這個村子裡沒有人染病。

——此鬼記載於清代紀昀《閱微草堂筆記·卷四》

560 縊女蟲

縊女蟲，也叫「蜆」，長一寸左右，長著紅色的頭、黑色身子，嘴裡吐出絲，看起來像上吊一樣。

傳說當年齊國有個叫東郭姜的女子，迷惑齊莊公，有個叫慶封的人殺了她的兩個兒子，她也上吊自殺了。

後來，東郭姜的屍骸就變成了這種蟲，所以叫縊女蟲。

——此鬼記載於南北朝劉敬叔《異苑·卷三》

561 縊鬼

縊鬼，就是吊死鬼。古人認為上吊而死的人，帶有強烈的怨氣，故而化為厲鬼。一般說來，吊死鬼只有找到替代者，才能順利投胎轉世。

清代，烏魯木齊有個虎峰書院，以前有個犯罪的婦人吊死在窗櫺上。

有一天晚上，書院的山長、前巴縣縣令陳執禮在看書時，忽然聽到窗戶那邊發來簌簌的聲響，他抬起頭，看到女人的兩隻小腳從上面徐徐垂下，逐漸露出身體來。

陳執禮怒道：「你因為犯了罪，才上吊自殺，現在要害我嗎？我和你無冤無仇，而且我一生為人正直，從不尋花問柳，你敢下來，我定然不會放過你！」

那雙小腳又徐徐而上，發出嘆息聲。又過了一會兒，對方露出一張臉，長得十分美麗。

陳執禮對其吐口水，罵道：「真是不知羞恥！」那女鬼羞愧地消失不見了。

清代，杭州北關外有間屋子屢屢鬧鬼，沒人敢居住。有個姓蔡的書生把屋子買下，在夜裡看書。

半夜，有個女子緩緩而來，穿著一身紅衣服，先是向他叩拜，然後在梁上拴好繩子，將脖子伸進去。蔡書生一點都不害怕。女子又在梁上掛了一根繩子，招引書生。蔡書生便把腳伸進繩套。

女子說：「你錯了，應該把頭伸進去。」

蔡書生笑著說：「你當年把頭伸進去才是錯了，我現在並沒有錯。」

女鬼大哭，跪在地上向蔡書生磕頭，然後離開了。

後來，蔡書生考中了科舉。

——此鬼記載於清代袁枚《子不語·卷一》、清代紀昀
《閱微草堂筆記·卷四》等

562 臆中鬼

唐代天寶年間，有個渤海的書生，姓高，生了病，十分嚴重，胸中痛不可忍。

書生請來醫生，醫生說：「有個鬼在你的胸中，我有藥可以治它。」醫生煮了藥，給書生服下。書生覺得自己身體裡天翻地覆，過了一會兒，他便往外吐口水、黏涎，吐了幾乎有一斗，吐出來一個東西，看起來十分堅硬。

書生用刀剖開硬物，從裡面跳出一隻鬼，剛開始很小，但很快就長到幾尺高。書生被這東西害得十分難受，本想抓住它，讓它也嚐點苦頭，但那隻鬼跑下臺階後立刻不見了。

——此鬼記載於唐代張讀《宣室志·卷十》

563 夜叉

夜叉是一種惡鬼，也叫捷疾鬼、能咬鬼，這種鬼長著兩隻翅膀，身上會出現各種顏色，人身獸頭，或牛頭或馬頭。有的夜叉一顆眼睛長在腦門上，一顆眼睛長在下巴上。民間傳說，夜叉鬼是陰間獨有的鬼怪生物，為陰間的鬼差，全身皆黑。有些畫裡，夜叉的頭部如駝峰狀，無髮，手持鐵叉，猙獰恐怖。

唐代名將哥舒翰，少年時代就很有志氣，在京城長安結交了很多豪傑志士，家住新昌坊。有個愛妾叫裴六娘，容貌出眾，家住崇仁里。哥舒翰十分寵愛裴六娘。

後來，哥舒翰因公事到京郊巡視，幾個月後才回來，回來後，裴六娘已經病逝，哥舒翰十分悲痛，就來到她的住所。當時，裴六娘還沒有埋葬，停屍在堂屋裡。哥舒翰來後沒有別的屋子可住，就在停屍的堂屋裡住下，獨自睡在床帳中。

夜深人靜時，哥舒翰看著窗外皎潔的月光，悲傷淒涼不能入睡，忽然看見外面大門和影壁牆之間有一個東西在探頭探腦，左右徘徊，然後進到院子裡，再仔細一看，原來是個夜叉。

這夜叉有一丈多高，穿著豹皮褲，披散著長髮，牙像鋸齒，接著又有三隻鬼跟著進來。它們一起扯著紅色的繩子在月光下跳舞，邊跳邊說：「床上的貴人怎麼樣了？」其中一個說：「已經睡了。」說罷，它們就走上庭院的臺階，進入停屍的堂屋，打開棺材蓋，把棺材抬到外面月光下，把屍體取出來切割後，圍坐著吃起來，屍體的血流在院子裡，死者的屍衣撕扯了一地。

哥舒翰越看越怕，也十分痛心，暗想這些鬼怪剛才稱我為「貴人」，如果我現在去打他們，大概不會有什麼意外。於是他就偷偷拿起帳外一根竿子使勁地扔出去，同時大叫：「打鬼呀！」

果然，鬼怪們嚇得四散而逃。哥舒翰趁勢追到院子西北角，鬼怪紛紛翻牆而逃。有一隻鬼跑在最後，沒來得及上牆，被哥舒翰打中，這隻鬼勉強爬上牆，地上留下了血跡。

這時，家裡人聽見外面鬧哄哄的，跑出來救助，哥舒翰就說了剛才的事，大家七手八腳地收拾被夜叉撕碎的屍體，剛要搬進堂屋，卻見裡面的棺槨完好無損，屍上被鬼撕咬過的地方也毫無痕跡。

哥舒翰恍恍惚惚地以為自己是做了一場夢，但牆上有夜叉留下的血，院裡也有鬼走過的痕跡，誰也弄不明白是怎麼回事。

幾年之後，哥舒翰官居顯位，做了大將軍，果然成了貴人。

唐代，有個人叫杜萬，他的哥哥（以下稱杜兄）是嶺南縣尉，剛要去上任時，妻子遇上毒瘴得了熱病，沒幾天就過世了。當時正是盛夏，杜兄一時找不到棺材盛殮，只能暫時用一領葦席把妻子的屍體捲起來，停放在一個懸崖邊上，然後就匆匆上任去了。

上任後，杜兄由於事務繁忙，沒來得及重新去埋葬妻子。後來，他回北方時路過那懸崖，就想上去收取妻子的骨骸。到了岩畔一看，只剩下葦席。他試著找妻子的屍骨，來到一個石洞裡，發現妻子渾身赤裸、面貌猙獰地住在裡面，她懷中抱著一個小孩，旁邊還跟著一個小孩，都長得像夜叉。

妻子此時已經不會說話，用手在地上畫字說：「我被夜叉捉來，這兩個孩子就是夜叉和我生的。」妻子一面寫一面哭：「你快走吧，夜叉回來後一定會殺了你。」

杜兄問妻子能不能跟他走，妻子就抱上一個孩子，隨著杜兄上了船。

船開了以後，他們突然看見夜叉抱著大兒子趕到岸邊，望著船大聲號叫，並把手中的孩子舉在手上示意。那夜叉看著船走遠了，氣得把抱著的孩子撕成幾十片才走。杜兄的妻子手裡抱的那個小孩，長相也像夜叉，但能聽懂人話，母子又活了很多年。

——此鬼記載於唐代張讀《宣室志》、唐代段成式《酉陽雜俎·前集卷十四》、唐代戴孚《廣異記》、宋代李昉等《太平廣記·卷第三百五十六》（引《通幽錄》）、清代袁枚《子不語》等

564 夜察鬼

清代，陝西介休有個書生，晚上從鄰村歸來，看到田地間有兩隻大鬼，身體覆蓋田地，青面，紅色鬍鬚，長得猙獰可怕。書生就拿出紙筆，寫了一封信，在城隍廟前燒了，說人鬼殊途，陰陽有別，既然是鬼，就應該藏在私密的地方，現在出現在田野，容易嚇到人。

第二天，書生又經過那地方，看到這兩隻大鬼長跪不起，說道：「我們是夜察鬼，昨天因為貪杯，喝醉了酒才躺在田地裡。你寫了信之後，城隍已經上報天庭，要處罰我們，還希望先生你再寫一封信，饒了我們，如果那樣，你的大恩大德，我們一定會牢記！」

——此鬼記載於清代李慶辰《醉茶志怪·卷四》

565 妖鬼

宋代，湖南一帶有種風俗，喜歡供奉一種稱為「妖鬼」的鬼物，每年都要殺一個人，否則供奉的人自己就會死掉。供奉妖鬼的人家，會懸掛鬼的畫像在大堂上。妖鬼眼如盞大，要吃人的時候，就從畫像上下來，盤旋舞動，眼睛蹦出無數的小眼，形象很恐怖。

——此鬼記載於宋代彭乘《墨客揮犀·卷二》、宋代洪邁《夷堅志·夷堅支癸·卷第四》

566 藥鬼

藥鬼是蠱鬼的一種，通常這種蠱鬼都由婦女所下。藥鬼附身的婦女都不能自由，世代相傳。

——此鬼記載於清代屈大均《廣東新語·卷二十四》

567 遊鬼

明代新安有一幫書生，同在私塾學習。其中，有個書生學過招鬼的法術，就在私塾裡展示，結果很快就來了一隻鬼，問它凶吉之事，鬼一一相告。這個書生只會招鬼的法術，卻不會送鬼的符咒，所以鬼不肯離開。

大家問鬼，鬼說：「我叫遊鬼，替城隍送信，路上被你召喚過來，你現在不給我遣送的符咒，我怎麼能走呢？」這幫書生都不知道如何是好。那隻鬼無法離開，就每天晚上哀號，一幫書生嚇得作鳥獸散。

過了一個多月，有個道士經過，寫了一道符咒燒掉，那隻鬼才走。

——此鬼記載於明代謝肇淛《五雜組·卷十五》

568 遊光

遊光是古代傳說中的一種厲鬼，經常在夜晚出現，據說它出現就意味著將發生大瘟疫。不過，或許因為遊光太過厲害，反而成為老百姓崇敬的對象，據說呼喊它的名字，就能夠驅除惡鬼。

古代在荊楚一帶，端午節的這一天，人們都會將艾草紮成一個人形，掛在門上，用來避開邪氣，還會在手臂上繫五色的彩線，來躲避惡鬼，讓人免染瘟疫。人們經常嘴裡念「遊光厲氣」四個字，惡鬼聽到了，就會遠遠避開。

清代，有個叫莊怡園的人，在關東見到獵人用木板箍住自己的脖子，覺得很奇怪，就問他。

獵人說：「我們兄弟二人，騎著馬打獵，經過一片荒蕪野地，忽然看到一個大概三尺多長、鬍子花白的人，攔在馬前，向我們作揖。我哥

哥問他是誰，他搖頭不說話，張開嘴吹我哥哥的馬，那匹馬受到驚嚇，就不走了。哥哥很生氣，拉開弓箭射他，那個人逃跑，哥哥就追，很久也不回來。我去找哥哥，來到一棵樹下，看到哥哥倒在那裡，脖子長了幾尺，怎麼叫也不醒。我正惶恐不安的時候，那個人從樹裡面出來，又張開嘴吹我，我覺得脖子很癢，就伸手撓，越撓脖子越長，變得跟蛇一樣。我害怕極了，趕緊逃回來，撿了一條性命。但是脖子已經恢復不了了，就用木板箍住。」

有人說，這個獵人碰到的，就是遊光。

——此鬼記載於南北朝宗懍《荊楚歲時記》、清代袁枚《子不語·卷九》

569 煙鬼

鴉片煙毒害無窮，禍害萬家。

清代，有對夫妻對著燈吸鴉片，到半夜忽然良心發現，嘆息說：「我們兩個人，如今骨瘦如柴，人不像人鬼不像鬼，傾家蕩產，都是因為吸鴉片煙，但是戒煙很痛苦，繼續吸下去，一定會死，怎麼辦？」

說完，忽然聽到有喘息的聲音，抬起頭，看見一個人站在床邊，面黃肌瘦，身體枯縮，聳著肩，腦袋耷拉在胸前。夫妻二人嚇了一跳，忙問對方是誰。

對方說：「我是煙鬼，鴉片煙的門道我太清楚了，有言相勸：無癮不必吸，有癮不必忌。要想戒掉這玩意兒，恐怕只有聖賢才能辦到，但如果是聖賢，肯定不會吸這東西。」言罷，那隻鬼便吹燈而去。

——此鬼記載於清代解鑑《益智錄·卷之十》

570 閻羅王執杖鬼

閻羅王執杖鬼是地獄中的一種鬼，供閻羅王役使，執杖奔走。其前世皆諂諛國王，阿附權貴，弄權竊國，多行暴惡。

——此鬼記載於唐代釋道世《法苑珠林·卷第六》

571 雁翎刀鬼

山東文登縣靠近大海，在康熙二十二年秋天時，經常有鬼怪出現，居民驚慌失措，每到天黑，就關門閉戶。

過了兩個月，大家不得不上報官府。

縣令有個僕人叫高忠，向來勇猛，就跟縣令說：「鬼怪擾民，消滅它是大人你的職責，也是我這個僕人的分內事，希望你給我一匹良馬、一支長矛，我去把它除掉。」縣令答應了。

高忠騎著馬，拿著長矛，一個人來到海邊。

晚上，新月初上，照得海灘上的沙子如同雪花一般潔白。等到二更時分，高忠看見一個一丈多高的藍臉大鬼，頭上長著角，利齒如鉤，腿上長著毛，背上長著鱗甲，坐在沙地上，面前放著五隻雞、十瓶酒，一邊喝酒一邊吃雞。

高忠騎著馬到它面前，舉起長矛刺中了鬼。鬼十分驚慌，逃到海裡。高忠下馬，坐在沙子上，喝酒吃雞。過了一會兒，海水湧動，那隻鬼騎著一頭怪獸出來，拿著刀和高忠搏鬥。

高忠迎戰，雙方打了很久，高忠用長矛刺中鬼的肚子，鬼丟下刀，消失了。高忠撿起那把刀，回去獻給縣令。刀上刻著「雁翎刀」三個字。

縣令派人把刀收藏在倉庫裡。從此之後，那隻鬼再也沒有出現。

——此鬼記載於清代鈕琇《觚賸續編·卷四》

572 陰摩羅鬼

鄭州有個進士叫崔嗣復，於進京的路上，晚上住在一個佛寺裡。

忽然間，他聽到叱吒之聲，驚慌地爬起來，看到一個東西長得如同鶴，顏色蒼黑，雙目炯炯放光，睜開翅膀，大聲鳴叫。崔嗣復很害怕，就躲了起來。

第二天，崔嗣復把事情告訴了寺裡的僧人。僧人說：「一向沒這個東西，之前有棺材放在大堂裡，恐怕是那東西在作怪。」

後來，崔嗣復把這件事告訴了開寶寺的僧人，僧人說：「佛經上有

記載，那東西是死去不久的人的屍氣所變，名為陰摩羅鬼。」

——此鬼記載於宋代廉布《清尊錄》

573 銀倀

人們都知道老虎身邊有虎倀，卻不知道銀子也有銀倀。

清代，有個叫朱元芳的福建人，在山谷中挖到一個罐子，裡面裝滿銀子，就把銀子全都帶回家。

沒想到，那些銀子突然發出濃重的臭氣，聞到的人都抽搐昏倒。有個年紀大的人告訴他：「流賊強盜埋藏銀子的時候，經常會折磨一個人，讓這個人求生不得求死不能，然後問他：『你願意為我守護銀子嗎？』那個人只能答應。於是，就把那個人和銀子一起埋起來。凡是得到這種銀子的，一定要先祭拜超渡亡魂，才能順利得到銀子。」

朱元芳聽了這番話，立刻對銀子祈禱，說道：「如果我能夠順利得到這筆銀子，一定會超渡你。」說完，臭氣就消失了，得病的人也好了。

——此鬼記載於清代袁枚《續子不語·卷四》

574 殃

有個人叫彭虎子，年輕有力氣，常說世上沒有鬼神。母親死後，巫師告誡他的家人說，某天，殃要到家來，見人就殺，最好出去躲避一下。

全家老少都逃出去躲避，只有虎子不走。半夜，只見有人推門進來，到東屋、西屋都沒找到人，就直接到虎子的住室。虎子嚇壞了，看見床頭有個大甕，就跳進甕裡去，用板子蓋著頭。

後來，他覺得死去的母親坐在板子上。有人問板子下有沒有人，他聽見母親說：「沒有。」然後，殃把彭母帶走了。

——此鬼記載於南北朝劉義慶《幽明錄·卷四》

575 影娘

某地有座清蓮山，景色優美。

春天，有個書生在山裡遊玩，在水邊撿到一支玉釵，撿起來把玩，忽然看到水中有一個美麗女子的影子出現在自己身後，但他轉過頭，卻發現身後無人，但是他再看水中，女子依然在。過了一會兒，微風吹來，水面泛起漣漪，影子就消失了。

書生悵然若失，回到家中，沒想到照鏡子的時候，那女子出現在鏡子裡，對書生眉目傳情。書生取出玉釵，詢問是不是那女子的，女子搖頭微笑，離開了。

讀書人翻過鏡子，見後面空空如也，只聽到空中傳來咯咯的笑聲。過了一會兒，他又聽見女子說：「你只要焚燒沉香，在桌子上供玉釵，我就會出來和你在鏡子裡相會。」書生依言，果然如此。

從這以後，書生和女子頻頻在鏡子裡相會，十分快樂。

家裡人發現了，以為鏡子是妖怪，就把鏡子摔在地上。書生很傷心，但女子又出現在其他鏡子裡，家裡人只得把家中所有的鏡子都藏起來。

書生長吁短嘆，有一天，他看到案頭放了一朵芍藥花，不知道是從哪裡來的，繼而又聽到耳邊有人說話：「你到西邊的池塘，我要和你告別了。」書生趕緊到池塘邊，看見女子在水中，隨後就不見了。

書生相思成病，不吃不喝。

家裡請來了一個道士，道士問玉釵在什麼地方，又給書生吃下一顆丹藥，書生的病才好。

道士說：「你前世也是個書生，經過鄰居家，鄰居的女兒叫影娘，把玉釵掉在窗戶下，你撿起來還給她，自此兩情相悅。後來女子死了，但是你們的情緣還沒了，所以她就來找你了。」

道士把一個小瓶給書生，對他說：「你某天去青蓮山，會看到一棵梅花樹上有千百隻翠鳥在飛翔，你就捧著瓶子面向西，大喊三聲：『來來來！』就會有事情發生。」

書生按照道士說的做了，看見一縷紫煙飛入瓶中，還聽到瓶子裡有人說話：「來了！」

他捧著瓶子回來，放在屋裡，瓶子很快就變大，從裡面走出一個女子，正是影娘。

這時候，道士來了，要回瓶子，笑著說：「差點把我的瓶子弄壞了。」說完，道士收了瓶子就消失了。

影娘告訴書生：「這個道士大概就是申元之吧。」（註：申元之是古代神話傳說人物，活躍於唐開元年間。）

——此鬼記載於清代樂鈞《耳食錄二編·卷一》

576 無頭鬼

豫章太守賈雍有神奇的法術。

有一次，他出州討伐賊寇時被殺死。他的頭掉了，仍然上馬奔回營房，用胸腔說話。

他說：「戰鬥失利，被賊寇殺了。各位看有頭好呢？還是沒有頭好呢？」

同仁哭著說：「有頭好。」

賈雍說：「非也。沒頭也很好。」說完才死去。

——此鬼記載於南北朝劉義慶《幽明錄·卷一》

577 無頰鬼

宋代，白石村有個村民，為十里外的一戶人家織布，晚上背著織布機回家。

當時月華朗照，有個人前來，對這個村民說：「我的膽子很小，聽說這裡經常有鬼出來，能不能跟你一起走？」村民就答應了。

那個人就說：「如果碰到鬼，怎麼辦？」

村民說：「如果我見了，就用織布機打它！我腰裡還有大鐮刀，也可以殺了它！」

那個人聽了，很吃驚。

過了一會兒，村民聽到那個人在自己身後說：「人都說鬼沒有下巴，你看看我有沒有？」

村民知道那個人是鬼，舉起鐮刀轉身就砍。那隻鬼果然沒有下巴，睜著雙眼，被砍中後就消失了。

——此鬼記載於宋代洪邁《夷堅志·夷堅乙志·卷第八》

578 無常鬼

清代，易郡有個人叫吳可久，有一次晚上走在道路上，遠遠地看見前方有一道白光，飄飄忽忽。過了一會兒，那道白光來到近前，原來是一個穿著白衣白褲的巨人，比大樹還高，來回踱步。吳可久很害怕，趕緊掉頭離開了。有人說，那東西是無常鬼。

同樣在清代，烏程這地方有個姓江的人，在直隸青縣當知縣，從救濟款中拿了七、八萬兩銀子，以生病為藉口，回到老家。他剛到家，就看見一隻巨大的鬼，幾丈高，青面高鼻紅眼，穿著白衣，手裡拿著鐵槍，闖進來。江某很害怕，趕緊叫家人出來，那隻鬼就不見了。接著，外面傳言官府要查抄江家，江某害怕，就將贓款全部埋了，過不久，江某中風，整天癱在床上。從此之後，家裡經常出現鬼，江某很快就死了。

——此鬼記載於清代長白浩歌子《螢窗異草·初編卷四》、清代錢泳《履園叢話·叢話十五》

579 五方鬼帝

五方鬼帝，指的是位於冥界五個方向統治眾鬼的鬼王。分別是：東方鬼帝蔡鬱壘，在桃丘山；北方鬼帝張衡、楊雲，在羅酆山；南方鬼帝杜子仁，在羅浮山；中央鬼帝周乞、嵇康，在抱犢山；西方鬼帝趙文和、王真人，在嶓塚山。

——此鬼記載於晉代葛洪《枕中書》

580 五通

傳說柳州當地原來有鬼，名為「五通」。五通善於變化，魅惑人，能讓人暴富，所以一些人喜歡應請供奉，如果供奉的人稍稍違背了五通鬼的意願，它就會離開去別的人家。

盛夏的時候，五通鬼喜歡販賣林木，別人見了，知道是鬼也不敢說。五通鬼性情淫蕩，有的變成美男子，有的隨著人的心意變化形體，魅惑人。有的人見過它的本體，形如猴子、蛤蟆或者龍。

吳地一帶，五通又叫五聖、五顯靈公等，當地人以神敬之。

——此鬼記載於宋代洪邁《夷堅志·夷堅丁志·卷第十九》、明代陸粲《庚巳編·卷一》

581 五通大鬼

自漢代以後，有五通大鬼，分別是王翦、白起、韓章、樂陽、楚狂，又有郝景、女媧、祝融三萬九千隻鬼，各率領八億萬隻鬼。這五隻大鬼，各自率領十二萬鬼，天下小鬼都要投靠其下，耗動萬民，給人帶來疾病、口舌、官司、水災、火災。

——此鬼記載於《太上洞淵神咒經》

582 瓦溺鬼

清代，廣州甜水巷有個旗人姓丁，一天在集市上買了尿壺，帶回來放在床旁邊。

晚上，丁某起來小便，見壺口被封住了，拿起來很沉重。他覺得奇怪，仔細查看，發現壺口內外都用黃蠟密封著。丁某打破尿壺，看見有個三寸高的小黑人跳躍而出，頃刻之間長成了八、九尺高，穿著黑色的布袍，手裡拿著利刃，想要殺丁某的妻子。丁某拔劍和它格鬥，直到雞叫時，對方才消失不見。

第二天晚上，那鬼怪又出現，丁某再次和它搏鬥。

一連十幾天都是如此。

鄰居聽說這件事，就告訴丁某的妻子說：「我聽說五仙廟法師擅長制服妖怪，你趕緊去請法師來。」

這天晚上，那鬼怪來到鄰居家，大聲罵道：「我和丁某的妻子有三世的孽仇，一直打官司打到陰曹地府，她的父母兄弟都死了，只有她還活著，我要將她家的人殺光，才能報仇雪恨！這件事和你無關，你怎麼能讓她找道士來對付我呢！」罵完，這鬼怪將鄰居家的所有東西都砸壞了，憤憤出門，消失不見。

從那之後，它再也沒來，丁某的妻子也安然無恙。

——此鬼記載於清代鈕琇《觚賸續編·卷四》

583 瘟鬼

古人認為，瘟疫是鬼怪傳播而生。天府中有瘟部，其中有瘟神和行瘟之鬼。它們經過的地方，就會傳染瘟疫。

宋代乾道元年，江西豫章南邊數十里有個叫生米渡的渡口，有個僧人告訴把守渡口的官吏：「稍後會有五個穿著黃色衣裳、帶著竹籠的人過來，一定不要讓他們渡河，否則會招來大禍！」說完，僧人寫下三個奇怪的字，交給官吏，告訴他，如果對方非要過河，那就把字給他們看。

晌午時分，果然有五個穿著黃色衣服、背著兩個竹籠的人走過來，要求登舟過河。官吏不答應，這五個人就破口大罵。官吏將僧人寫下的那張紙給他看，五個人看了，狼狽離開，把竹籠丟在岸邊。

官吏打開籠子，裡面有五百具小小的棺材。官吏讓人把棺材燒了，又把僧人寫的那個符咒傳給周圍的家家戶戶。那一年，周圍發生了瘟疫，唯獨這一帶沒有。有懂行的人說，那五個人就是瘟鬼。

傳說瘟鬼散播瘟疫，到一個村子時必定先去拜訪社神，如果社神不答應，瘟鬼就不能行疫，這就如同跨省捕人一樣，必須有當地的官府接洽才行。

清代乾隆年間，有個叫徐翼伸的人到湖州拜訪朋友。天氣炎熱，徐

翼伸在書齋裡洗澡，忽然發現窗外有人噴氣，案頭上的雞毛撢子盤旋不已。徐翼伸大喝一聲，茶杯、浴巾都飛出窗外。

徐翼伸很害怕，急忙叫僕人來，看見一團黑影，在屋頂的瓦片上盤旋，過了很久才消失不見。

徐翼伸坐在床上，很快的，雞毛撢子又動了起來，而且發出熏天的臭氣。徐翼伸抓住它，發現雞毛撢子十分冰冷。

過了一會兒，有人說話，如同鸚鵡學語一樣，對方說：「我叫吳中，從洪澤湖來，被雷嚇到了，所以躲在你這裡，還請你把我放回去。」

徐翼伸問：「現在我們這裡出現了瘟疫，你是不是瘟鬼？」

對方說：「是。」

徐翼伸說道：「既然你是瘟鬼，我就不能放你了，以免你出去害人。」

瘟鬼說：「有藥方可以避開瘟疫，我可以把這個藥方獻給你。」

徐翼伸記下了藥方，本想放了藏身在雞毛撢子裡的瘟鬼，但又怕放了之後它出去做壞事，就把雞毛撢子封進一個大罐裡，丟進了太湖。

瘟鬼留下的藥方是這樣的：雷丸四兩，飛金三十張，朱砂三錢，明礬一兩，大黃四兩，水法為丸，每服三錢。

後來，蘇州太守趙文山向徐翼伸要這個藥方，救濟當地得了瘟疫的人，凡是服下藥的，都痊癒了。

——此鬼記載於宋代洪邁《夷堅志·夷堅乙志·卷第五》、清代袁枚
《子不語·卷七》

584 亡人衣

衣服是人的貼身之物，古代傳說人死之後，尤其是有怨念的，靈魂就會附在衣服上作祟。如果是自己的衣服，即將死的時候，因為陽氣衰竭，也會作祟。

張華是西晉時期著名的政治家、文學家，他是張良的十六世孫、唐代張九齡的十四世祖，後來趙王司馬倫發動政變，把他殺害了。

張華被處死前，刮了一陣大風，吹走衣架上的衣服，其中有六、七

件，像人一樣直立地靠在牆壁上。

清代，有個叫張衣濤的人，即將把女兒嫁出去，家人把嫁衣放在床上，嫁衣忽然自己坐起來，如同裡面有人穿著一般。女兒嚇得跑走，衣服跟在後面窮追不捨，家人聽到動靜趕過來，衣服才突然倒地。結果，女兒沒出嫁就死掉了。

同樣在是清代，有個叫郭式如的人，在北京的市場上買了一件絲綢的袍子，放在凳子上，那衣服突然如同人一樣坐起來。郭式如檢查那件衣服，發現領子上有血痕，大概是曾經被處死刑的人穿過的衣服，就丟棄了。

清代，有個叫傅齋的人，在集市上買了一件慘綠色的袍子。有一天，傅齋鎖門出去，回來的時候發現鑰匙不見了，以為丟在床上，就站在窗邊往裡看，結果看到這件袍子竟然直直地站立在屋中，就如同有人穿著一般。傅齋嚇得大叫起來，急忙叫來僕人。

大家商量後，覺得還是燒掉為好。

有個劉嘯谷的人，這時候正好在傅齋的家裡。他說：「這肯定是亡人衣。人死掉了，魂附在衣服上。鬼是陰氣凝結所成，見到陽光就會散去，放在陽光下暴曬就好了。」於是傅齋讓人把這件袍子放在太陽底下反覆曬了幾天，再放在屋子裡，讓人偷偷地查看，發現衣服沒有直立起來，也沒有再發生什麼怪異之事。

——此鬼記載於南北朝劉義慶《幽明錄·卷六》、清代李慶辰
《醉茶志怪·卷二》、清代紀昀《閱微草堂筆記·卷六》

585 魖魖

魖魖是一種很有名的鬼，在中國的傳統文化中，有時成了鬼的代名詞。

傳說，上古時顓頊氏有三個兒子，死後都成了鬼：一個居住在江水，叫瘧鬼；一個居住在若水，叫魖魖鬼；一個喜歡跑到人家裡，驚嚇小孩，所以叫小兒鬼。

根據記載，魖魖喜歡吃死人的肝臟，懼怕老虎和柏樹，所以墳墓旁

邊多種植柏樹，並且雕刻老虎的石像，就是為了趕走它。

山西山陰縣有個進士姓高，沒有考上進士之前，他的父親靠當傭人為生。有一天，高父傍晚回來，看到一隻個子十分高大的鬼在路邊，身體靠著人家的屋子，腰倚在屋簷上。

這隻鬼捧著一個孩子，對孩子說：「我本來想吃掉你，但你命中註定會當上九品官，有三千畝的田地、許多屋舍，而且你還有兩個兒子，所以我不忍心了。」說完，大鬼把孩子放在瓦上，轉身離開時，看到了高進士的父親。

高父喝了酒，也不怕，心想：「這隻鬼連孩子都不忍心吃，恐怕更不會吃我了。」於是，高父對鬼說：「我聽說長得很高大的鬼，叫魖魖，能讓人富貴。我求求你，讓我也變得有錢吧。」

鬼不答應，要高父馬上離開。高父一個勁兒地懇求，魖魖沒有辦法，從袖子裡掏出一根繩子，上面綁著一根竹竿，交給高父，就拂袖而去了。

高父回來告訴妻子，搬來梯子，將魖魖丟棄的嬰兒抱了下來。

第二天，聽說鄉裡有個姓馮的丟了兒子，到處尋找，高父將孩子交給馮某，並且把魖魖的話告訴他。馮某很高興，拜高父為乾爹。後來，這個小孩果然長大當官，成為山西巡檢，正如魖魖所言，而高家也因此致富，子孫都考取了功名。

——此鬼記載於晉代干寶《搜神記・卷十六》、南北朝任昉《述異志》、唐代段成式《酉陽雜俎・前集卷十三》、宋代邢凱《坦齋通編》、宋代周去非《嶺外代答・卷十》、清代袁枚《續子不語・卷七》等

586 魚陂畈癩鬼

宋代，有個叫洪洋的人，從樂平這個地方回老家，來到老家南邊五里一個叫「魚陂畈（ㄆㄧˊ ㄈㄢˋ）」的地方，已經是二更時分了。當時微微有月光，忽然聽到巨大的聲響傳來，而且越來越靠近。

洪洋以為是老虎，但聽起來又不像，就和幾個僕人一起躲避起來，看見有個東西遙遙而來，身高三丈，從頭到腳都是燈，來到洪洋和僕人面前。僕人們嚇得要命，洪洋趕緊念觀音大悲咒，念了幾百遍，那東西

還是站著不動。洪洋一直念，那鬼稍稍後退，然後說：「我走了！」接著，跑到旁邊一戶人家裡，消失了。

洪洋回來後就生了病，一年才痊癒，僕人也生了病，其中兩人過世。後來，洪洋打聽到那東西進入的人家，那家五、六口人都死於瘟疫，這才知道那東西是厲鬼。

——此鬼記載於宋代洪邁《夷堅志・夷堅乙志・卷第十四》

587.588 語忘、敬遺

語忘、敬遺，是兩隻鬼的名字，婦女快要生孩子的時候，喊它們的名字，它們就會出現。這兩隻鬼不傷害人，高三寸三分，穿著黑色的衣褲，可以幫助孕婦生產。

還有一種說法是，婦女快要生產的時候，用黃紙寫本縣知縣的名字，倒貼在床上，然後讓人喊語忘、敬遺的名字，就不會難產。

——此二鬼記載於唐代段成式《酉陽雜俎・前集卷十四》、清代青城子
《志異續編・卷四》

589 浴池鬼

清代，金陵城北面有個白石澡堂，不管多少人去洗澡，到了晚上，水都會變得清澈無比，一點兒也不髒。人們都說浴池裡面有個浴池鬼，每一年需要吃一個人。澡堂的主人最忌諱談論這件事。

澡堂每年肯定有一天會閉門，而且那天澡堂裡面會多出一套衣服和鞋子。

有一天，有群洗澡的人談論這件事，到了晚上，談論的人中就少了一個，不知去向。

——此鬼記載於清代采蘅子《蟲鳴漫錄・卷二》

590 欲色鬼

欲色鬼是一種惡鬼，混跡於人間，與人類交合，靠興妖作怪維持生存。此類鬼前世多行淫亂之事，靠賣淫謀財。

——此鬼記載於唐代釋道世《法苑珠林·卷第六》

591 冤辱

五代後梁的彭城王劉知俊鎮守同州時，從牆裡面挖出一個東西，重八十多斤，形狀如同一個油囊。劉知俊就招來手下詢問，有的說是地囊，有的說是飛廉，有的說是金神七殺，唯獨一個姓劉的參謀，說這東西叫冤辱。

這種怪物一般出現在年代久遠的監獄之下。當年，一個叫王充的人據守洛陽，修河南府的大牢，就曾經發現過這種東西，乃是冤枉的囚徒死後魂魄入地，凝結而成。這種東西刀槍不入，水火不浸，千百年都不會腐爛。

唯一能化解的方法，就是在晴朗的夜裡，祭祀酒食，允諾替它們伸冤，它們才會變成沖天的黑氣消失。這並不是祥瑞之兆。

劉知俊按照劉參謀的話去驗證，果然如他所說。

——此鬼記載於五代何光遠《鑑戒錄·卷九》

592 恩仇二鬼

中國古代的人特別重視科舉，認為考取功名與本人及祖先的陰德有很大的關係，所以考場上的鬼魂可以報德報怨。

清代，考生進入考場的前一晚，考官會舉行祭奠，招來鬼神。請神要用紅色旗子，請家人的鬼魂要用藍色旗子，請恩仇二鬼要用黑色旗子，考官會將三色旗子插在明遠樓的四角，並大聲喊：「有冤報冤，有仇報仇！」考試時，有的考生在考場屋裡上吊，有的被鬼弄髒了考卷，有的

被拔掉了舌頭死掉，也有的得了恩鬼的指點而金榜題名。

清代，有個叫張伯行的人擔任江蘇巡撫，當時正好碰上江寧鄉試，張伯行擔任監考。按照慣例，點名前要招恩仇二鬼，張伯行見了，大怒，正色道：「國家開科取士，一切關防嚴肅，怎麼可以允許鬼祟進考場騷擾！」那一次考試時，沒有一個考生發生怪事。

——此鬼記載於清代和邦額《夜譚隨錄‧卷二》、清代錢泳
《履園叢話‧叢話十五》

593 兒回來

開封、洛陽附近的深山中，有很多奇異的鳥，有種鳥名為「兒回來」，牠的叫聲很像是「兒回來！兒回來！娘家炒麻誰知來！」。

傳說曾經有個繼母，喜歡自己的親生兒子，對丈夫前妻的孩子很刻薄。有一次，繼母把生麻子交給親生兒子，把炒熟的麻子交給繼子，告訴他們：「把麻子種下，長出麻後，才能回家。」

兩個孩子不知道其中有炒熟的麻子，拿著麻子就離開了家。結果，繼母的親生兒子和前妻的兒子交換了麻子，再也沒回來。繼母十分思念親生兒子，死後變成了這種鳥，召喚兒子回來。

——此鬼記載於清代褚人獲《堅瓠集‧丁集卷之二》

怪部

594 畢方

章莪山中有一種禽鳥，身形像一般的鶴，但只有一隻腳，紅色斑紋和青色身子，還有一張白嘴巴，名為畢方，牠出現的地方會發生怪火。

——此怪記載於戰國《山海經‧卷二》

595 獙獙

姑逢山，沒有花草樹木，有豐富的金屬礦物和玉石。山中有一種野獸，身形像一般的狐狸卻有翅膀，發出的聲音如同大雁鳴叫，名為「獙獙」（ㄅㄧˋㄅㄧˋ），牠一出現，天下就會發生大旱災。

——此怪記載於戰國《山海經‧卷四》

596 壁面

晉懷帝永嘉年間，有個叫劉嶠的人住在晉陵，他的哥哥早年死了，嫂子寡居。

有一天夜晚，嫂子和婢女在堂屋裡睡覺，二更時分，婢女忽然大哭著跑到劉嶠的屋裡，說他嫂子的屋裡有可怕的怪物。劉嶠點上燈，拿著刀跟丫鬟來到嫂子的屋裡，只見四面牆上都有人臉，瞪眼吐舌，都有一丈多長。嫂子很快就死了。

咸陽縣尉李泮有個外甥勇猛又頑皮，曾經對客人說自己不怕鬼神。

有一天，這外甥的住室裡，南牆出來一張臉，紅色，大小有一尺多，塌鼻梁，雙目深陷，牙齒尖利，面目可憎。外甥大怒，揮拳打過去，那臉應聲而滅。

不一會兒，它又出現在西牆上，是白色的，接著又出現在東牆上，是青色的，樣子都像先前的那個。

後來，又有一個黑色的大臉出現在北牆上，樣子更嚇人，大小是先前的一倍。外甥更怒了，拔出刀就刺，那大臉竟然離開牆壁，過來撲向他，鑽進他的臉中。外甥身體搖晃，一頭栽倒在地上，死掉了。

他的臉色如黑漆，一直到出殯，臉色也沒變過來。

——此怪記載於宋代李昉等《太平廣記·卷第三百五十九》（引《廣古
今五行記》）、宋代李昉等《太平廣記·卷第三百六十一》（引《紀聞》）

597 避役

　　古代中國的南方有一種爬行動物名為「避役」，也叫「十二辰蟲」，長得如同石龍子，四肢較長，顏色青紅，夏天偶爾能在籬笆或者牆壁間看到，凡是看到的人，都會發生好事。牠的腦袋隨著十二時辰能變幻成不同的形狀。

——此怪記載於唐代段成式《酉陽雜俎·前集卷十七》、明代李時珍
《本草綱目·鱗部》

598 冰蠶

　　北冥蠻荒的員嶠山上，有一種東西叫「冰蠶」，長七寸，黑色，有角，有鱗，性至陰，有劇毒，以柘葉為食，如果用霜雪覆蓋牠，牠就會作繭，蠶繭長一尺，五彩斑斕。冰蠶的絲極為堅韌，刀劍砍不斷，可以做琴弦，織出來的布放進水裡不會濕，遇到火不會燒焦。

　　冰蠶喜戰好鬥，兩蠶相遇，不死不休，死者可化繭，繭破則復生，可以九死九生。十丈之內，都不能靠近，否則就會被凍死。如果得到牠，放在火裡燒，可以得到冰蠶珠魄，乃是人間的至寶。

——此怪記載於晉代王嘉《拾遺記》

599 並封

　　並封，是傳說中的怪獸，居住在巫咸國的東面，牠的身形像普通的豬，卻前後都有頭，是黑色的。

——此怪記載於戰國《山海經·卷七》

600 不孝鳥

不孝鳥，長著人的身體、狗的毛、豬的牙，額頭上的條紋組成了「不孝」兩個字，嘴下的條紋則是「不慈」，鼻上則是「不道」，左脅是「愛夫」，右脅是「憐婦」，看來是上天特意創造這種怪物，來告訴人們要遵守忠孝之道的。

——此怪記載於漢代東方朔《神異經》

601 不死民

不死民，都是黑色的，個個長壽，人人不死。

——此怪記載於戰國《山海經·卷六》

602 巴蛇

巴蛇是傳說中的一種巨蛇，能吞下大象，吞吃後三年才會吐出大象的骨頭。有才能品德的人吃了巴蛇的肉，就不會患心痛或肚子痛之類的病。巴蛇的顏色是青色、黃色、紅色、黑色混合間雜的；另一種說法認為，巴蛇是黑色身子、青色腦袋。

唐代，有個叫蔣武的人，魁梧雄壯，獨自一人住在山裡，靠打獵為生，遇到狗熊、老虎、豹子之類的猛獸，也能一箭射死。

有一天，他忽然聽到急促的敲門聲，開門見一隻猩猩騎在大象身上。

蔣武問：「你和大象敲我的門幹什麼？」

猩猩說：「大象有難，知道我能說話，所以來投奔你。」蔣武就讓牠們說明來由，猩猩說：「這座山南面兩百里的地方，有一個大山洞裡住著一條巴蛇，長數百尺，大象經過的時候，都會被牠吞下，已經死了一百多頭。我們知道你善於射箭，懇求你把那條巴蛇射死。若是如此，我們一定報答你的恩情。」

猩猩說完，大象跪倒在地，淚如雨下。

於是，蔣武帶著毒箭去了大山洞，果然看見巴蛇的一雙眼睛光芒四

射。蔣武拉弓射中巴蛇的眼睛後，大象馱著蔣武就跑。

過了一會兒，山洞中發出打雷一般的叫聲，巴蛇竄出來，方圓幾里的樹木都被碾壓。等巴蛇死後，蔣武來到洞穴，看見裡面大象的骨頭和牙齒堆積如山。

有十幾頭大象用長鼻子捲起象牙，獻給蔣武。蔣武帶著象牙回家，從此就變成了大富豪。

——此怪記載於戰國《山海經・卷十》、唐代裴鉶《傳奇》

603 波兒象

清代，江蘇布政司有個書吏叫王文賓，有天白日裡打瞌睡，聽到書房裡傳來布衣的摩擦聲，看了看，發現是個穿衣打扮像衙役的人。看到他，王文賓就昏迷了，感覺靈魂出竅，跟著這個衙役往前走。

到了一個地方，殿堂樓閣森然，中間坐著兩個官員，上座是一個白鬍子老頭，下座是一個滿臉麻子、黑鬍鬚的壯年男子。臺階下，一個金絲籠裡罩著一隻怪獸，如同豬一般壯碩，尖嘴綠毛。

那怪獸見到王文賓過來，張開嘴撲上來，要咬他。王文賓很害怕，趕緊向左躲閃，左邊有個人穿得破破爛爛，狀如乞丐，惡狠狠地瞪著他。

堂上坐的那個白鬍子老頭，對王文賓招了招手，要他跪到近前，問：「五十三兩的事情，你還記得嗎？」王文賓不知道他是什麼意思。

壯年男子笑道：「就是海船的案子，你前世的事情了。」

王文賓恍然大悟，是明朝海運的案子。當時禁止海運，有數百隻海船要充公。王文賓在前世也是江蘇的書吏，專門辦理這個案子，當時有人行賄做了中飽私囊的事，旁邊那個形如乞丐的，就是先前行賄他的人。王文賓想起前世的事情，如實相對。

兩個官員聽完，點了點頭：「既然問清楚了，那就應該懲罰中飽私囊的人，你可以回陽間了。」於是，官員命令衙役帶著王文賓離開。

王文賓此時知道自己來到了陰間，就問那個衙役：「籠子裡的那個似豬非豬想要咬我的東西，是什麼？」

衙役回道：「那個叫波兒象，不是豬。陰間養這種獸，等案件審查明白，罪重的人就丟給牠，讓牠吃掉。」

王文賓聽了，很害怕。來到一條大河旁邊後，王文賓被衙役推入水中，醒來後，他發現自己躺在床上，已經昏迷三天了。

——此怪記載於清代袁枚《子不語·卷五》

604 猼訑

基山的南坡陽面盛產玉石，山的北坡陰面有很多形態奇特的樹木。山中有一種野獸，身形像羊，長著九條尾巴和四隻耳朵，眼睛長在背上，名為「猼訑」（ㄅㄛˊ ㄧˊ），人穿戴上牠的毛皮，就不會產生恐懼心。

——此怪記載於戰國《山海經·卷一》

605 䮝

中曲山南邊陽面盛產玉石，北邊陰面盛產雄黃、白玉和金屬礦物。

山中有一種野獸，身形像普通的馬，卻長著白身子和黑尾巴，一隻角，長著老虎的牙齒和爪子，發出的聲音如同擊鼓的響聲，其名為「䮝」（ㄅㄛˊ），能吃老虎和豹子，飼養牠可以辟兵器。

——此怪記載於戰國《山海經·卷二》

606 白虯

據清代文學家錢泳所說，他的老家鄉間經常有白虯為患。每到白露、秋分節氣，稻子剛剛成熟，四更時分就會忽然起大霧，漫空遍野。霧中有一條或兩、三條白氣，隱隱如白龍，沒有頭尾，行走如飛，當地人稱之為「白虯」。只要這東西出來，農作就會歉收，轉熟為災。這東西只會出現在蘇州、常州、嘉興、湖州一帶，其他地方是沒有的。

——此怪記載於清代錢泳《履園叢話·叢話十四》

607 白面婦

明代，北京皇城西安門內建了十座倉庫，稱之為西十庫，向來都有士兵看守。

某甲和十幾個同伴值守，一直喝酒到深夜，都醉了。二更過後，某甲出去上廁所，走到倉庫旁邊的巷子裡，看到月光下有個穿著紅衣服的女人，蹲在牆邊，好像在撒尿。

某甲喝醉了，想去調戲對方，於是偷偷走過去，抱住了她。女子轉過頭來，竟然沒有五官，臉上光溜溜的，就如同用白麵糊抹上去，像豆腐似的。某甲嚇得昏倒在地，一直等到同伴發現，救醒他，才把這件事說了一遍。

——此怪記載於清代和邦額《夜譚隨錄·卷二》

608 白特

唐代，有人在洛水邊看見一個童子在洗馬，突然從水中竄出一個像白綢帶似的東西，非常光亮晶瑩，在童子的脖子上纏繞三、兩圈，童子就跌倒在水裡死了。

凡是有河水和湖泊的地方，都有這種怪物，有的人認為洗澡和洗馬而死的人，全都是被黿（ㄩㄢˊ，註：似鱉而較大）拖進水的，其實並非如此。這種怪物名叫「白特」，應當小心地提防牠，牠是蛟一類的怪物。

——此怪記載於唐代張鷟《朝野僉載·卷四》

609 白砂神

浙江東陽的南邊，傳說有一種妖怪，當地人稱之為「白砂神」。宋代，當地人十分敬畏，經常祭祀。

每年三月，都會有大風大雨從白砂興起，一直到東陽城。有人說，白砂神是一種海龍，每年都要到東南作祟，毀壞百姓的房屋。

——此怪記載於宋代錢儼《吳越備史·卷四》

610 柏枕

焦湖廟管香火的廟祝有一個柏枕，已經三十多年，枕後面破了一個小洞。

有個叫湯林的人，經商時路過廟，進來祈禱。廟祝問：「你結婚了嗎？」湯林說沒有。廟祝說：「你進枕頭的小洞裡，體驗一下。」說完，要湯林走入洞裡。

湯林進去後，只見裡面朱門瓊宮，亭臺樓閣，十分富貴。那裡有個趙太尉，招湯林做了女婿，生了六個孩子，四男二女，然後湯林又做了秘書郎，平步青雲。湯林在枕頭裡，根本就沒有出來的想法，但不久後因犯罪被逐出。

這時，湯林才發現在枕頭裡那麼多年，外面不過一瞬間而已。

——此怪記載於南北朝劉義慶《幽明錄‧卷一》

611 薄魚

女烝山上沒有花草樹木，石膏水從這座山發源，然後向西流入鬲水。水中有很多薄魚，身形像一般的鱔魚，卻只長著一顆眼睛，發出的聲音如同人在嘔吐，牠一出現，天下就會發生大旱災。

——此怪記載於戰國《山海經‧卷四》

612 爆身蛇

爆身蛇，長一、二尺，灰色，如果聽到人的聲音，就會從林中飛出，彷彿枯枝一般落下，襲擊行人，如果人被擊中，就會死去。

——此怪記載於五代杜光庭《錄異記‧卷之五》

613 蚌夜叉

清代，有個樵夫在福建的一個出海口砍柴，來到一座山上，看見山澗裡到處是蚌，大的有一丈，小的也有幾尺，層層疊疊，密密麻麻。

樵夫覺得很奇怪，正要走，忽然看見一個蚌張開了，裡面躺著一個夜叉一般的藍臉人。夜叉看到樵夫，想起身前來捉拿，不料無法脫身，大概是因為它的身體長在蚌殼上，所以不能脫殼而出。

過了一會兒，這些蚌都張開了，裡面都有這樣的夜叉。樵夫倉皇逃竄，聽到身後傳來劈里啪啦的聲音，回頭一看，那些蚌都跟了過來。

樵夫來到海邊，遇到一艘船，船上的人提著大斧頭去捕捉，得到了一個大蚌，敲碎殼後，裡面的夜叉也死掉了。他帶回來給別人看，沒人知道這玩意兒是怎麼回事。

——此怪記載於清代袁枚《子不語・卷十八》

614 皮臉怪

清代，有個大將軍叫趙良棟，平定吳三桂等三藩後，路過四川成都，當地官員迎接，挑選了一處豪華的百姓住宅供其休息。

趙良棟不願意打擾百姓，想住城西的衙門裡。

當地官員說：「萬萬不可，我聽說那個衙門已經關門上鎖一百多年，裡面有妖怪，不敢讓您住進去。」

趙良棟說：「我一生殺人無數，即便是有妖怪，恐怕也會怕我。」

於是，他派人打掃那衙門，搬了進去，自己住進正房，用長戟這種兵器當枕頭。

半夜時，趙良棟聽到床帳之外傳來聲響，只見一個穿著白色衣服、身材巨大、挺著大肚子的怪物走了過來。趙良棟爬起來，嚴厲訓斥，那怪物後退數步，這時趙良棟才看清楚牠：長著一張齜牙咧嘴的臉，生有四顆眼睛。趙良棟抓起長戟刺牠，那怪物急忙躲在房梁後面，他再刺，那怪物竄入夾道裡，消失不見。

趙良棟轉身回房，覺得身後有東西跟著，一回頭，發現那怪物一邊

笑著一邊跟在後面。

趙良棟十分生氣，罵道：「世上哪有這種皮臉怪（註：不要臉的怪物）！」

手下的家丁聽到聲響，紛紛拿著兵器前來幫忙，那怪物跑進一個空房間裡，頓時飛沙走石。

牠又來到中堂，昂首挺立，家丁嚇得沒人敢上前。趙良棟大怒，上前一戟刺中了怪物的肚子，怪物的身體和臉都不見了，只有兩顆閃閃發光的眼睛留在牆壁上，大如銅盤。家丁紛紛拿起刀砍，那兩顆眼睛化為滿屋的火星，最後也消失了。

第二天，滿城的人聽說這件事，都為之驚訝。

——此怪記載於清代袁枚《子不語·卷一》

615 琵琶亭怪

明代，嘉興有個孝廉叫沈昭明，為人很有德行。

有一天晚上，他在九江的琵琶亭露宿，當時月華朗照，周圍有五、六十個人一同躺下。夜深人靜時，沈昭明看到有個撈起袖子的男人，手裡拿著一個印章，一個一個地往睡著的人臉上蓋印，唯獨不蓋自己。那印章聞起來十分腥臭。

第二天，沈昭明藏刀等待，第三天晚上，那男人又來了，沈昭明揮刀砍中男人的手臂，男人捂著傷口跑走了。過了不久，凡是被蓋上印章的人，都得了重病。

——此怪記載於明代談遷《棗林雜俎·和集》

616 羆九

倫水從倫山發源，向東流入黃河。山中有一種野獸，身形像麋鹿，肛門卻長在尾巴上面，名為「羆（ㄆㄧˊ）九」。

——此怪記載於戰國《山海經·卷三》

617 辟瘧鏡

明代，吳縣有戶姓陳的人家，祖傳一枚古鏡，直徑八、九寸。凡是得了瘧疾的人，拿著古鏡照自己，一定會看到有個東西趴在自己背上，披頭散髮，滿臉烏黑，看不清面貌。舉起鏡子，裡面的怪物看到了就會嚇得逃掉，病也就好了。陳家把這面鏡子視若至寶，弘治年間，兄弟分家，將鏡子一分為二，就再也無法發揮作用了。

——此怪記載於明代陸粲《庚巳編·卷十》

618 朴父

傳說世界東南的大荒之中，有「朴父」這種怪物，夫妻倆都有一千里高。

天地初開時，天神讓朴父夫婦二人開導江河，二人懶惰，天神就罰他們站在世界的東南角，不能喝水，也不能吃飯，只能靠喝天上的露水為生。等到黃河變清了，他們二人才能重新去疏通江河。

——此怪記載於漢代東方朔《神異經》

619 屏風窺

有個叫畢修的人，他的外祖母郭氏有一次夜晚獨自睡在屋裡，有事召喚婢女，但喊了幾聲，婢女也不來。

郭氏聽見有很重的腳踏床板的聲音，接著突然看見屏風後面出現一張大臉，在窺探自己。那張臉有四顆眼睛，獠牙突出，兩眼如同銅盆，發出的光芒照得屋子如同白晝，怪物的手像簸箕，手指有好幾寸長。

郭氏一向修煉道術，這時心中專注地默念道經，那怪物就消失了。

不久後，婢女來說：「我剛才就想來服侍你，但覺得有個很重的東西壓著我，根本起不來。」

——此怪記載於南北朝劉義慶《幽明錄·卷三》

620 憑霄雀

舜帝死後，葬於蒼梧之野。有一種鳥，長得如同麻雀，從丹州飛來，吐五色之氣，成群結隊，銜土為舜帝堆成墳丘，名叫「憑霄雀」。這種鳥能夠改變顏色和形體，在樹林裡變成鳥，在地上則變成野獸，變化無常。

——此怪記載於晉代王嘉《拾遺記》

621 麔鴞

鉤吾山上盛產玉石，山下盛產銅。山中有一種野獸，模樣是羊的身子、人的面孔，眼睛長在腋窩下，有老虎一樣的牙齒和人一樣的指甲，發出的聲音如同嬰兒啼哭，名叫「麔鴞」（ㄆㄨㄥˊ ㄒㄧㄠ），能吃人。

——此怪記載於戰國《山海經·卷三》

622 蟠龍

蟠龍，身長四丈，青黑色，身上長著赤色條帶、五彩紋路，經常順流而下浸入海中，有劇毒，要是牠傷人的話，人會死掉。

——此怪記載於南北朝沈懷遠《南越志》

623 鳴蛇

鮮山有豐富的金屬礦物和玉石，但不生長花草樹木。鮮水從這座山發源，向北流入伊水。水中有很多鳴蛇，身形像一般的蛇，卻長著四隻翅膀，叫聲如同敲磬的聲音，牠出現的地方會發生大旱災。

——此怪記載於戰國《山海經·卷五》

624 木僕

有一種妖怪名叫「木僕」，尾巴長得像烏龜，有幾寸長，棲息在樹木上，吃人。

——此怪記載於唐代段成式《酉陽雜俎‧前集卷四》

625 木龍

凡是海船，船上一定會有條大蛇，名為「木龍」。從船被造好那一天，這東西就有了。平時看不見，也不知道牠躲在什麼地方。如果木龍離開了，這艘船一定會沉沒。

——此怪記載於清代許奉恩《里乘‧卷九》、清代郁永河《海上紀略》

626 木客

木客是傳說中山裡的妖怪，牠們的形貌和說話的聲音，跟人很相似，只是手腳爪子銳利得像鉤子。

木客住在懸崖峻嶺上，也能砍木柴，用繩索綁在樹上，住家就安在樹頂。

有人想買牠們的木柴，就把要給木客的物品放在樹下。如果木客覺得滿意，就會把木柴給人。牠們從不多拿，也不會侵犯人，但始終不跟人見面，也不到街上和人做交易。

木客死後，也是裝進棺木埋葬，曾有人看見過木客的殯葬，也是用酒、魚和生肉招待賓客。牠們葬棺的墳常常安放在高岸的樹枝上，或者把棺木放在石洞裡。

南康當地人說，曾親眼看見木客的葬儀，聽牠們在喪禮上唱歌，雖然不同於人類，但聽起來像風吹過樹林的聲音，好像是唱歌和音樂演奏都融合在一起了。

——此怪記載於宋代李昉等《太平廣記‧卷第三百二十四》

（引《南康記》）

627 木中少女

　　清代，有個叫汪舟次的人奉命出使琉球，剛出海，就看見一根一丈
多長的浮木，兩頭用鐵皮包裹著。汪舟次派人取上來，剖開後，發現有
個赤裸的女子躺在裡面。這女子的頭髮又黑又長，皮膚也很白，右手捂
著臉，左手遮住私處，站起來，隨波而去。過了一會兒，狂風大作。

──此怪記載於清代鈕琇《觚賸・卷七》

628 墓牛

　　南北朝時代，武昌有個人叫戴熙，家裡很窮，死後葬在樊山。有風
水先生經過，說這裡有王氣。

　　後來，北魏宣武帝西下，在武昌停留，聽到這件事，就命人挖戴熙
的墓。結果挖出一個東西，大如水牛，青色，沒有頭也沒有腳，刀槍不
入。士兵們將這東西放入江裡，入水之後，江面沸騰，發出雷霆一般的
巨響。戴熙的後嗣，之後幾乎死亡殆盡。

──此怪記載於南北朝劉敬叔《異苑・卷七》

629 獏㹀

　　傳說在西荒之中，有一種名為「獏㹀」（ㄇㄨˊ ㄏㄨㄟ）的妖怪，其
長短和高瘦，跟人一模一樣，穿著破舊襤褸的衣裳，匍匐於昏暗之中、
隱蔽之處，牠長著一雙老虎的爪子，舌頭伸出，盤在地上能有一丈多長。

　　獏㹀是一種吃人的妖怪，會耐心地等待行人，從中尋找形單影隻的
人下手，吃掉他的腦子。在動手之前，牠會發出巨大的聲響。

　　對付這種妖怪是有方法的。當行走在暗夜中的孤獨旅人，聽到身後
傳出來巨大聲響並看到獏㹀時，可以用煅燒的炙熱石頭放到牠的舌頭上，
這樣獏㹀就會氣絕而死。

──此怪記載於漢代東方朔《神異經》

630 麻娘娘

清代，有個叫陳洪書的人，因為出痘疹死了，屍體放置在東廂房。

他的母親坐在旁邊哭，哭累了，就捂著臉睡著了。恍惚中，她看見三個穿著麻衣的女子走進屋子，看到陳洪書的屍體，驚慌道：「哎呀，錯了錯了！這個人將來會成為望都縣的縣令，不能死，趕緊把他放了吧。」說完，三個女子就走了。

母親驚醒過來，急忙查看兒子，發現兒子已經活了過來。後來，陳洪書果然當上望都縣的縣令。

而那三個女子，就是傳說中專門掌管痘疹之病的麻娘娘。

——此怪記載於清代樂鈞《耳食錄·卷四》

631 馬皮婆

傳說峽江有怪物，腦袋長得像狻猊（ㄙㄨㄢ ㄋㄧˊ，即獅子）卻沒有腳，脖子以下又扁又寬，如同一匹白布一樣，流出的黏涎彷彿膠水一般，喜歡吃馬。當地人稱之為「馬皮婆」。

如果牠發現有人在江裡替馬洗澡，就會等人走了之後，用尾巴纏住馬，拽入水中。如果把馬拴在岸上，這東西同樣會甩出尾巴纏住馬，因為牠的黏液黏性強，黏在馬身上無法擺脫，所以這時候就能抓住馬，進而殺了馬。

——此怪記載於宋代郭彖《睽車志·卷四》

632 馬腹

蔓渠山上有豐富的金屬礦物和玉石，山下到處是小竹叢。伊水從這座山發源，向東流入洛水。山中有一種野獸，名為「馬腹」，長著人一樣的面孔、虎一樣的身子，發出的聲音如同嬰兒啼哭，能吃人。

——此怪記載於戰國《山海經·卷五》

633 馬見愁

西域有一種怪獸，叫「馬見愁」，長得如同狗。要是牠嘴裡含著水，噴在馬的眼睛上，馬就會頭腦眩暈，昏昏然欲死，所以馬都很懼怕牠。宣宗時，有人獻上牠的皮，宣宗賜給群臣，編成馬鞭，不需要用它來打馬，只需要揚起來，馬就嚇得疾馳而去。

——此怪記載於宋代《致虛雜俎》

634 馬首魚

扶南象浦有很多的深潭，裡面有種魚，顏色漆黑如墨，長五丈多，長著馬的腦袋，等人入水的時候，就去害人。

——此怪記載於南北朝酈道元《水經注·卷三十六》

635 貘

貘是中國古代傳說中的一種怪獸，據說生在銅坑之中，以銅和鐵為食物，用牠的排泄物可以鍛造出削鐵如泥的兵器，牠的尿可以溶解金屬。

清代，北京附近的房山出現了貘獸，喜歡吃銅鐵，但是不會傷人。牠看到老百姓家裡犁子、鋤頭、刀斧之類的東西，就饞得流口水，吃起來就像吃豆腐一般，連城門上包裹的鐵皮都被牠吃光了。

古人認為貘是辟邪之物。白居易曾經專門寫過一首讚揚貘的詩，其中有這麼兩句：「寢其皮辟溫（瘟），圖其形辟邪。」

——此怪記載於清代王士禎《居易錄·卷十六》、清代袁枚《子不語·卷六》

636 脈望

唐代建中年間，有個叫何諷的書生買了一卷黃紙古書，在書中發現一縷捲起的頭髮，如同圓環一樣，直徑有四寸。何諷扯斷了它，從斷口

處滴出清水。

何諷將這件事情告訴道士，道士說：「書中的蟲，如果三次吃掉『神仙』二字，就會變成這東西，名為『脈望』。在夜裡拿著這東西，可以獲得仙丹，用這種清水和仙丹服下，可以脫胎換骨，成為仙人。」何諷聽了，回去翻那卷古書，發現古書裡面凡是「神仙」二字，都被蟲吃了。

唐代，有個尚書叫張褐，他的兒子也聽說如果有書蟲吃掉書中「神仙」二字，身上就會長出五種色彩，能讓人成仙。這傢伙就寫了很多「神仙」二字，剪碎，和書蟲一起放在瓶子裡，等蟲子把紙吃完了，他正要拿起來吃掉蟲子，忽然心疼無比，自此之後，每月都犯病。

——此怪記載於唐代段成式《酉陽雜俎·續集卷二》、五代孫光憲
《北夢瑣言·卷第十二》

637 貓將軍

越南有座廟，叫貓將軍廟，供奉的是一個人身貓頭的主尊，十分靈異。凡是中國人，只要到那個地方，一定會去祭拜。據說，這個寺廟原本是為紀念中國明代的一位平定越南的毛尚書所建。

——此怪記載於清代黃漢《貓苑·卷上》

638 毛民

毛民國的人，全身長滿了毛。

——此怪記載於戰國《山海經·卷九》

639 貌

狗纓國曾經獻過一種怪獸，名叫「貌」，在三國東吳孫權時代還能看到。這種怪獸十分擅長隱匿，跑入家戶裡偷吃東西，人一過去，牠就消失了。所以，現在吳地一帶有這樣的習俗，以空拳戲弄小孩，說：「你

猜猜裡面有什麼？」等待伸開手時，會大喝一聲：「貌！」（註：意思是什麼東西都沒有。）

——此怪記載於清代趙起士《寄園寄所寄·卷之七》（引《異物彙編》）

640 蠻蠻

崇吾山中有一種禽鳥，身形像一般的野鴨子，卻只長了一隻翅膀和一顆眼睛，要兩隻鳥合起來才能飛翔，名為「蠻蠻」，牠們一出現，天下就會發生水災。

——此怪記載於戰國《山海經·卷二》

641 蠻甲

江寧溧陽縣有一種蛇，長四、五尺，名為「蠻甲」，能夠隱形，經常出入百姓家裡，尋常人奈何不得。如果驅逐牠，一定會發生禍事。有時候，這種蛇也會做好事，能讓貧窮的人變得富裕起來。

——此怪記載於清代董含《三岡識略·卷二》

642 蟒樹

唐代會昌、開成年間，含元殿要更換一根主柱，皇上命令右軍負責採伐和製作，要選擇合乎尺寸的木材。軍司們來到周至一帶的山場，整整一年也沒採伐到這樣的樹，便懸重賞廣泛徵集。

有個人貪圖重賞，不惜探幽歷險，在人跡不到、猛獸成群的地方見到一棵大樹。大樹有將近一丈粗，高一百餘尺，正符合要求。這個人先把它砍倒，等到三伏天山洪暴發，洪水將樹沖到山谷出口處，又找來成百上千個人把它牽拉到河床平坦的地方。

兩岸的軍人為終於成功地找到並運下這棵大樹而歡呼慶賀，並且奏稟皇上。在鋸掉丫杈加工成材，以備主管人員挑選的時候，突然來了一

個狂士，長得好像個懂得法術的人。他繞著大樹嘆息感慨，嘟嘟囔囔地沒完沒了。

守衛人員厲聲喝斥並想用繩子綁他，他卻完全不懼怕，過了一會兒，這裡的頭頭便把他抓起來，報告了皇上。

狂士說，這棵樹必須從中間鋸開，鋸到二尺左右時，就會證明這棵樹非同一般。

眾人不信，就找來鋸子鋸樹，當鋸到一尺八寸深時，飛出來的木屑竟是深紅色的。再往下鋸二寸，便見流出來的全是血了。於是，皇上急忙命令千百個人把樹推到渭水裡面，任它順水漂去。

那個狂士說：「在深山大澤裡確實生長著龍和蛇，這棵樹中生長著一條巨蟒，再過十年牠就會從樹梢飛出去，沒聽說長久養活在這裡面的。如果拿牠來做殿堂的柱子，十年之後，牠必定會馱載著這座殿堂，飛到別的地方去。」說完，此人就不見了。

——此怪記載於唐代丁用晦《芝田錄》

643 孟槐

譙明山中有一種怪獸，身形像豪豬，卻長著柔軟的紅毛，叫聲如同用轆轤抽水的響聲，名為「孟槐」，人飼養牠就可以辟凶邪之氣。

——此怪記載於戰國《山海經·卷三》

644 孟極

石者山上沒有花草樹木，但到處是瑤、碧之類的美玉。泚水從這座山發源，向西流入黃河。山中有一種野獸，模樣像普通的豹子，卻長著花額頭和白身子，名為「孟極」，善於伏身隱藏。

——此怪記載於戰國《山海經·卷三》

645 孟津大魚

晉文王的時候，有大魚出現在孟津，有幾百步長，高五丈，頭在南岸，尾巴在黃河中。後來，當地人建立祠堂祭祀牠。

——此怪記載於南北朝酈道元《水經注·卷五》

646 夫諸

敖岸之山的山南陽面有許多琈琈（ㄊㄨˊ ㄈㄨˊ）玉，山北陰面有很多黃金。山中有一種怪獸，長得像白鹿，卻有四隻角，名叫夫諸。牠出現的地方，就會發大水。

——此怪記載於戰國《山海經·卷五》

647 浮尼

清代，有一年黃河河堤決口。河官帶人修築堤壩，見到水面上有一群綠毛鵝嬉戲玩耍，只要這群鵝出現，當天晚上修築好的河堤肯定會再次決口。若是用鳥槍射擊牠們，這群綠毛鵝時聚時散，根本傷不著。

這群鵝到底是什麼東西，即便是老河工也不知道。

後來有人翻閱《桂海稗編》，上面記載明代末年，黃河上曾經有綠毛鵝作怪，認識的人稱：「這東西叫浮尼，是一種水怪，用黑色的狗去祭祀牠，再扔下五色的粽子，牠們就會離開。」

河官趕緊帶人按照這種說法去祭祀，那群綠毛鵝果然消失了。

——此怪記載於清代袁枚《子不語·卷二十二》

648 鳧徯

鹿臺山上多出產白玉，山下多出產銀，山中有一種禽鳥，身形像普通的雄雞，卻長著人一樣的臉面，名為「鳧徯」（ㄈㄨˊ ㄒㄧ），牠一出現，天下就會有戰爭。

——此怪記載於戰國《山海經·卷二》

649 釜中蟲

宋代，太原有位姓會的長老，到一個寺廟做客。

掌管寺中雜務的典座僧告訴他：「我們寺廟的廚房裡有一口大鍋，可以供一千個僧人做飯吃。不過，燒火的時候，這口大鍋就會發出巨大的聲響，已經有兩年了。大家認為鍋發出聲音是不祥之兆，所以就不敢用了。但這樣一來，就會耽誤大家吃飯，長老，你認為該怎麼辦呢？」

會長老說：「這件事，交給我處理！」於是他砸爛了大鍋，在鍋底的一個孔洞中，發現一隻蟲子。這隻蟲子大概有二寸長，全身赤紅。大概鍋會發聲，就是這蟲子的關係。但若是一般的蟲子，火一燒，早就化為灰燼了，斷然沒有存活的可能。

——此怪記載於金代元好問《續夷堅志‧卷一》

650 婦人面

唐代，南鄭縣縣尉孫旻，有一次趕路，住宿在深山中的館舍，忽然柱子裡露出一張美人臉，對著他笑。孫旻趕緊叩拜禱告，過了好久，那張臉才消失。孫旻不敢把這件事告訴別人。後來，過了好幾年，孫旻在長安生了病，朋友過來看望，孫旻將這件事情告訴朋友，說完就死了。

——此怪記載於唐代牛肅《紀聞‧卷八》

651 佛奴

清代，有個叫黃之駿的人喜歡讀書，家裡藏書很多，為了防止老鼠破壞書籍，就養了一隻貓。這隻貓顏色斑斕，如同老虎一樣，大家都覺得不是凡物。把牠放在書架旁邊，貓整天憨睡，嘴裡嘀嘀咕咕，就像在念佛一樣，有人說：「這是念佛貓呀！」於是就叫牠「佛奴」。家裡有很多老鼠，剛看到佛奴的時候，老鼠還有一些收斂，後來老鼠從房梁上掉下來，佛奴抓住牠，只是撫摸幾下就離開了，自此老鼠肆無忌憚，甚至成群結隊，環繞在牠旁邊。

——此怪記載於清代沈起鳳《諧鐸‧卷二》

652 飛雷燈

唐代，范陽的張寅曾經路過洛陽故城的城南，當時天快黑了，張寅想到朋友家借宿，但在經過一條狹窄的道路時，馬忽然驚懼地四顧，不肯前行。

張寅懷疑前面有異常情況，看到路邊的墳地上，有根大石柱的頂上落著一個東西，看上去形狀像個紗籠，漸漸變得極大，落到地上，迅速移動，飛如流星，聲如雷霆。怪物所經過的林子，宿鳥驚散飛走。後來，怪物鑽入百步遠的一戶人家後，消失不見。

過了一個多月，張寅又經過那戶人家，詢問鄰居，聽說那家的男女老少一個沒剩，都死了。鄰居說，那家人的兒媳婦對婆婆不好，婆婆死後，就發生了這種禍事。

——此怪記載於唐代戴孚《廣異記》

653 飛廉

飛廉，也叫蜚廉，是中國古代神話中的怪獸，鳥頭鹿身，長著角，尾巴如蛇，身上的斑紋如同豹子。

黃帝蚩尤時代，飛廉是蚩尤的左膀右臂，精通致風、收風的奇術。黃帝和蚩尤之間爆發了華夏九黎之戰，飛廉和雨伯施展法術，突然間風雨大作，使黃帝部眾迷失了方向。黃帝布下出奇制勝的陣勢，又利用風后所製造的指南車，辨別了風向，才把蚩尤打敗。飛廉被黃帝降伏後，就乖乖地做了掌管風的神靈，從妖怪變成了風神。

也有一種說法，說飛廉是商紂王的重臣，以善於行走而為紂王效力。周武王擊敗了紂王，飛廉殉國自殺，天帝為他的忠誠感動，用石棺掩埋他，並使他成為風神。

——此怪記載於戰國屈原等《楚辭·離騷》、漢代司馬遷《史記·卷五》、
南北朝《三輔黃圖校釋·卷之五》、南北朝酈道元《水經注·卷三》

654 飛涎鳥

會稽南去三千里的大海中，有一個國家叫狗國，狗國有種鳥名為「飛涎鳥」，長得如同老鼠，兩隻翅膀如鳥，爪子是紅色的。每天早晨，這種鳥就會各自占領一棵樹，嘴裡吐出如同黏膠一樣的涎液，結成網，其他的鳥撞進來，就會被牠們抓住吃掉。

——此怪記載於明代董斯張《廣博物志・卷四十八》

655 飛鼠

天池山上沒有花草樹木，到處是帶有花紋的美石。山中有一種野獸，身形像一般的兔子，卻長著老鼠的頭，借助背上的毛飛行，名為「飛鼠」。

——此怪記載於戰國《山海經・卷三》

656 飛生

江浙一帶有一種怪鳥名為「飛生」，長著狐狸的腦袋，一對肉翅，四腳如獸，能夠一邊飛一邊產子，小鳥一生下來就能跟著母鳥飛行。如果有人難產，將這種鳥的爪子放在肚子上，立刻就能順利生下孩子。

湖廣長陽縣龍門洞裡有種鳥，也叫「飛生」，四腳如狐狸，雙翅如同蝙蝠，長著黃紫色的毛，經常攀崖而上。

——此怪記載於宋代李石《續博物志・卷第八》、明代閔文振《涉異志》

657 飛魚

騩山上盛產味道甜美的棗子，正回水從這座山發源，向北流入黃河。水中生長著許多飛魚，身形像小豬，卻渾身是紅色斑紋。吃了牠的肉就能使人不怕打雷，還可以避開兵器。

——此怪記載於戰國《山海經・卷五》

658 緋衣

　　清代康熙十一年八月二十六日晚上，太倉、嘉定、寶山一帶出現大雷暴的天氣，有人看到空中有兩盞燈作為前導，中間有個穿著紅色（緋）衣服的人，騎著白龍，後面跟著十幾個穿著盔甲的士兵，挑著燈籠跟在後面，那些燈忽高忽低。第二天，凡是燈光經過的地方，樹木花草和農作物都被毀壞了。

　　　　　　　　　　　　——此怪記載於清代錢泳《履園叢話‧叢話十五》

659 蜚

　　太山上有豐富的金屬礦物和玉石，還有茂密的女貞樹。山中有一種野獸，身形像一般的牛，卻是白腦袋，長著一顆眼睛和蛇一樣的尾巴，名為「蜚」。牠行經有水的地方後，水就乾涸；行經有草的地方後，草就枯死；牠一出現，天下就會發生大瘟疫。

　　　　　　　　　　　　　　——此怪記載於戰國《山海經‧卷四》

660 肥遺

　　太華山山崖陡峭得像刀削而呈現四方形，高五千仞，寬十里，禽鳥野獸無法棲身。山中有一種蛇，名叫「肥遺」，長著六隻腳和四隻翅膀，牠一出現就會天下大旱。

　　　　　　　　　　　　　　——此怪記載於戰國《山海經‧卷二》

661 朏朏

　　霍山到處是茂密的構樹。山中有一種野獸，身形像一般的野貓，卻長著白尾巴，脖子上有鬃毛，名為「朏朏」（ㄈㄟˇㄈㄟˇ）。人飼養牠的話，可以消除憂愁。

　　　　　　　　　　　　　　——此怪記載於戰國《山海經‧卷五》

662 反生香

西海裡有個聚窟洲，洲上有棵大樹，有點像楓樹，葉子發出的香氣能夠傳出百里，稱為「反魂樹」。敲擊這棵樹，樹能發出牛吼似的聲音，讓人聽了心震神駭。用這種樹的樹根在玉鍋裡煮，收取汁水，再微火熟煎，會得到一種黑色的東西，可以用來製作一種名叫「驚精香」的藥丸，也叫震靈丸、反生香、鳥精香、卻死香。這種香香飄百里，即便是地下的死屍聞到了，也會復活。

——此怪記載於漢代東方朔《海內十洲記》

663 風旗

清代，某甲坐船在長江上航行。

有一天，忽然看到江面上漂著一個東西，好像黃布包裹的一團衣服，隨波擺動，看不清楚是什麼，就叫來船工。

船工看了，大驚失色，說道：「這東西出來，一定會有船翻人亡的危險！怎麼辦？」說完，他趕緊把船上的帆、船篷全都拆掉了，要大家都坐下等待。

船工剛弄好，果然大風呼嘯，濁浪滔天，小船出沒風濤之中，幾次都差點翻掉，不過最終得以倖免。其他沒有準備的船，很多都沉了。

某甲就問船工到底是怎麼回事。船工說，他的父親就是因為看到那個東西而死掉了，所以他知道。但是船工也不知道那東西是什麼。

後來，有人說那東西叫風旗，只要它出現，江面上肯定會有大風浪。

——此怪記載於清代袁枚《續子不語·卷八》

664 風生獸

風生獸，也叫風狸。南海有個炎洲，幅員兩千里，距離大陸九萬里。洲上有一種怪獸叫風生獸，長得如同豹子，青色，大如狸貓。

如果用網抓住牠，放火燒，柴火燒完了，牠也不會死，站在灰燼裡面，連毛都不焦；用針刺，刺不進去。如果用鐵錘砸牠的腦袋，砸十下，

就死了，不過牠張嘴對著風，很快就能活過來。要想徹底弄死牠，只有一個辦法，就是用長在石頭上的菖蒲塞住牠的鼻子。

用牠的腦子和菊花一起吞服，吃十年，可以活五百歲。

——此怪記載於漢代東方朔《海內十洲記》、漢代楊孚《異物志》、晉代葛洪《抱朴子·內篇·卷十一》、唐代段成式《酉陽雜俎·前集卷十五》等

665 鳳凰

鳳凰這種鳥，是鳥中之長，如同龍一般，極為罕見。

傳說，鳳凰長著雞頭、燕頷、蛇頸、龜背、魚尾，身體如同仙鶴，羽毛有五種顏色。牠的身體上還長出五個字，腦袋上是「德」，翅膀上是「義」，背部是「禮」，胸脯上是「仁」，肚子上是「信」。鳳凰出現，是天下安寧的象徵。

唐代貞元十四年秋天，有一隻奇異的鳥，在睢陽城郊飛翔，有時落在叢林之中，這隻鳥的羽毛是綠色的，樣子類似於斑鳩或喜鵲。這時，有一大群鳥，大約有一千多種，由各種類的頭領帶著，排列在那隻鳥的周圍，每天都把各自銜來的蟲子和穀物獻給這隻鳥吃。

這隻鳥每次起飛，群鳥全都鳴叫著，有的飛在牠的前面做嚮導，有的飛在牠的兩旁，有的跟在牠的後面，全都像僕從和警衛一樣簇擁在牠的周圍。牠落下來時，群鳥全都頭朝牠圍成一圈，做出臣子侍奉天子的禮節。

睢陽城的人全都到野外去觀看，認為這隻奇異的鳥是飛禽類中通靈的鳥。

當時李翱在睢陽城做客，他說：「這才是真正的鳳鳥。」於是撰寫了〈知鳳〉這篇文章，詳細地記載了這件事。

——此怪記載於戰國《山海經》、晉代皇甫謐《帝王世紀·第一》、唐代張讀《宣室志·卷十》等

666 鸑

幽州一帶，羽山北面有一種善於鳴叫的鳥，長著人面鳥嘴，八隻翅膀一隻爪，毛像野雞，行走時不踩地面，名叫「鸑（ㄅㄧˊ）」。牠的叫聲像樂器發出的聲音。《世語》上說：「青鸑鳴叫，天下太平。」牠在沼澤上鳴叫，叫聲符合音律。牠只飛而不行走。

大禹治水之後，牠便棲息在高山大地上。牠們聚集的地方，必能出聖人。

自從上古開始，鑄造各種鼎器，都用鸑鳥的形象做圖案，鼎器上銘文中的讚美之詞，流傳至今。

——此怪記載於晉代王嘉《拾遺記・卷一》

667 氐人

氐人國那裡的人，都長著人的面孔，卻是魚的身子，沒有腳。

——此怪記載於戰國《山海經・卷十》

668 地狼

明代，長洲的官署之中，經常聽到地下傳來小狗的叫聲，一連幾個晚上都是如此。官員派人發掘，卻沒有找到什麼。

官員覺得奇怪，就翻書查閱，發現晉代時，富國將軍孫無終，家裡的地下也聽到狗叫，派人挖掘後，挖出兩條小狗，都是白色，一公一母，就在家裡養著，但很快就死掉了，再後來，孫無終被桓玄所滅。

《尸子》這本書裡記載：「地中有犬，名曰地狼。」看來孫無終挖出來的東西，還有長洲官署地下的東西，都是這種怪物了。

——此怪記載於戰國尸佼《尸子》、晉代干寶《搜神記・卷一二》、
明代謝肇淛《五雜俎・卷九》

669 帝流漿

凡是草木成精，都要吸取月華精氣，而且必須是庚申這一晚的月華。因為庚申晚上的月華，其中有帝流漿。帝流漿的形狀如同無數橄欖，順著萬道金絲，成串緩緩而下。

人世間的植物吸取帝流漿的精氣，就能成精，狐狸鬼魅吃了，也能有神通。

究其原因，大概是植物有性無命，而帝流漿有性，可以補命，狐狸鬼魅本來就有命，吃了大補。

——此怪記載於清代袁枚《續子不語·卷四》

670 帝江

天山上有豐富的金屬礦物和玉石，也出產石青、雄黃。英水從這座山發源，向西南流入湯谷。山裡住著一個怪物，形貌像黃色口袋，發出的精光紅如火，長著六隻腳和四隻翅膀，混混沌沌沒有面目，卻知道唱歌跳舞，名為「帝江」。

——此怪記載於戰國《山海經·卷二》

671 釘門怪

宋代，有個叫孫俊民的人家住在震澤，除夕這晚，夢見一個比房屋更高的巨人，一手拿著牛角，一手拿著鐵錘，看著孫俊民的家，想把牛角釘在大門上。孫俊民在夢中和這個巨人爭辯，巨人就沒有釘門，轉身將牛角釘在對門的姚家大門上。這年春天，姚家全家染上瘟疫，死了好幾個人。

——此怪記載於宋代郭象《睽車志·卷一》

672 短狐

　　東漢光武帝中元年間,在永昌郡的江中,出現了怪物。這種怪物名為「蜮」(ㄩˋ),也有人叫牠「短狐」,能夠含著沙子利用氣息射擊行人,凡是被牠射中的人,身體立刻會出現不適的症狀,輕則頭疼發燒,嚴重的會死去。有時候,牠也會射人的影子,距離人三十步遠,都能射中,凡是被射中的人,十有八九會死去。

　　據說這種東西長三、四寸,寬一寸左右,顏色漆黑,背部長著甲片,厚三分左右。牠的嘴上有東西向前凸起,如同長著角。

　　一般沒人能看見牠,不過鵝能吃了牠。被牠射中的人,要是將雞腸草搗碎後塗抹在傷口上,幾天後就會痊癒。

　　　　——此怪記載於晉代干寶《搜神記·卷十二》、晉代郭璞《玄中記》

673 東海魚

　　傳說東方最大的動物是東海魚。出海的人若在第一天遇見魚頭,航行到第七天才能看見魚尾。東海魚生產的時候,方圓百里的海水都是血紅的。

　　從前有個在東海航行的人,遇到風暴,大船漏水,隨著風浪漂了一天一夜,漂到一座孤島上。船上的人以為得救了,都很高興,走下船把纜繩拴在石頭上,登上孤島煮吃的。結果吃的東西還未煮熟,孤島就沉沒了。等他們登上船的時候,才發現剛才的小孤島是一條大魚,吞吐著波浪,游得像風一樣快。

　　　　——此怪記載於漢代劉歆《西京雜記·卷第五》、晉代郭璞《玄中記》

674 東昌山怪

　　東昌縣有座山,山裡有種精怪,長得像人,高四、五尺,身體赤裸,披頭散髮,頭髮長五、六寸,住在高山岩石之間,經常相互呼叫,隱沒

於幽昧之中。有樵夫在山中伐木，夜裡看見這種精怪拿著石頭襲擊溪流中的蝦和螃蟹，偷偷跑到火堆旁邊，烤熟蝦蟹來餵養幼崽。樵夫突然襲擊，那幫精怪一哄而散，留下幼崽，叫聲如同人哭一般。過了一會兒，那幫精怪蜂擁前來，用石頭砸樵夫，奪走幼崽，消失了。

——此怪記載於南北朝劉義慶《幽明錄·卷一》

675 辣辣

空桑山上沒有花草樹木，冬天夏天都有雪。空桑水從這座山發源，向東流入㴲（ㄏㄨ）沱水。再往北三百里是泰戲山，不生長花草樹木，到處有金屬礦物和玉石。山中有一種野獸，身形像普通的羊，卻長著一隻角和一顆眼睛，眼睛在耳朵的背後，名為「辣辣」（ㄌㄨㄟˋㄌㄨㄟˋ）。

——此怪記載於戰國《山海經·卷三》

676 大面

戶部尚書韋虛心有三個兒子，都不到成年就死了。

每個兒子要死的時候，就有一張大臉從床下伸出手來，瞪眼張口，很恐怖。當兒子因害怕而逃跑時，那張大臉就會變成一隻貓頭鷹，用翅子遮攔並推擁著他，讓他自己投到井裡去。等家人發現並救出來時，已經變得愚傻了，但是還能說出他看到了什麼。幾天後就死了。三個孩子都是這樣。

——此怪記載於宋代李昉等《太平廣記·卷第三百六十二》
（引《紀聞》）

677 大儺十二獸

大儺十二獸是方相氏驅逐疫鬼的部屬，是十二種怪獸的統稱，也叫十二蟲。

414

這十二獸分別是甲作、胇胃、雄伯、騰簡、攬諸、伯奇、強梁、祖明、委隨、錯斷、窮奇、騰根，而且分別要吃殃、虎、魅、不祥、咎、夢、礫（ㄓㄜˊ）死、寄生、觀、巨、蠱十一種鬼疫。

世間的疫鬼如果碰到十二獸，就會被掏心、挖肺、抽筋、扒皮，然後吃掉。

儘管十二獸都是猙獰之物，但也許是以毒攻毒，所以疫鬼都很害怕牠們。牠們出現的地方，疫鬼都會望風而逃。

——此怪記載於南北朝范曄《後漢書・志第五》

678 大手

唐代永泰初年，有一個姓王的書生，住在揚州孝感寺北。夏天的一個晚上，書生喝完酒後躺在床上，忽然有一隻大手從床底下伸出來，把書生拉了進去。

書生的妻子和婢女趕緊相救，發現書生的身體大部分已經被拉進地下，妻子和婢女雖然死命拉扯，但最後書生還是消失不見了。

家裡人十分驚慌，拿來工具挖地，挖到兩丈深的時候，挖到一具枯骨，像埋了幾百年似的。

同樣在唐代，上元年間，臨淮的將領在夜晚舉行宴會，炙烤豬羊，大快朵頤。

眾人吃得正高興，忽然有一隻大手從窗口伸了進來，說要塊肉吃，眾人都沒給。

大手連續要了四次，將領們想戲弄它，就暗中找繩子繫了一個結，放在窗戶那個有孔的地方，另一端打了一個圈套，笑著說：「給你肉！」大手伸進來，就被繩圈套住，它想掙脫，但另外一端卡在窗戶上，根本逃不了。

天將亮的時候，大手掉在地上，原來是一根楊樹枝。

——此怪記載於唐代戴孚《廣異記》、唐代段成式
《酉陽雜俎・前集卷十三》

679 大眼睛

清代，有個叫雙豐的將軍，晚上在書房中讀書，看見一個東西長得如同蝙蝠，對著燈撲過來。

雙豐用手擋了一下，那東西被拍到地上，變成一隻大眼睛，幾寸寬，黑白分明，在地上飛速旋轉，過了很久才消失。

——此怪記載於清代和邦額《夜譚隨錄·卷四》

680 倒壽

大地的西荒生長著一種名為「倒壽」的怪物，全身是毛，毛長三尺，長著人的臉、虎的腿，嘴裡的牙有一丈八尺長。人如果吃了牠，與猛獸爭鬥時會不知退卻，最後只有死掉。

——此怪記載於漢代東方朔《神異經》

681 丹蝦

有一種怪物叫「丹蝦」，有十丈長，鬚子也有八尺長，長著兩隻翅膀，鼻子如鋸。傳說仙人馬丹曾經折斷丹蝦的鬚子做手杖，後來丟掉手杖白日飛升，那手杖掉在地上，又變成了丹蝦。

——此怪記載於漢代郭憲《漢武帝別國洞冥記·卷第四》

682 丹魚

龍巢山下有條河叫「丹水」，水中有一種魚叫「丹魚」。要捕這種魚，一定要等牠們浮出水面，可以看到如同火焰一般的赤色光芒，然後趕緊撒下網，就能抓住牠們。把丹魚的血塗在腳上，在水上走如履平地。

——此怪記載於南北朝任昉《述異記》

683 當康

　　欽山中棲息一種野獸，外形像豬，卻長著大獠牙，名為「當康」。傳說天下要獲得豐收時，牠就會從山中出來啼叫，告訴人們豐收將至。

——此怪記載於戰國《山海經·卷四》

684 當扈鳥

　　上申山上沒有花草樹木，但到處是大石頭，榛樹和楛樹茂密，山裡最多的禽鳥是當扈鳥，身形像普通的野雞，卻用髯毛當翅膀奮起高飛。人吃了牠的肉就會不眨眼睛。

——此怪記載於戰國《山海經·卷二》

685 嚏出

　　徐州有個叫梁彥的人，患了一種鼻塞打噴嚏的病，很久都沒治好。

　　有一天，他正在睡覺，感到鼻子發癢，急忙起來打了一個大噴嚏。有個東西突然噴出來掉到地上，身形像屋脊上的瓦狗，有指頭那麼大。他又打了一次噴嚏，又噴出一個。打了四次，就噴出來四個。這四個小東西蠢蠢爬動，聚集到一起互相嗅聞。片刻之間，只見一個強健的吃了其中一個體弱的，吃下後身子頓時見長。一會兒的工夫，互相吞吃後只剩下一個，身子比鼠還大。牠伸出舌頭轉動著，去舔自己的嘴唇。

　　梁彥非常吃驚，用腳去踩，而牠卻沿著梁彥的襪子向上爬，逐漸爬到他的大腿上。梁彥抓著衣服用力抖動，但這東西黏在上面不下來。不一會兒，牠鑽入衣襟下，爬到梁彥的腰側時，就用爪子抓搔。梁彥非常害怕，趕忙解開衣服脫下扔到地上。一摸，那個東西已貼伏到腰上，用手推，推不動；用指甲掐，卻很痛，竟然成了附在皮膚上的肉瘤。牠的嘴和眼已經閉上，好像一隻趴著的老鼠。

——此怪記載於清代蒲松齡《聊齋志異·卷五》

686 鐵塔神

遼代蔚州城內有座佛寺，裡面有尊鐵像，十分靈驗，城裡的人尊稱為「鐵塔神」，供奉得十分虔誠。契丹快要滅亡的時候，有人看見鐵塔神奔走於城外，寺廟裡的和尚聽說了去查看，發現神像全身流汗。

當天晚上，寺裡的方丈夢見鐵塔神前來說：「我接到了命令，要我拘拿城裡的靈魂，明天午時，女真的軍隊會來破城，城裡會有一千三百多人死掉，寺裡有四十多個僧人也應該死，你也在其中。長久以來，得到你的照顧，我已經想了辦法，替你換了個靈魂，你趕緊走。」

方丈夢醒之後，趕緊告訴寺裡的僧人，僧人都覺得這是胡說八道。方丈覺得不對勁，就自己一個人去後山躲避，走了約莫五里，忽然發現自己把白金盂忘在寺裡，就回到寺裡取。結果，女真軍隊果然圍住了城池，攻打進來，瘋狂屠殺。後來人們發現，死了一千三百多人，寺裡的僧人死了四十多個，那個方丈也沒倖免。

——此怪記載於宋代洪邁《夷堅志·夷堅甲志·卷第一》

687 天馬

馬成山上多出產有紋理的美石，山北陰面有豐富的金屬礦物和玉石。山裡有一種野獸，身形像普通的白狗，卻長著黑腦袋，一看見人就騰空飛起，名為「天馬」。

——此怪記載於戰國《山海經·卷三》

688 天魔

唐玄宗時，洛陽有個婦人患魔魅之症，前後經許多術士治療都沒治好。婦人的兒子拜見葉法善道士，求他為母親作法除邪。

葉法善說：「讓你母親得病的，是一種叫天魔的妖怪，牠犯了罪，被玉帝譴責，暫時留在人間，不過刑罰已滿，不久將自動離去，不必特意打發牠。」

婦人的兒子認為這是推脫之詞，所以一個勁兒地懇求。葉法善只得答應，帶人深入到陽翟山中，來到絕嶺上的一個水池，在池邊施作禁妖邪的法術。過了不久，水中出現一個頭髻，像三間屋那麼大，慢慢露出來。怪物露出兩眼，閃爍如電光。不一會兒，雲霧四起，怪物就消失了。

——此怪記載於唐代戴孚《廣異記》

689 天狗

天狗是中國較為出名的妖怪之一，又叫天犬，牠出現就意味著天下將會有刀兵之災。

《山海經》記載，天狗住在陰山，身形像野貓，卻是白腦袋，發出的叫聲與「貓貓」的讀音相似，人飼養牠，將可以辟凶邪之氣。

古代典籍中，天狗不僅是怪獸，也有另一種形象，那就是流星。《漢書》記載，天狗狀如大流星，長得如同狗，墜下來的時候，火光沖天，千里破軍殺將。

傳說天狗墜落的地方，會有伏屍流血。

古代行軍打仗的時候，軍隊上方有時會出現牛、馬形狀的黑氣，逐漸融入軍隊中，稱之為「天狗下食血」，如果出現這種情況，這支軍隊一定會敗散。

陝西有白鹿原，周平王的時候，有白鹿出現在原上，故得此名。原上有個堡，叫狗枷堡，秦襄公時，有一條天狗來到堡裡，凡是有流賊過來，天狗就會吠叫，保護堡裡民眾的安全。

元代至正六年，天狗墜地，雲南玉案山忽然生出無數的紅色小狗，群吠於野。

明代國子監祭酒、文淵閣大學士宋訥的墓在蘇州沙河口。清代乾隆年間，墳墓旁邊住著一個姓陸的老太太，晚上看到一個長得像狗一樣的怪物從空中跳下來，到河裡捕魚，一連幾個月都是這樣，不知道是怎麼回事。後來，守墓的人看到墓前華表（大柱）上少了一隻天狗，過幾天，天狗又回來了，這才知道是牠在作怪。守墓人打碎了華表，以後就再也沒有生出怪事。

清代康熙年間，錢塘有個孫某，鄰居從他家門前經過，看到他家的屋脊上蹲著一個怪物，長得像狗，卻如同人一樣站立，頭尖嘴長，上半身是紅色，下半身是青色，尾巴如同彗星，幾尺長。鄰居趕緊叫孫某，一開門，那東西就飛入雲端，發出巨大的聲響，如同霹靂一樣，向西南飛去，尾巴上火光崩裂，很久才熄滅。

傳說天狗不僅吃月亮，還會吃小孩，所以婦女、兒童很怕牠。

——此怪記載於戰國《山海經·卷二》、漢代辛氏《三秦記》、漢代班固《漢書·卷二十六》、南北朝沈約《宋書·卷七十九》、宋代曾公亮和丁度《武經總要·卷十七》、明代郎瑛《七修類稿·卷四》、明代王兆雲《白醉瑣言·卷上》、明代謝肇淛《五雜俎·卷一》、清代錢泳《履園叢話·叢話十六》、清代東軒主人《述異記·卷中》等

690 天雞

傳說大地的東南方有座桃都山，山上長著一棵叫桃都的大樹，樹冠伸展三千里。上面有一隻天雞，當太陽照到大樹的時候，天雞鳴叫，天下的公雞都會跟著叫。

——此怪記載於漢代東方朔《神異經》、晉代郭璞《玄中記》等

691 天朝神

天朝神，不是神仙，而是一種迷惑人的妖怪。

淮海一位姓朱的人，有個女兒還沒出嫁，被一個妖怪作祟，稱呼對方為「韓郎」，家裡人卻從來沒見過他，只能聽到他的聲音，自稱為「天朝神」。朱某覺得很奇怪，就稟告給了太守高燕，高燕用朱砂將「天朝神」三個字寫在紙上，然後貼在朱某女兒的門上。那妖怪再來的時候，看到那張紙，連連嘆氣，就消失了。

——此怪記載於五代孫光憲《北夢瑣言·卷第九》

692 天墜草船

明代，松江城的西面有個人叫董仲俯，為人敦厚老實，成化年間的一天，天空晴朗，萬里無雲，很多人看到空中有隻小船，從東飛到西，又從西飛到東，最後墜入董仲俯的家裡。觀看的人很多，大家紛紛去董仲俯家，發現那是一隻用茭草紮的小船。當時，董仲俯正患病，聽了之後，並不驚訝，只是說：「這船是來接我的。」過不久，董仲俯就死了。

——此怪記載於明代祝允明《志怪錄·卷一》

693 天吳

天吳，是傳說中的水伯，住在朝陽谷，有著野獸的形狀，長著八個腦袋、人的臉面，八隻爪子、八條尾巴，背部是青中帶黃的顏色。

——此怪記載於戰國《山海經·卷九》

694 禿尾巴老李

山東文登縣南邊的柘陽山有一座龍母廟，相傳山下有個姓郭的人，妻子到河崖邊打水，回來就懷了孕，三年了還沒生。

有一天晚上，忽然雷雨大作，電光繞室，郭妻生下一個東西，每天晚上來吃奶，長得如同巨蛇，盤在梁上，全身長鱗，頭生雙角。郭妻覺得奇怪，就告訴郭某。等牠下次再來的時候，郭某拿起刀砍去，那東西被砍掉了尾巴，騰躍而去。

後來，郭妻死了，葬在山下，一天雲霧繚繞，當地人看到一條龍盤旋在山頂。等到天晴之後，看到妻子的墳被移到山上，巨大無比，當地人都認為是那條龍為母親遷墳，稱其為「禿尾巴老李」。

後來，只要禿尾巴龍出現，那年就會大豐收，而牠出現時，肯定雨霧繚繞。當地人就修建廟宇供奉。

有一次，柘陽山的僧人取龍母墓的石頭修建廟宇，結果風雨大作，

天降冰雹，大如斗，寺中全是黑氣，周圍方圓幾里的麥子都被砸毀，唯獨龍母廟內的花草樹木毫髮無損。

——此怪記載於清代《文登縣誌‧卷一》、清代袁枚《子不語‧卷八》

695 荼首

荼首這種怪物，出現在偏遠的少數民族地區，長得像鹿，卻有兩個腦袋，以香草為食，行走如飛，鳴叫時發出「蔡茂蔡茂」的聲音。也有人說，長有五、六個腦袋的荼首，叫「元仙」，尊敬牠、祭祀牠，就會帶來吉祥的事，如果射殺牠，就會死掉。

——此怪記載於明代鄺露《赤雅‧卷下》

696 土地主

襄陽郡漢江邊的西村，有座廟極為靈驗，裡面住著「土地主」。

南朝齊永元末年，龔雙在馮翊郡任郡守。他平時不信鬼神，有一次路過這座廟前，便帶人把它燒了。忽然間，一陣旋風攪動起沖天大火，只見有兩個東西從大火中挺然而出，隨即化作一對青鳥，鑽進了龔雙的眼睛裡。頓時，他感到雙目疼痛難忍，全身奇熱無比，到第二天，便死去了。

——此怪記載於宋代李昉等《太平廣記‧卷第二百九十六》
（引《漢沔記》）

697 土龍

湖北江陵，有個姓趙的老太太以賣酒為生。

晉安帝義熙年間，老太太屋裡的土地忽然鼓了起來。她覺得很奇怪，就早晚用酒祭灑土地。有一天，從土裡鑽出一個怪物，頭像驢。

後來老太太死了，鄰居聽見屋中地下總有聲音像在哭。老太太的兒

女們掘開地面，把那個怪物挖了出來，牠的身體一會兒大、一會兒小，不一會兒就消失不見了。

有人說那怪物叫土龍。

——此怪記載於宋代李昉等《太平廣記‧卷第四百一十八》

（引《渚宮舊事》）

698 土螻

昆侖山中有一種野獸，身形像普通的羊，卻長著四隻角，名為「土螻」，能吃人。

——此怪記載於戰國《山海經‧卷二》

699 土蟯

土蟯這種怪物，身形如同鯉魚，灰黃色，生長在山石井坎之間，有兩隻耳朵聳立在腦後。

土蟯善於偷水，雖然生活在高山頂上，也能招水。傳說凡是洪水暴發的地方，都會有這種怪物存在，天快要下大雨的時候，有人能看見牠吐出雲氣。

——此怪記載於清代乾隆官修《續通志‧卷一百七十八》

（引《物類相感志》）

700 土肉

有個將領叫陶璜，有一次在地洞中挖出一個東西，這東西是白色的，形狀像鱷，有好幾丈長、十幾圍粗，還不斷地蠕動。

切開它的肚子後，裡面像豬的脂肪。陶璜叫人用它做了肉羹，味道很好。陶璜先吃了一碗，然後就讓手下的將士也來吃。

有人說，這怪物名為「土肉」。《臨海異物志》這本書裡曾記載，土

肉大多像小孩的手臂那樣大，五寸長，裡面有腸子，沒有眼睛，有三十隻像女人頭釵樣子的腳，它身子裡的肉很鮮美。

——此怪記載於三國沈瑩《臨海異物志》、宋代李昉等《太平廣記·卷第三百五十九》（引《感應經》）

701 吐火獸

清代康熙二十九年八月，上虞有個西華村，距離海邊不遠，當地有個姓顧的人，在樓上遠遠地看見晴空中有條青色巨龍追逐一隻怪獸。怪獸遍體赤紅色，身形如同巨狗。青龍撲舞而上，這怪獸吐火迎鬥，龍就噴出雪花抗拒。雙方打鬥糾纏，過了很長時間，一起消失在海裡。

——此怪記載於清代鈕琇《觚賸續編·卷四》

702 橐蜚

羭次山中有一種禽鳥，身形像一般的貓頭鷹，長著人一樣的面孔而只有一隻腳，名為「橐蜚」（ㄊㄨㄛˊㄈㄟˊ），常常是冬天出現而夏天蟄伏，把牠的羽毛插在身上，能使人不怕打雷。

——此怪記載於戰國《山海經·卷二》

703 鼉

晉代，一個大雨天，鄱陽人張福行船時，在水邊看見一個女子，長得很美麗，駕著一艘小舟。張福對她說：「你姓什麼？你的船太小，沒有烏篷，如果你願意，可以來我的船裡避雨。」女子走入張福的船中，和他同床共枕。

夜裡三更，雨停了，張福轉頭看了看那個婦人，發現竟然是一隻大鼉（ㄊㄨㄛˊ），想抓住牠，但牠快速地爬入水裡消失了，而牠的那艘小船，不過是一截一丈多長的樹段。

建康的大夏營有個嚴寡婦，南北朝元嘉初年，有人說有個叫華督的人與嚴寡婦相好。巡邏的士兵在晚上看見一個男子走到護軍府，就喝斥詢問，對方回答說：「我是華督，要回府裡去。」說完就沿著西牆準備進入府裡，巡邏的士兵因為他違背了夜裡禁止通行的命令，就叫來人捉拿，那男子竟然變成了一隻黿。牠出入的地方非常瑩潔光滑，一直通到府中的水池。水池裡先前有個黿洞，想不到那傢伙在很久以前就變成了妖怪，士兵殺了牠。以後就再也沒有發生奇怪的事。

南海有一種怪物叫黿魚，砍掉牠的腦袋，風乾後，拔去牠的牙齒，牠能夠自動再長出新牙。聽聞廣州人說，鼉魚能夠在岸上追逐牛馬，在水中打翻船隻吃人，生下的卵成百上千，卵中有龜、鱉、魚，還有黿魚。黿魚的靈魂能興風致雨，應該算是一種龍了。

——此怪記載於晉代張華《博物志·卷三》、南北朝劉敬叔《異苑·卷八》、宋代李昉等《太平廣記·卷第四百六十四》（引《感應經》）、宋代李昉等《太平廣記·卷第四百六十八》（引《異苑》）

704 㺎

㺎（ㄊㄨㄢˋ）長得像犀牛，但是角比犀牛角更小，是一種能知道吉凶的瑞獸，耳大如掌，雙目含笑，生長在廣東、廣西，廣東的㺎稱為「茅犀」，廣西的㺎稱為「豬神」，看到㺎的人會發生吉祥的事。

——此怪記載於明代楊慎《丹鉛續錄·卷二》、清代王士禎《居易錄·卷十六》

705 狪狪

泰山上盛產玉，山下盛產金。山中有一種野獸，身形與一般的豬相似，體內卻有珠子，名為「狪狪」（ㄊㄨㄥ ㄊㄨㄥ）。

——此怪記載於戰國《山海經·卷四》

706 瞳人

長安的書生方棟天資聰慧，頗有才名，但率性風流，舉止輕佻，一看到年輕女子、貌美姑娘，便心思蠢動，忍不住要跟上去，偷偷摸摸地非常猥瑣。

清明節的前一天，他在城郊偶然見到一隊華美車仗，幾名小婢各自騎馬緩緩相隨，其中一名騎小馬的尤其漂亮。他一時飄飄然，不由自主地跟了過去。

他走近一些，發現車簾子竟然是拉開的，裡面坐著一位紅裝女郎，年紀十五、六歲，貌若天仙，比剛才馬上的婢女還要美麗。只看一眼，方棟便覺得渾身一陣酥顫，魂靈早已飄在半空，一時瞻戀（仰慕、依戀）不捨，或前或後，不知不覺地跟著馬車跑了好幾里路。

此時，女郎忽然停車，把一名婢女喚到車前道：「還是將簾子放下來吧。不知道哪裡來的書生，討厭死了，快將他趕走。」

婢女聽了，連忙將簾子放下，轉而對方棟斥罵道：「此乃芙蓉城七公子新娘子回娘家車仗，豈容賊眼褻瀆！」說完，便抓起一把塵土向他揚去。

方棟一不留神，被沙子撲上眼睛。等到他忍痛勉強睜開眼睛時，路上的車馬早已消失無蹤了。他在驚訝之餘，頗感遺憾，只好作罷回去。

自此，方棟的眼睛一直不舒服，讓人扒開眼皮一看，才發現兩眼各長了一層翳子。到第二天，翳子越發大了，堵在眼睛裡極為痛苦，惹得眼淚肆意奔流。數日之後，左眼翳子已經厚如銅錢，而右眼竟長成了螺旋狀，像個田螺。雖然他已請醫生治療，無奈百藥無效。方棟十分懊惱煩悶，每每回想起當日之事，便自責懺悔不已。

後來，方棟聽說《光明經》能化解苦難，於是尋來一卷，請人日夜教授念誦。一開始極不適應，每一念誦，便覺得煩躁不安，但久而久之，他也漸漸習慣了。之後，他每天什麼事也不做，只是盤坐念經。如此過了一年，萬緣俱淨，塵念皆空，一切都看得開、看得淡了。

有一天，方棟忽然聽到左眼中一個很小的聲音說：「如此漆黑一片，真是煩死人了。」隨即，右眼中也有小聲音應道：「不如一同出去散散心，

出此悶氣。」話音剛落，他只覺得鼻孔裡奇癢難耐，似乎有兩個小東西爬了出去。過了很久才又回來，仍從鼻孔進入，一直回到眼眶裡。一個聲音說：「許久不見園子，沒想到滿園蘭花竟然都枯死了。」

方棟素愛蘭花，在園中多有種植，以前自己每日澆灌，自從失明後，他力不從心，也就只好聽之任之了。此時，他聽到小瞳人的話，不覺一陣感傷，忙將妻子喚來責問。妻子聽了詫異，問他怎麼知道。他遂把小瞳人的事告訴妻子。

妻子想知道方棟眼瞳的人是什麼東西，於是藏在屋角窺伺，等了許久，見兩個小人從丈夫鼻孔中飛下來，出門揚長而去，過了一會兒，又一起回來，如蜜蜂進巢般飛進了鼻孔。一時驚歎不已。

如此過了三、兩日，方棟忽然又聽見左邊的小人說：「每次都要走那隧道，太不方便了，不如將這已經堵上的門再重新打開吧。」右邊的小人說：「我這邊的皮太厚了，打不開。」左邊小人說：「我這邊還好，打開後，你我不妨同住。」話音未落，方棟只覺眼皮內側隱隱似有抓裂之感，隨即豁然一亮，左眼復明。一時喜不自勝，忙喚妻子過來一同分享喜悅。妻子細看其左眼，翳子已被打開一個小洞，瞳仁熒熒泛著幽光。

到了第二日，翳子盡消，仔細一看，左眼眶裡竟有兩個瞳仁，而右眼則仍像個田螺。方棟回想起昨日聽到的對話，知道是兩個小瞳人合居一處。右眼算是徹底瞎了，但有此重瞳之目，眼神卻比雙目完好之人還要好上幾倍。

方棟自此收束檢點，以其才學，漸漸德名遠揚，聲望甚高。

——此怪記載於清代蒲松齡《聊齋志異·卷一》

707 太公

宋代永嘉這個地方，有戶姓項的人家，家中鬧妖怪。經常有一個東西，長得像人，披頭散髮，自稱太公，在家裡出現。時間長了，家人也就不覺得奇怪了。無論家人想要什麼東西，只需要在廚房裡叫一聲太公，東西就會出現。

項某的妻子懷孕，想吃饅頭，就叫了一聲太公，二更時分，太公果然捧著一籠饅頭前來，還冒著熱氣。

過了幾天，外頭傳聞有人在七尺渡的渡口做水陸法事時，弄丟了一籠饅頭。

後來，項某的媳婦生下孩子，長得如同冬瓜，沒有眉毛和眼睛，只長著嘴巴。項某和妻子覺得兒子是妖怪，就想溺死他，忽然聽到太公的聲音從空中傳來：「這孩子不能溺死，你們好好餵養他，我定當重謝。」

過了兩個多月，項某的妻子抱著孩子在床上，太公拿了很多銀子放在她的面前，抱起孩子就走了。自此之後，太公再也沒來了。

——此怪記載於宋代《異聞總錄》

708 太社

宋代宣和七年，相州有個書生來京城，接到調任的命令，從封丘門出去赴任，看見一個穿著紅衣服、戴著頭簾的女子在馬前趕路，相距十幾步，而且孤零零一人，沒有奴僕跟隨。

書生覺得很奇怪，就打馬追趕，那女子並沒有加速趕路，但書生卻始終追不上。

到了陳橋鎮，女子停下來，回頭對書生說：「我是太社，你這傢伙真是無理！」說罷，一陣風吹過，女子的頭簾掀開，但見其面大如盤子，沒有口鼻，臉上有十顆眼睛，閃閃放光。書生嚇得怪叫一聲，昏倒墜馬。

同樣在宋代，有個叫呂文靖的人，晚上在月光下散步，看到一個穿著紅衣服、戴著頭簾的女子。呂文靖沒搭理對方，女子就說：「官人，你怎麼不看我？」呂文靖依然沒理。

女子幾次三番說，呂文靖便掀開女子的頭簾，見上面全是眼睛，就罵道：「你長著這副嘴臉，還讓人看呀！」女子一聲不吭，過了一會兒，賠禮道：「官人，你真是有宰相的器量！」然後就消失了。後來，呂文靖果然做了宰相。

——此怪記載於宋代《異聞總錄》

709 太歲

中國人有句話，叫「太歲頭上動土」，比喻那些不知深淺行事膽大妄為的人。太歲的厲害，可見一斑。

唐代，晁良貞以善於判案而知名。他性情剛烈勇猛，不怕鬼。

有一年，他蓋屋子的時候，從地下挖到一塊肉，很大。晁良貞知道它是太歲，乃是不祥之物，就打了它幾百鞭子，然後把它丟在大路上。

那天夜裡，晁良貞派人偷聽。三更之後，有很多乘車騎馬的人來到路上，笑著問：「太歲兄一向厲害，為什麼今天受到這樣的屈辱？難道你不想報仇嗎？」太歲說：「沒辦法呀！晁良貞這傢伙是個狠人，而且正春風得意，我拿他也沒辦法呀。」天亮的時候，那團肉就不見了。

同樣在唐代，上元年間有一家姓李的，挖地時挖出一塊肉。民間傳說，得到太歲的人，要打它幾百鞭子，就能免除禍患。李某打了它九十多鞭子，太歲忽然騰空而起，不知跑到哪裡去了。自那以後，李家七十二口人，差不多都死光了，只剩一個小兒子，因為藏了起來，才僥倖留了一命。

寧州有一個人也挖到了太歲，大小像寫字的方板，樣子像赤蕈，有幾千顆眼睛。他家人不認識太歲，把它丟了出去。有一位胡僧聽說了，吃驚地對他說：「那是太歲，應該趕快埋起來！」那個人急忙把太歲送回原處，但一年之後，這一家人幾乎死光了。

宋代，懷州有個人帶著僕人挖地，挖到了一個大肉塊，大約三、四升，用刀割，跟羊肉一樣。僕人說：「土中肉塊，那是太歲，挖出來會招來災禍的！」這個人說：「我不知道什麼狗屁太歲！」他又繼續挖，挖到了兩塊。不到半年，這家家破人亡，連牛馬都死光了。

——此怪記載於唐代戴孚《廣異記》、金代元好問《續夷堅志·卷一》

710 泰逢

和山上不生長花草樹木，到處是瑤、碧一類的美玉，確實是黃河中的九條水源所匯聚的地方。這座山盤旋迴轉了五層，有九條水從這裡發

源，然後匯合起來向北流入黃河，水中有很多蒼玉。泰逢主管這座山，牠的形貌像人，卻長著虎一樣的尾巴，出入時都有閃光。

——此怪記載於戰國《山海經・卷五》

711 饕餮

饕餮（ㄊㄠ ㄊㄧㄝˋ）是中國古代著名的妖怪，「四凶」之一。

關於牠的形象有很多種說法。有的書中記載，饕餮有頭無身，貪吃，吃人囫圇下嚥，後來太餓，連自己的身體都吃掉了。所以，常用饕餮比喻貪婪的人。

還有的典籍記載，饕餮生存在人地的西南方，全身長毛，長著豬的腦袋，貪婪如狼，喜歡搜集積累財物，不吃人類的五穀雜糧，強壯的吃掉老弱的，看到成群結隊的人就畏懼，看到孤身的人就會襲擊。

——此怪記載於秦代呂不韋《呂氏春秋・第十六卷》、漢代東方朔
《神異經》等

712 檮杌

檮杌（ㄊㄠˊ ㄨˋ）是中國古代著名的妖怪，「四凶」之一。

檮杌生長在大地的西荒，體格像老虎而毛像狗，毛很長，長著人的臉、老虎的腿，嘴巴長有像野豬一樣的獠牙，尾長一丈八尺，在西方稱霸，能鬥不退。也叫傲狠、難馴。

——此怪記載於漢代司馬遷《史記・卷一》、漢代東方朔《神異經》等

713 聶耳人

聶耳國在無腸國的東面，那裡的人使喚著兩隻花斑大虎，在行走時用手托著自己的大耳朵。

——此怪記載於戰國《山海經・卷八》

714 齧鐵

大地的南方有一種怪獸，角和蹄子的大小與形狀如同水牛，皮毛烏黑如漆，吃的是鐵，喝的是水。牠的糞便可以用來鍛造兵器，削鐵如泥。這種怪獸，名為「齧鐵」。

——此怪記載於漢代東方朔《神異經》

715 牛頭人

清代，杭州有個姓徐的老頭，家住在清波門水溝巷，每年年末祭祀神靈的時候，會獻上一個豬頭、一隻雞、一條魚三種祭品。祭祀完了，東西就會丟失。

剛開始，徐老頭懷疑是家中的奴僕偷取了，又懷疑是貓、狗吃掉，但每年都這樣，徐老頭就覺得奇怪。

有一年，祭祀完畢後，徐老頭親自將祭品裝在一個大籃子裡，懸掛在梁頭，然後在旁邊放了一張床，躺下來要看看到底是誰拿去了。

半夜，忽然有奇怪的聲音從廚房的地底下傳出來，過了不久，出現一個怪物，人身，牛頭，長著一對長長的犄角，用頭挑起籃子，走到廚房消失了。

第二天，徐老頭召集家人在廚房的地下開挖，挖了幾尺後，看見有臺階。徐老頭走進去，看到前方隱隱有光，接著看到裡頭房屋森然，放著一具紅色的棺材，用粗粗的繩索懸掛著，周圍有很多陪葬的器物。徐老頭拿了一個銅爵放在懷裡，正在打量，忽然看到左邊的門開了，那個牛頭人走出來。

徐老頭嚇了一大跳，趕緊往上跑，牛頭人跟著就追。留在上面的人見徐老頭出來，就趕緊用土把坑道掩埋了。

徐老頭面色蒼白，滿頭冷汗，拿出那銅爵，上面鏽跡斑斑，像是年代久遠之物。

——此怪記載於清代俞樾《右台仙館筆記·卷七》

716 牛瘟

陳華封，蒙山人。盛暑的一天，因為天氣炎熱，他來到野外的一棵大樹下躺著乘涼。忽然有一個人奔跑過來，頭上戴著圍領，匆匆忙忙地跑到樹蔭下，搬起一塊石頭坐下，揮動著扇子搧個不停，臉上汗流如汁。

陳華封坐起來，笑著說：「如果把圍領解下來，不用搧也可以涼快。」

來客說：「脫下容易，再戴上就難了。」

二人便攀談起來。

客人言詞含蓄文雅，說：「這時沒有別的想法，如能得到冰浸的好酒，一道清冷的芳香直入咽喉，炎熱的暑氣就可消去一半。」

陳華封笑著說：「這很容易，我可以滿足你。」便握著客人的手說：「我家就在附近，請賞光。」客人笑著跟他走了。

到了家，陳華封從石洞中拿出藏酒，酒涼得震牙，客人高興極了，一口氣喝了十杯。

這時，天快黑了，忽然下起雨來，陳華封便在屋裡點上燈。客人也解下圍領，二人開懷痛飲。說話間，陳華封看見客人腦後不時漏出燈光，心中疑惑。不多會兒，客人酩酊大醉，倒在床上。

陳華封移燈過來偷偷一看，見客人耳朵後邊有一個洞，有酒杯大小，裡面好幾道厚膜間隔著，像窗櫺一樣，櫺外有軟皮垂蓋，中間好像空空的。陳華封害怕極了，暗暗從頭上拔下簪子，撥開厚膜查看。裡面有一物，形狀像小牛，突然衝破窗戶飛走了。陳華封更加害怕，不敢再撥動，剛想轉身走，客人已經醒了。

客人吃驚地說：「你偷看我的隱秘了。把牛瘟放了出去，這可怎麼辦？」陳華封詢問緣故，客人說：「既然已經這樣，我還隱瞞什麼。實話告訴你，我是六畜的瘟神。剛才你放跑的是牛瘟，恐怕方圓百里內的牛都要死絕了。」

陳華封本來以養牛為生，聽了非常害怕，向客人懇求解救的辦法。

客人說：「我都免不了罪責，哪有什麼辦法解救？只有苦參散最有效了，你要廣傳這個方子，不存私念就可以了。」說完，拜謝了陳華封，告辭出門。他又捧了一把土堆在牆壁的龕中，說：「每次用一合便有效。」客人拱拱手就不見了。

過了不久，牛群果然病了，瘟疫蔓延開來。陳華封想專利於自己，把治病的方子秘藏起來，不肯傳人，只傳給他弟弟。弟弟按方子一試，很靈驗，但陳華封自己照方子給牛吃藥，卻一點效果也沒有。

陳華封有四十頭牛，都快死光了，只剩下四、五頭老母牛，也奄奄一息。他心中懊惱，無法可使，忽然想起龕中的那捧土，心想也未必有效，但姑且試試吧。

過了一夜，牛便都起來了。他這才醒悟到，藥之所以不靈，原來是神對他私心的懲罰。

幾年以後，母牛繁育，又漸漸恢復到原來的境況。

——此怪記載於清代蒲松齡《聊齋志異·卷七》

717 牛豕瘟團

清代文學家樂鈞十六歲的時候，在涂坊村讀書，拜族叔松岩先生為師。

有一天晚上，松岩先生參加宴會後，出門閒逛。當時是秋天，月華朗照，涼爽宜人。松岩先生來到私塾附近時，看到田野裡有一個大黑團，如同氣球一樣大。剛開始他以為是荊棘，但走得更靠近時，發現那東西左右轉動，然後旋轉著滾入林地裡消失了。松岩先生覺得很奇怪，就跟別人說了，但大家都不知道那是什麼。

幾天後，聽說附近林子裡有個小村，牛豬鬧瘟疫，幾乎死絕了，看來是這東西作祟。

——此怪記載於清代樂鈞《耳食錄·卷二》

718 牛魚

東海有一種魚，名為「牛魚」，身形長得像牛，把牠的皮掛起來，潮水來的時候，皮上的毛就會豎起，潮退的時候，毛就會垂下。

這種魚大如牛犢，毛色青黃，喜歡睡覺，如果發現有人來，會大叫

一聲，聲音能傳到好幾里外。

——此怪記載於晉代張華《博物志・卷三》、三國沈瑩《臨海異物志》

719 女樹

傳說海中有座銀山，上面長著女樹，天亮的時候生下嬰兒，嬰兒到太陽出來時就能行走，接著長成少年，中午的時候成為壯年，到傍晚就衰老，日落時分死去，第二天又會生出來。

——此怪記載於明代莫是龍《筆塵》

720 那父

灌題山上是茂密的臭椿樹和柘樹，山下到處是流沙，還多出產磨石。山中有一種野獸，身形像普通的牛，卻拖著一條白色的尾巴，發出的聲音如同人在高聲呼喚，名為「那父」。

——此怪記載於戰國《山海經・卷三》

721 襰襶

清代，某甲在瀋陽當官，傳聞官衙之中鬧妖精，之前嚇死了很多人。

這個某官聽說之後，格外留意，有一天晚上，他果然看到有個東西，通體烏黑，也沒有手腳，臉上只有兩顆雪白的眼睛，嘴又尖又長，如同鳥嘴。某官剛開始看到這妖精，還覺得害怕，但是它每天晚上都出現，時間長了，某官和它也就熟悉了，成為朋友，招之即來，揮之即去。因為這東西渾然一塊，所以某官替它取名為「襰襶」（ㄋㄞˋㄉㄞˋ，註：夏日所戴的斗笠）。

有一天晚上，天寒地凍，某官想喝酒，但周圍的人都睡了，沒人去買。正好襰襶在旁邊，某官就戲弄它說：「你能去為我買酒嗎？」妖精發出嗷嗷的聲音，似乎答應了。某官把一些銅錢和一個酒瓶放在它的腦袋

上，襬襪就晃晃悠悠去了。過了一會兒，襬襪回來，腦袋上的銅錢沒有了，只有酒瓶，某官取來打開，裡面裝滿了好酒。某官很高興，自此之後，很多事都交給襬襪去辦。

隨後，周圍的人家都說丟失了東西，某官覺得可能是襬襪幹的，但也沒有說明。就這麼過了很多年，某官接到去福建上任的命令，只能收拾行裝，襬襪依依不捨，某官也很難過。

某官離開瀋陽，來到福建，過了一年多，他思念襬襪，整日悶悶不樂。有一天，襬襪突然出現了，某官大喜，把它介紹給家人，家人都很驚慌，某官把先前的事情說了一遍，家人才放心。等到時間長了，周圍的人都很喜歡它。

又過了一年多，襬襪突然不見了。不管所有人怎麼思念它，它最終都沒有出現。

——此怪記載於清代和邦額《夜譚隨錄·卷三》

722 南海大蟹

唐代，有去波斯的人，經過天竺國後，船隻在大海中漂流，不知道行了幾千里，來到一個海島。島上有個胡人以草葉為衣服，是之前因船沉沒而來到這座島上，只能採摘野果和草根為食。船上的眾人決定將胡人載走。

胡人說，島上的大山上都是硨磲（註：一種蛤類，殼可做裝飾品）、瑪瑙、玻璃等各種寶貝，眾人就趕緊將這些東西搬上大船。胡人又說：「這些都是山神的寶貝，大家趕緊走，不然它肯定會發怒追討。」

這幫人和胡人立刻開船離去，走了四十多里，遙遙看見島上出現一個巨大的紅色怪物，模樣如同一條大蛇，飛奔而來。胡人說：「不好，山神來了。」眾人都很害怕。過了一會兒，海中出現兩座大山，高有幾百丈。胡人大喜，說：「這兩座山是大螃蟹的兩隻螯，這隻大螃蟹喜歡和山神爭鬥，山神打不過，很害怕牠，牠出現，我們就沒事了。」果然，大螃蟹和大蛇爭鬥，螃蟹夾死了大蛇，這一船的人也得救了。

——此怪記載於唐代戴孚《廣異記》

723 南海大魚

嶺南節度使何履光是朱崖人，住的地方靠近大海。當地海中有兩座山，相距六、七百里，在晴朗的早晨遠遠地望去，山上一片青翠，好像就在眼前。

唐玄宗開元末年，海上出現了大雷雨，雨中有泥，模樣像是吹出的泡沫，天地晦暗，持續了七天。

有個從山邊來的人說，有條大魚順著水流進入海中兩座大山之間，被夾住了，不能進退，時間一長，魚鰓掛在一個山崖上，七天以後，山崖裂了，魚因此才能離開。雷聲就是魚的叫聲，雨泥是魚口中吹出的水沫，天地晦暗是魚吐出的水氣造成的。

宋代漳州漳浦縣，海邊有個敦照鹽場。鹽場有叫陳敏的人，曾經從漁民手裡買下一條魚，長兩丈多，重幾千斤，剖開牠的肚子，裡面有個人，應該是剛剛吞下的。

紹興十八年，有一條大魚進入海港，在潮落之後擱淺，人們拿來長梯登上牠的背，光是背部就有一丈多寬。那一年正在鬧饑荒，周圍的百姓爭相前來割魚肉，割走了幾百擔，第二天割魚眼的時候，大魚才覺得疼，拚命掙扎，周圍的船全部被牠打翻了。老百姓一連割了十幾天，才把牠的肉割完，後來還有人用牠的脊骨做米臼。

> ——此怪記載於唐代戴孚《廣異記》、宋代洪邁
> 《夷堅志·夷堅甲志·卷第七》

724 南海蝴蝶

某甲乘船在南海，停泊在一處孤島上，看見有東西如同巨大的船帆一般飛過大海。等到這東西靠近船的時候，某甲就拿起東西擊打，怪物隨之破碎落下，某甲走上去一看，竟然是蝴蝶。某甲摘掉了牠的翅膀，用秤量，光是肉就有八十斤，把肉烤熟後吃下，味道極為鮮美。

有人說，南海蝴蝶又叫百幻蝶，形態變化萬千。

> ——此怪記載於漢代楊孚《異物志》

725 狸力

櫃山中有一種野獸，身形像普通的小豬，長著一雙雞爪，叫的聲音如同狗叫，名為「狸力」，牠出現的地方一定會大興土木。

——此怪記載於戰國《山海經·卷一》

726 𪁯

天帝山中有一種禽鳥，身形像一般的鶴鶉，但長著黑色花紋和紅色頸毛，名為「𪁯」。

人吃了牠的肉，可以治癒痔瘡。

——此怪記載於戰國《山海經·卷二》

727 獜

依軲山上有茂密的杻樹和橿樹，枏樹也不少。山中有一種野獸，身形像普通的狗，長著老虎一樣的爪子，而且身上有鱗甲，名為「獜」，擅長跳躍騰撲。人吃了牠的肉，就不會患風痹病（註：風濕性關節炎之類的病）。

——此怪記載於戰國《山海經·卷五》

728 梁渠

歷石山的樹木以牡荊和枸杞最多，山南陽面盛產黃金，山北陰面盛產細磨石。

山中有一種野獸，身形像野貓，卻長著白色腦袋、老虎一樣的爪子，名為「梁渠」。牠出現的國家會發生大戰爭。

——此怪記載於戰國《山海經·卷五》

729 兩頭蛇

韶州這地方有很多兩頭蛇，喜歡跑到螞蟻窩裡避水。蒼梧也有很多，長度不會超過一、二尺，有的人說牠是蚯蚓變化而成。

唐代天寶四年，廣州有人用籠子裝著一隻兩頭蛇，長二尺，身體兩端各有一顆頭。有個賣藝的人，以弄蛇為業，見到這隻兩頭蛇，就伸手去捉，結果被蛇咬了一口。賣藝的人十分痛苦，趕緊用藥，也無濟於事，最後骨肉化為水而死，後來屍體和兩頭蛇都不見了。

——此怪記載於漢代楊孚《異物志》、唐代牛肅《紀聞·卷十》

730 軨軨

空桑山北面鄰近食水，在山上向東可以望見沮吳，向南可以望見沙陵，向西可以望見湣澤。山中有一種野獸，身形像普通的牛，卻有老虎一樣的斑紋，發出的聲音如同人在呻吟，名為「軨軨」（ㄌㄧㄥˊ ㄌㄧㄥˊ）。牠一出現，天下就會發生水災。

——此怪記載於戰國《山海經·卷四》

731 領胡

陽山上有豐富的玉石，山下有豐富的金銅。山中有一種野獸，身形像普通的牛而長著紅尾巴，脖子上有肉瘤，像斗的形狀，名為「領胡」。人吃了牠的肉，就能治癒癲狂症。

——此怪記載於戰國《山海經·卷三》

732 甪端

「甪（ㄌㄨˋ）端」是傳說中的一種怪獸，角在鼻子上，出自瓦屋山，不傷人，以虎豹為食，能夠日行一萬八千里，通曉各種語言，知道各種

事情。

元太祖進軍西印度的時候，有一隻高幾十丈的巨獸，長著一隻如同犀牛一樣的角，對元太祖說：「這裡不是你的世界，還請速速離開。」元太祖的臣下都很惶恐，只有耶律楚材知道這隻怪獸的底細，稟告元太祖說：「這隻怪獸名為甪端，如果明君在位，就會奉書而來，能日行一萬八千里，靈異如鬼神，不可侵犯。」元太祖聽了，就撤軍歸來。

元代至正年間，江浙鄉試的時候，八月二十二日的夜晚，貢院裡有一物疾馳而過，長角，所以就以「甪端」為試題。

——此怪記載於南北朝沈約《宋書·卷二十九》、元代陶宗儀《南村輟耕錄·卷五》、清代王士禎《隴蜀餘聞》

733 陸吾

昆侖山是天帝在下界的都邑，由陸吾主管。陸吾長著老虎的身子，卻有九條尾巴，一副人的面孔，長著老虎的爪子，主管天上的九部和天帝苑圃的時節。

——此怪記載於戰國《山海經·卷二》

734 鹿蜀

杻陽山上有一種野獸，身形像馬，白頭，通身是老虎的斑紋，尾巴是紅色的，鳴叫起來像是有人在唱歌，名為「鹿蜀」。據說將牠的皮毛佩戴在身上，可以使子孫昌盛。

——此怪記載於戰國《山海經·卷一》

735 鹿子魚

鹿子魚，赤色，尾巴和小鰭上都長著赤黃色的鹿的斑紋。南海中有一大洲，每年春夏，鹿子魚跳出洲後，落地就變成了鹿。

曾經有個人撿到一條鹿子魚，頭已經變成了鹿，尾巴還是魚。這種魚變成的鹿，肉很腥，不能吃。

——此怪記載於唐代劉恂《嶺表錄異‧卷中》

736 鮭

柢山這地方多水，沒有草木。有一種怪魚，身形像牛，長著蛇的尾巴，而且有翅膀，居住在洞穴裡，名為「鮭」（ㄉㄨㄟ），叫的聲音如同留牛（即犛牛），冬天死了，夏天就可以活過來。人吃了牠的肉之後，身體不會發腫。

——此怪記載於戰國《山海經‧卷一》

737 嬴魚

濛水從邦山發源，向南流入洋水。水中有一種「嬴（ㄌㄨㄛˊ）魚」，長著魚的身子，卻有鳥的翅膀，發出的聲音像鴛鴦鳴叫聲。牠出現的地方會有水災。

——此怪記載於戰國《山海經‧卷二》

738 欒侯

漢中郡有個叫「欒（ㄌㄨㄢˊ）侯」的妖怪，常常住在室內的棚頂上或帳幕後，喜歡吃醃製的魚類，能卜吉凶。

甘露年間，當地鬧起了蝗災，蝗蟲經過之處，農作物全被吃光了。郡守派人將這件事通知了欒侯，並祀奉上不少醃製的魚類。欒侯對來人說：「小小蝗蟲，算不了什麼，應當把牠們除掉！」說罷，翕然掀動翅膀，飛出窗外。來的小吏看見牠彷彿一隻鳩鳥，還發出水鳥的叫聲。

小吏回去後，將此事稟報給郡守。於是，果然有成千上萬隻鳥來吃蝗蟲，頃刻就把牠們全除盡了。

——此怪記載於三國曹丕《列異傳》

739 鸞鳥

女床山南面多出產黃銅，山北面多出產石涅（註：即黑石脂，一種可以畫眉的青黑色顏料）。山裡有一種禽鳥，身形像野雞，卻長著色彩斑斕的羽毛，名為「鸞鳥」。牠一出現，天下就會安寧。

——此怪記載於戰國《山海經·卷二》

740 龍

在古代，龍被認為是鱗蟲之長，能幽能明，能小能大，能短能長。春分而登天，秋分而入淵。在古代典籍中，龍也有妖性，故而本書收錄其中。因龍的分類十分龐雜，所以本條概括言之，一些特殊的龍，分條述說。

傳說南這個地方，有暗藏在洞穴中的水源，它的下邊通向地脈，其中有毛龍和毛魚。毛龍和毛魚時常蛻骨在空曠的水澤之中，在一個洞穴裡相處。

上古時，南國曾經向舜獻過一條毛龍。大禹治水時，四海會同在一起，就把那條毛龍放到洛水裡了。上古時，專門設有養龍的官職，到夏代這種官職還有保留。

唐代，東都洛陽留守判官、祠部郎中盧君暢還沒做官時，曾經住在漢水邊上。

有一天，盧君暢獨自一人在野外閒逛，看到兩條白色的大狗，腰很長，長得雄健無比，奔走在田野中。盧君暢覺得牠們和一般的狗長得不一樣，就下馬觀看。過了一會兒，那兩條白狗跳入一個深潭，很快潭水翻騰，有兩條白龍騰空而出，天空烏雲密布，風雷大震。盧君暢很害怕，打馬逃走了，不一會兒，下起大雨，被淋成了落湯雞，這才明白那兩條大白狗是龍。

清代，杭州有個叫姚三辰的人，以外科醫術出名，而且是家傳的祕術。據說，姚三辰的爺爺有一次半夜採藥歸來，路過西溪，因為喝醉酒，從山崖上掉了下去，落入水中。

他慌忙抓住一塊石頭，但很快就覺得不對勁，因為那塊石頭不僅軟滑有黏液，而且在蠕動，心想恐怕是抓住了一條大蛇。過了一會兒，那東西背著他緩緩往上爬，兩隻眼睛如同燈籠一樣灼灼放光，借著燈光，可以看到牠頭上長角，還有鬍子。

這東西把姚老頭送回原地，就騰空飛去了。姚老頭這才知道是龍。

回到家中，姚老頭發現自己雙手上還留有龍的黏液，聞起來很香，數月不散。他就搓手，把黏液弄下來入藥，竟然藥到病除。人們聽說了，都稱姚老頭為「摸龍阿太」。

——此怪記載於晉代王嘉《拾遺記》、南北朝祖沖之《述異記》、
宋代李昉等《太平廣記·卷第四百二十三》（引《宣室志》）、
明代胡爌《拾遺錄》等

741 龍魅

南北朝時代，劉甲住在江陵。元嘉年中，他的女兒十四歲，姿色端莊秀麗，沒有讀過佛經，卻忽然能背誦《法華經》。女孩住的屋裡，不久便出現奇異的光。她說，她已經得了正覺，應該做二十七天的齋戒。

劉甲就為女兒設置了高座和寶帳。她登上寶座，講的話都很深奧，又講人的災祥禍福，各種事都很靈驗。遠近的人都很敬佩她。解衣投寶的，不可勝數。連衡陽王都親自率領僚屬來觀看。

十二天之後，有一個叫史玄真的道士聽說了這件事，說：「這恐怕是妖怪作祟。」於是，道士就急急忙忙趕來。

劉女已經提前知道了，派人守住門，說：「不久將有妖邪之類到來，凡是穿道服的，全都不讓進來！」

史玄真見有人阻攔，就換了衣服進入，直接走到劉女面前，把法水潑到她身上。劉女頓時氣絕，過了許久才醒。她醒來後，人們再問她各種事情，她便什麼都不記得了。史玄真說：「這是被龍魅所惑。」從此以後，她恢復正常，嫁給了宣氏為妻。

——此怪記載於唐代余知古《渚宮舊事·補遺》

442

742 龍護

　　唐玄宗天寶三年五月十五日，揚州進獻水心鏡一面，長寬各九寸。鏡面青瑩淨亮，可耀日月。鏡的背面盤著一條龍，龍身長三尺四寸五分，形態生動，像真龍一樣。玄宗觀賞後，覺得它是不同一般的鏡子。

　　進獻這面鏡子的揚州參軍李守泰向玄宗皇帝逃說了經過：

　　我們鑄造這面鏡子時，來了一位老人，說自己姓龍，叫龍護。這位老人鬚髮花白，眉毛如絲，下垂到肩上，身上穿著白衫。有一個小童跟隨老人左右，年十歲，身穿黑衣，老人叫他「玄冥」。這一老一少是在五月初一這天，突然來到鑄鏡現場的。他們的神態跟一般人不一樣，所有在場的人都不認識他們。

　　那位老人對鏡匠呂暉說，他家就住在附近，聽說你要鑄鏡，特來觀看。又說他知道在鏡上鑄造真龍的方法，願意為呂暉製作一條，來取得皇上的喜歡。之後，就讓隨他來的那個叫玄冥的小童，進到安放鏡爐的院子裡，並讓人從外面將門窗關閉好，不讓任何人進入院裡。

　　過了三天三夜，大門洞開。呂暉等二十人在院子內搜查尋找，不見這位老人和小童的蹤影，只在鏡爐前邊找到一紙素書，是用小篆寫的，內容如下：「鏡龍長三尺四寸五分，是效法天、地、人三才，春溫、夏熱、秋冷、冬寒四氣，金、木、水、火、土五行。鏡長寬各九寸，是類似天下九州的分野，鏡鼻應呈明月珠狀。開元皇帝聖明通達神靈，我才降福。這面鏡子可以辟邪祟，鑑萬物，秦始皇的鏡子比不上它啊！」

　　呂暉等看罷這紙素書後，就將鏡爐移到船上，於五月五日午時，在揚子江上鑄鏡。未鑄鏡前，天地清明、安靜。鑄鏡當中，左右的江水忽然高漲三十多尺，如一座雪山浮在江面上。接著，又聽到龍吟聲，如笙簧吹鳴，傳到幾十里地以外。我們問了所有的老年人，都說打從鑄鏡以來，從未見過這樣怪異的事情。

　　玄宗皇帝聽了之後，就命人將這面水心鏡單獨置放一個地方。到了天寶七年，秦中大旱。從三月起沒有降雨，一直旱到六月。玄宗皇帝親自到龍堂祭祀祈雨，但是老天一點反應也沒有。玄宗皇帝問昊天觀的道士葉法善：「現在大旱如此，我特別憂慮，親自到龍堂祈雨，老天為什麼還不降雨呢？道長你見過真龍嗎？」

葉法善道長說：「貧道也未曾見過真龍。貧道聽說畫龍的四肢骨節，有一個地方得似真龍，就會立即有感應。用它來祈禱，雨立即就會降下來。皇上您親自祈雨未獲靈驗，大概是因為龍堂上畫的龍不像真龍吧。」

玄宗皇帝聽了葉法善道長這番話，立即詔令中使孫知古，帶領葉法善道長去皇宮內庫各處查看。葉法善道長看見這面水心鏡，立即返回向玄宗皇帝說：「宮內水心鏡背面是真龍啊！」

玄宗皇帝親臨凝陰殿，同時召見葉法善道長祈祀鏡龍。頃刻間，只見殿棟間有兩道白氣降下來，接近鏡龍，鏡龍的鼻上也升出白氣向上接近梁棟。剎那間，雲氣充滿殿庭，遍布京城。隨即，大雨傾盆而降，下了七天才停止。

這一年秋天，秦中獲得大豐收。

——此怪記載於宋代李昉等《太平廣記・卷第二百三十一》
（引《異聞錄》）

743 蠪姪

峚麗山上有豐富的金屬礦物和玉石，山下盛產箴石（註：古代治病用的石針）。山中有一種野獸，身形像一般的狐狸，卻有九條尾巴、九個腦袋、虎一樣的爪子，名為「蠪（ㄌㄨㄥˊ）姪」，發出的聲音如同嬰兒啼哭，能吃人。

——此怪記載於戰國《山海經・卷四》

744 蠪蛭

昆吾山上有豐富的赤銅。山中有一種野獸，身形像一般的豬，卻長著角，發出的聲音如同人號啕大哭，名為「蠪蛭」。人吃了牠的肉，就不會做惡夢。

——此怪記載於戰國《山海經・卷五》

745 驢鼠

在中國歷史上，郭璞是個非常了不起的人，不僅是著名的文學家、訓詁學家，還精通風水和占卜。

西晉末年，郭璞被宣城太守殷佑招攬，擔任參軍一職。不久，當地出現了一個妖怪。此怪全身灰色，大如水牛，前胸與尾巴都為白色，長著粗短似象的腿，動作遲緩。突然來了這樣的怪物，眾人都很驚慌。

殷佑下令追捕，追捕之前，他讓郭璞占了一卦，郭璞從卦象上推斷出此怪乃是所謂的「驢鼠」。

殷佑帶著衙役去向當地的女巫請教，女巫說：「牠是驢山君的使者，在往荊山的途中路過此地，你們切莫有所觸犯。」大家聽到女巫的話後，再也不敢輕舉妄動，目送這個妖怪離去。

從此，這個妖怪再也不曾出現。

——此怪記載於晉代干寶《搜神記·卷四》

746 律畢香

清代，婺州有個怪物，經常發出聲音和人應答，但是沒人看見過牠的形體。牠喜歡偷盜財物，凡是有些姿色的婦女，都會被牠姦淫。每次牠出現時，被迷惑的婦女都會覺得如同夢魘一般無法動彈，詢問牠的名字，牠說：「我叫律畢香。」

當地官府非常頭疼，派人去請龍虎山天師的符咒也對付不了。當時，有個姓林的書生，擅長降妖除魔，便設立法壇作法，三日後，聽到空中發出陣陣喊殺戰鬥的聲音，之後那妖怪就再也沒有出現。

——此怪記載於清代董含《三岡識略·卷二》

747 率然

大地西方的山裡有一種蛇，身上有五種顏色。如果打牠的頭，牠的尾巴就打過來；打牠的尾巴，牠的頭就咬過來；觸到中間那段，頭和尾

巴就會一起打過來，這種蛇名為「率然」。

會稽附近的常山上，這種蛇最多。

——此怪記載於戰國孫武《孫子兵法·九地篇》、漢代東方朔《神異經》

748 勒畢人

有個國家叫勒畢國，這個國家的人只有三寸高，長著翅膀，能說會道，所以也叫善語國。勒畢人經常飛到陽光下曬太陽，等身體曬熱了就飛回來。他們靠喝丹露為生。所謂的丹露，指的是太陽剛出來時的露珠。

——此怪記載於漢代郭憲《漢武帝別國洞冥記·卷第二》

749 獱

宋代宣和年間，皇宮之中出現了一個名為「獱」（ㄌㄞˊ）的怪物，沒有頭眼，手足有黑漆漆的毛，夜裡會發出雷霆般的叫聲，宮中的人都不得不躲避，連宋徽宗都很害怕。這怪物不但跑到大殿裡睡覺，有時候還到嬪妃的床上睡覺。嬪妃的手摸到牠的毛，就知道是這怪物。後來，沒人知道牠跑到哪裡去了。

——此怪記載於宋代趙溍《養痾漫筆》

750 雷部三爺

清代，杭州有個姓施的人，家住在忠清里。六月雷雨過後，施某在樹下撒尿，剛解開褲子，就看到一個長著雞爪、臉尖尖的妖怪蹲在旁邊，嚇得趕緊跑回來。當天晚上就生了病，大叫道：「我冒犯了雷神！」

家人趕緊跪在旁邊，求雷神饒命。施某突然說：「趕緊拿酒給我喝，殺羊給我吃，我才能饒了他！」家人一看，這是雷神附身，趕緊按照他說的準備。

剛好有龍虎山的天師路過，聽說之後，天師大笑說：「哪裡是什麼

雷神，乃是雷部裡的一個小妖怪，名為阿三，經常仗勢欺人，訛詐人的酒菜，如果是雷神，還能這樣上不得檯面？」

——此怪記載於清代袁枚《子不語·卷八》

751 雷公

古人認為，雷霆威力巨大，其中隱藏著妖怪，稱之為「雷公」，後來將其升格為神靈。此處的雷公，取妖怪之說。

唐代開元末年，在雷州發生了雷公與鯨格鬥的事。鯨的身體躍出水面，雷公有好幾十個，在天空中上下翻騰。有的施放雷火，有的邊罵邊打，戰鬥經過七天才結束。在海邊的居民都前去觀看，不知道誰取得了勝利，只是看到海水都變成了紅色。

唐代，代州西面十多里處有一株大槐樹，被雷所擊，中間裂開好幾丈長的口子，將雷公夾於其間，疼得它吼聲如雷。當時，狄仁傑任都督，帶著賓客和隨從前去觀看。快要到達那個地方時，眾人都紛紛驚退，沒有敢向前走的。

狄仁傑獨自騎馬前行，靠近大樹後，問雷公這是怎麼回事，雷公回答說：「樹裡有個孽龍，上司要我把牠趕走。但我擊下的位置不佳，被樹夾住了，如果能夠將我救出，我一定重重地報答你的恩德。」狄仁傑便讓木匠把樹鋸開，雷公才得以解脫。從此之後，凡有吉凶禍福之事，雷公都會預先向狄仁傑報告。

同樣在唐代，信州有個人叫葉遷韶，小時候上山砍柴時，在大樹下避雨，那棵樹被雷劈中，雷公也被樹夾住，飛不起來。葉遷韶取來石頭，支開樹杈，雷公才飛走。走之前，雷公對他說：「明天你再來這裡。」

第二天，葉遷韶到了樹下，雷公也到了，並給了葉遷韶一卷寫滿篆字的書，告訴他說：「你按照上面寫的修練，就能夠呼風喚雨，而且能夠替鄉親們治病。我有兄弟五人，若是打雷下雨，你叫雷大、雷二、雷三、雷四，都會答應，雷五脾氣暴躁，沒有大事，不要叫他。」

從此之後，葉遷韶修習那本書，果然呼風喚雨，十分靈驗。

有一天，葉遷韶在吉州喝醉了，闖下禍，太守把他抓住，要懲罰他。葉遷韶在院子裡大聲喊著雷五的名字，讓他來幫忙。當時，吉州當地正在鬧旱災，好幾個月都不下雨。葉遷韶喊了雷五之後，忽然天降霹靂，風雷大作。太守見了，趕緊出來賠不是，並請葉遷韶求雨。葉遷韶呼喚雷五，當天晚上天降甘霖，緩解了旱情。

葉遷韶路過滑州時，當地下了很長時間的雨，黃河氾濫，官員和民眾都十分苦惱。葉遷韶便拿來一根鐵竿，長二尺，立在河邊，在上面貼了一個符咒，洪水來到鐵竿跟前，掉頭轉向，不敢超出那符咒半分。葉遷韶會有如此的能耐，都是拜雷公所賜。

明代末年，到處都在鬧土匪。在南豐這個地方，土匪魚肉鄉里，有個趙某十分勇敢，帶領鄉親抵擋土匪。土匪痛恨他，每到打雷的時候，就擺好祭祀，禱告說：「把那個姓趙的給劈死吧！」有一天，趙某在花園裡施肥，看到有個全身長毛的尖嘴妖怪從天而降，轟隆一聲響。

趙某知道自己被土匪詛咒了，便拿起手裡的尿壺砸向雷公，罵道：「雷公！雷公！我活了五十多歲，從來沒見過你去劈老虎，光看見你劈百姓家的耕牛！你是典型的欺軟怕硬，怎麼能這樣呢？你要是能說清楚，就算是劈死我，我也不冤枉！」雷公被趙某說得慚愧無比，又因為被尿砸中，無法飛回天上，就掉到田裡面。

那幫土匪知道了，都說：「哎呀呀，是我們連累了雷公。」土匪趕緊為雷公超渡，它才飛走。

——此怪記載於唐代戴孚《廣異記》、清代袁枚《子不語‧卷二》

752 雷媼

宋代，南豐縣有個人叫黃伸，有一天下大雨，有個「雷媼（ㄠˇ）」掉在他家的院子裡，驚慌失措，四處亂撞。雷媼長著赤色的短髮，兩隻腳，每隻腳長三個腳趾，和人差不多大。過了一會兒，烏雲密布，雷電閃爍，雷媼就消失不見了。

——此怪記載於宋代洪邁《夷堅志‧夷堅丁志‧卷第八》

753 鸜鳥

翠山上是茂密的棕樹和楠木樹，山下到處是竹叢，山南面盛產黃金、玉，山北面有很多犛牛、羚羊、麝。山中的禽鳥大多是「鸜（ㄌㄟˋ）鳥」，身形像一般的喜鵲，卻長著紅黑色羽毛和兩個腦袋、四隻腳，人養著牠就可以辟（排除）火。

——此怪記載於戰國《山海經・卷二》

754 類

亶爰（ㄉㄢˇ ㄩㄢˊ）山多水，沒有草木，無法上去。山上有一種怪獸，身形如同狐狸，長著又長又密的毛，名為「類」，雌雄同體。人吃了牠的肉，就會不嫉妒。

——此怪記載於戰國《山海經・卷一》

755 浪鳥

真臘國這個地方，有座葛浪山，高萬丈，半山腰有洞。先前有一隻浪鳥，長得如同鷂（ㄧㄠˋ）鷹，但是比駱駝還大。如果有人經過這座山，浪鳥就會飛下來把他叼走吃掉，當地的百姓十分苦惱。後來，真臘王拿來一大塊牛肉，在肉裡面放一柄兩頭都是尖鋒的小劍，派人頂在腦袋上到那座山的山下。浪鳥見了，飛過來把肉叼走並吞下，就被刺死了，從此之後，這種鳥就絕種了。

——此怪記載於唐代張鷟《朝野僉載・補輯》

756 鼓

鐘山山神的兒子叫作「鼓」，鼓的形貌是人的臉面，龍的身子。鼓也會化為鵕（ㄐㄩㄣˋ）鳥，身形像一般的鷂鷹，但長著紅色的腳和直直

的嘴，身上是黃色的斑紋而頭卻是白色的，發出的聲音與鴻鵠的鳴叫很相似。牠出現的地方會有旱災。

——此怪記載於戰國《山海經·卷二》

757 蠱

蠱是用一種特殊方法長年累月精心培育的毒蟲，傳說體型可大可小。蠱術近乎一種巫術，而蠱也一向被認為是一種妖怪。

晉代，河南滎陽有個姓廖的人家，輩輩以養蠱為生，並以此致富。後來廖家娶進來一個新媳婦，事先沒告訴她家中養有毒蠱。這天，家裡人都外出了，留新媳婦看家。她見屋裡有個大缸，打開一看，見裡面有大蛇，就跑去燒了一鍋開水，倒進缸裡把大蛇燙死了。等家裡人回來，新媳婦說了這件事，全家又驚又惋惜。沒過多久，全家就得了瘟疫，幾乎全都病死了。

有一個法名叫曇游的和尚，持戒很嚴，恪守清規。當時剡縣也有一家人專門養蠱，凡是到他家去的客人，吃了他家的飯，喝了他家的水，就會吐血而死。

曇游和尚聽說之後，就到這家去看。主人給他端來食物，他就念起咒來。不一會兒，就見一對一尺多長的蜈蚣從飯碗中爬出來，和尚這才把飯吃了，而且什麼事也沒有。

清代，雲南幾乎家家養蠱，蠱排泄出來的東西是金銀，因此養蠱的人收穫頗豐。每晚放蠱出去，蠱蟲飛舞時，火光如電。如果人聚在一起大聲叫喊，可以讓蠱墜落。那些蠱有的是蛤蟆，有的是蛇，各種各樣。很多人家會把小孩藏好，擔心他們被蠱吃了。養蠱的人會在家裡專門為蠱建造密室，讓婦女去餵養。蠱如果見到家裡的男人，就會死掉。傳說吃掉男人的蠱會拉出金子，吃掉女人的蠱會拉出銀子。

同樣在清代，有個叫朱依仁的書生，因為擅長書法，被廣西慶遠府的陳太守聘為幕僚。

一年盛夏，太守召集大家一起喝酒。入席後，大家摘掉帽子，這時，有人看見朱依仁的腦袋上蹲了一隻大蛤蟆，把牠打落，牠掉在地上就消失

不見了。喝到半夜，蛤蟆又出現在朱依仁的腦袋上，旁邊的朋友又將牠打落，牠就吃掉了酒席上的佳餚，再次消失。

朱依仁回來睡覺時，覺得腦袋上發癢，第二日，頭髮全部脫落，長出一個紅色的大瘤子，忽然皮開肉綻，一隻蛤蟆從裡面伸出頭來睜著眼睛。蛤蟆的前兩隻爪子趴在朱依仁的腦袋上，從腰到腳都在頭皮內，用針刺都刺不死。要是想把牠拉出來，朱依仁就痛不欲生，連醫生都束手無策。

有個看門的老人見多識廣，說：「這是蠱，用金簪刺牠，牠就會死。」朱依仁試了一下，果然奏效，這才從頭皮裡取出了蛤蟆。這件事情發生後，朱依仁平安無礙，就是頂骨下陷，凹陷的地方像個酒盅。

　　　　——此怪記載於晉代干寶《搜神記・卷十二》、晉代荀氏《靈鬼志》、
　　　　　　　　　　　　　　清代袁枚《子不語・卷十四、卷十九》

758 蠱雕

鹿吳山上沒有花草樹木，但有豐富的金屬礦物和玉石。澤更水從這座山發源，向南流入滂水。

水中有一種野獸，名為「蠱雕」，身形像普通的雕鷹，卻頭上長角，發出的聲音如同嬰兒啼哭，能吃人。

　　　　　　　　　　　　　——此怪記載於戰國《山海經・卷一》

759 乖龍

乖龍是一種行雨的龍，因為覺得行雨太辛苦，就會藏到人的身體裡或者古木、梁柱裡面，經常會被雷神捉拿。如果在野外沒地方藏，乖龍就會鑽進牛角裡或者牧童的身體裡。因為乖龍的拖累，很多人都會被雷擊殺。

　　　　　　　　　　　——此怪記載於宋代黃休復《茅亭客話・卷第五》

760 龜寶

有個叫徐彥若的人去廣南，將要渡海的時候，有個手下在海邊撿到一個小琉璃瓶，瓶子裡有隻小龜，有一寸多長，在瓶裡爬來爬去，不知道是怎麼裝到裡面的。這個人覺得很好玩，就帶上了船。

這天晚上，大家忽然覺得船的一側十分沉重，幾乎都要傾斜了。大家出去一看，發現無數的龜層層疊疊往船上爬。大家很害怕，就祈禱一番，將那個小琉璃瓶扔進海裡，那些龜也就散去了。

後來有人說那是龜寶，是世間少有的珍寶，如果得到了放在家裡，就會變成大富豪。

——此怪記載於五代劉崇遠《金華子雜編·卷下》

761 蜼

即公山中生長著一種野獸，身形像一般的烏龜，卻是白身子紅腦袋，名為「蜼」（ㄍㄨㄟˇ），人飼養牠，可以辟火。

——此怪記載於戰國《山海經·卷五》

762 棺怪

清代，王某坐著馬車去湯陰，經過曠野，迎面刮來一陣旋風，旋風裡有一條巨蟒，有梁柱那麼粗，用尾巴擊打馬車，咣咣作響，差點把馬車打翻。

大風過後，巨蟒消失了，馬車前站著一個怪物，一尺多高，長得像人，走路一瘸一拐。車夫追上去，踢了一腳，那東西一溜煙兒就跑掉了。當天晚上，車夫的腳腫得厲害，痛得生不如死，醫治了半年才好。

王某詢問當地人，那怪物到底是什麼，當地人說：「是棺怪，擅長變化，經常出來禍害人。」

——此怪記載於清代李慶辰《醉茶志怪·卷二》

763 棺影

　　清代，某甲在生日前一天，於家裡擺設燈燭、壽聯之類的東西，準備過壽。忽然看見玻璃屏風的影子中，出現一具黑漆棺木，頓時嚇了一大跳。第二天傳來了不好的消息，某甲因為舊案而被逮入京城。這是乾隆六十年的事情。

——此怪記載於清代錢泳《履園叢話·叢話十四》

764 貫胸人

　　貫胸國的人，胸膛上都穿個洞。

——此怪記載於戰國《山海經·卷六》

765 灌灌

　　青丘山中有一種禽鳥，身形像斑鳩，鳴叫的聲音如同人在互相斥罵，名為「灌灌」。把牠的羽毛插在身上，能使人不迷惑。

——此怪記載於戰國《山海經·卷一》

766 拱鼠

　　拱鼠，長得跟尋常的老鼠一般，在田野中遇到人就會拱手而立。人如果想抓住牠，牠就蹦蹦跳跳逃走了。據說，秦川這地方有拱鼠。

——此怪記載於南北朝劉敬叔《異苑·卷三》

767 共工

　　共工是中國上古時代的人物，因善於治水，被認為可以掌控洪水，後來被神農氏擊敗，被視為反面角色的典型，並虛構出共工與祝融爭鬥，

共工怒撞不周山，天柱折、地維缺的傳說。

因為這個原因，古代也有將共工視為妖怪的看法。傳說共工生活在大地的西北荒，人面，蛇身，長著人的手腳，頭髮為火紅色，靠五穀和禽獸為生，性格貪婪、兇惡、愚蠢、頑固。

——此怪記載於漢代東方朔《神異經》

768 鮯鮯魚

跂踵山方圓二百里沒有花草樹木，山上有一水潭，方圓四十里都在噴湧泉水，名為「深澤」。深澤中生長著一種魚，身形像一般的鯉魚，卻有六隻腳和鳥一樣的尾巴，名為「鮯（ㄍㄜˊ）鮯魚」。

——此怪記載於戰國《山海經·卷四》

769 獦狚

北號山屹立在北海邊上，食水從這座山發源，向東北流入大海。山中有一種野獸，身形像狼，長著紅腦袋和老鼠一樣的眼睛，發出的聲音如同小豬叫，名為「獦狚」（ㄍㄜˊㄉㄢˋ），能吃人。

——此怪記載於戰國《山海經·卷四》

770 高郵水怪

清代某年的八月，歸德這地方河堤坍方，淹沒兩縣，接著高郵河發大水，浪頭上出現一個怪物，長得如同婦女，頭上兩角，腋下有雙翅，所到之處，大水氾濫，淹死了無數人。

——此怪記載於清代董含《三岡識略·卷五》

771 鮯魚

濟南郡的東北有個鮯（《ㄠˋ）坑。傳說北魏景明年間，有人挖井挖到一條魚，大小像個鏡子。那天夜裡，河水上漲流入這個坑，坑中的居民都變成了鮯魚。

──此怪記載於唐代段成式《酉陽雜俎・前集卷十七》

772 溝

晚上看見堂下有小孩，披頭散髮，名為「溝」。如果撞見並冒犯了它，喊它的名字，就不會有事。

──此怪記載於宋代李昉等《太平御覽・卷第八百八十六》

（引《白澤圖》）

773 鉤蛇

鉤蛇這種怪物，長七、八丈，尾巴末端有東西如同鉤子一般。這種蛇在山澗水中，能夠甩出尾巴，鉤住牛，將之拖入水中吃掉。

──此怪記載於南北朝酈道元《水經注・卷三十六》、宋代李石《續博物志・卷第二》

774 甘蟲

唐代大中年間，舒州有很多鳥共同築了一個大巢，寬七尺，高一丈，不同種類的鳥都跑到裡面，嘰嘰喳喳。其中有一隻鳥，綠色的毛，長著人的臉，嘴巴和爪子都是紅色的，發出「甘蟲、甘蟲」的叫聲，人們都叫這隻怪鳥為「甘蟲」。

──此怪記載於唐代蘇鶚《杜陽雜編・卷下》

775 趕浪

明代弘治年間，壽春荊塗峽有水怪作祟，阻擋峽口，淮河的水無法流淌，導致堤壩崩潰，淹壞了很多房舍、田產。有商船經過時，這怪物就會興風作浪，使船毀人亡。

當地人稱呼這個怪物叫「趕浪」，不敢冒犯它。有人在月華朗照的晚上，看到這東西，如同一根巨大的木頭，躺在沙灘上，所以又叫它「神木」。如此作祟了四、五年，正德年間以後，才平息。

——此怪記載於清代趙起士《寄園寄所寄・卷之五》（引《墨談》）

776 開明獸

昆侖山方圓八百里，高一萬仞。山頂有一棵像大樹似的稻穀，高達五尋，粗細需五人合抱。

昆侖山的每一面都有九眼井，每眼井都有用玉石製成的圍欄。昆侖山的每一面都有九道門，而每道門都有叫「開明獸」的怪獸守衛著，是眾多天神聚集的地方。開明獸的身形如同老虎，長著九個腦袋，每個腦袋上都長著一張人臉。

——此怪記載於戰國《山海經・卷十一》

777. 778 馗馗、頵頵

清代，某甲早晨起來，看見臺階下躺著一個東西，這東西長得像人，但是有兩個頭，睡得很熟，呼嚕打得震天響。某甲趕緊叫家人過來，用木棒擊打，那東西跳起來，耳目口鼻和尋常人一樣，但是一張臉衰老，一張臉年輕，衰老的臉露出愁苦的表情，年輕的臉則是喜笑顏開。眾人都覺得奇怪。

那東西說：「我這樣不奇怪，落瓠山有個叫馗馗（ㄎㄨㄟˊ ㄎㄨㄟˊ）的，那才奇怪，我把它帶來給你們看！」說完，跳上屋頂不見了。

過了半天，這東西帶來一個怪物。那怪物長著人的身體，肩膀上卻

長著九張臉，每張臉大如拳頭，表情也不一樣，有的嘻嘻哈哈，有的歡天喜地，有的怒氣衝天，有的愁眉苦臉，有的閉目養神……見到人，也不害怕。眾人越發覺得奇怪。

長著九張臉的名叫馗馗的怪物說：「我這樣不算奇怪，你們稍等，等我把頵頵（ㄐㄩㄣ ㄐㄩㄣ）請來，你們就知道了。」說完就走了。

過了一會兒，馗馗拉來一個怪物。這怪物腦袋之多，多到根本數不清，每個腦袋大如核桃，而且變化多端。於是整個村的人都來看熱鬧。

就在這時，忽然從走廊下露出一雙腳，跳出一個怪物來，腦袋比水缸還大，但是沒有五官七竅，原先的那三個怪物見了，十分害怕，趕緊逃跑，怪物跟著就追，很快就全都消失了。

——此二怪記載於清代樂鈞《耳食錄・卷六》

779 夔

東海之外七千里，有一座流波山。

山上有一個怪物，名為「夔」（ㄎㄨㄟˊ），身形似牛，全身都是灰色的，沒有角，只長了一隻腳。這個怪物全身上下閃耀著光芒，如同日月一般令人不能直視，吼聲如雷，震耳欲聾，每次出現都會有狂風暴雨。

後來，黃帝殺死了牠，用牠的皮製成鼓，並用雷獸的骨頭做槌，敲擊這個鼓，鼓聲響徹五百里之外，威懾天下。

——此怪記載於戰國《山海經・卷十四》

780 鯤鵬

鯤鵬是傳說中的怪魚與大鳥。鯤生於北冥之中，身體之大，不知有幾千里。鯤變成鳥，名為「鵬」，鵬的背部面積廣大，不知有幾千里，振翅而飛，翅膀如同垂天之雲。

楚文王年輕的時候，喜好打獵，有個人獻上一隻鷹，楚文王十分喜歡，就在雲夢澤布置好獵網行獵，眾多獵鷹、獵犬相互搏鬥，只有這隻

鷹沒有鬥志。楚文王覺得很奇怪，獻鷹的人說：「如果是一般的鷹，我怎麼敢獻給大王您。」

過了一會兒，天上有一個東西出現，巨大無比，顏色雪白。這隻鷹振翅而飛，快如閃電，和那東西搏鬥，雪白的羽毛紛紛揚揚落下，如同下雪。接著，有隻大鳥墜落下來，兩隻翅膀足有十里長！眾人都不知道是什麼東西，有認識的人說：「這是大鵬的雛鳥。」

——此怪記載於戰國莊周《莊子·內篇·逍遙遊》、南北朝劉義慶《幽明錄·卷三》

781 虎頭人

唐代天寶末年，安祿山叛亂，潼關失守，梨園子弟中有個吹笛子的某甲，逃進了終南山，寄居在一座廟宇裡。

有天晚上，某甲正在吹笛，忽然有個怪物，人身虎頭，從外面進來。某甲很害怕，虎頭人說：「你的笛子吹得真是動聽！可以為我再吹一首嗎？」某甲就接連為牠吹了五、六首，怪物聽得十分愜意，呼呼大睡。某甲很害怕，趁機爬上了大樹。

怪物醒來後，沒看到某甲，就懊悔地說：「應該早一點把他吃掉，就不會讓他逃跑了。」說完，虎頭人站起來長嘯，過了一會兒，有十幾頭大老虎前來，虎頭人說：「剛才有個吹笛子的人，在我睡覺的時候逃跑了，你們趕緊去尋找！」說完，虎頭人帶著老虎消失了。

——此怪記載於唐代戴孚《廣異記》

782 虎蛟

淚水從禱過山發源，向南流入大海。水中有一種虎蛟，身形像普通的魚，卻拖著一條蛇的尾巴，聲音如同鴛鴦。人吃了牠的肉，就能不生癰腫（膿瘡）疾病，還可以治癒痔瘡。

——此怪記載於戰國《山海經·卷一》

783 華芙蓉

南北朝時代，有個叫梁清的人，居住在一個老宅裡面。

元嘉十四年二月，宅子裡老是出現一種奇怪的光芒，而且會聽到奇怪的聲響。梁清派僕人去查看，發現一個人。這人自稱華芙蓉，在宅子裡流連不去。

華芙蓉有時候是鳥頭人身，滿臉是毛，到處拋灑糞便。梁清開弓射中後，牠就會消失。有時候，牠會變成猴子的模樣，掛在樹上，梁清派人用長矛刺中後，牠從樹上掉下來，消失不見。過了幾天，牠一瘸一拐地向奴僕要東西吃，能吃二升米。

後來，梁清實在受不了，就詢問他到底要幹什麼。他說：「我到處拋灑糞便，那是因為糞便是錢財的象徵，你很快就要升官了。」果然，過了不久，梁清就升官做了揚武將軍、北魯郡太守。

——此怪記載於南北朝劉敬叔《異苑·卷六》

784 猾褢

堯光山中有一種野獸，身形像人，卻長有豬那樣的鬃毛，冬季蟄伏在洞穴中，名為「猾褢」（ㄏㄨㄚˊㄏㄨㄞˊ），叫聲如同砍木頭時發出的響聲。牠出現的地方會有繁重的徭役。

——此怪記載於戰國《山海經·卷一》

785 鰼魚

桃水從樂遊山發源，向西流入稷澤。這裡到處有白色玉石，水中還有很多鰼（ㄏㄨㄚˊ）魚，身形像普通的蛇，卻長著四隻腳，能吃魚類。

——此怪記載於戰國《山海經·卷二》

786 化民

化民，靠吃一種葉子為生，三到七年就會變化，能夠如同蠶一樣作繭，九年生出翅膀來，十年就死了。它們居住的地方距離琅琊四萬里。

——此怪記載於晉代郭璞《玄中記》

787 化蛇

陽山到處是石頭，沒有花草樹木。陽水從這座山發源，向北流入伊水。水中有很多化蛇，有著人的面孔、豺一樣的身子、禽鳥的翅膀，卻像蛇一樣爬行，發出的聲音如同人在喝斥。牠出現的地方會發生水害。

——此怪記載於戰國《山海經·卷五》

788 活馬猴

晉代，有個叫趙固的人，騎的馬突然死掉了，就去請教郭璞。

郭璞說：「你可以派十幾個人，拿著竹竿往東走三十里，山裡有許多樹木，舉起竹竿打，會有一個怪物跑出，把牠抱回來。」

趙固按照郭璞說的去辦，果然抓住了一個長得如同猴子的怪物。這怪物一進門，看到死馬，就抱起馬頭，用嘴吸馬的鼻子，馬立刻活了過來，而那個怪物則消失不見了。

——此怪記載於晉代干寶《搜神記·卷三》

789 火怪

清代，長洲縣北鄉有個叫屈家漾的地方。

嘉慶年間的一個冬天，忽然有火怪從荒墳裡跑出來，如同一團煙霧，在地上滾，凡是枯枝敗葉，全都燒了，老百姓害怕它跑到家裡，跪在地上苦苦哀求。

這個妖怪在空中笑道：「我喜歡看戲，如果你們能請來戲班唱戲給

我看，我就離開。」

於是老百姓請來戲班，連唱了三天，那妖怪才消失。

——此怪記載於清代錢泳《履園叢話・叢話十六》

790 火光獸

南海中的炎洲有火林山，山中有火光獸，大如鼠，毛長三、四寸，有的是紅色，有的是白色。火林山周圍三百里，晚上能夠看到山林，就是因為火光獸發出光芒照亮。

要是用火光獸的獸毛做成衣服，一旦穿髒了，用火燒，再用一甩，上面的灰垢就會自動脫落，乾乾淨淨。

——此怪記載於漢代東方朔《海內十洲記》

791 火齊鏡

傳說周穆王的時候，渠胥國進貢了火齊鏡，大二尺六寸，能將黑暗照得如同白晝，人如果對著鏡子說話，鏡子就會回應。

——此怪記載於晉代王嘉《拾遺記》

792 火車

唐代開元年間，李令問在秘書監當官，後來升為集州長史。李令問喜好吃喝玩樂，以奢侈聞名天下。他燒烤驢肉、醃製鵝肉之類，味道香濃。天下講究吃喝的人，沒有不效法他的，並把這件事稱為美談。

李令問到集州之後，患了疾病，病情逐漸加重。刺史因為他是名士，又是同一宗族的人，經常派人在夜間打開城門，放李令問的家人出入城門。刺史之子曾經在夜間和奴僕偷偷出去遊玩。到了城門，遠遠地便看見幾百名衛士跟著一輛帶火焰的車，正當街行進，便驚訝地問道：「沒聽說有兵事，為什麼會有這些人來？」那輛車不久到了護城河，從水上經

過，不曾被浸滅，刺史的兒子才知道是鬼。

刺史的兒子跑到城門時，城門已經關閉，不能回家，於是奔到李令問家裡停留。他進去以後，帶火的車也到了李令問家的中門外，刺史的兒子雖然恐懼，仍然偷偷看外面。

忽然間，他聽到屋裡有十多人在念誦經書。有一個穿紅衣服的鬼，一直連踢那個門閂，聲如雷霆。接著，帶火的車移上堂前的臺階。穿紅衣服的鬼又戳壞了窗欞，發出巨大的聲音，李令問左右的人都逃跑了，鬼從門那兒領著李令問的屍體出來，把他放到帶火的車中，群鬼簇擁著離去了。

第二天，刺史派人問李令問的病情，李家沒有人敢站出來。在刺史的使者叫喊之下，他們才出來，說：「昨夜被驚嚇，到現在還在害怕，李令問的屍體被鬼扔掉，停放在堂屋西北角的床下。」家人聚集而哭。

——此怪記載於宋代李昉等《太平廣記·卷第三百三十》

（引《靈怪錄》）

793 火鼠

大地的南荒之外有火山，長四十里，寬五十五里。火山中生長著燒不壞的木頭，裡面生長著火鼠。據說牠們在火中時身體是赤紅色，但出來後卻是白色。牠們的毛皮火燒不毀，所以很多人千方百計地尋找。若拿火鼠的毛皮來做布，經燃燒後可以得到其中的精華，稱為「火浣布」。

——此怪記載於漢代東方朔《神異經》

794 火殃

唐代開元二年五月，衡州頻頻發生火災。有人看見有個怪物，大如陶甕，赤紅如燈籠，所到之處就會起火，百姓稱之為「火殃」。

——此怪記載於唐代張鷟《朝野僉載·補輯》

795 禍鬥

禍鬥是古代傳說中的一種怪獸，長得像狗，以火為食物，排泄物也是火，能夠燒人房屋，是不祥之獸。

——此怪記載於明代鄺露《赤雅‧卷下》、明代方以智《通雅‧卷四十六》

796 蝛

蝛（ㄏㄨㄟˋ）是古代傳說中的一種蛇，身上長有兩個嘴巴，喜歡相互撕咬，相互廝殺。

——此怪記載於戰國韓非《韓非子‧說林下》、南北朝顏之推《顏氏家訓‧卷三》

797 讙

翼望山上沒有花草樹木，到處是金屬礦物和玉石。

山中有一種野獸，身形像一般的野貓，只長著一顆眼睛，卻有三條尾巴，名為「讙」（ㄏㄨㄢ），發出的聲音好像能贏過一百種動物的鳴叫。人飼養牠的話，可以辟凶邪之氣；吃了牠的肉，就能治好黃疸病。

——此怪記載於戰國《山海經‧卷二》

798 讙頭人

讙頭國的人都是人的面孔，卻有兩隻翅膀，還長著鳥嘴，能用牠們的鳥嘴捕魚。

——此怪記載於戰國《山海經‧卷六》

799 驩兜

　　驩（ㄏㄨㄢ）兜，又叫驩頭。傳說在大荒當中，有個人名叫驩頭。鯀（ㄍㄨㄣˇ）的妻子是士敬，士敬生的兒子叫炎融，而炎融生了驩頭。驩頭有著人的面孔、鳥一樣的嘴，還有翅膀，吃海中的魚，憑藉著翅膀行走。

　　也有一種說法，說驩兜長得像狗，人臉、鳥嘴、雙翅，雖然有翅膀，但不能飛，是以手和腳扶著翅膀行走，吃海裡的魚為生，十分兇惡，不畏風雨。一旦牠跟禽獸爭鬥，則不死不休。

　　　　　　　　——此怪記載於戰國《山海經‧卷十五》、漢代東方朔《神異經》

800 獂

　　乾山沒有花草樹木，山南陽面蘊藏著金屬礦物和玉石，山北陰面蘊藏著鐵，但沒有水流。山中有一種野獸，身形像普通的牛，卻長著三隻腳，名為「獂」（ㄏㄨㄢˊ）。

　　　　　　　　——此怪記載於戰國《山海經‧卷三》

801 環狗

　　環狗長著人的身體，野獸的腦袋。有一種說法，環狗長得如同刺蝟，黃色，形體像狗。

　　　　　　　　——此怪記載於戰國《山海經‧卷十二》

802 㹇

　　洵山山南陽面盛產金屬礦物，山北陰面多出產玉石。山中有一種野獸，身形像普通的羊，卻沒有嘴巴，不吃東西也能活著而不死，名為「㹇」（ㄏㄨㄢˊ）。

　　　　　　　　——此怪記載於戰國《山海經‧卷一》

803 混沌

混沌是中國古代的著名妖怪，「四凶」之一。

傳說混沌生存在昆侖山的西面，身體像狗，長毛，四足，長得像熊卻沒有爪子，有眼睛卻看不見，有雙耳卻聽不見，有肚子卻沒有五臟，有腸子卻直直的不扭曲。牠碰到有德行的人，就會去頂撞；碰到品行惡劣的人，卻會去親近。

——此怪記載於漢代東方朔《神異經》

804 黃陵玄鶴

陝西黃帝陵有兩隻玄鶴，所謂的玄鶴，指的是羽毛黑色的鶴。相傳這兩隻玄鶴，是上古之鳥，經常飛起來鳴叫，一般人可望而不可即。

乾隆初年，又有兩隻小鶴和牠們一起飛，羽毛也是黑色的。

有一天，忽然從天空中飛下來一隻大雕，直撲小鶴，差點把小鶴抓傷。老鶴知道了，雙雙飛出來啄那隻雕，在天空中搏鬥了很長時間，忽然烏雲密布，雷霆齊下，將大雕擊死在懸崖上。

那隻雕十分巨大，屍體可以覆蓋好幾畝地。當地人用雕的翅膀當屋瓦，可以遮蔽數百戶人家。

——此怪記載於清代袁枚《子不語·卷十五》

805 黃頷蛇

黃頷（ㄏㄢˋ）蛇，長一、二尺，全身色如黃金，居住在石縫裡，快要下雨之時，就會發出牛吼一般的叫聲，被牠咬中的人很快就會死掉。四明山有這種蛇。

——此怪記載於五代杜光庭《錄異記·卷之五》

806 黃腰

甘肅平涼靜寧縣一帶，有一種怪物，長得像貓，只是頭比貓大，黃色，所以人都稱之為「黃妖」。家貓見了牠，就會跟著一起離開，來到河邊喝水，洗乾淨腸胃，來到黃妖面前。黃妖伸出舌頭舔食，貓就皮肉脫落，最終被吃掉。

翻閱典籍，郭璞曾經對這種怪物有過注解：「似貙而大，腰以後黃，一名黃腰。」想來黃妖的妖，是「腰」的誤寫。

——此怪記載於清代劉獻廷《廣陽雜記・卷三》

807 紅柳娃

在新疆烏魯木齊附近的深山老林之中，經常會有牧馬人看到一種奇怪的東西。此物如同小人，高只有一、兩尺左右，有男有女，有老有少。

它們在林中嬉戲，遇到紅柳開花的時候，就會折下柳條，編織成柳圈戴在頭上，唱歌跳舞，舞姿翩翩，歌聲婉轉。

有時，它們會偷偷溜進牧馬人的帳篷偷吃食物，如果被抓住了，就會雙膝跪地哭泣。捕獲它們，它們就會不吃東西，直到活活餓死。如果放了它們，它們剛開始不敢馬上跑掉，而是一邊走一邊往後看，如果此時大聲喝斥它們，它們就會重新跪倒哭泣。直到走出很遠的距離，估計人們追趕不上，它們才會一溜煙地躍入高山深林之中。

沒人知道它們的巢穴在什麼地方，也沒人知道它們的名字。

因為它們長得像小娃娃，而且喜歡戴紅柳，所以牧馬人稱之為「紅柳娃」。

——此怪記載於清代《欽定皇輿西域圖志・卷四十七》、清代紀昀
《閱微草堂筆記・卷三》

808 虹怪

東晉義熙初年，晉陵有個叫薛願的人。有一次，一條虹伸到他家的鍋裡飲水，發出一陣吸水的聲音就把水吸乾了。薛願又拿來酒倒進裡面，結果也是邊倒邊被吸乾。後來，這條虹吐出黃金裝滿了鍋，讓薛願變成了富豪。

南朝宋時，長沙王劉道憐的兒子劉義慶在廣陵生了病，臥床休息，正在喝粥時，忽然有一道白虹進入屋子，吃光了他的粥。劉義慶把碗扔在地上，發出噹的一聲響，虹怪驚嚇到了，發出風雨之聲，消失不見。

唐代，韋皋在四川出任節度使，有一天在西亭宴請客人，忽然下起了暴雨，不一會兒，有彩虹當空而下，一頭落在酒桌上，將上面的酒菜吃得乾乾淨淨。虹怪的腦袋像驢，顏色五彩斑斕。韋皋很害怕，趕緊結束了宴會。少尹豆盧署對他說：「虹蜺這種東西出現在不正直的人面前，就會有壞事發生；如果出現在公正的人面前，那就會有好事來了。我提前為你祝賀。」過了一段時間，朝廷傳來消息，韋皋當上了中書令，升職了。

宋代，潤州出現了一條彩虹，五彩奪目。前頭像一頭驢，幾十丈長。它環繞著官府的廳堂而行，繞了三圈之後才消失。占卜的人說：「這廳中將要出現哭聲，但不是州府的災禍。」過了不久，皇太后死了，在這座廳堂中發了喪。

古代傳說，曾經有對夫妻，饑荒之年只能採摘野菜充飢，後來餓死了，變成青色的虹蜺，俗稱美人虹。

——此怪記載於南北朝劉敬叔《異苑·卷一》、唐代張讀《宣室志·卷九》、五代徐鉉《稽神錄·卷四》等

809 合窳

剡山，有豐富的金屬礦物和玉石。山中有一種野獸，身形像豬，卻是人的面孔，黃色的身子上長著紅色尾巴，名為「合窳（ㄩˇ）」。牠發出的聲音如同嬰兒啼哭。這種合窳獸是吃人的，也吃蟲和蛇。

牠一出現，天下就會發生水災。

——此怪記載於戰國《山海經·卷四》

810 何羅魚

譙明水從譙明山發源，向西流入黃河。水中生長著很多何羅魚，長著一個腦袋，卻有十個身子，發出的聲音像狗叫。人吃了牠的肉，就可以治癒癰腫病。

——此怪記載於戰國《山海經·卷三》

811 河伯

傳說西海水上有一種妖怪，騎著長有紅色鬃毛的白馬，白衣玄冠，身後跟著十二個童子，行走如風，名為「河伯」。有時候，它會來到岸上，馬到什麼地方，水就到什麼地方，所到之地，雨水滂沱，每到傍晚，它就會返回河裡。

河伯是水中的妖怪，後來成了河神的代名詞。日本的河童傳說就來自於河伯。

——此怪記載於漢代東方朔《神異經》

812 荷舟人

明代，廣西有個人叫宋君佐，說曾經在大水中看見一隻船，載人而來，有二、三十人。那些人上了岸，船就變成大荷葉。看到的人都很吃驚。

船上下來的這些人，來到一戶名門豪族討要食物和錢，那戶人家不給，他們就毀掉了對方的樓舍房屋。如果和他們打鬥，只會讓自己受傷。這群人四處要錢，騷擾四方，連官府都沒辦法。過了一個多月，這幫人才消失。

——此怪記載於清代談遷《棗林雜俎·和集》

813.814 鶴民、鵠民

　　西北海戌亥（指西北方）之地，有個鶴民國，人身高三寸，但日行千里，步履迅疾如飛，卻常被海鶴吞食。他們當中也有君子和小人。如果是君子，天性聰慧、機變靈巧，為了防備海鶴這種禍患，經常用木頭刻成自身的樣子，有時數量達到數百，然後把它們放置在荒郊野外的水邊上。海鶴以為是鶴民，就吞了下去，結果被木人卡死，海鶴就這樣上當千百次，以後見到真鶴民也不敢吞食了。

　　鶴民大多數在山澗溪岸的旁邊，鑿洞建築城池，有的三、五十步就是一座城，像這樣的城超過千萬。春天和夏天時，他們吃路上的草籽；秋天和冬天時，他們就吃草根。他們在夏天會裸露身體，一到冬天，他們就用小草編衣服穿，也懂得修練氣功的養生之法。

　　還有一種說法：四海的外面有個鵠國，男女都只有七寸高，為人泰然自若，很有禮貌，喜歡經書，懂得跪拜之禮，那些人都能活三百歲，能走千里路，各種東西都不敢侵犯他們。他們雖然害怕海鵠，但如果鵠把他們吞到肚裡去，也能活三百年，被吞下肚的人不會死，而鵠也能一飛千里。

　　——此二怪記載於漢代東方朔《神異經》、宋代李昉等《太平廣記·卷第四百八十》（引《窮神秘苑》）

815 海馬

　　南宋紹興八年，廣州西海壖有個叫上弓彎的地方，月夜中出現一隻海獸，長得像馬，蹄子和鬃毛都是紅色的，走入附近的村民家，被村民殺死。天快亮時，忽然空中傳來無數士兵行走的聲音，都說要找馬。村裡有人覺得這事情怪異，就趕緊搬走了。第二天，海水滔天，淹沒了這個村子，一百多戶人家都死了。

　　明代嘉靖四十二年，海鹽縣出現了無數的海馬，其中一個比樓宇更大，沿著石塘跑了二十多里，然後進入海中，發出震天的響聲。

　　——此怪記載於宋代洪邁《夷堅志·夷堅甲志·卷第八》、清代趙起士《寄園寄所寄·卷之五》（引《海鹽縣圖經》）

816 海蠻師

北宋嘉祐年間，海州的漁人捕獲了一個怪物，長著魚的身體、老虎的腦袋和爪子，身上也有老虎的花紋，有兩個短爪在肩上，長八、九尺。這怪物一看到人，就會掉眼淚，幾天後才死。年紀大的人說：「這東西叫海蠻師，早些年曾經見過。」

——此怪記載於宋代沈括《夢溪筆談·卷二十一》

817 海童

海童，傳說居住在西海，騎著白馬。如果海童出現的話，就會發生大水災。

——此怪記載於漢代東方朔《神異經》

818 海牛

齊地東萊有個牛島，每年五月，島上的海牛會產乳。海牛這種怪物，長得像牛，沒有角，赤色，能發出老虎的叫聲，爪子和牙也像老虎，腳長得如同鼉（ㄊㄨㄛˊ）魚，尾巴如鯰魚，長一尺多。海牛能長到一丈多長，皮很軟，有很多用處。海牛見到人會奔入水中，如果用木杖擊打牠的鼻子，就能夠抓住牠。

——此怪記載於宋代李昉等《太平御覽·卷第九百》（引《齊地記》）

819 海鹿

雷郡有一種鹿，肉腥且沒有味道，不能吃，當地人說是海魚所化。當地有個人曾經看見還沒有徹底變身的海鹿，身體是鹿，腦袋卻是魚，這才相信。

——此怪記載於唐代房千里《投荒雜錄》

820 海驢

不夜城這個地方，有個島叫海驢島，島上有很多的海驢，常在八、九月產乳生子，毛長二分，皮毛入水不濕，所以可以用來擋雨。偶爾有人能獵獲，並因此發了財。

——此怪記載於宋代樂史《太平寰宇記·卷之二十》（引《郡國志》）

821 海和尚

有個潘某是捕魚的高手，有一天，他和同伴一起在海邊撒下網，往回拉的時候，覺得網裡面似乎比平常要沉重許多，大家齊心協力往上拉，等到漁網露出水面，發現裡頭並沒有魚，而是有六、七個小人。

這六、七個小人全身是毛，如同獼猴，腦門上沒有頭髮，對著潘某等人雙手合十跪拜，說著人聽不懂的話。潘某就把他們放了。小人出了網，在海面上行走了十幾步就消失了。

當地人說：「那東西叫海和尚，如果做成臘肉吃了，可以一年不餓。」

——此怪記載於清代袁枚《子不語·卷十八》

822 海鰍

傳說海鰍是海上最大的動物，小的也有一千多尺（註：大約230公尺到290公尺之間）。海鰍吞舟的說法，並不是荒謬的事。

每年，廣州常常開出銅船到安南去進行貿易，路途遙遠，千里迢迢，有個北方人要求去一趟，往來一年，頭髮便斑白了。據這個北方人說，一天，船路過調黎這片海域，看見十多座山，有時露出來，有時沉沒下去。船工說：「這不是山，是海鰍的脊背。」北方人果然看見海鰍的雙眼在閃爍。過了一會兒，大晴天裡忽然下起了小雨，船工說：「這是海鰍噴氣，水珠散在空中，順風吹來像雨罷了。」等到靠近海鰍，人們敲著船大聲亂叫，海鰍就沉了下去。

梧川一帶有山川交叉於海面，上下五百里，橫截海面，非常深。

每年二月，海鰍就會來這裡生育。剛開始的時候，有雲層翻滾而來，遮蓋住山，當地人看到雲層，就知道海鰍來了。等到天晴的時候，就會有生下來的小海鰍浮出水面，身體赤紅，眼睛還沒張開。

然後，當地人會開船出去，並用長矛獵取小海鰍。他們在長矛後端綁著繩子，等矛頭扎入小海鰍的身體，就會划船回來，在岸上拉繩子將小海鰍拖上岸。小海鰍也非常大，全家人割肉來吃，也能吃很久。

清代乾隆年間，乍浦一帶，海潮不退，海水淹沒了無數人的田舍。潮退之後，有條海鰍擱淺在灘塗上，十幾丈長，當地人爭相去割牠的肉，海鰍覺得疼，躍起翻身，壓死了數百人。

——此怪記載於唐代劉恂《嶺表錄異·卷上》、明代顧岕《海槎餘錄》、
清代朱翊清《埋憂集·卷二》

823 海蜘蛛

海蜘蛛生長在廣東一帶的海島之中，如同車輪一樣巨大，身上五彩斑斕，吐出的絲又粗又堅韌，老虎、豹子也不能掙脫，最終被牠吃掉。

——此怪記載於清代王士禎《香祖筆記·卷八》

824 海術

南海中有一種水族，左前腳長，右前腳短，嘴巴長在肋旁的背上，經常以左腳捉東西，放在右腳上，右腳中長有牙齒，等東西被嚼爛了，再放在嘴裡。

這種東西大的有三尺多長，叫喚時發出「術術」的聲音，所以當地人稱之為「海術」。

——此怪記載於唐代段成式《酉陽雜俎·續集卷八》

825 海人

東州靜海軍的姚某，帶著徒弟到海裡捕魚，當時天色已經很晚了，也沒有捕到什麼魚，正在唉聲嘆氣，忽然發現網裡面有個人，黑色，全身長滿長毛，拱手而立，問他也不說話。

旁人說：「這東西叫海人，看到了必然會招來災禍，趕緊殺了吧！」

姚某說：「殺了更不祥。」他放了海人，並對它祈禱說：「請你讓我明天捕到很多魚，拜託了！」

海人在水上走了十幾步，就消失了。

第二天，姚某果然捕了很多魚。

——此怪記載於五代徐鉉《稽神錄・卷四》

826 黑眚

清代，諸城有個叫丁憲榮的人，他家在城外的殷家村有很多田地，那地方有很多古墳。

傳說那些古墳裡有一種怪物叫「黑眚（ㄕㄥˇ）」，長著人臉，沒有形體，只有一團黑氣，有一丈多高，晚上出來，白天就不見了。當它出來的時候，距離很遠就能聽到它的叫聲，如同霹靂，讓人心驚膽戰。這怪物經常會用黑氣害人，黑氣聞起來十分腥臭，人只要吸一口就會暈倒。當地人都很懼怕這個怪物，太陽一下山，就沒人敢從那地方走。

有一次，有個販賣食鹽的商販因為喝多了酒，晚上碰到它。當時月華朗照，已經是二更時分。怪物突然出現，擋住道路，大聲尖叫。鹽販用木扁擔砸它，它完全沒有受傷。

鹽販十分害怕，不知道怎麼辦才好，慌亂之下，他便抓起鹽朝對方撒去，那怪物十分害怕，退縮鑽入了地下。鹽販就把筐裡所有的鹽都撒在怪物消失的地方。

第二天早上，鹽販去看，發現地上的鹽全都變成了紅色，腥臭難聞，旁邊還有很多血。從此之後，那怪物就再也沒有出現。

——此怪記載於清代袁枚《續子不語・卷八》

827 吼

明代弘治年間，西番上貢一人、一獅。晚上，人和獅子都住在一個木籠裡，又養了兩隻小獸，名為「吼」，長得如同兔子，尖尖的兩隻耳朵，只有一寸多長。獅子發威時，馴養獅子的人就把「吼」牽出來，獅子就會害怕得不敢動。究其原因是，如果「吼」撒尿到獅子的身上，獅子的身體就會被腐蝕。

——此怪記載於明代陳繼儒《偃曝談餘·卷上》

828 犼

犼（ㄏㄡˇ）是中國古代傳說中的一種怪獸，吃人，特別喜歡和龍打鬥。傳說東海就有犼，能吃龍腦，在天上閃轉騰挪，十分驍勇。每次牠和龍打鬥，口中可以噴出幾丈長的大火，連龍都不是牠的對手。

清代乾隆二十五年的夏天，平陽縣有犼把龍從海中一直追到空中，接連打了三天三夜。當地人看到三隻蛟、兩隻龍聯合起來對付一隻犼，結果那隻犼殺了一龍二蛟，最後自己也死了，墜落在山谷中。有人去看，發現這隻犼長一、兩丈，形狀如同馬，但是有鱗片和鬃毛，死後鱗片和鬃毛中依然發出一丈多高的光焰。

清代，江蘇崇明縣鄉村，秋收後，田地裡無緣無故就會有大火噴出，燒了很多人的房屋。當地有一座孤墳，有一天，風雨如晦，從墳塚跳出一個怪物，身形如同狻猊（ㄙㄨㄢ ㄋㄧˊ，即獅子），全身冒火，所到之處，草木皆成灰燼。空中有好幾條龍下來，跟這個怪物打鬥，雙方一邊打一邊走，打到了海裡，連海水都為之沸騰。有人說，這就是金毛犼。

關於犼的來源，有「僵屍化犼」一說，傳說屍體先是變成僵屍，僵屍會變成旱魃，時間一長，旱魃就能變成犼。犼有神通，口吐煙火，能和龍打鬥，所以佛祖將其收為坐騎。

——此怪記載於清代東軒主人《述異記·卷中》、清代袁枚《續子不語·卷三》、清代許奉恩《里乘·卷七》

829 後眼民

後眼民，曾經在韃靼出現過，不知道他們出自何處。他們穿的衣服、戴的帽子，都和韃靼人相同，脖子後面有一顆眼睛，性格狠戾，連韃靼人都怕。

——此怪記載於元代周致中《異域志》

830 屨人

前秦符健皇始四年，有個巨人出現，身高五丈，對一個叫張靖的人說：「今後一定會太平。」

新平的縣令上報此事，符健以為是妖言惑眾，就找到張靖，把他抓住並關進監獄。

那一個月，雨水連綿，河水猛漲。有人在河裡找到一隻大鞋（屨），長七尺三寸，這才明白張靖沒有說謊。

——此怪記載於南北朝任昉《述異記》

831 雞頭人

宋代，有個叫徐吉卿的人，居住在衢州北面三十里的地方。

有一天，徐吉卿看到有個東西站在牆下，長著人的身體、雞的腦袋，有一丈多高。他的小妾也看見了，嚇得要命。

家裡的僕人有的拿瓦片、石頭擊打，那怪物似乎沒什麼反應，過了一會兒就消失了。

當時，徐吉卿的二兒子在秀州當官，過了幾天就傳來消息說他死了。二兒子死的那天，正好是雞頭人出現的那天。

——此怪記載於宋代洪邁《夷堅志·夷堅丁志·卷第十三》

832 雞冠蛇

雞冠蛇的頭長得如同公雞一般，有冠，身長一尺多，能有好幾寸粗。牠咬中人，人就會死去。會稽山下有這種蛇。

——此怪記載於五代杜光庭《錄異記·卷之五》

833 飢蟲

宋代，有個人叫陳樸，母親高氏已經六十多歲了，得了一種名為「飢疾」的怪病。病發作的時候，就如同有蟲子在咬心臟，必須趕緊吃東西才行。這種病已經三、四年了。

高氏平時養了一隻貓，很喜歡，一直放在身邊。如果貓餓了，她就會拿魚肉和飯來餵牠。

有一年夏天，高氏坐著乘涼，貓又叫起來，高氏就拿來鹿脯一邊嚼一邊餵貓，忽然覺得喉嚨裡有東西爬了出來，趕緊伸出手指抓住它，並取出來丟在地上。

那東西只有拇指大小，頭又尖又扁，有點像塌沙魚，身體如同蝦，殼長八寸。高氏用刀子剖開，那東西的肚腸和魚一樣，肚子裡還有八個幼崽，蠕動著跟小泥鰍一樣。

這東西弄出來之後，高氏的病就好了。

——此怪記載於宋代洪邁《夷堅志·夷堅丁志·卷第六》

834 忌魚

忌魚，也叫「暨魚」，是一種兩丈多長的大魚，脊背如同刀的利刃一般，曾經出現在南海廟前。牠有的時候一年來好幾次，有的時候十年才來一次。如果牠出現，就會發生瘟疫。忌魚有黑色和白色兩種，來的時候會狂風大作，所以也叫「風魚」。

——此怪記載於清代李調元《南越筆記·卷十》

835 計蒙

　　光山上到處有碧玉，山下到處是流水。計蒙居住在這座山裡，形貌是人的身子、龍的頭，常常在漳水的深淵裡暢游，出入時一定有旋風急雨相伴隨。

——此怪記載於戰國《山海經·卷五》

836 猳國

　　四川西南的高山峻嶺之中，有一種妖怪長得很像猴子，身高七尺，能像人一樣直立行走，而且十分擅長追逐人，名為「猳（ㄐㄧㄚ）國」，也有人叫牠「馬化」或「玃」（ㄐㄩㄝˊ）。

　　這種妖怪經常會躲在道路旁邊，等看到年輕貌美的婦女，就將她們搶走。猳國能夠聞出男女身上的不同氣味，只搶女子，不搶男人。一旦搶了女子，這種妖怪就會娶女子為妻。

　　如果女子沒有生下猳國的孩子，一輩子都無法回到自己的家，如果她跟隨猳國超過十年，就會被牠迷惑，形體也會越來越像妖怪，再也不想回來了。

　　如果女子為猳國生下了孩子，猳國就會把孩子送到女子原先的家中。如果女子的家人不願意撫養孩子，猳國就會殺死女子，所以發生這類事情的家庭都會老老實實把孩子撫養長大。猳國的孩子長大了，跟普通人沒什麼不同，都以「楊」為姓，據說四川西南很多姓楊的人都是猳國的子孫。

——此怪記載於晉代干寶《搜神記·卷十二》

837 嘉氏二怪

　　嘉佑和嘉應是中國古代傳說中的兩個海怪，並稱「嘉氏二怪」。他們本是兄弟二人，長相相似，形影不離，時常出沒在海上，主要活動範圍在東海海域。這二怪頗有神通，每出現則天昏海暗，他們或興風作浪，

或施術惑人，後被海神媽祖降服，成為其座前護法神，民間亦俗稱之為千里眼、順風耳。

這兩個妖怪袒胸，全身棕色，鬼頭猙獰，腰間圍獸皮，耳戴金環，手戴金鐲，手指耳朵者為嘉佑，手搭涼棚瞭望者為嘉應，都用長柄斧做為兵刃。

——此怪記載於清代照乘《天妃顯聖錄》

838 絜鉤

硈山中有一種禽鳥，身形像野鴨子，卻長著老鼠一樣的尾巴，擅長攀登樹木，名為「絜（ㄐㄧㄝˊ）鉤」，牠出現的國家會頻頻發生瘟疫病。

——此怪記載於戰國《山海經·卷四》

839 解形之民

漢武帝的時候，因墀國的南邊有解形之民，能讓頭飛到南海，左手飛東海，右手飛西海，到了傍晚，頭飛回來落到脖子上，兩隻手碰到大風，沒回來，漂到了海外。

——此怪記載於晉代王嘉《拾遺記》、唐代段成式
《酉陽雜俎·前集卷四》

840 交脛人

交脛國的人，總是互相交叉著雙腿和雙腳。

——此怪記載於戰國《山海經·卷六》

841 蛟

蛟是水中之怪，古人認為蛟屬龍種，經常隨大水而出。

長沙，有一個人家住江邊，有個女子到江邊洗衣服，忽然覺得身子裡有異樣的感覺，後來就懷了孕，生下三隻東西，都像鯑魚。因為是自己生的，她特別憐愛牠們，把牠們放到澡盆裡養著。過了三個月，三個東西長大了，原來是蛟的孩子。不久後，天降暴雨，三隻蛟子順水而走。後來，每到天降大雨的時候，三隻蛟子就會回來看望母親。過幾年，這個女子過世了，埋葬的時候，人們聽到三蛟在墓地裡哭泣的聲音，哭聲如同狗嗥，非常傷心，一整天才離去。

傳說漢昭帝經常在九月的時候，坐上一艘小船在淋池上遊玩。有一次，他在起桂臺之下，用香金做成釣魚的鉤，拴上釣絲，用船上帶來的鯉魚為餌，釣上來一條三丈長的白蛟。白蛟像大蛇，但是沒有鱗甲。漢昭帝把白蛟交給廚師，製成佳餚。根據記載，那條白蛟的肉是紫青色的，又香又脆，鮮美無比。

江夏，有個人叫陸社兒，平常在江邊種稻。有一天，他在夜裡歸來，路上遇到一個女子。這女子有幾分姿色，她對陸社兒說：「我昨天從縣裡來，今天要回浦里，想到你家住一宿。」她說話時神色憂傷，令人心生憐憫，所以陸社兒就把她帶回家。

半夜，暴風急雨襲來，電閃雷鳴。那個女子十分害怕，瑟瑟發抖，忽然驚雷大震，有一個什麼東西打開了陸社兒的寢室門。趁著電光，陸社兒看見有一隻毛茸茸的大手將那女子捉拿而去。陸社兒嚇得倒地，昏死過去，過了好長時間才醒過來。

等到天明，有渡江來的鄉裡人說，村北九里的地方，有一條大蛟龍掉了腦袋，身體有一百多丈長，血流滿地，看來死前十分痛苦，被牠盤繞的莊稼地有好幾畝。牠死了之後，成千上萬的鳥雀在啄食。

——此怪記載於晉代陶潛《搜神後記‧卷十》、晉代王嘉《拾遺記》、宋代李昉等《太平廣記‧卷第四百二十五》（引《九江記》）

842 鵁

蔓聯山中有一種禽鳥,喜歡成群棲息,結隊飛行,尾巴與雌野雞相似,名為「鵁」(ㄐㄧㄠ)。人吃了牠的肉,就能治好風痹病。

——此怪記載於戰國《山海經·卷三》

843 驕蟲

從平逢山上向南可以望見伊水和洛水,向東可以望見穀城山,這座山不生長花草樹木,沒有水,到處是沙子石頭。山中有一怪物,形貌像人,卻長著兩個腦袋,叫作「驕蟲」,是所有螫蟲的首領。

——此怪記載於戰國《山海經·卷五》

844 狡

玉山是西王母居住的地方。山中有一種野獸,身形像普通的狗,卻長著豹子的斑紋,頭上的角與牛角相似,名為「狡」,發出的聲音如同狗叫,牠出現的國家將會五穀豐登。

——此怪記載於戰國《山海經·卷二》

845 叫蛇

「叫蛇」又稱「人首蛇」,廣東西部常有,能夠呼喊人的名字,人如果回應牠,就會死掉。

叫蛇害怕蜈蚣,所以荒山野嶺的旅店之主人都會養蜈蚣,有客人來投宿時,就會把蜈蚣放在盒子裡,交給客人,讓他們放在枕頭旁邊,叮囑他們,如果半夜聽到外面有呼喊自己名字的聲音,一定不能回應,只需要打開盒子,蜈蚣就會飛出去,吃掉叫蛇的腦子,然後返回木盒中。

——此怪記載於清代王士禎《池北偶談·卷二十二》、清代青城子《志異續編·卷三》

846 九尾龜

　　明代，海寧有個叫王屠的人，跟兒子一塊出行，看見一個打魚的人，拿著一隻幾尺長的大龜，就買下來，拴在柱子上。有個商人看見了，就來找王屠，願意高價買下。王屠覺得奇怪，就問為什麼出這麼多錢。商人說：「這東西是九尾龜，如果買了放走，以後會帶來大富貴。」王屠不信。商人就踩在龜的背上，看見龜尾巴旁邊露出了另外八條小尾巴。

　　商人拿出錢，請王屠把龜賣給他。王屠不願意，將龜煮了，和兒子一起吃掉。當天晚上，海中掀起滔天巨浪，席捲而來，第二天，有人去王家看，發現王屠父子不知去向。人們都說，這是報應。

──此怪記載於明代陸粲《庚巳編・卷十》

847 九尾狐

　　青丘山山南陽面盛產玉石，山北陰面多出產青䨼（ㄏㄨㄛˋ，註：一種赤色的石脂，可做顏料）。山中有一種野獸，身形像狐狸，卻長著九條尾巴，吼叫的聲音與嬰兒啼哭相似，能吞食人。人吃了牠的肉，就能不中妖邪毒氣。

──此怪記載於戰國《山海經・卷一》

848 九尾蛇

　　清代，有個叫茅八的人，到江西的山裡販紙。

　　有一天晚上，他到戶外散步，看見一群猴子哭泣而來，爬上一棵大樹。茅八見了，也趕緊爬上另一棵樹。過了一會兒，他看見一條大蛇從林子裡出來，身體如同梁柱一樣粗，全身長滿魚鱗一樣的甲片，腰以下長了九條尾巴。

　　大蛇來到樹下，抬起九條尾巴，旋轉而舞，尾巴的尾端都有小孔。大蛇從那小孔中噴出液體，朝樹上射擊，被射中的猴子紛紛落地。大蛇一連吃了三隻猴子才離開。

──此怪記載於清代袁枚《續子不語・卷八》

849 酒魔

元載，字公輔，是中唐時候的一位宰相，為人不擅飲酒。

有一次，元載出席酒宴，周圍的同僚就以各種理由強迫他。元載推辭，說自己的鼻子聞到酒，就算沒喝，都覺得有醉意了。

座中有一個人說：「這可以用方術來治。」這個人取來一根針，挑元載的鼻尖，從裡面弄出一個如同小蛇的青色蟲子。那個人說：「這東西叫酒魔，你聞到酒就覺得醉了，都是因為牠。」

這一天，元載喝了一斗酒，酒量是平日的五倍。

——此怪記載於唐代馮贄《雲仙雜記·卷八》

850.851 金牛、銀牛

長沙西南有個地方叫金牛岡。

漢武帝的時候，有個老頭牽著一頭紅色的牛，對漁人說：「麻煩你把我送到江對岸去。」

漁人說：「我的船小，哪能裝得下你的牛？」

老頭說：「放心吧，能裝得下。」於是，老頭和牛都上了船。

到了江中央，牛在船上拉屎，老頭對漁人說：「牛屎就送給你吧。」

漁人把老頭和牛送到對岸後，很生氣，就用船槳潑水，想把牛屎沖進水裡，忽然發現裡頭竟然是金子，再抬頭看那老頭和牛，已經走入山中，了無蹤影。

增城縣東北二十里的地方，有個大潭深不見底，洞北面有塊石頭，周長三丈多。有個漁人看見一頭金牛從水裡出來，在石頭上歇息。

東晉義熙年間，周圍的老百姓經常能在潭水裡見到純金的鏈子，都覺得很奇怪。有個人等那頭金牛從水中上岸，就用刀砍掉了一段金鏈，成了暴發戶。還有一個人叫周靈甫，看到金牛在石頭上歇息，就上去牽，金牛掙脫逃掉了，周靈甫撿到一段兩丈長的金鏈子，從此變成富豪。

太原縣北面有座銀牛山，漢代建武二十四年，有個人騎著一頭白牛從田裡經過，農民很生氣，就喝斥他不應該騎牛踩踏農作物。這個人說：「我是北海使者，想看天子封禪，隨意騎著牛上山。」

後來，農民上山找這個人，只看到那頭牛的蹄印，而拉下來的牛屎全都變成了銀子。第二年，果然皇帝封禪。

—— 此二怪記載於晉代羅含《湘中記》、唐代段成式《酉陽雜俎·前集卷十六》、宋代李昉等《太平廣記·卷第四百三十四》（引《十道記》）

852 金蠶

五代，有個叫王文秉的人，家裡世代擅長刻石。王文秉的祖父曾經為浙西廉使裴璩開採碑石，在堆積的石塊中得到一塊自然形成的圓形石頭，形狀像皮球，像是人工削磨的樣子，外面重疊好像包著一層殼。王祖父把外殼都削掉後，剩下的部分像拳頭那樣大。打破之後，裡面有一條蠶，像金龜子的幼蟲，能蠕動。王祖父不認識這是什麼蟲，就扔掉了。

幾年之後，浙西發生動亂，王祖父出逃到四川。有一天晚上，他和別人喝酒聊天，說到借錢還錢的事時，有人說：「人要尋求富貴，不如得到石中的金蠶畜養，財寶金錢就會自然來到。」王祖父問過金蠶的形狀後，才知道就是石頭中的那種怪蟲。

—— 此怪記載於五代徐鉉《稽神錄·卷一》

853 鯨魚瞳

傳說南海出產一種極為珍貴的寶珠，名叫「鯨魚瞳」，夜間可以照出人影，又叫「夜光珠」。

寶珠之中，有龍珠，就是龍吐出來的；有蛇珠，就是蛇吐出來的。南海有這樣的俗語：「蛇珠上千枚，不如一玫瑰。」這是說蛇珠不值錢。「玫瑰」也是一種珍珠的名稱。越人有這樣的俗語：「種千畝木奴，不如一顆龍珠。」越人有以珠為上寶的習俗，生女孩叫「珠娘」，生男孩就叫「珠兒」。吳越一帶的俗語說：「明珠一斛，其價如玉。」合浦有專門買賣珍珠的集市。

—— 此怪記載於南北朝祖沖之《述異記》

854 井泉童子

　　清代，蘇州有個孝廉叫繆渙，他的兒子喜官十二歲，十分頑皮，和一幫小孩對著井口撒尿，當天晚上就生了病，大喊大叫，說自己被井泉童子抓去，被城隍打了二十大板。天亮後，家裡人查看，發現他的屁股又青又紫，才剛好了一點，過三天又嚴重了，喜官大叫：「井泉童子嫌城隍罰得太輕，到司路神那裡告狀，司路神說：『這個小孩竟然敢朝大家喝水的井裡面撒尿，罪過嚴重，應該取了他的性命！』」當天晚上，喜官就死了。

　　同樣在清代，在杭州紫陽山，林氏早晨起來到井邊打水，忽然覺得水桶十分沉重，提不上來，低頭一看，發現井裡面有個紅色身體的小孩，兩尺多長，雙手抓著繩子，要爬上來。林氏大驚，跑回來告訴家人，家人去看，並沒有發現什麼小孩。林氏很快生了病，躺在床上起不來，小孩在她身體裡面喃喃自語，說：「我是井泉童子，你剛才為什麼要偷看我？」自此之後，家中出了很多怪事，東西經常被它毀壞。

　　林氏有個鄰居，姓秦，是個書生，聽聞這件事，對林氏的丈夫說：「太過分了，我給你寫個狀子去向關二爺告狀！你買好香燭，拿狀子去吳山關帝廟前燒了。」林氏丈夫按照書生的話，去辦了。

　　過了幾天，林氏忽然下床，跪倒在地，說：「關二爺要殺我，趕緊去求秦書生寫封信向關二爺求情，只要如此，我立刻離開林氏的身體。」

　　林氏丈夫和秦書生商量，書生說：「既然稱自己是井泉童子，卻毫無緣故就幹壞事，就應該受責罰！」過了不久，林氏的病就好了。書生特別寫了一篇文章，答謝關二爺。

——此怪記載於清代俞樾《右台仙館筆記·卷九》、清代袁枚
《子不語·卷十七》

855 鏡目

　　三國魏文帝黃初年間，河南頓丘縣的人騎馬夜行，看見大道當中有個像兔子般大的東西，兩隻眼睛像鏡子一樣灼灼放光，蹦跳著擋在馬前，

頓丘人被嚇得掉下馬來。怪物見了，就上去撲咬頓丘人，雙方糾纏了好久，頓丘人才脫身，趕緊翻身上馬逃命。

頓丘人往前走了幾里地，遇見一個行人，就向他說了剛才的事，兩個人談得很融洽。

行人對這個頓丘人說：「剛才你遇見什麼東西，長什麼樣子？」

頓丘人說：「那怪物的身子像兔子，眼睛像鏡子，形貌非常醜惡。」

行人就說：「你回頭看看我，是不是長這個樣子？」頓丘人回頭一看，那個行人和之前看到的怪物一模一樣，頓時嚇得昏了過去。

——此怪記載於晉代干寶《搜神記·卷十七》

856 狙如

倚帝山上有豐富的玉石，山下有豐富的金。山中有一種野獸，身形像䶂（ㄈㄟˋ）鼠（註：古代典籍中的動物），長著白耳朵、白嘴巴，名為「狙如」，牠出現的國家會發生大戰爭。

——此怪記載於戰國《山海經·卷五》

857 居暨獸

梁渠山不生長花草樹木，有豐富的金屬礦物和玉石，脩水從這座山發源，向東流入雁門水。

山中的野獸大多是居暨獸，身形像刺蝟，卻渾身長著紅色的毛，發出的聲音如同小豬叫。

——此怪記載於戰國《山海經·卷三》

858 橘中叟

唐代，四川巴邛當地，有個人家裡有個橘園，霜後樹上的橘子都採收了，唯獨樹頂上有兩顆大橘子還在。

這個人就把它們摘下來，剖開後，發現每顆橘子裡都有兩名老頭（叟），鬚髮皆白，皮膚紅潤，對坐著下象棋，身體只有一尺多高，談笑自若，也不害怕。

老頭們一邊下象棋，一邊賭博。賭完了，有一個老頭說：「這個地方很快活，不比商山差，就是不穩妥，被人摘了下來。」另一個老頭說：「餓死了，吃龍根脯吧。」說完，從袖子裡抽出了直徑一寸多的草根，形狀宛轉如龍，一邊削一邊吃。

吃完了，老頭對著這草根噴了一口水，那草根就變成一條龍。四個老頭坐上去，很快就風雨大作，消失不見。

——此怪記載於唐代牛僧孺《玄怪錄·卷三》、明代張岱

《夜航船·卷十八》（引《幽怪錄》）

859 鞠通

明代，有個叫孫鳳的人有一張古琴，經常不彈自鳴。

有個道士指著琴背後的蛀孔，對孫鳳說：「這裡面有蟲，不除掉的話，琴就壞了。」說完，道士從袖子裡掏出一個竹筒，倒出一些黑乎乎的細屑，放在孔的旁邊，過了一會兒，從琴裡面出來了一個背上有金錢紋路的綠色小蟲。道士拿了小蟲走掉後，那張琴就不再響了。

有知道底細的人說：「這種蟲名為鞠通，如果有耳朵聾的人把牠放在耳邊，很快就能恢復聽力。這種蟲喜歡吃古墨。」孫鳳這才知道那個道士倒出來的黑屑，就是古墨的細屑。

——此怪記載於明代張岱《夜航船·卷十七》

860 舉父

崇吾山雄踞於黃河的南岸，山中有一種野獸，身形像猿猴而臂上卻有斑紋，有豹子一樣的尾巴而擅長投擲，名為「舉父」。

——此怪記載於戰國《山海經·卷二》

861 颶母

唐代，南海每當夏秋之間，有時雲霧籠罩，天色暗淡，同時會看到像彩虹一樣的光彩出現，有六、七尺長。出現這種天象時，一定會有颶風發生。

因此，人們稱那長虹為「颶母」，行船的人常常以颶母為預兆，看到它，事先就會做好防備。

——此怪記載於唐代劉恂《嶺表錄異・卷上》

862 玃如

皋塗山中有一種野獸，身形像普通的鹿，卻長著白色的尾巴、馬一樣的蹄子、人一樣的手，有四隻角，名叫「玃（ㄐㄩㄝˊ）如」。

——此怪記載於戰國《山海經・卷二》

863 菌人

在大荒當中，有座山叫蓋猶山，山上生長有甘柤樹，枝條和莖幹都是紅色的，葉子是黃的，花朵是白的，果實是黑的。在這座山的東端還生長有甘華樹，枝條和莖幹都是紅色的，葉子是黃的。山上有一種十分矮小的人，名叫菌人。

傳說菌人的數量稀少，早上出生，傍晚就死了。它們生活的地方有銀山，銀山上有樹，樹上能結出小人，日出就能行走了。

傳說大食國西臨大海，大海的西岸有一塊大石，石頭上長了一棵樹，樹幹是紅色的，葉子是青色的。那棵大樹也能結出小人，長六、七寸，看到人就笑，若是從樹上把它摘下來，小人就死了。

清代康熙年間，順德有個村民，到德慶山裡砍柴，忽然聽到頭頂上有小孩啼哭，看見大樹上有一縷縷的氣息冒出，鳥從上面飛過去，碰到這股氣息，立刻墜下。

樵夫爬上去看了樹幹，發現裡面有小人，長得如同凝脂，問它不說

話，撫摸它就笑。

　　樵夫的一個同伴說：「這恐怕不是什麼壞東西。」兩個人就將小人蒸了吃下肚，吃完之後，他們覺得身體極為燥熱，就到溪中洗澡，結果皮肉全部潰爛而死。

——此怪記載於戰國《山海經‧卷十五》、唐代段公路《北戶錄‧卷一》、
清代朱翊清《埋憂集‧卷八》

864 奇肱人

　　奇肱國在一臂國的北面，那裡的人都是一條手臂和三顆眼睛，眼睛分為陰陽，陰在上、陽在下，騎著名叫「吉良」的馬。那裡還有一種鳥，長著兩個腦袋，紅黃色的身子，棲息在他們身旁。

——此怪記載於戰國《山海經‧卷七》

865 跂踵

　　復州山的樹木以檀樹居多，山南面有豐富的黃金。山中有一種禽鳥，身形像一般的貓頭鷹，卻長著一隻爪子和豬一樣的尾巴，名為「跂踵」，牠出現的國家會發生大瘟疫。

——此怪記載於戰國《山海經‧卷五》

866 魼雀

　　北號山中有一種禽鳥，身形像普通的雞，卻長著白腦袋、老鼠一樣的腳和老虎一樣的爪子，名為「魼（ㄑㄧˊ）雀」，能吃人。

——此怪記載於戰國《山海經‧卷四》

867 鮨魚

諸懷水從北嶽山發源，水中有很多鮨魚，長著魚的身子和狗的腦袋，發出的聲音像嬰兒啼哭。人吃了牠的肉，就能治癒瘋癲病。

——此怪記載於戰國《山海經·卷三》

868 鶹鵂

翼望山中有一種禽鳥，身形像普通的烏鴉，卻長著三個腦袋、六條尾巴，喜歡嬉笑，名為「鶹鵂」（ㄑㄧˊ ㄊㄨˊ）。人吃了牠的肉，就能不做惡夢，還可以辟凶邪之氣。

——此怪記載於戰國《山海經·卷二》

869 麒麟

麒麟是中國古代最為出名的瑞獸，公的叫麒，母的叫麟，長著馬的身子、羊的腦袋、牛的尾巴，一隻肉角。只有仁義的帝王當政時，才會出現。

春秋魯哀公十四年的春天，魯哀公在荒野裡狩獵，得到一隻麒麟，以為是不祥之物就準備送人，孔子看到，說這是麒麟，魯哀公就帶走了。

有一次，孔子在晚上夢見豐沛之間有紅色的煙霧升起，就讓顏回等人去打探。後來，孔子趕車到楚，在范氏的廟裡，見到一個小孩捶打麒麟，傷了牠的左角，並且用柴火把牠蓋上。

孔子走過去問：「小孩，你過來，我問你，你叫什麼？」

小孩說：「我叫赤松子。」

孔子問：「你剛才有沒有看到什麼東西？」

赤松子說：「我看到一個怪獸，羊頭，頭上有角，角端還有肉，往西走了。」

孔子掀開柴火，發現了下面的麒麟。麒麟看到孔子，吐出三卷書，孔子就拿回去，認真研讀。

漢武帝時，五柞宮前面有個梧桐樓，樓下有兩個石麒麟，上面刻畫有文字，是從秦始皇驪山陵墓弄來的，頭高一丈三尺，東邊的一個前腳斷了，斷的地方，赤紅如血。

——此怪記載於春秋左丘明《左傳・哀公十四年》、漢代劉歆
《西京雜記・卷一》、漢代許慎《說文解字・卷十》、
漢代《爾雅・卷第十》、宋代李昉等《太平廣記・卷第八百八十九》
（引《孝經右契》）等

870 泣宅

五代，有個叫顧全武的人，在江浙一帶廣泛搜集年代古老的巨木，用來修建一個大宅。即將完工之時，梁柱流出水來，把房間都弄濕了，顧全武還沒住進去就死了。人們都說，那是泣宅。

——此怪記載於五代陳纂《葆光錄》

871 竊脂

江水從崍山發源，向東流入長江，水中生長著許多怪蛇，這裡的樹木以楢樹和杻樹居多。山中有一種禽鳥，身形像一般的貓頭鷹，卻是紅色的身子、白色的腦袋，名為「竊脂」，人飼養牠就可以辟火。

——此怪記載於戰國《山海經・卷五》

872 酋耳

唐朝武則天時，涪州武龍縣界內虎暴為患。有一個野獸像虎卻特別大，有一天正午，牠追一隻虎，直追到人家，把虎咬死，也不吃。從此以後，這縣界內不再有虎了。當地官員查閱《瑞圖》，發現這怪獸叫「酋耳」，不吃別的動物，只有老虎肆虐時，才會出現，吃掉作惡的老虎。

宋代建安當地，在山中種植粟米的人，都會將家裡的籬笆修得高高的，用來抵禦老虎。有一個人上了屋頂，忽然看到一隻老虎垂頭耷耳地

逃跑了，過了一會兒，有一個體型比老虎小的怪獸，跟隨老虎的足跡追去，接著樹林中傳來驚天動地的吼聲。第二天，那個人去看，發現老虎被吃了，只剩下少量的骨頭。

——此怪記載於唐代張鷟《朝野僉載·卷二》、五代徐鉉
《稽神錄·卷二》

873 千人行

宋代紹興年間，在建昌新城縣永安村，半夜村裡人聽到了成百上千人行走時發出的聲音，有的哭，有的笑，有的竊竊私語，有的號咷大哭，不知道是怎麼回事。

村裡人十分害怕，有膽大的人開門偷看，發現外面大雪紛飛，什麼也看不見。第二天，打開家門，地上的雪有一尺多厚，雪地上有兵馬經過時留下的痕跡，還有人、牲口、鳥、獸的腳印及汗血，一直延續了幾十里，到深山就消失了。

——此怪記載於宋代《異聞總錄》

874 錢龍

湖州城外十八里，有個村子叫大錢村。南宋乾道十年的春天，村裡的農民朱七為人耕田，有一天，天氣陰晦，朱七看到一個青色的東西從東北乘風飛過，形狀像竹席，掉下很多銅錢，如同下雨一般。當地人稱這種怪物為「錢龍」。

——此怪記載於宋代洪邁《夷堅志·夷堅支景·卷第三》

875 潛牛

唐代，勾漏縣的大江裡有潛牛，這種怪物長得如同水牛，經常上岸跟農民養的水牛爭鬥，直到雙角變軟了就會回到水裡，等牛角重新變得堅硬，就再次出來跟牛打架。

唐代咸通四年的秋天，洛陽發大水，淹沒田舍無數。

大水過後，香山寺的一個和尚說：「發大水那天，黃昏的時候，我看到大水從龍門川而來，如同翻江倒海，波浪之中，有兩頭大黑牛搖頭擺尾，很快的，洪水就沖進城裡。我們當時爬到高處，看到定鼎、長夏兩個城門下，有兩頭青牛跑出來，衝上去跟黑牛打架，趕走了黑牛，洪水就退去了。」

清代西江這個地方也出現了潛牛，牛身，魚尾，常常上岸跟牛打架。

——此怪記載於唐代康駢《劇談錄·卷上》、唐代段成式《酉陽雜俎·續集卷八》、清代屈大均《廣東新語·卷二十一》

876 欽原

昆侖山中有一種禽鳥，身形像一般的蜜蜂，大小與鴛鴦差不多，名為「欽原」。這種欽原鳥刺螫其他鳥獸，就會使牠們死去；刺螫樹木，就會使樹木枯死。

——此怪記載於戰國《山海經·卷二》

877 青苗神

青苗神這種東西，其實是一種怪物，之所以稱之為神，是民間祭祀將其視為神。

據紀昀所說，他的家鄉每當田間長滿青苗時，晚上青苗神就會出現。人們看不清它的樣子，只能看到它後退著行走，行走時發出的聲音如同杵聲，農民習以為常，覺得不足為奇。有的人說，青苗神是農作物的守護者，專門驅鬼，只要它出現，禍害人間的惡鬼就會逃跑，而不敢遊蕩於田野。

青苗神很少被記載在典籍中，但應該不是邪惡的妖怪。紀昀的堂兄紀懋園曾經親眼見過，青苗神行走於月光之下，長得如同一個巨大的布袋，看不清腦袋和雙腳，行走如同翻滾一般，而且動作很慢。

據柴小梵所說，青苗神是驅蝗的妖怪，每當禾苗青青、蝗蟲要肆虐時，農民就會舉辦青苗會，祭祀它。據說，它的形象如同一個孩子，生前因為捕捉蝗蟲而不幸死亡，所以後人祭祀它。北京城城西廣安門外，還有青苗神廟，除了青苗神，還供奉著蟲王、冰雹神等神像。

綜合看來，柴小梵所說的青苗神形狀如同孩童，恐怕是後人為了祭祀，將其形態塑造成孩子，反而紀昀記載的「形如布囊」，更像是青苗神的真實本體。

——此怪記載於清代紀昀《閱微草堂筆記·卷六》、民國柴小梵
《梵天盧叢錄》

878 青蚨

在中國南方，有一種昆蟲名叫青蚨（ㄈㄨˊ），也叫嫩蠍、側蠍或魚伯，身形和蟬差不多，但比蟬大，可以吃，味道很好。青蚨產子的時候，一定會依附在草葉上，生下來的幼蟲大如蠶子。

只要捕捉幼蟲，牠們的母親就會飛來，不管有多遠。如果抓住牠們的母親，青蚨的幼蟲也會飛來。有的人用青蚨的血塗在銅錢上，再用幼蟲的血塗在另一批銅錢上，到了趕集的時候，有時候花掉母錢，有時候花掉子錢，不管花掉什麼，第二天，錢都會自動飛回來。

——此怪記載於晉代干寶《搜神記·卷十三》、唐代段成式
《酉陽雜俎·續集卷八》

879 鴲鶋

馬成山裡有一種禽鳥，身形像一般的烏鴉，卻長著白色的腦袋和青色的身子、黃色的足爪，名為「鴲鶋」（ㄑㄩ ㄐㄩ，註：鴲的另一發音為ㄐㄩ）。人吃了牠的肉，就不會感覺飢餓，還可以醫治老年健忘症。

——此怪記載於戰國《山海經·卷三》

880 瞿如

禱過山上盛產金屬礦物和玉石，山下到處是犀、兕（ㄙˋ，註：古代一種像牛的野獸），還有很多大象。山中有一種禽鳥，身形像雞，卻有白色的腦袋，長著三隻腳、人一樣的臉，名叫「瞿（ㄑㄩˊ）如」。

——此怪記載於戰國《山海經·卷一》

881 衢州三怪

張握仲曾從軍在衢州駐防，說：「衢州夜深人靜後，沒人敢在街上獨自行走。傳言鐘樓上有妖怪，頭上長角，相貌猙獰兇惡。一聽到人的走路聲，就會從鐘樓上飛撲而下。行人驚駭地逃走後，妖怪也隨著離開。但見過妖怪的人就會得病，很多都死了。城中還有個水塘，夜裡會從水中悄悄伸出一匹白布，像白練一樣橫在地上。行人如果撿拾，就會被白布捲入水中。塘中還有鴨子鬼，夜深後，水塘邊什麼東西也沒有，一片死寂。行人如果聽到鴨子叫，就會得病。」

——此怪記載於清代蒲松齡《聊齋志異·卷十一》

882 卻塵犀

卻塵犀，是一種海獸，牠的角可以辟塵，放在家裡，就沒有塵埃。

——此怪記載於南北朝任昉《述異記·卷上》

883 朧疏

帶山上盛產玉石，山下盛產青石碧玉。山中有一種野獸，身形像普通的馬，長的一隻角有如粗硬的磨石，名為「朧（ㄑㄩㄢˊ）疏」。人飼養牠，可以辟火。

——此怪記載於戰國《山海經·卷三》

884 窮奇

窮奇是中國古代著名的妖怪，「四凶」之一。

傳說窮奇生存在大地的西北方，身體像老虎，長著翅膀能飛。牠能夠聽懂人的言語，碰到爭鬥的人，牠會吃掉對的一方；聽到人講忠信之言，牠就會吃掉對方的鼻子；碰到做壞事的人，牠就會殺死野獸送給對方，鼓勵對方多做壞事。

——此怪記載於戰國《山海經‧卷十二》、漢代東方朔《神異經》等

885 犀渠

釐山的山南面有很多玉石，山北面有茂密的茜草。山中有一種野獸，身形像一般的牛，全身青黑色，發出的聲音如同嬰兒啼哭，能吃人，名為「犀渠」。

——此怪記載於戰國《山海經‧卷五》

886 犀犬

晉代元康年間，吳郡婁縣懷瑤家的地下，能隱隱聽到小狗的叫聲，聲音是從一個小洞傳上來的，洞有蚯蚓那麼粗。

懷瑤用棍子往下試探，深入幾尺後，覺得碰到了一個東西，就把地挖開，挖出了一公一母兩隻小狗，眼睛尚未睜開，身形和平常的狗一樣，於是就餵牠們吃食。

鄰居都跑來看，其中一位老人說：「這東西叫犀犬，得到牠的家裡就會富裕興旺，應該好好餵養牠。」

懷瑤看牠們的眼睛還沒睜開，就又放回洞裡，用磨石蓋上。第二天揭開看，犀犬卻不見了。

不過，懷瑤家以後多年也沒有什麼大福大禍的事發生。

——此怪記載於晉代干寶《搜神記‧卷十二》、清代袁枚
《子不語‧卷十八》

887 稀有

昆侖山上有一根銅柱，高聳入天，稱之為「天柱」。天柱周長三千里，周圍都是懸崖峭壁，下面有房舍，方圓百丈。天柱上有一隻大鳥，名叫「稀有」，面南而坐。牠張開左翅覆蓋東王公，張開右翅覆蓋西王母，背上有一小塊地方沒有羽毛，方圓一萬九千里。西王母每年都要到牠的背上，和東王公相會。

——此怪記載於漢代東方朔《神異經》

888 磎鼠

大地的北方冰原萬里，冰層的厚度可以達到一百多丈，磎鼠就生活在冰下的土壤中。

磎鼠的身形如同老鼠，以草木和肉為食，往往可以長到千斤重。用牠的肉做臘肉，吃了可以治療熱病。磎鼠的毛有八尺長，做成的被褥可以抵禦寒冷。磎鼠的皮可以用來做鼓，敲擊的聲音能傳出千里之外。牠的毛也可以引來老鼠。

——此怪記載於漢代東方朔《神異經》

889 谿邊

天帝山上是茂密的棕樹和楠木樹，山下主要生長茅草和蕙草。山中有一種野獸，身形像普通的狗，名為「谿邊」。人坐臥時鋪墊上谿邊獸的皮，就不會中妖邪毒氣。

——此怪記載於戰國《山海經·卷二》

890 鰼鰼魚

虒（ㄒㄧㄠ）水從涿光山發源，向西流入黃河。

水中生長著很多鰼（ㄒㄧˊ）鰼魚，身形像一般的喜鵲，卻長有十

隻翅膀，鱗甲全長在羽翅的尖端，發出的聲音與喜鵲的鳴叫相似。人飼養牠，可以辟火；吃了牠的肉，就能治好人的黃疸病。

——此怪記載於戰國《山海經·卷三》

891 獬豸

傳說獬豸（ㄒㄧㄝˋ ㄓˋ）生在東北的大荒之中，長得像牛，一隻角，青色的毛。

古代審判時，會牽來獬豸，誰作奸犯科，獬豸就會用角頂他，所以也叫「任法獸」。

——此怪記載於漢代許慎《說文解字·卷十》、漢代東方朔《神異經》

892 消麵蟲

唐代，吳郡這個地方，有個叫陸顒的人，自幼喜歡吃麵條，奇怪的是，越吃越瘦。

後來，一個胡人特意前來拜訪，說：「我之所以來你家，是有事相求，希望你能答應我。這件事對你沒有什麼害處，但是對我來說，卻是大好事。」

陸顒覺得很奇怪，說：「那我洗耳恭聽。」

胡人說：「你是不是特別喜歡吃麵？」

陸顒說是。

胡人笑道：「那麼喜歡吃麵的，其實不是你，而是你肚子裡有一隻蟲子。我給你一粒藥，你吃了，蟲子就會被吐出來，到時候，我願意以高價買這隻蟲子，行不行？」

陸顒說：「如果真的是這樣，那我答應你。」

於是，胡人拿出一粒紫色的藥，讓陸顒吃了。陸顒吃下去後不久，果然吐出一隻蟲子。這蟲子長二寸多，全身青色，長得如同一隻青蛙。

胡人告訴陸顒：「這種蟲子，名叫消麵蟲，可是天下難得的寶貝。」

陸顒問：「你怎麼發現它的呢？」

胡人回答說：「我從你家裡看到了寶氣。這個蟲子是天地中和之氣凝結而成，喜歡吃麵，為什麼呢？因為麥子這種東西，秋天種下去，到夏天才成熟，完全接收到了天地四季的精華，所以牠才喜歡吃。」

陸顒不信，端出一斗麵放在蟲子面前，頃刻之間就被牠吃光了。

陸顒問胡人：「這蟲子能幹什麼用呢？」

胡人說：「這是天下奇寶，妙不可言。」說完，胡人取走了蟲子，第二天拉來十輛大車，上面裝滿了金銀珠寶、綾羅綢緞送給陸顒。

陸顒從此大富大貴，成了長安城裡有名的富豪。

過了一年多，胡人又來了，對陸顒說：「我帶你去海裡走一趟，找些寶貝。」於是，陸顒和胡人一起到了海上。

這一天，胡人拿出一個銀鼎，往裡面倒了油膏，在鼎下面升起火，把那消麵蟲放在滾燙的油鍋裡。一連燒了七天，忽然看到一個穿著青色衣服的小孩從海裡出來，捧著一個大盤子，上面有很多珍珠，獻給胡人。胡人很不滿意，大罵了孩子一頓。孩子很害怕，捧著盤子沉入水中，過了一會兒，又有一個長得很好看的女孩從海裡出來，捧著一個玉盤，裡面裝著很多珠寶。胡人還是不滿意，大罵一通。

不一會兒，有個仙人捧著一顆珍珠出來獻給胡人。那珍珠直徑三寸多，天下罕見。胡人大笑著收下了。

胡人得了寶貝之後，從鼎裡面取出消麵蟲，收好了。胡人將那顆珍珠吞下，拉著陸顒走入海中，海水豁然而開，海裡的各種生物都遠遠躲避。二人到了龍宮，裡面無數的寶貝想拿多少拿多少，這才滿意而歸。

後來，胡人屢次拜訪陸顒，給了他許多財寶。

而這，都是因為消麵蟲呀。

——此怪記載於唐代張讀《宣室志》

893 梟獍

梟獍（ㄐㄧㄥˋ），是一種生下來就能吃掉生母的怪物。

宋代政和年間，濟州有戶村民，家裡的母馬生下一匹馬駒，七天就

長得和母馬一樣大，額頭上多了一顆眼睛，鼻子和嘴巴長得如同龍，嘴邊和蹄子上有斑紋，如同老虎，全身火紅，一天就吃掉母馬，跑出田間。村民害怕牠為患，聚眾追殺，這東西就是梟獍。

——此怪記載於南北朝任昉《述異記》、宋代洪邁
《夷堅志‧夷堅丁志‧卷第七》

894 梟陽人

梟陽國那裡的人，長著長長的嘴唇，黑黑的身子有長毛，腳跟在前而腳尖在後，一看見人就張口大笑，左手握著一個竹筒。

——此怪記載於戰國《山海經‧卷十》

895 囂（禽類）

梁渠山中有一種禽鳥，身形像夸父，長著四隻翅膀、一隻眼睛、狗一樣的尾巴，名為「囂」，牠的叫聲與喜鵲的鳴叫相似。人吃了牠的肉，就可以止住肚子痛，還可以治好腹瀉病。

——此怪記載於戰國《山海經‧卷三》

896 囂（獸類）

漆水發源於羭次山，向北流入渭水。羭次山上有茂密的棫樹和橿樹，山下有茂密的小竹叢，山北陰面有豐富的赤銅，山南陽面有豐富的嬰垣玉。山中有一種野獸，身形像猿猴而雙臂很長，擅長投擲，名為「囂」。

——此怪記載於戰國《山海經‧卷二》

897 小都郎

宋代，有個人嘴裡長了蛀牙，有一天牙疼，腮幫子腫起來，他只能張著嘴躺下，正暈暈乎乎中，他忽然聽到牙齦處傳出聲音，如同車馬喧鬧一般，逐漸跑出嘴外，疼也就減輕了。到了半夜，又聽到聲音傳來，說：「小都郎回活玉巢了！」然後，這個人就覺得有東西鑽進自己的嘴裡，很快的牙又疼得要命。

——此怪記載於宋代陶穀《清異錄·卷下》

898 小蝦

清代，某甲要去象郡做生意，夏天獨自行走於山林之間，走累了，就坐在樹根上休息，正要睡覺，忽然聽到頭頂樹梢傳來蜜蜂、蒼蠅之類的聲響，他抬起頭，看見樹上有東西長得如同嬰兒，頭只有小豆子那麼小，身體不足一寸，相互牽引著，百八十為一群，嬉戲玩耍。

某甲覺得很奇怪，站起來去看，那幫小人紛紛逃竄。某甲伸手去抓，抓了男女老幼十五個人，放在竹籠裡。

某甲從山裡出來，在一家店裡住宿，店主認識這東西，說它們叫「都」，又叫「小蝦」，可以煮來吃。某甲十分喜歡它們，不忍傷害，就用米飯和水來餵養。其中有一、兩個年老的，因不吃東西而死掉了。一個月之後，陸陸續續只剩下一個男的、兩個女的。

後來，某甲把它們帶回老家，冬天給它們做衣服，它們卻將衣服都咬碎，凍死了。

——此怪記載於清代曾衍東《小豆棚·卷十五》

899 小人

清代，澳門地區有個人叫仇端，經常跟著海船去各國做貿易。有一次，遇到颶風，大船擱淺在一座島上。仇端到島上散步，發現上面有很多枯樹，樹上有很多孔洞，裡面住著小人。

這些小人只有七、八寸高，有男有女，有老有少，皮膚的顏色如同栗子皮，身上帶著小小的腰刀、弓箭。看到仇端，齊聲吶喊，但他完全聽不懂它們說的話。

仇端肚子疼，解開褲子蹲在地上拉屎，然後端著旱煙管抽菸，忽然聽到人聲嘈雜，轉過頭，發現枯樹的最高處，有個黑石壘砌的小城，只有膝蓋那麼高，城門大開，從裡面走出來一千多個小人，舉著旗子，大聲呼喊，還有一個如同將軍的小人在指揮，然後浩浩蕩蕩地舉著兵器朝仇端殺過來。

仇端剛開始有點害怕，但覺得他們太小了，很輕視，就繼續蹲著拉屎。那個將軍就指揮小人開始攻擊仇端。小刀、小箭，射入仇端的身體，感覺很疼。仇端覺得對方很討厭，就舉起旱煙管，敲死了那個將軍。小人一哄而散，抬起將軍的屍體回到城中。

仇端回到船裡，半夜聽到小人們又來了，對著他扔泥沙。仇端覺得，如果能抓一些回去，別人會覺得很稀奇。於是，第二天他藉口去砍柴，從一棵樹裡面，抓了一家小人，回到船上好生餵養他們。仇端正要再去，看見岸上有無數小人聚集在一起，放箭如雨。船上的人都埋怨仇端，解開纜繩，離開了。

回到澳門後，仇端做了一個小盒子，將小人放在裡面，到市場上展覽，看的人很多，仇端因此賺了不少錢，後來高價賣給了一個商人。

商人用紫檀木雕刻成房屋，在裡面布置了家具，讓小人們住在裡面。等過了一、兩年，小人們熟悉環境了，經常跑出來玩，非常可愛。

——此怪記載於清代宣鼎《夜雨秋燈錄》

900 脩辟魚

槖（ㄊㄨㄛˊ）山中的樹木大多是臭椿樹，山南面有豐富的金屬礦物和玉石，山北面有豐富的鐵，還有茂密的蕭草。槖水從這座山發源，向北流入黃河。

水中有很多脩辟魚，身形像一般的蛙，卻長著白色嘴巴，發出的聲

音如同鵁鷹鳴叫。人吃了牠的肉，就能治癒白癬病。

——此怪記載於戰國《山海經·卷五》

901 縣神

　　建州浦城縣的山裡有一種怪獸，名為「縣神」，長著豬的身體、人的腦袋，長相醜惡，經常從水裡出來，在岸邊的石頭上休息。有個叫張平子的人帶著筆墨前去描繪，那怪獸就跳進水潭裡不出來了。有人說，這個怪獸不喜歡畫，所以不出來。張平子就把筆墨丟掉，果然那怪獸又出現了。

——此怪記載於明代陳繼儒《珍珠船·卷四》（引《歷代名畫記》）

902 項面

　　三國時代，有個著名的將領叫毌丘儉，曾經東征沃沮，讓人探查當地的地界。當地的老人說，曾經有一艘破船隨波逐流，在海邊岸上看到一個人，脖子上長著一張臉，就逮住了這個怪物。跟怪物說話，它不搭理，不吃東西而活活餓死了。還有一個人，從海裡出來，穿的衣服如同中國人，只是兩隻袖子很長，足有三丈長。

——此怪記載於南北朝劉敬叔《異苑·卷一》

903 猩猩

　　唐代，安南武平縣封溪縣境內，有猩猩，像美人，能理解人語，知道往事。因為猩猩嗜酒，人們用木鞋把牠們捉來，成百地關在一個牢籠裡。要宰殺來吃的時候，猩猩會自己挑選身體肥胖的送出來，灑淚而別。

　　當時有人送一隻給封溪縣令，用手帕蓋著，縣令問是什麼東西，猩猩就在籠子裡說道：「只有我和一壺酒罷了。」縣令笑了，很喜歡牠，就把牠養起來。牠能傳送語言，比人都強。

猩猩喜歡喝酒，愛穿木鞋。人想要捉牠的時候，就把這兩樣東西放在那裡引誘牠。猩猩剛發現的時候，一定會大罵：「這是引誘我們呢！」於是便很快跑開。但是牠們會去而復返，穿上木鞋，互相勸酒，頃刻間就全都喝醉，又因為牠們的腳被木鞋絆住了，很容易被抓住。

——此怪記載於唐代張鷟《朝野僉載·卷六》、唐代李肇《唐國史補·卷下》、清代朱翊清《埋憂集續集·卷一》

904 刑天

刑天是中國古代神話傳說人物之一，和黃帝爭位。根據《山海經·海外西經》記載：「刑天與帝爭神，帝斷其首，葬之常羊之山。乃以乳為目，以臍為口，操干戚以舞。」後來，刑天升格為神，不在本書的範疇之內。但在中國的古典文獻中，有一類妖怪，因為形象和刑天相像，被冠以「刑天」的名字，特收錄於此。

紀昀曾記載了這個妖怪，是聽他祖父親口說的。

清代，科爾沁草原有個人叫達爾瑪達都，在漠北深山，看到一頭鹿帶箭飛奔，他十分高興，將其殺死，正要收取，忽然看到有個人騎著馬飛奔而來。

這人有身無頭，以兩顆乳頭當作眼睛，嘴巴長在肚臍上，雖然聽不清他說的是什麼，但根據他的比畫可以推斷，他說那頭鹿是他射的。

隨從都很驚慌，達爾瑪達都向來膽子大，告訴對方，鹿他也有一份，應該把鹿分為兩半，大家都有份。對方聽懂了，點頭答應，帶著半隻鹿離開了。

——此怪記載於清代紀昀《閱微草堂筆記·卷十九》

905 血螢

晉懷帝永嘉年間，有個叫丁祚的人渡江來到陰陵這個地方，當時天色昏暗。丁祚來到道路旁邊的神社，看見有個東西長得像人，倒立在地，

雙眼流血，從頭上流下，聚集在地上，各有一升多。丁祚和弟弟齊聲喝斥，那東西便消失不見。而那兩攤血變成幾千個螢火，縱橫飛散。

——此怪記載於晉代祖台之《志怪》

906 軒轅人

軒轅國在窮山的旁邊、女子國的北面，軒轅國的人長著人的面孔，卻是蛇的身子，尾巴盤繞在頭頂上，那裡的人就算是不長壽的也能活八百歲。

——此怪記載於戰國《山海經·卷七》

907 玄女

上古時期，黃帝夢見一個女子，長著鳥的身體、人的腦袋，自稱玄女，傳授給黃帝《三官秘略》、《五音權謀》以及陰陽之術，又傳了《陰符經》。

——此怪記載於宋代張君房《雲笈七籤·卷一百》

908 玄鹿

傳說千年的鹿稱為「蒼鹿」，再過五百年為白鹿，再過五百年會變成玄鹿。

漢成帝的時候，中山國有人曾經抓住過一隻玄鹿，煮了之後，發現牠的骨頭都是黑色的。《仙方》這本書裡寫過，把玄鹿的肉做成脯，吃了可以活兩千歲。餘干縣有白鹿，當地人說，那頭鹿已經有一千年了，晉成帝派人捕獲，發現白鹿的角後面有個銅牌，上面寫著「元鼎二年，臨江縣獻上蒼鹿一頭」。

唐代開元二十三年秋天，唐玄宗在長安近郊打獵，來到咸陽郊原的時候，有一頭大鹿出現在前面，十分雄健。唐玄宗命人開弓，一箭射中。

唐玄宗回宮之後，讓人把鹿做成食物，當時張果老來，唐玄宗便將鹿肉賜給張果老。

張果老拜謝了唐玄宗，對唐玄宗說：「陛下，你知道這鹿的來頭嗎？」

唐玄宗自然不知道。

張果老說：「這鹿已經有千年了。」

唐玄宗不信。

張果老說：「漢元狩五年的秋天，我跟隨漢武帝在上林苑打獵，就曾經捕獲這頭鹿，當時漢武帝問我，我說這是仙鹿，趕緊放了吧。」

唐玄宗不信，說：「漢武帝到現在，已經八百年了，即便這鹿很長壽，但八百年中為什麼沒人抓住牠？」

張果老說：「當時，漢武帝命令東方朔刻了一個銅牌，繫在左角下，陛下要是不信，可以去檢驗。」

唐玄宗要宦官高力士去檢驗，並沒有發現銅牌。唐玄宗認為是張果老騙自己。張果老起身，從鹿頭下找出了銅牌，大概是因為年代久遠，被毛皮遮蓋了。上面的文字鏽跡斑斑，已經看不清。

這件事讓唐玄宗大為驚奇，對高力士說：「張果老果然是仙人呀！」

——此怪記載於南北朝任昉《述異記・卷上》、唐代張讀《宣室志》

909 旋龜

杻陽山的水中，有一種怪物叫「旋龜」，其體貌與普通的烏龜類似，但顏色為紅黑色，長著鳥的頭、毒蛇的尾巴。據說牠的叫聲像剖開木頭時的聲音，將其佩帶在身上，耳不聾，還可以治療足底的老繭。

——此怪記載於戰國《山海經・卷一》

910 馴龍

馴龍這種精怪生活在高山的深潭之中，如果想見到，女孩子穿著盛裝，唱著歌謠，馴龍就會出現。馴龍全身五彩斑斕，十分好看。如果歌

唱得宛若天籟，馴龍就會歡喜地跳躍，留下鱗片而去。

這種鱗片，唱歌的女孩子往往會珍藏，視之為寶。

——此怪記載於明代鄺露《赤雅‧卷下》

911 胸中人

清代，天津有個鹽商，得了一種怪病，覺得自己的胸裡面，好像被什麼東西卡住了。

時間長了，鹽商知道有個小人在裡面，能說話，只有自己能聽到。如果小人說想吃什麼東西，就得給它。如果有食物，小人說不吃，就不能吃。鹽商十分痛苦，四處求醫，也沒用。

後來，他聽說有個人醫術高超，就請來。那人取來十幾個大蜘蛛網，一層一層貼在他的胸前、背後，在上面敷藥。過了一會兒，小人喊：「綁我綁得太緊了！」蛛網漸漸嵌入皮肉，醫生說：「如果能抓住活的小人，是一件至寶。」

很快的，鹽商覺得肚子鼓脹，醫生就讓他喝了一種藥，拉下來之後，那小人的身體都沒有了，只剩下一個腦袋，長一寸多，看上去是個面容姣好的小孩。

——此怪記載於清代姚元之《竹葉亭雜記‧卷七》

912 支提人

漢武帝太初四年，東方朔從支提國回來。聽他說，支提國裡面的人高三丈二尺，三隻手、三隻腿，每隻手、每隻腳上各有三根手指或腳趾，力大無窮，善於奔跑行走，能夠移動國內的小山，一口氣喝光溪流裡的溪水。他們用海苔做衣服，拿著大象、犀牛拋來拋去為樂。

——此怪記載於漢代郭憲《漢武帝別國洞冥記‧卷第二》

913 彘

　　浮玉山在山上向北可以望見具區澤，向東可以望見諸山。山中有一種野獸，身形像老虎，卻長著牛的尾巴，發出的叫聲如同狗叫，名為「彘」（ㄓㄨˋ），能吃人。

——此怪記載於戰國《山海經·卷一》

914 瘈狗

　　傳說瘈狗這種怪物咬人，會讓被咬的人肚子裡懷小狗，而且這個人會因為不能弄出來而死掉。（註：瘈為瘈的異體字，這兩字指「瘋狂的」之意時，讀音有ㄓˋ、ㄐㄧˋ兩種。）

　　明代，某地跨塘橋有戶姓周的人家，家裡有一條狗，一天趴在地上舔什麼東西，突然發瘋，四處咬人。

　　周家有個入贅的女婿，才十五歲，被咬之後，不久就死了。死後焚燒，屍體的肚子裡全是泥。那條狗也死了，死後，肚子裡有泥，泥裡面有一團小蛇，粗細約與拇指相當。

——此怪記載於明代陸粲《庚巳編·卷六》

915 朱鱉

　　傳說中一種赤色（朱）的鱉，能吐珠，又稱「珠鱉」。這種鱉生在南海，身形如同人的肺，大如銅錢，肚子赤紅如血，長著六隻腳。只要牠出現，天下就會大旱。

——此怪記載於秦代呂不韋《呂氏春秋·第十四卷》、宋代李昉等
《太平御覽·卷第九百三十九》、明代李時珍《本草綱目·介部》

916 朱獳

耿山沒有花草樹木，到處是水晶石，還有很多大蛇。山中有一種野獸，身形像狐狸，卻長著魚鰭，名為「朱獳（ㄖㄨˊ）」。牠出現的國家會有恐怖的事發生。

——此怪記載於戰國《山海經·卷四》

917 朱厭

小次山上盛產白玉，山下盛產黃銅。山中有一種野獸，身形像普通的猿猴，但頭是白色的、腳是紅色的，名為「朱厭」。牠一出現就會起大戰事。

——此怪記載於戰國《山海經·卷二》

918 珠螫魚

葛山的末端沒有花草樹木，到處是粗細磨石。再往南三百八十里就是葛山的首端，這裡沒有花草樹木。澧水從此發源，向東流入余澤，水中有很多珠螫（ㄅㄧㄝˋ）魚，身形像動物的肺，有四顆眼睛、六隻腳，能吐珠子。這種珠螫魚的肉味酸中帶甜，人吃了牠的肉，就不會染上瘟疫病。

——此怪記載於戰國《山海經·卷四》

919 諸懷

北嶽山上到處是枳樹、酸棗樹和檀、柘一類的樹木。山中有一種野獸，身形像一般的牛，卻長著四隻角、人的眼睛、豬的耳朵，名為「諸懷」，發出的聲音如同大雁鳴叫，能吃人。

——此怪記載於戰國《山海經·卷三》

920 諸犍

單張山上沒有花草樹木。山中有一種野獸，身形像豹子，卻拖著一條長長的尾巴，還長著人一樣的腦袋和牛一樣的耳朵，一顆眼睛，名為「諸犍」，喜歡吼叫，牠行走時就用嘴銜著尾巴，臥睡時就會將尾巴盤蜷起來。

——此怪記載於戰國《山海經·卷三》

921 豬婆龍

江西這地方有一種名為「豬婆龍」的怪物，長得像龍，但是身體很短，能橫飛而走，經常在江邊捕食鴨鵝。有的人抓住牠，就賣給當地姓陳的和姓柯的人家。傳說這兩個姓的人都是陳友諒的後代，世代吃豬婆龍的肉。

這種肉別人是不敢吃的。曾經，有個客商買下一個豬婆龍的頭，放在船裡面。有一天，他在錢塘江停船休息時，那顆頭突然跳進江裡，過了一會兒，波濤洶湧，船毀人亡。

——此怪記載於清代蒲松齡《聊齋志異·卷二》

922 豬龍

清代，有一次潞河發大水，有個打魚的人在河中央看見一個怪物，腦袋大得如同一座小山丘，形狀像豬頭，頭浮在水面，順流而下。

認識的人說，那怪物是豬龍，牠出現的地方，肯定會發生洪水。

——此怪記載於清代李慶辰《醉茶志怪·卷三》

923 鶡

櫃山中有一種鳥，身形像鴟鷹，卻長著人手一樣的爪子，啼叫的聲音如同痹鳥鳴叫，名為「鴸」（ㄓㄨ）。牠出現的地方，一定會有眾多士人被流放。

——此怪記載於戰國《山海經・卷一》

924 燭陰

燭陰，睜開眼睛便是白晝，閉上眼睛便是黑夜，一吹氣便是寒冬，一呼氣便是炎夏，不喝水，不吃食物，不呼吸，一呼吸就生成風，身子有一千里長。牠的形貌是人一樣的面孔，蛇一樣的身子，全身赤紅色，住在鐘山腳下。

——此怪記載於戰國《山海經・卷八》

925 鱄魚

雞山上有豐富的金屬礦物，山下盛產丹雘。黑水從這座山發源，向南流入大海。水中有一種鱄（ㄓㄨㄢ）魚，身形像鯽魚，卻長著豬毛，發出的聲音如同小豬叫，牠一出現就會天下大旱。

——此怪記載於戰國《山海經・卷一》

926 鐘離王

遂州東岸有個唐村，村裡傳說當年曾有一個人，穿著寬袖的袍子，戴著頭巾，站在道旁，對村裡人說：「我是鐘離王，我的廟在河的上游十幾里地，因為大水把廟沖毀，我的神像逆流而上，馬上就要到了，你們可以在這裡為我蓋一座廟。」村裡人跑到河邊去看，果然順水漂來一尊木頭神像，有幾尺長。

大家就在那位神現形的地方蓋了廟，叫作「唐村神廟」。到現在，這位神仍十分靈驗。

——此怪記載於五代杜光庭《錄異記・卷之四》

927 照海鏡

清代，宜興西北鄉有個新芳橋，當地農民耕地的時候，挖出一個東西，圓如羅盤，直徑有二尺多，周邊呈現紅青色，似玉非玉，中間鑲嵌著一塊白色的石頭，晶瑩剔透。農民把這東西賣給鎮子東邊的藥店，賣了八百文銅錢。後來，有個商人用十吊錢買下，到崇明以一千七百兩銀子賣了。

有個海上做生意的商人說：「這東西叫照海鏡。海底黝黑，用它照，可以看見怪魚和礁石，百里外就能夠躲避。」

——此怪記載於清代袁枚《續子不語・卷九》

928 鴆

邕州溪峒的深山中有鴆（ㄓㄣˋ）鳥，身形如同烏鴉，但是沒有烏鴉大，黑身紅眼，鳴叫的聲音，如同敲響羯鼓時發出的聲音，只以毒蛇為食。鴆遇到毒蛇，就會在毒蛇的洞外徘徊，邁出「禹步」（註：道士在儀式中使用的一種步法），不久後，石頭崩碎，鴆便抓住毒蛇吃掉。

凡是有鴆的山，草木都會枯萎。鴆落在石頭上，石頭也會崩裂。有人說，鴆在秋冬脫毛，人用銀子做爪勾取羽毛，放在銀瓶裡，如果想害人，只需要放入一根鴆的羽毛在酒裡，給人喝下，那人立刻就會死去。成語「飲鴆止渴」中的鴆，指的就是鴆鳥羽毛做成的毒酒。

——此怪記載於宋代周去非《嶺外代答・卷九》

929 掌面

五代，有人在海上捕魚，從魚鳧中撈出來一個東西，看上去是一個人的手，但是掌心卻有一張臉，七竅俱全，能動，卻不能說話。這個人把玩了很久後，將其放在水上，那東西順水而去，然後大笑幾聲，跳躍著消失了。

——此怪記載於五代徐鉉《稽神錄·補遺》

930 瘴母

唐代嶺南的百姓，有人會看到有怪物從天而降，剛開始如同彈丸，慢慢變大如同車輪，然後四散開去，人如果接觸，就會得病。所以，大家把這種怪物叫「瘴母」。

嶺南一帶的山川盤鬱結聚，空氣不容易流通，所以有很多瘴氣，如果人染上了，就會肚子鼓脹，如同中蠱一般。

——此怪記載於唐代劉恂《嶺表錄異·卷下》

931 猙

章莪山上沒有花草樹木，到處是瑤、碧一類的美玉。山中有一種野獸，身形像赤豹，長著五條尾巴和一隻角，發出的聲音如同敲擊石頭的響聲，名為「猙」。

——此怪記載於戰國《山海經·卷二》

932 蚩尤旗

上古時，黃帝殺了蚩尤，蚩尤的墳就在高平壽張縣，高七丈。當地人每年在十月祭祀蚩尤的時候，墳上就會出現一道紅色光氣，大家都稱其為「蚩尤旗」。

也有人說，六月的傍晚，會看到兩道一丈多高的白氣，從東西兩個方向飛來，光芒相射，半天才消失，這也是蚩尤旗。

——此怪記載於唐代李冗《獨異志》、清代董含《三岡識略·卷二》

933 鶵

三危山中有一種禽鳥，長著一個腦袋，卻有三個身子，名為「鶵」（ㄔ）。

——此怪記載於戰國《山海經·卷二》

934 癡龍

漢代，洛陽附近有一個洞穴，深不可測。有個婦人要謀殺親夫，就對丈夫說：「從來沒見過那麼神奇的洞穴。」男人就帶著妻子想去看看究竟。等男人走到洞穴前面時，婦人猛地將他推了進去。

男人掉了下去，經過很長時間才觸底，被摔得頭暈眼花，許久後才甦醒過來。

婦人以為丈夫死了，後來從洞穴上方拋下一些食物，裝模作樣地祭祀他。男人在底下吃了這些食物，稍稍恢復了力氣，就慌張地尋找出路。洞裡面崎嶇曲折，男人匍匐前行，走了數十里，洞穴變得越來越寬廣，而且前面還露出光亮，竟然到了另一個龐大的世界。

男人走了百餘里，覺得自己腳下踩的塵土，發出糯米般的清香，吃了之後，味道甘美且能夠充飢。他就以塵土為糧食，繼續趕路。等塵土吃完了，他發現有一種泥，味道和先前的塵土一樣，便以泥為食。

如此，他一直走呀走呀，來到一個城市，只見城郭整齊、亭臺樓閣鱗次櫛比，都是以黃金、琥珀等珠寶為飾，即便沒有太陽和月亮，這城市也光芒萬丈。

這裡的人都三丈多高，穿著羽毛做成的衣服，演奏著凡世聽不到的美妙音樂。

男人向這些巨人哀求，希望他們能給自己指一條回家的路。一個巨人帶他往前走，走了很遠，看到一棵大柏樹，枝葉繁茂，參天而立。

樹下有一隻羊。巨人讓男人跪著挣羊的鬍鬚，剛開始，男人得到一顆珠子，接著挣了兩次，又得了兩顆。巨人要男人把第三次得到的珠子吃了，男人就不餓了。

後來，巨人領著男人出了洞穴。男人好奇，詢問巨人以及那座大城的來由。巨人說：「你出去問一個叫張華的人，就知道了。」

男人出了洞穴，發現自己竟然到了遙遠的交州。走了六、七年，才回到洛陽。返家後，男人找到張華，將自己的故事講給張華聽。

張華說：「你在洞穴裡，踩的那種如塵土的東西，是黃河下龍流出的龍涎，泥則是昆侖神山下的泥，都是神物。那地方，叫九處之地，當地的神靈，名為九館大夫。那羊，乃是一種名為癡龍的怪物，牠吐出的第一顆珠子，如果吃了可以和天地同壽，吃第二顆能讓人延年益壽，吃了第三顆，只能讓你不飢餓而已。」

——此怪記載於南北朝劉義慶《幽明錄·卷一》

935 尺郭

大地東南有種怪物名叫「尺郭」，身高七丈，腰闊七丈，頭戴一種叫「雞父」的面具，赤蛇繞額。尺郭每天早上吞惡鬼三千，傍晚吞惡鬼三百，囫圇吞棗，從不咀嚼。他以鬼為食，以露為飲，也叫「食邪」。

——此怪記載於漢代東方朔《神異經》

936 赤鱬

青丘山中有條河流名叫「英水」，向南流入即翼澤。

澤中有很多赤鱬（ㄖㄨˊ），身形像普通的魚，卻有一副人的面孔，發出的聲音如同鴛鴦鳥在叫。人吃了牠的肉，就不會生疥瘡。

——此怪記載於戰國《山海經·卷一》

937 赤蟻

赤蟻，也叫赤蛾，是中國傳說中一種紅色的大蟻。牠大如巨象，渾身帶火，力負萬鈞，以虎豹蛇蟲為食，卵大如斗，當地人用來做醬，稱之為「蚳醢」（ㄔˊ ㄏㄞˇ）。

——此怪記載於戰國屈原等《楚辭·招魂》、宋代梅堯臣《赤蟻辭送楊叔武廣南招安》、明代鄺露《赤雅·卷下》等

938 船靈

唐代，船工晚上會在開船前殺雞，用雞骨占卜，然後用雞肉祭祀船靈，稱其為「孟公孟姥」。

又說，船靈名為「馮耳」，下船後三拜，叫它的名字三聲，能祛除災邪。也有人稱其為「孟公孟姥」或者「孟父孟母」。孟父名為「幘」，孟母名為「衣」，孟公名為「板」，孟姥名為「履」。

——此怪記載於唐代段公路《北戶錄·卷二》

939 重明

堯在位七年，有個祇支國，貢獻了一種叫重明的鳥，這種鳥的一隻眼睛裡有兩顆眼球。

重明的樣子像雞，叫聲像鳳鳴，經常脫落羽毛，用肉翅飛翔。牠能追殺猛虎，使妖魔鬼怪和各種災禍不能對人類造成傷害。重明鳥以美酒為食，有時一年來好幾次，有時幾年也不來一次。

有的老百姓雕刻木頭，有的熔鑄金屬，製作成這種鳥的樣子，放在大門和窗戶之間，則能使各種鬼怪自然退避躲藏起來。

古代每年正月的第一天，人們都會在門窗之上刻雞或畫雞，就是那時候流傳下來的重明的形象。

——此怪記載於晉代王嘉《拾遺記》

940 綢

大地西方的深山裡有一種怪獸，名為「綢」，面目、手足、毛色都像猴子，身體大如驢，擅長攀爬大樹，經常到百姓家偷盜五穀。這種怪獸只有母的，沒有公的，會在路上掠奪男子為丈夫，與人交配懷孕，十個月生下後代。

——此怪記載於漢代東方朔《神異經》

941 沉鳴石雞

東漢建安三年，胥圖國貢獻沉鳴石雞，紅色，大小像燕子一樣。

石雞生活在地下，按時鳴叫，叫聲能清楚地傳到很遠的地方。胥圖國的人聽到石雞的叫聲，就會殺牲畜來祭祀牠。在牠發出叫聲的地方挖地，就得到這隻雞。

如果天下太平，石雞就上下翻飛，人們把這種現象當成祥瑞，所以又把這種雞叫作「寶雞」。

胥圖國沒有普通的雞，人們聽地下石雞的鳴叫，來計算時間。

有個道士說：「從前仙人相君去採石料，入洞穴幾里深，得到紅色石雞。搗碎了做藥，服了能使人長壽。」

——此怪記載於晉代王嘉《拾遺記》

942 長臂人

長臂國的人，雙臂奇長，擅長將雙手伸入海中捕魚。

——此怪記載於戰國《山海經·卷六》

943 長狄

長狄，是古代傳說中的一種巨人。

晉文公十一年，有長狄三人來到中國，十分高大，向他們投擲瓦石是不能傷害他們的。他們被射死後倒下，身體能遮蓋九畝地，砍掉他們的腦袋，車子都裝不下。

秦始皇二十六年，有十二個長狄出現在臨洮，每個高五丈多，大家都認為是件吉祥的事。後來，秦始皇收集天下兵器，鑄造十二金人立於咸陽。

——此怪記載於春秋穀梁赤《春秋穀梁傳·文公十一年》、
南北朝酈道元《水經注·卷四》

944 長蛇

大咸山，沒有花草樹木，山下盛產玉石，人不能攀登上去。山中有一種蛇叫「長蛇」，身上的毛與豬脖子上的硬毛相似，發出的聲音像是人在敲擊木梆子。

——此怪記載於戰國《山海經·卷三》

945 長右

長右山中有一種野獸，身形像猿猴，卻長著四隻耳朵，名為「長右」，叫的聲音如同人在呻吟。牠出現的郡縣，就會發生大水災。

——此怪記載於戰國《山海經·卷一》

946 鵸鵌

基山中有一種禽鳥，身形像雞，卻長著三個腦袋、六顆眼睛、六隻腳、三隻翅膀，名為「鵸鵌」（ㄔㄨ／ㄇㄨ）。人吃了牠的肉，就不會躺下睡覺。

——此怪記載於戰國《山海經·卷一》

947 鱓魚

鱓魚的樣子像鱧魚，身上長著紅色的斑紋，大的有一尺多長，大多生活在汙泥池裡，有時一群魚多達幾百條。這種魚能興妖作怪，也能迷惑人，所以人們不敢侵犯。有的人禱告祭祀這種魚，附近田裡的農作物的產量就會倍增。如果隱瞞自己的姓名租種土地，三年以後捨棄土地離開，一定能免遭鱓魚的禍害。

鱓魚有時候禍害人，能改變人的面目，使人的手足反轉，只有向鱓魚祈禱並道歉之後，才能解除災禍。

鱓魚夜間能在陸地上行走，經過的地方有濕泥的印跡，到達的地方能聽到嗦嗦的叫聲。

——此怪記載於五代杜光庭《錄異記·卷之五》

948 城靈

洪州城自馬瑗置立後，一直沒有修整過，相傳修城的人一定會死掉。

唐代永泰年間，都督張鎬帶人修城，城西北的大坑裡出現兩條蛇，一條白，一條黑，頭長得如同牛，形狀如同巨大的土甕，長六十多尺，盤在坑裡，還有無數的小蛇。

手下稟告給張鎬，張鎬命人用竹篾綁住蛇的腦袋，牽出來。蛇很聽話，就跟著出來了。士兵們有人傷了十幾條小蛇。這兩條蛇被放入一個大池塘，池水有幾丈深。兩條蛇進去後，池塘裡的龜都爬上了岸，裡面的魚全都浮上來死掉了。

過了七天，張鎬暴斃。

——此怪記載於唐代戴孚《廣異記》

949 城隍主

唐朝開元年間，滑州刺史韋秀莊有一次到城樓上看黃河，忽然看見一個人，身穿紫衣、頭戴紅帽，只有三尺高。這個人向他參拜。

韋秀莊知道他不是凡人，就問他是什麼來頭。對方回答說是城隍主。韋秀莊又問他來此有什麼事，城隍主說：「為了使黃河的河道暢通，河神打算摧毀這座城池。我堅決拒絕了。五天後，我與他將在河岸有一場大戰。我擔心打不過河神，特來向你求援。如果你能支援我兩千名弓箭手，到時候幫助我，我就一定能打勝。這個城是你所管，就看你的了。」韋秀莊答應他的要求後，這個人就消失了。

　　過了五天，韋秀莊率領著兩千名精壯的士兵登上城樓，看見河面上變得一團漆黑，然後冒出一股十多丈高的白氣，同時城樓上冒出一股青氣，與河上的白氣纏繞在一起。這時，韋秀莊命令弓箭手向白氣發箭，白氣漸漸變小最後消失，只剩下青氣。青氣升騰而上，化入雲端，又飄到望河樓裡。

　　起初，黃河的流水已逼近城下，後來才逐漸退回去，一直退到離城五、六里的地方。

　　吳地的人都怕鬼，所以都供奉城隍主。

　　開元末年，宣州司戶死了，死後被城隍主召去。

　　城隍主住在一個很大的宮殿裡，門外有很多侍衛，守衛十分森嚴。見到司戶後，問他一生做了些什麼，司戶說自己沒做什麼壞事，不該死。城隍主說：「你說得對，那就放你回去吧。不過，你認識我嗎？」司戶說：「我是凡人，怎能認識你呢。」城隍主說：「我叫桓彝，最近就要晉升為宣城內史，主管全郡了。」

　　這些都是司戶活過來以後說的。

——此怪記載於唐代戴孚《廣異記》、宋代李昉等
《太平廣記・卷第三百三》（引《紀聞》）

950 乘黃

　　乘黃，是傳說中的怪獸，身形像一般的狐狸，脊背上有角，人要是騎上牠，就能活兩千歲。

——此怪記載於戰國《山海經・卷七》

951 秤掀蛇

傳說有一種秤掀蛇，人如果被牠叫了名字，一定會死掉。

清代文學家朱翊清十六歲的時候，有一天和弟弟一起從親戚家探病回來，走到大悲橋的時候，忽然聽到耳後傳來一聲響。他回過頭去，看到一條蛇全身的斑點如同秤桿上的星點一般，離地四、五尺，昂著頭，飛快射過來，行動如風。朱翊清和弟弟嚇得魂飛魄散，狂奔到一處荒墳，再回頭，蛇不見了。

回到家中，詢問母親，母親說那是秤掀蛇。後來過了不久，弟弟就生病夭亡了，才十二歲。

——此怪記載於清代朱翊清《埋憂集·卷四》

952 石姑

山西翼城縣北十五里的龍女村有個水潭，傳說有對張老夫婦在水潭旁邊撿到一顆鳥蛋，拿著回家後，變成一個女子。女子和張老夫婦居住在一起，讓他們衣食無憂。後來，女子走入石姑山的石縫中，消失不見。當地人稱之為「石姑」。

——此怪記載於清代儲大文《山西通志·卷一百六十四》

953 石掬

從湖南往道州去，途經一座山，高幾百丈，千峰環列，中間有個濂溪講堂，是個書院。山上猴子很多，經常出來騷擾人。山腳有十幾戶居民，都是漆戶。山裡面有漆樹，長出的紅芽如同香椿，不知道的人一誤食就會死掉，官府特意立了一塊石頭寫明「禁止採摘」。沿著漆林往裡走，樹木蔥蘢，山路高遠。

有個叫愛堂居士的人到這座山遊玩，遠遠地看到懸崖上有很多枯松，枝條晃動，走近看，發現都是猴子，數目約有六、七萬，老少公母都

有，叫聲淒慘，彷彿在啼哭。過了一會兒，有兩隻猴子從上面的懸崖過來，對著猴群招手，下面的猴子紛紛起來，扶老攜幼，沿著懸崖往上爬，來到一個石臺前方。

忽然有大風刮過，石臺後面出現一個怪物。這個怪物長得像猴子，但是比猴子小多了，只有一尺多高，猴群見到，紛紛匍匐在地。這怪物跳上石臺，站起來，身體忽然變大，足有一丈多高。過了一會兒，這怪物向猴群招了招手，一隻猴子來到牠的跟前跪倒，怪物就伸出手，將猴子的頭皮揭開，津津有味地吃起猴腦。

愛堂居士想繼續觀看，他的僕人卻氣憤不已，點燃了一個大爆竹朝那怪物扔去。轟隆一聲響，猴群嚇得驚慌失措，有許多隻掉下了山崖。那怪物聽到聲音，縱身一躍，消失在山裡。

有人說，那怪物叫石掬，長得像猴，專門吃猴腦。

——此怪記載於漢代楊孚《異物志》、清代袁枚《續子不語·卷十》

954 石魚

宋代，青城縣有個打魚的叫李克明，有一天，他釣魚回來，把竹簍裡的魚倒進盆裡，其中一條魚忽然變成了石頭，長四寸多，魚鱗如同真的一樣。李克明的妻子很喜歡，就拿出來給兒子玩。兒子把魚放在盛滿水的碗裡，魚就活了。這條魚放在水裡就變成正常的魚，撈出來就變成石頭，看到的人都覺得驚奇。後來有人把這條石魚敲斷了，魚就再也沒有活過來。

——此怪記載於宋代黃休復《茅亭客話·卷第九》

955 矢魔

清代，蒲陰這個地方有妖怪，名為「矢魔」，形狀如同一個大布袋，經常晚上出來，臭氣熏天。人們聞到臭味，就知道它會過來，趕緊躲避。

這個妖怪不會害人，如果躲閃不及，衣服上就會被澆上屎尿，臭不

可聞。當地人都說是糞壤為怪，時間長了就習以為常了。

——此怪記載於清代李慶辰《醉茶志怪・卷三》

956 視肉

視肉，是傳說中的一種怪獸，形狀像牛肝，有兩隻眼睛，割去牠的肉吃了之後，不久後又會重新生長出來，完好如故。

——此怪記載於戰國《山海經・卷六》

957 孰湖

崦嵫山中有一種野獸，馬的身子卻長著鳥的翅膀，人的面孔卻有蛇的尾巴，很喜歡把人抱著舉起，名為「孰湖」。

——此怪記載於戰國《山海經・卷二》

958 鼠獸

武仙縣這個地方，有一種怪物名為「鼠獸」，長四尺，馬蹄牛尾，身形如同猿猴，有兩個乳房，聲音好像嬰兒。一隻母鼠獸只有一個孩子。牠把尿排泄在地上，就能成為一隻幼崽。

這種東西一出現，就會招來天災。

——此怪記載於宋代樂史《太平寰宇記・卷之一百六十五》

959 數斯

皋塗山中有一種禽鳥，身形像鷂鷹，卻長著人一樣的腳，名為「數斯」。人吃了牠的肉，就能治癒脖子上的贅瘤病。

——此怪記載於戰國《山海經・卷二》

960 鱃魚

彭水從帶山發源,向西流入芘湖水。水中有很多鱃(ㄕㄨㄟ)魚,身形像一般的雞,卻長著紅色的羽毛,還長著三條尾巴、六隻腳、四隻眼睛,牠的叫聲與喜鵲的鳴叫相似。

人吃了牠的肉,就能無憂無慮。

——此怪記載於戰國《山海經‧卷三》

961 水馬

求如山上蘊藏著豐富的銅,山下有豐富的玉石,但沒有花草樹木。滑水從這座山發源,水中生長著很多水馬,身形與一般的馬相似,但前腿上長有花紋,並拖著一條牛尾巴,發出的聲音像人呼喊。

——此怪記載於戰國《山海經‧卷三》

962 水脈

三國吳大帝孫權赤烏八年,有個叫陳勳的校尉疏通句容的河道,挖河底的一個破窯時,掘出一個奇怪的東西,沒有頭,也沒有尾巴,長一百多丈,蠢蠢而動,過了一會兒,全部變成了水。

有認識的人說,這種怪物名為「水脈」。

從此之後,每次大旱,其他的地方都乾涸了,唯獨水脈消失的這個地方始終都有水。

——此怪記載於南北朝劉敬叔《異苑‧卷一》

963 水底小兒

從古到今,人們都傳說當夜深人靜的時候,用火照水底,便能夠看見鬼神。

東晉時代，溫嶠等人平定了蘇峻的叛亂，來到江西的淦口，他試著照了一次。果然看見一座寺廟顯耀盛大，裡面有很多人，又看見不少小孩子，每兩個為一夥，乘坐輕便小車，讓黃羊拉著，睜大眼睛向上看，十分可惡的樣子。

溫嶠當夜就夢見神人發怒道：「應該讓你知道我的厲害。」不久後，溫嶠便得病了。

——此怪記載於宋代李昉等《太平廣記·卷第二百九十四》
（引《志怪》）

964 水猴

宋代，有個叫陳森的人夜裡在無錫住宿，忽然得病，兒子陳充急忙找來大船，去接父親。

夜晚，陳充擔心父親的病情，在船裡輾轉反側。船中有同行的人，吃肉喝酒，鬧騰得很。

三更時分，有人看到有個怪物長得如同獼猴，從水中跳出來到船上，大船頓時變得快要沉沒，船裡的人都很害怕，喝斥那怪物。怪物向那些人要肉，有人扔給牠，牠接住肉之後就跳進水中消失了。

——此怪記載於宋代郭彖《睽車志·卷三》

965 水虎

漢水裡面，有一種叫「水虎」的妖怪，長得如同三、四歲的小孩，全身滿是堅硬的鱗甲，刀槍不入。

七、八月間，水虎喜歡在河灘上曬太陽。牠的膝蓋長得和老虎的膝蓋很像，爪子沉在水裡，看到河邊有小孩，就會把膝蓋露出水面來引誘，小孩不知道，過來玩弄，就會被牠拖入水中吃掉。

如果能夠抓住牠，割掉牠的鼻子，就能夠使喚牠。

——此怪記載於宋代錢易《南部新書·癸》（引《襄沔記》）、
明代張岱《夜航船·卷十七》

966 沙魘

在湖南益陽州，有的人半夜爬起來自己打自己，凡是遇到這種情況，當地人認為是一種名為「沙魘」的妖怪作祟，需要用冷水劈頭蓋臉澆下去，然後讓其喝下湯水，才能徐徐醒來，醒來之後，兩、三天都像喝醉了酒。

——此怪記載於元代楊瑀《山居新語》

967 奢比屍

奢比屍，長著野獸的身子、人的面孔、大大的耳朵，耳朵上穿掛著兩條青蛇。

——此怪記載於戰國《山海經·卷九》

968 蛇藤

晉代孝武帝太元十二年，蘇州有個人臨水而居。

有一天，他看到水中出現一個奇怪的東西，狀如青藤，但是沒有枝葉，沒到幾天就長得很粗大。於是，這個人就用斧頭砍伐，砍了幾下，藤裡面流出血，還發出公鵝一般的叫聲，藤裡面有一顆卵，長得像鴨蛋，一端像蛇的臉。

——此怪記載於南北朝劉敬叔《異苑·卷八》

969 山大人

宋代，福建沙縣西北一百二十里有座劍山，山中有種妖怪，長得像人，全身長毛，黑色，一丈多高，看到人就會笑，上嘴唇蓋住眼睛，下嘴唇蓋住胸脯，當地人稱之為「山大人」。

——此怪記載於宋代樂史《太平寰宇記·卷之一百》

970 山犢

新昌這個地方，山洞裡有山犢，長得如同關中的牛，經常和蛇待在同一個山洞。當地人經常在雙手抹上鹽巴，夜裡走到山洞，伸手去摸，如果舌頭是滑的，那就是蛇，如果舌頭乾燥，就是山犢，找到牠，就可以牽回家了。

——此怪記載於漢代楊孚《異物志》

971 山膏

苦山中有一種野獸，名為「山膏」，身形像普通的小豬，身上紅得如同丹火，喜歡罵人。

——此怪記載於戰國《山海經・卷五》

972 山和尚

清代，有個李某到河南，碰到大水，爬到山上躲避。水勢很大，不斷上漲，李某就往更高的地方爬。

當時已經日暮，李某看見一個低矮的草房，是種地的山民夜裡巡視時居住的地方，裡頭鋪著稻草，放著一個竹子做成的梆子。李某住在裡面，半夜時，他聽到踏水聲，便爬起來，看見一個又黑又矮的胖和尚划著水往這邊游來。

李某大喊一聲，那和尚退卻了，過一會兒又出現，李某很害怕，就敲響了梆子。山裡的山民聚集過來，問怎麼回事，李某如實相告。山民說：「那是山和尚，碰到孤身一人的旅客，就會吃掉他的腦子。」

浙江於潛縣岩巒縱錯，有很多怪異的事發生。

有個叫譚升的人，住在縣城百里外，有一天，他入城探親，回來時天黑了，就住在路邊的一間茅屋裡。

半夜時，譚升在月光中看到山腰裡有個妖怪，穿著僧人的衣服，光著腦袋，青面獠牙，飛奔而下。來到茅屋前方，那妖怪透過牆上的小孔

看到裡面有人，就咬開柵欄想衝進屋子。危急關頭，恰好有幾個行人路過，那妖怪就跑了。行人告訴譚升：「這個山和尚盤踞山裡有一百多年了，最喜歡吃人的腦子。」

——此怪記載於清代袁枚《子不語·卷十八》、清代慵訥居士
《咫聞錄·卷四》

973 山魈

山魈是嶺南的一種怪物，獨腳，腳後跟長在腳前，手和腳各只有三根指頭。雌性的喜歡塗抹脂粉。牠們在大樹洞裡築巢，用木頭製成屏風幔帳之類的東西。

南方人在山裡走路，大多都隨身帶一些黃脂鉛粉以及錢幣之類的東西，用來對付山魈。雄性的山魈被稱作「山公」，遇上牠，牠一定向你要金錢。雌性的叫「山姑」，遇上牠，肯定會向你要脂粉，給牠脂粉的人可以得到牠的庇護。

唐代天寶年間，有個在嶺南山中行路的北方人，夜裡怕虎，想要到樹上睡，忽然遇上了雌性山魈。這個人平常總會帶一些可以送人的小東西，於是就下樹跪拜，稱牠為山姑。

山姑在樹上遠遠地問：「你有什麼貨物？」這個人就把脂粉送給牠。牠特別高興，對這個人說：「你就放心地睡，什麼也不用擔心！」這個人睡在樹下。半夜的時候，有兩隻老虎走過來。山魈下樹，用手撫摸著虎頭說：「斑子，我的客人在這裡，你應該馬上離開！」兩隻老虎就走了。第二天辭別，牠向客人道謝，非常客氣。

難弄明白的是，山魈每年都和人聯合起來種田，人只出田和種子，剩下在耕地裡種植的、忙碌的全都是山魈，穀物成熟的時候，牠們就會喊人來平分。牠們的性情耿直，和人分時，從來不多拿。人也不敢多拿，傳說多拿了會招來天災。

唐代天寶年末，劉薦是嶺南判官。有一次，他走在山中，忽然遇上山魈，喊牠是鬼。山魈生氣地說：「我沒招惹你，你竟然喊我是鬼，這不

是罵我嗎？」於是牠跳下來站在樹枝上，喊：「斑子！」過了一會兒，來了一隻老虎。山魈讓虎捉劉判官。劉薦十分害怕，打馬就跑，但還是被虎捉住了。山魈笑著說：「劉判官，還罵我不？」劉薦急忙求牠饒命。山魈慢慢地說：「可以走啦！」虎這才把劉薦放開。劉薦嚇得要死，回去病了很久才好。

清代，湖州有個叫孫葉飛的人，在雲南教書，非常喜歡喝酒，酒量也大。有一年中秋，孫葉飛招呼學生喝酒，忽然看到門外站著一個怪物，頭戴紅色帽子，黑瘦如猴，脖子下長著綠色的長毛，只有一隻腳，蹦蹦跳跳地進來。

怪物看到大家在喝酒，放聲大笑。旁邊的人都說那是山魈，不敢靠近。山魈闖入廚房，廚子看到了，舉起木棍打牠，山魈也做出搏鬥的樣子。廚子向來很勇猛，抱著山魈的腰在地上廝打，周圍的人都來幫忙。打了很長時間，山魈抵擋不過，身體逐漸縮小，變成一個肉團。

大家把肉團綁在柱子上，本來打算在天亮後扔進江裡，但半夜那東西就不見了，只在地上留下了紅帽子。那頂紅帽子是書院一個姓朱的學生的，先前丟失了，看來是被山魈偷去了。

同樣在清代，婺源有個叫齊梅麓的人，和同學一起在古寺讀書。有一天晚上，他聽到窗戶外面有聲響，過了一會兒，聲響進入屋子，越來越大，不知道是什麼東西。慶幸的是，臥室房門緊閉，那東西沒進來。

天亮後，臥室外面的書籍、字畫、桌椅、器具亂七八糟，寺裡的僧人說：「這肯定是山魈幹的壞事！」

清代，蘇州有個叫張滌卿的人，跟父親到福建，聽說某個縣衙後頭有怪物，沒人敢靠近。張滌卿的膽子很大，晚上爬到梁上偷看。三更時分，果然有幾個長得似人非人、似獸非獸的怪物出現，張滌卿暗道：「這肯定是山魈。」

第二天，張滌卿將五、六串鞭炮和三、四斤火藥布置在山魈出沒的地方，等晚上山魈出現時，張滌卿點燃引線，鞭炮齊鳴，火藥爆裂，怪物嚇得跳躍逃去，從此再也不敢來了。

——此怪記載於唐代戴孚《廣異記》、清代錢泳《履園叢話·
叢話十六》、清代袁枚《子不語·卷六》

974 山臊

　　大地的西方，深山中有一種妖怪，高一尺多，赤裸身體，以捕捉蝦蟹為生。不怕人，喜歡靠近人的居所，晚上對著火烤蝦蟹，看到人不在，就偷盜人家的鹽。這種怪物叫「山臊」。人們經常把竹子投入火中，火燒之後，會發出爆裂之聲，山臊很害怕這種聲音。如果冒犯了山臊，牠會讓人生忽冷忽熱的病。

　　南朝宋元嘉年間，富陽王某，在溪流裡放下蟹籠捉螃蟹，天亮後去看，發現有根二尺多長的木頭插在蟹籠中間，蟹籠裂開，螃蟹都跑了出去。王某把蟹籠修好，將木頭扔到岸上，第二天又去看，發現情形和第一天一模一樣，就懷疑那根木頭是妖怪。

　　於是，王某就挑著這根木頭回家，一邊走一邊說回去要用斧頭把它劈開來燒火。

　　還沒到家，王某就覺得背後有動靜，轉頭一看，那木頭變成了一個怪物，人面猴身，一手一足，對王某說：「我喜歡吃螃蟹，昨天是我破壞了你的蟹籠，實在是不好意思。希望你能饒恕我，把我放了，從今以後，我一定幫助你，把大螃蟹都趕到你的蟹籠裡。」

　　王某很生氣，說：「你幹了壞事，應該去死。」那怪物連連乞求，王某就是不答應。

　　怪物說：「既然你不放我，能不能把你的名字告訴我？」屢屢相問，王某也不說。

　　到了家中，王某將怪物燒死，從此之後再也沒有發生怪事。

　　後來，有人告訴王某，那怪物就是山臊，如果將自己的名字告訴牠，牠就會把這個人害死。

　　——此怪記載於漢代東方朔《神異經》、南北朝任昉《述異記》

975 深目人

　　深目國的人總是舉起一隻手，手上長著一顆眼睛。

　　——此怪記載於戰國《山海經·卷八》

976 身中鳥

唐朝有個姓李的書生，家在隴西，他的左乳處長著一個巨大的囊腫，化膿潰爛，十分痛苦。有一天，這個大囊腫破掉了，有一隻小鳥從中飛出，很快就不見了。

唐代，有個叫李言吉的人，左眼長著一個大瘤，切開之後，有一隻黃鸝鳴叫著從裡面飛了出去。

清代，內閣學士札郎阿曾經親眼看到親戚家的一個婢女，脖子上長瘡，一天，一隻白色的蝙蝠從裡面飛了出來。

——此怪記載於唐代張讀《宣室志》、清代紀昀
《閱微草堂筆記‧卷十六》

977 神獒

清代，北京宣武門外傳說有神獒，經常在夜裡出現，後面跟著成百上千的狗。如果有人碰到，就會被牠吃掉。這個傳說已經有很久了。

有個叫儲悍甫的人，一個冬天的晚上在朋友家喝酒，喝醉了挑著燈籠回家，經過菜市口的時候，看見一條巨大的狗趴在地上舔東西。那一天，菜市口正好處決犯人，那大狗舔的正是人血。儲悍甫大聲喝斥，那狗抬起頭，但見牠雙目如炬，根本就不是一般的狗，過了一會兒，騰空而去。儲悍甫嚇了一大跳，回來就生病，不久後就過世了。

他碰見的，正是那隻神獒。

——此怪記載於清代俞樾《右台仙館筆記‧卷九》

978 蜃氣

山西平遙有個姓陶的商人，為了販賣貨物而去巴里坤，路過青海湖。當時，大雨剛剛停下，青海湖上濃霧籠罩，看不清山色。陶某喜歡這景色，就停下來站在一棵樹下欣賞。過了一會兒，他隱隱看到海中並列出現兩座山，中間有一抹雲氣。雲氣逐漸變寬，裡面出現一座佛塔，金光

四射，數一數，一共五層，不久變成了九層，然後變成十三層，圍繞那座塔，周圍有無數的亭臺樓閣，千層萬疊，顏色如同五色玻璃，出沒隱現，快速變化。

陶某是個做買賣的，不知道有蜃氣這回事，等碰到當地人詢問，才搞清楚。

——此怪記載於清代和邦額《夜譚隨錄·卷一》

979 上方山寺怪

房山縣上方山有個寺院，寺院分上院和下院，相距不遠，上院已經被遺棄，封閉多年。有兩個無賴強迫僧人打開，結果沒有發現什麼異常。

僧人說：「上代的師父就叮囑，說這裡有妖怪。」

無賴說：「胡說八道，哪有什麼妖怪！今天晚上，我們就住在這裡。」

於是，兩個無賴帶來酒肉，大吃大喝。他們正要睡覺的時候，忽然聽到有敲門聲。無賴以為是僧人，沒有搭理，過了一會兒，他們聽到有東西拆窗戶，只見一隻如大傘的黑手伸了進來。

兩個無賴拿起劍就砍，對方發出痛苦的哀嚎聲。無賴嚇了一大跳，趕緊跑到下院，藏在僧人的房間裡。僧人說：「你們兩個，真是害苦我了！」

夜裡，只聽見上院雷霆作響，傳來金戈交鳴之聲。第二天去看，整個上院片瓦不存。

——此怪記載於清代趙起士《寄園寄所寄·卷之五》（引《宿海手抄》）

980 狌狌

譙（ㄑㄩㄝˋ）山上有一種怪獸，身形如同猿猴，長著白色的耳朵，跑的時候四肢著地，走路的時候直立如人，名為「狌狌」（ㄕㄥ ㄕㄥ）。人吃了牠的肉，就會變得善於行走。

——此怪記載於戰國《山海經·卷一》

981 勝遇

　　玉山中有一種禽鳥，身形像野雞卻全身是紅色，名為「勝遇」，能吃魚類，發出的聲音如同鹿在叫。牠一出現，就會使那個國家發生水災。

——此怪記載於戰國《山海經‧卷二》

982 聖

　　西南大荒中，有妖物像人，高一丈，肚子周圍九尺，踩著鬼蛇，頭戴朱鳥的羽毛，右手拿著青龍，左手拿著白虎，知道山石有多少，知道河海有水多少，知道天下鳥獸的語言，知道百穀草木的鹹苦，名為「聖」，也叫「哲」，或者「先」、「無不達」。如果人看到了，跪拜它，就會變得聰明。

——此怪記載於漢代東方朔《神異經》

983 日及

　　傳說大月氏有一種牛名為「日及」，今天割肉三、四斤，明天就會瘡瘢重新長出來。漢人來到大月氏，當地人就會牽出這種牛，像珍寶一樣展示。

——此怪記載於晉代郭璞《玄中記》

984 戎宣王尸

　　大荒之中有座山叫融父山，山上有種赤色的怪獸，長得像馬，卻沒有腦袋，名為「戎宣王尸」。

——此怪記載於戰國《山海經‧卷十七》

985 狨

　　明代，有個叫陳貞的人，父親在寶雞當縣令，曾經在集市上看到有人賣一張皮子，像是猿猴，但是尾巴很長，尾巴的毛是紅色的，就問對方，對方說是狨。

　　賣皮子的人說，山林之中，猿猴千百成群，採拾山裡的核桃吃，當狨出現的時候，猿猴一個個俯首貼耳，不敢看牠。狨就觀察一下猴群，看到長得肥的，就拿來小石頭或落葉，放在那隻猿猴的頭頂上，被挑中的猿猴就會自己走出來，被狨吃掉。

　　四川有很多的狨，鼻孔反向翻著朝天，一看到雲層聚集，聽到雷聲，就會躲到隱蔽處，用樹葉蓋住鼻子，如果雨水掉進鼻孔裡，牠們就會死掉。

——此怪記載於明代徐樹丕《識小錄・卷之三》、清代劉獻廷
《廣陽雜記・卷三》、清代鈕琇《觚賸續編・卷四》

986 柔利人

　　柔利國在一目國的東面，那裡的人是一隻手、一隻腳，膝蓋反長，腳彎曲朝上。

——此怪記載於戰國《山海經・卷八》

987 肉球

　　清代，廣西鎮安府只有一個通判，官府衙門十分荒涼，通判每次辦公時，都會看到有兩個大肉腳從屋簷上伸下來，接著有個巨大的肉球滾到案前。後來，通判實在忍不住，就去捉肉球，那東西跳跳閃閃，消失不見了。

——此怪記載於清代鈕琇《觚賸・卷八》

988 肉翅虎

肉翅虎這種怪物，出自石抱山，也有說在廣西峒谿裡，早晨潛伏，中午出現，比虎小，脅下生有雙翅，翅膀如同蝙蝠，飛的時候吃人，人很難抓到牠。肉翅虎的皮，傳說可以辟鬼。

——此怪記載於清代王士禎《居易錄·卷十六》、清代陸祚蕃
《粵西偶記》

989 蚺蛇

交趾金溪究山有大蛇，名為「蚺（ㅁㅋˊ）蛇」，可以長到十丈多長，七、八尺粗，經常躲在樹上，等鹿經過時，就低頭纏繞鹿，一口吞下。

傳說蚺蛇性淫，見到婦女的衣裳，就會用頭戴著旋轉起舞。

要想捕捉這種大蛇，則要在牠經常出沒的地方，將許多木椿打在地上，僅僅能容納牠通過。一個人揚起婦女的衣裳引誘牠，其他人埋伏在左右。蛇看見衣裳，就會昂起頭來追，引誘的人退到木椿這頭，蛇也會跟著來。因為蛇身很粗，到了木椿的狹窄處會移動不便，埋伏的人一擁而上，就能殺了牠。蚺蛇的牙和膽都是珍貴之物，尤其是蛇牙，長六、七寸，是難得的辟邪之物，一枚蛇牙可以換來幾頭牛。

——此怪記載於南北朝酈道元《水經注·卷三十七》、清代吳震方
《嶺南雜記·下卷》、清代朱翊清《埋憂集續集·卷一》

990 髯公

八荒之中有種毛人居住在那裡。毛人高七、八尺，形體像人，身子和頭上都有毛，則又像獼猴。毛人的毛長一尺多，短而蓬鬆，見到人就閉上眼睛，張開口伸出舌頭，上嘴唇能蓋上臉，下嘴唇能蓋上胸，喜歡吃人。牠們之間常用舌鼻相拉一起遊戲，如一方不伸舌頭，另一方就馬上走了。這種毛人名叫「髯公」，俗稱「髯麗」，又名「髯狎」。幼年的髯公是很嚇人的。

——此怪記載於宋代李昉等《太平廣記·卷第四百八十》

991 冉遺魚

英鞮山上生長著茂密的漆樹，山下蘊藏著豐富的金屬礦物和玉石，禽鳥野獸都是白色的。涴水從這座山發源，向北流入陵羊澤。水裡有很多冉遺魚，長著魚的身子、蛇的頭和六隻腳，眼睛長長的像馬耳朵。人吃了牠的肉，就能睡覺不做惡夢，也可以辟凶邪之氣。

——此怪記載於戰國《山海經‧卷二》

992 人馬

人馬這種怪物，長著鱗甲，模樣如同大鯉魚，手足耳目以及鼻子，跟人一模一樣。如果看到人，牠就會跳入水中。

——此怪記載於晉代崔豹《古今注‧卷中》

993 人面豆

清代，保陽有個老農，以種瓜為生。家裡有幾畝地的甜瓜，親自澆灌，等瓜熟了，他發現瓜上長出了一張人臉，口眼耳鼻都有，而且表情十分悲慘。老農覺得不祥，就把瓜扔進河裡，這一年，他的一個兒子和一個侄子到山東去，結果被盜賊殺了。

後來，有個客商從南面過來帶著十幾個黃豆，上面也長著人臉，經常拿出來給人看，聽說出產黃豆的地方，也遭到兵災，很多人都死了。

據說上谷的一戶人家，家裡的黃豆也突然長出了人臉，有男有女，有老有少，表情悲苦。

明代，南京城胡惟庸的丞相府有棵五穀樹，這樹上會長出麥、黍等五穀。後來，胡惟庸被處死的那年，樹上長出黃豆，黃豆上全都長出了人臉。

傳說五穀如果長出人臉，就意味著會發生刀兵之災。

——此怪記載於清代李慶辰《醉茶志怪‧卷四》、清代朱翊清
《埋憂集‧卷七》

994 人面豬

　　清代，杭州雲棲寺放生的地方有人面豬，平湖人張九丹曾經親眼見過。這頭豬長著人的臉，羞於被人看見，如果看到人就趕緊低下頭，去拉牠的時候，牠就消失了。

──此怪記載於清代袁枚《子不語‧卷二十四》

995 人同

　　清代，在漠北蒙古喀爾喀河附近，有一種怪獸長得似猴非猴，名為「人同」，當地人稱之為「噶里」。這種怪獸常常窺視居民的蒙古包，向人討要食物，有的還討要小刀、煙具一類的東西。如果被人喝斥，就會丟下這些東西跑掉了。

　　有一位將軍曾經養過一隻，使喚牠幹活，居然幹得很好。

　　過了一年，將軍任期滿了，要回去，這隻人同站在將軍的馬前，淚如雨下，跟了十幾里，也不願意離開。

　　將軍說：「人也罷，獸也罷，都有自己的故鄉，你不能跟我回去，就如同我不能跟著你住在這個地方一樣。天下沒有不散的筵席，送君千里，終須一別，咱們就在這裡分別吧。」

　　人同聽了，悲傷地叫喊，離開後，即便走得遠了，還屢屢回頭看。

──此怪記載於清代袁枚《子不語‧卷六》

996 人虹

　　南北朝時代，太原有個叫溫湛的人，他的一個奴婢看到一個沒有五官的老太婆對著自己哭泣，很害怕，就告訴溫湛。溫湛抽出刀追逐那個老太婆，老太婆變成一道紫虹，伸展到雲層裡，消失了。

──此怪記載於南北朝劉敬叔《異苑‧卷一》

997 人蛇

人蛇，長七尺，漆黑如墨，長著人的腳，可以像人一樣站著走路，成群結隊出行，看到人就會嬉笑，笑完了，就把人吞吃。不過，這種蛇走路很慢，聽到牠的笑聲後，迅速奔跑就能逃脫。

——此怪記載於清代陳元龍《格致鏡原·卷九十九》

998 人神

有個胡秀才的手指上長了肉瘤，想用艾草燒掉，有人告訴他說：「今天人神在你的指頭裡，不能燒，改天吧。」胡秀才不聽，就找來艾草灼燒，過了七天，肉瘤發作，皮剝去一層，看到一張人臉在裡面。胡秀才不久就死去了。

——此怪記載於宋代洪邁《夷堅志·夷堅丙志·卷第八》

999 足訾

蔓聯山上沒有花草樹木。山中有一種野獸，身形像猿猴，卻長著鬣毛，還有牛一樣的尾巴、長滿花紋的雙臂、馬一樣的蹄子，一看見人就呼叫，名為「足訾（ㄗˇ）」。

——此怪記載於戰國《山海經·卷三》

1000 宗彝

貴州思南這個地方有座山叫甑峰，處於群山之中，形狀如同甑（註：古代蒸飯的一種瓦器），故而得名。方圓百里沒人居住在這座山，裡面的草木都和別的地方不一樣。

山裡有怪獸，名為「宗彝（ㄧˊ）」，長得如同獼猴，在樹上做巢，年老的住在高處，子孫住在下面。年老的不會出去，子孫找到了果實，

就會往上傳，供給年老的吃。年老的不吃，下面的子孫是不敢吃的。

因為宗彝的這種特性，所以古代的帝王們將牠的形象繡在衰服（禮服）上，看中的就是宗彝的孝道。

——此怪記載於清代趙起士《寄園寄所寄·卷之七》（引《侯鯖錄》）

1001 鑿齒

鑿齒是傳說中居住在中國南部沼澤地帶的怪獸或巨人，長有像鑿子一樣的長牙，手中持有盾和矛。

據說鑿齒掠食人類，黃帝命令后羿前往討伐，經過激烈的搏鬥，后羿在昆侖山追上了鑿齒並將他射殺。

——此怪記載於戰國《山海經·卷六》、漢代劉安《淮南子·第八卷》

1002 灶下銅人

有個叫張縝的人，擅長彈琴，技藝高超。張縝的妻子很早就在江陵亡故，便納了一個小妾，十分美麗。

有一天，廚師在鍋灶下發現一個銅人，長一寸多，赤紅如火，很快就變大，最後高一丈多，樣貌很嚇人，走入張縝的房間，抓住那個小妾，把她吃掉了。吃掉後，銅人逐漸變小，走入鍋灶下面，消失不見了。

——此怪記載於宋代李昉等《太平廣記·卷第三百六十六》
（引《聞奇錄》）

1003 騶吾

林氏國有一種珍奇的野獸，大小與老虎差不多，身上有五種顏色的斑紋，尾巴比身子長，名為「騶（ㄗㄡ）吾」，騎上牠可以日行千里。

——此怪記載於戰國《山海經·卷十二》

1004 騶虞

騶虞是傳說中的一種怪物，形如長著黑色條紋的白虎，尾巴比身體還要長，不吃人，只吃已死野獸的肉，有至德之信。

周文王被囚禁在羑（ㄧㄡˇ）里的時候，曾經抓住這種怪獸，獻給紂王。

晉代隆安年間，新野這個地方曾經出現過騶虞。

南朝宋元嘉二十六年，琅琊當地有一隻白色的騶虞出現，後面跟著兩頭紅色的老虎。

——此怪記載於春秋《詩經》、漢代伏勝《尚書大傳》、漢代許慎
《說文解字·卷五》、南北朝沈約《宋書·卷二十七》、唐代房玄齡
《晉書·卷七》等

1005 茈魚

東始山上多出產蒼玉，泚水從這座山發源，向東北流入大海。水中有很多茈（ㄘˇ）魚，身形像一般的鯽魚，卻長著一個腦袋、十個身子，牠的氣味與蘼蕪草相似，人吃了就不放屁。

——此怪記載於戰國《山海經·卷四》

1006 從從

柎狀山上有豐富的金屬礦物和玉石，山下有豐富的青石碧玉。山中有一種野獸，身形像一般的狗，卻長著六隻腳，名為「從從」。

——此怪記載於戰國《山海經·卷四》

1007 廁怪

古代人認為廁所裡陰暗汙穢，而且往往位於家裡偏僻的地方，所以經常會出現很多妖怪，其中一種稱為「廁怪」。

南北朝時代，樊城有個叫李頤的人，他的父親向來不相信妖魔鬼怪，所以就以便宜的價格買了一所凶宅。

有一天，李父去上廁所，看到裡面有個怪物，如同竹席那麼大，高五尺多。李父拔出刀砍了過去，怪物被劈成兩半，掉下來，變成了兩個，再橫砍一刀，又變成了四個。這時，怪物奪過李父的刀，把他殺死了，然後拿著刀闖入家裡，殺死了很多家人。

唐代，楚丘的主簿王無有剛娶了妻子，妻子雖然漂亮但喜歡吃醋，嫉妒心很強。

有一次，王無有病了，要去廁所，卻渾身無力，想和侍女一起去，妻子不答應。王無有只能一個人去廁所，看見裡面有個東西背對自己坐著，皮膚很黑，而且長得很健壯。王無有以為是家裡的僕人，就沒有在意。過了一會兒，他正在方便時，這個東西轉過頭，只見牠眼睛深凹，鼻子巨大，虎口鳥爪，面目猙獰。

怪物對王無有說：「把你的鞋給我。」王無有很害怕，還沒來得及回答，那怪物就直接拿掉了他的鞋，放在嘴裡嚼，像吃肉那樣，鞋被嚼得冒出了血。

王無有驚魂未定，回來後趕緊告訴妻子，責怪她說：「我有病到廁所，僅僅想讓一個婢女送我，你就堅決阻攔。果真遇到妖怪！」

妻子還不信，就拉著他一起去看，兩人到廁所時，妖怪又出現了，奪了王無有的另一隻鞋，丟進嘴裡嚼。王妻也嚇壞了，趕緊拉著丈夫跑了回來。

又過了一天，王無有到後院，怪物出現了，對王無有說：「來來來，我把鞋還給你。」說完，就把鞋扔在王無有旁邊，奇怪的是，鞋並沒有損壞。

王無有請巫師來，想搞清楚到底是怎麼回事。

巫師做了法，和怪物溝通，怪物對巫師說：「王主簿的官祿做到頭了，還有一百多天活頭，不趕緊回老家，就會死在這裡。」王無有於是趕緊返回老家，到一百天的時候，果然死了。

　　　　——此怪記載於晉代陶潛《續搜神記·卷七》、唐代牛肅《紀聞·卷七》

1008 廁神

廁神並不是神，而是指廁所裡出沒的一種妖怪。

東晉時，有個叫陶侃的人，一次上廁所，看見有好幾十人，都拿著大印。其中有個穿單衣、繫頭巾的人，自稱是「後帝」，對陶侃說：「你身分尊貴，所以我就來瞧瞧你。如果你三年內不說見到我的事，就會有大富貴。」陶侃站起來，那個人就消失了。再看茅坑裡有大印作「公」字，《雜五行書》上說：「廁所的神叫後帝。」

南朝宋時代，宣城太守刁緬，當初做玉門軍使的時候，有個妖怪，身形像大豬，全身都有眼睛，出入在廁所裡，遊行在院內。刁緬當時不在家，官吏兵卒有一千多人看見牠。過了幾天，刁緬回家，舉行了一場祭祀，廁神就消失了。十天後，刁緬升到伊州做刺史，又調轉做左衛率、右驍衛將軍、左羽林將軍，從此富貴了。

唐代，吳郡有個人叫陸望，寄住在河內這個地方，表弟王升和陸望住得很近。有一天早晨，王升拜會陸望，走到村莊南邊已經死去的村人楊侃的宅院裡，忽然看見一個怪物，兩手按著廁所，大耳朵，眼睛深凹，虎鼻豬牙，面容呈紫色而且斑斑點點，直看著王升。王升驚恐而逃，看見陸望就說了這件事。陸望說：「我聽說看見廁神，可能會有不好的事情發生。」王升回家後就死了。

——此怪記載於南北朝劉敬叔《異苑·卷五》、唐代牛肅《紀聞·卷七》、宋代李昉等《太平廣記·卷第三百三十三》（引《紀聞》）

1009 曹公船

安徽無為有個地方叫濡須口。三國時代，曹操為了報火燒赤壁之仇，起兵四十萬與東吳大戰，結果兩次都無功而返。

據說，濡須口有一條大船，船身沉沒在水中，水小的時候，它就露出來了。當地的老人們都說：「這是曹操的船。」因此，稱其為「曹公船」。

曾經有一個漁夫，夜裡停宿在它旁邊，把自己的船縛在這條大船上，只聽見那船上傳來吹奏竿笛、彈撥絲弦以及歌唱的聲音，又有非同尋常

的香氣飄來。漁夫剛入睡，便夢見有人驅趕他說：「別靠近官家的歌妓。」傳說曹操載歌妓的船就沉在這裡。

——此怪記載於晉代干寶《搜神記·卷十六》

1010 四老太

清代，雲南大理趙州西門外十八里，有個深潭，那裡塑著一個女子的像，當地人都稱之為「四老太」。

每到發生乾旱的時候，官府就寫下文牒送往城隍廟，然後到四老太面前祭祀。祭祀時，會有一個巨大的瓢浮現於水面，然後出現一條魚，狀如蜥蜴，魚鱗魚尾，四腿五爪。

官府讓老百姓敲鑼打鼓，將這條怪魚抬到城隍廟，放置在几案上，大雨很快就會瓢潑而下。求雨成功後，官府還會祭祀，並將四老太送回深潭。

——此怪記載於清代東軒主人《述異記·卷下》

1011 兕

兕（ㄙˋ）的長相似牛，頭上一隻角，又叫獨角獸，象徵文德。古人經常將兕的形象刻在青銅器上做為裝飾。

還有一種說法，說兕長得像老虎，但是比老虎小，不吃人，夜間喜歡獨自站在山崖絕頂，聽泉水的聲響，直到天亮禽鳥鳴叫，才返回巢穴。

商末，姜子牙為西周的司馬，帶領軍隊伐紂王，到黃河孟津渡的時候，對手下大聲說：「倉兕！」所謂的倉兕，是水中的怪獸，過河的時候一定要快，慢了，倉兕就會把船打翻。

——此怪記載於戰國《山海經·卷二》，明代王圻、王思義《三才圖會·
鳥獸四卷》，明代張岱《夜航船·卷十七》

1012 碎蛇

傳說雲南孟艮這個地方，有一種怪物叫「碎蛇」，每天都會爬上樹，掉下來就會摔得粉碎，不過很快又會聚合成一條蛇，蜿蜒爬走。如果得到這種蛇，治療跌打損傷、斷骨的效果很好。

——此怪記載於清代趙翼《簷曝雜記·卷三》

1013 酸與

景山上向南可以望見鹽販澤，向北可以望見少澤，山北陰面多出產赭石，山南陽面多出產玉石。山裡有一種禽鳥，身形像一般的蛇，卻長有四隻翅膀、六顆眼睛、三隻腳，名為「酸與」。牠出現的地方會發生使人驚恐的事情。

——此怪記載於戰國《山海經·卷三》

1014 竦斯

灌題山中有一種禽鳥，身形像一般的雌野雞，卻長著人的面孔，一看見人就跳躍，名為「竦（ㄙㄨㄥˇ）斯」。

——此怪記載於戰國《山海經·卷三》

1015 掃晴娘

掃晴娘是中國民間祈禱雨止天晴時，掛在屋簷下的剪紙婦人像或娃娃像，流行於北京、陝西、河南、河北、甘肅、江蘇等地。

元代，李俊民所作〈掃晴婦〉一詩寫道：「捲袖搴裳手持帚，掛向陰空便搖手。」明清兩代，掃晴習俗在中國民間盛行，實際上，這是一種中國民間止雨的巫術活動，如同貼龍王像祈雨一樣，為的是止斷陰雨，以利曬糧、出行。

掃晴娘的形象是一個手提掃帚的女子或娃娃，也有頭上長出蓮花、雙手拿著笤帚的。

清代，每到六月的雨季，如果雨天連綿不晴，北京的婦女就會用紙剪出掃晴娘，貼在門楣上，以祈求它能夠掃去陰霾，迎來晴天，以利曬糧、出行。

——此怪記載於清代富察敦崇《燕京歲時記》等

1016 搜山大王

宋代，溫州瑞安有個道士叫王居常，後來還俗，去山東做生意，被捉拿，逃脫跑到了開封，晚上夢到有人對他說：「你明天應當死，如果遇到一個騎著白馬、帶著弓箭的人，就是殺你的人，趕緊叫他搜山大王，求他饒你一命。如果他笑，你就能活命，如果他發怒，你必死無疑。這是因為你前世曾經殺過人，是你的報應。」

第二天，王居常在深山中行走，果然看到一個帶著弓箭騎白馬的人，趕緊跪拜喊「搜山大王饒命」，那人大笑而去。王居常因此活命，回到家鄉，讓人畫了那人的像，虔誠供奉。

——此怪記載於宋代洪邁《夷堅志·夷堅甲志·卷第七》

1017 三身人

三身國在夏后啟所在之地的北面，那裡的人都長著一個腦袋、三個身子。

——此怪記載於戰國《山海經·卷七》

1018 三首人

三首國的人，都是一個身子、三個頭。

——此怪記載於戰國《山海經·卷六》

1019 三足鱉

從山上到處是松樹和柏樹，山下有茂密的竹叢。從水由這座山的山頂上發源，潛流到山下，水中有很多三足鱉，長著叉開的尾巴。人吃了牠的肉，就不會患疑心病。

——此怪記載於戰國《山海經·卷五》

1020 三足烏

三足烏被認為是太陽之精，之所以長了三足，是因為陽是奇數。

漢章帝元和二年，三足烏雲集沛國，元和三年，代郡高柳這個地方有烏鴉生下三足烏，大如雞，紅色，頭上長著一寸多長的角。

北周明蒂二年秋七月，順陽獻三足烏，群臣上表，認為是大祥瑞，於是大赦天下。

——此怪記載於漢代劉珍等《東觀漢記校注·卷二》、南北朝范曄《後漢書·志第十》（注引《靈憲》）、宋代李昉等《太平御覽·卷第九百二十》（引《春秋元命苞》）

1021 喪門

宋代，有個叫楊國寶的人，元祐年間擔任開封府的推官。楊國寶有個妹妹，是個寡婦，住在他的家裡。

楊妹妹有個丫鬟，有一天忽然好像得了喪心病，整天胡言亂語，有時候把土堆成墳墓的形狀哭泣，人們都覺得不祥，就要楊國寶把她趕走。楊國寶不聽。

有一天，楊國寶做了一個夢，夢見一條蛇，腦袋上戴著帽子。傳說蛇頭戴冠，名為「喪門」，大不祥。果然，過了不久，楊國寶一家十幾口全都死了。

宋代，有個叫范迪簡的人看中一棟宅子，想要買，但人們都說裡面有妖怪，不能買。范迪簡就帶著僕人埋伏在屋子裡，看到一個怪物，人頭蛇身，往來穿梭。眾人一擁而上，抓住牠，煮了。宅子也就平安了。

有人說，那東西就是喪門。

崇禎十六年春天，北京有個巡捕軍士在棋盤街值守，半夜，一個老頭叮囑他們說：「夜半子時，如果有個穿著孝服的女子哭哭啼啼從西邊朝東邊來，一定不能讓她經過，如果經過了，那就會帶來禍害。我是此處的土地神，特意來告訴你們。」後來，軍士果然看到一個像老頭說的那樣的婦女過來，他便阻攔，不讓過，女子就返回了。

沒想到，軍士太睏了，他睡著時，女子穿過，去了東邊，等返回來的時候，她踢醒軍士，說：「我是喪門，奉命要懲罰這裡的人，你竟然聽老頭的話不讓我過！等著吧，我給你好看！」說完，女子就消失了。

軍士感到害怕，回家告訴家人，還沒說完，就死了。不久後，北京就發生了瘟疫。

——此怪記載於宋代張耒《明道雜誌》、宋代方勺《泊宅編·卷三》、清代趙起士《寄園寄所寄·卷之五》（引《綏史》）

1022 一臂人

一臂國在三身國的北面，那裡的人都是一隻手臂、一顆眼睛、一個鼻孔。

——此怪記載於戰國《山海經·卷七》

1023 一目人

一目國在鐘山的東面，那裡的人是在臉的中間長著一顆眼睛。

——此怪記載於戰國《山海經·卷八》

1024 一足蛇

清代，貴州的一個村子，百姓家裡懸掛一個東西，長著閃亮的鱗甲，已經做成臘肉，風乾了。

村民說，離村子五里地有座山，大家經常去那裡砍柴。山腳是行人來來往往的大路，旁邊有一棵極大的枯樹。樹裡面藏著一條蛇，長著人的腦袋、驢的耳朵，耳朵能搧動發出聲響，鱗甲如同松樹皮，而且只有一隻腳，如同龍爪，吐著長長的信子，跳躍著行走，速度極快。這條蛇藏在樹洞裡，靠近行人噴出毒氣，行人就會昏倒，然後蛇就將信子伸入人的鼻子裡吸血。

村裡面願意花重金請人幫忙除掉這條蛇，但沒人敢來。

過了好幾年，有兩名乞丐答應幫忙，索要了很多金銀。乞丐用唾液塗滿全身，赤裸著身體去引誘。蛇果然出現。這兩名乞丐急忙跑到道路旁邊的田地裡，蛇追過去，陷入泥中，無法動彈。接著，他們跳起來，在長木竿上綁上刀，砍掉了牠的腦袋。

蛇死後，村民家裡凡是有被牠害過的，都爭相去分割蛇的肉，並且做成臘肉，掛在屋裡。

——此怪記載於清代袁枚《子不語·卷十八》

1025 移池民

傳說員嶠山這個地方，有個移池國，這個國家的人都高三尺，可以活一萬年。他們以茅草為衣服，穿著長長的褲子、袖子很大的衣服，可以憑藉風到煙霞之上。移池民都長著雙瞳，眉毛修長，耳朵也很大，以九天正氣為食，可以死而復生。

——此怪記載於晉代王嘉《拾遺記》

1026 驛舍怪

宋代元豐八年，有個叫侯元功的人和三個同鄉去考試，在道路旁邊的一個驛舍借宿。

屋子四角都有榻，四個人就各自選擇了一個休息。跟隨的兩個僕人圍著火堆，坐著烤火，忽然聽到屋子西北角傳來聲響，一個長得像豬的

東西跑出來，爬到榻上，從頭到腳地聞一個書生，很快的，那人就抽搐不止。過了一會兒，那東西又跑去聞另一個人，接著是下一個人，最後來到侯元功的床榻前。僕人趕緊去追趕，那東西逃竄而去。侯元功醒來，聽僕人訴說一遍，趕緊叫醒另外三人，三人都說夢見一個怪獸壓著自己的身體，不知道是什麼。

侯元功聽了，心中暗喜。後來，侯元功考取了功名，而另外三個人都沒有考中，病死在京師。

——此怪記載於宋代洪邁《夷堅志·夷堅甲志·卷第四》

1027 鴨磚

明代弘治年間，有個叫夏傑的人，到尹山拜訪親戚，夜裡經過夾浦橋的時候，看到水裡面有個東西，叫聲如同鴨子一般。夏傑以為是附近村民丟的鴨子，就追上去抓住了，結果發現是一塊磚頭。

夏傑覺得奇怪，就丟下了磚頭。結果那磚頭又變成了活物，一搖一擺，如鴨子那樣叫喚著跑走了。

——此怪記載於明代侯甸《西樵野記》

1028 鴨人

傳說海外有鴨人國，其人長著人的身體、鴨腳，碰到大雨，就會伸出一條腿，展開腳掌當傘。

——此怪記載於清代陸次雲《八紘荒史》

1029 猰貐

傳說獸裡面最大的叫「猰貐」（ーＹˋ ㄩˇ），龍頭馬尾虎爪，長四丈，非常善於行走，以人為食。如果遇到有道之君，就會隱藏，否則就會出來吃人。

——此怪記載於南北朝任昉《述異記·卷上》

1030 窫窳

少咸山上沒有花草樹木，到處是青石碧玉。

山中有一種野獸，身形像普通的牛，卻長著紅色的身子、人的面孔、馬的蹄子，名為「窫窳」（一ㄚˋ ㄩˇ），發出的聲音如同嬰兒啼哭，是能吃人的。

——此怪記載於戰國《山海經·卷三》

1031 野婆

邕州、宜州的西邊有很多懸崖峭壁、幽深山谷，其中生活著一種名為「野婆」的妖怪，黃色頭髮，披散繚亂，光著身子，光著腳，如同一個老太婆一樣，腰部以下，皮膚耷拉得老長，能遮住膝蓋，上下山谷飛簷走壁，動作靈敏。

野婆的力氣很大，能抵得上好幾個壯漢，而且喜歡偷老百姓家的小孩。當地人知道孩子被野婆偷了，就會聚集村裡的人一起破口大罵。野婆經受不住，就會把孩子還回來。

野婆只有母的，沒有公的，因此經常搶劫男人做配偶。曾經有個野婆被人殺死，一直用雙手護住腰間，剖開後，從她的身體裡得到一枚印章，材質如同碧玉，上面刻著符篆一類的文字。

——此怪記載於宋代周密《齊東野語·卷七》

1032 野狗子

清代順治年間，于七在山東一帶領導了一次頗具規模的農民起義，殺了很多人。

鄉下人李化龍從山中逃回來，正碰上晚上一支軍隊經過。為了避免被殺害，他便僵臥在死人堆裡佯裝死人。軍隊過完後，李化龍還不敢爬起來，睜眼一看，忽然看見周圍掉頭、斷手臂的屍體都站了起來，像小樹林一樣。其中一具屍體的斷頭仍連在肩膀上，嘴裡說道：「野狗子來了，

怎麼辦？」其他屍體也一起亂糟糟地問：「怎麼辦？」過了一會兒，這些屍體都撲哧撲哧倒下了，隨即一點聲音也沒了。

李化龍戰戰兢兢地想爬起來，就看見一個獸頭人身的怪物正趴在死屍堆裡吃人頭，逐一吸人的腦子。他害怕被吃，便把頭藏在屍體底下。怪物來撥弄他的肩膀，想吃他的頭，李化龍就用力趴在地上。怪物弄了好幾次都沒能得到他的頭，就推去蓋在李化龍頭上的屍體，使他的頭露了出來。李化龍十分害怕，慢慢用手摸索腰下，摸到一塊石頭，有碗那樣大，便握在手裡。

後來，怪物找到了李化龍的頭，趴下就想啃。李化龍突然跳起，大喊一聲，用石頭猛擊怪物的頭，結果打中了牠的嘴。怪物像貓頭鷹那樣大叫了一聲，摀著嘴，負痛跑了。牠在路上吐了一些血，李化龍就地查看，在血裡找到了兩顆牙齒，中間彎曲，末端銳利，長四寸多。

——此怪記載於清代蒲松齡《聊齋志異·卷一》

1033 夜郎侯

漢武帝的時候，夜郎這個地方，有個女子在一條名為豚水的河流洗衣服，有一根三節的大竹子流到她的腳下，推也推不走，然後就聽到裡面有哭聲。她把竹子破開後，發現裡面有個小男孩。小男孩長大之後，文武雙全，當地人就推舉他為夜郎侯，以竹為姓。那個大竹子被拋棄的地方，生長出一片樹林。

——此怪記載於南北朝劉敬叔《異苑·卷五》

1034 夜遊神

夜遊神，並不是神，而是傳說中在野外遊蕩的莫名怪物。

清代，有個王某夜行，看見城牆的陰影下有個如同包裹一樣的東西，走近後，發現那是一隻巨大的靴子，有三尺多長，旁邊還有一個。王某抬起頭，發現有個幾丈高的巨人，蹺著二郎腿坐在屋簷上。這時候，有

個人提著燈籠走過來，到了巨人下面，巨人抬起腳，那人彷彿看不見一樣，就走過去了。王某也跟著想過去，卻發現巨人的腳擋住了自己，僵持了一會兒，巨人才消失不見。王某回家後，過了幾天，就死掉了。

同樣在清代，河北有個人正月裡到朋友家裡賭錢，回來的時候已經三更了。他在路上看到有個巨人坐在屋上，幾丈高，戴著紗帽，穿著大袍，很有氣勢。那巨人過了一會兒就不見了，這個人嚇了一大跳，不過，他回來之後，沒發生什麼不幸的事。

——此怪記載於清代李慶辰《醉茶志怪·卷四》

1035 搖牛

移風這個地方有一種怪物叫搖牛，生長在大水之中，經常相互爭鬥，水面都為之沸騰。有時候，搖牛會從水裡來到岸上，家牛見了就怕得急忙躲避。如果人捕獲搖牛，很快就會招來霹靂，當地人稱之為「神女牛」。

——此怪記載於晉代魏完《南中八郡志》

1036 藥獸

傳說上古神農氏的時候，有人進獻了一頭藥獸。如果人生病了，告訴牠，藥獸就會跑到野外，銜回藥草。人將藥草搗碎了，喝下汁水，病就好了。神農就讓風后這個人記載是什麼草治什麼病，時間長了，人們就知道如何治療疾病了。

——此怪記載於明代張岱《夜航船·卷十七》

1037 幽鴳

春山上到處是野蔥、葵菜、韭菜、野桃樹、李樹。山中有一種野獸，身形像猿猴而身上滿是花紋，喜歡嬉笑，一看見人就假裝睡著，名為「幽鴳（一ㄢˋ）」。

——此怪記載於戰國《山海經·卷三》

1038 憂

漢武帝劉徹東巡走到函谷關時，被一個怪物擋住了路。怪物身長好幾丈，身形像牛，黑色的眼睛閃閃發光，四隻腳深深陷進土中，誰也挪不動牠，官員們又驚又怕。

東方朔出主意，叫人拿酒灌那怪物，灌了幾十斛酒後，那怪物終於消失。漢武帝問那是什麼怪物，東方朔說：「這怪物叫『憂』，此地必然是秦監獄的所在地，罪犯們在這裡聚在一起，怨念就產生了這個怪物，只有喝醉了酒才能忘『憂』，所以我才讓人用酒消除這怪物。」

漢武帝聽了，讚歎說：「東方朔，你真是比誰都博學多才啊！」

——此怪記載於晉代干寶《搜神記‧卷十一》

1039 㺀㺀

從硜山上向東可以望見湖澤。山中有一種野獸，身形像普通的馬，卻長著羊一樣的眼睛、四隻角、牛一樣的尾巴，發出的聲音如同狗叫，名為「㺀㺀」（一又／一又／）。牠出現的國家，會有很多奸猾的政客。

——此怪記載於戰國《山海經‧卷四》

1040 遊奕將

有個叫陳堯咨的人，停船在三山磯歇息，有個年老的官吏前來，說明天有大風，如果開船一定會船毀人亡，應當避開。

第二天，天氣晴好，萬里無雲。船工要解開纜繩開船時，陳堯咨阻止了船工。同行的很多船都離岸而去，過了一會兒，黑雲四起，很多船沉沒了。陳堯咨很驚訝。

當天晚上，這個年老的官吏又來了，說：「我實際上不是人，而是江裡的遊奕將，因為他日您將會成為宰相，所以特來相告。」

——此怪記載於宋代周應合《景定建康志‧卷之十九》

1041 遊神

遊神並非神靈，而是一種四處遊蕩的精怪。

清代，有個士兵叫伊五，長得又矮又醜，上司很不喜歡他。

伊五十分貧窮，無法養活自己，有一天晚上，他獨自出城，想上吊自殺。

這時候，他看到一個老頭飄然而來，問：「你為什麼要輕生呢？」伊五如實相告，老頭笑著說：「我看你神氣不凡，可以學習道術。我給你一本書，你好好學，可以一輩子衣食無憂。」

伊五跟著他，走了幾里地，蹚過一條大溪，鑽進蘆葦蕩，曲曲折折，來到一間矮屋子跟前，住在裡面跟著老頭學道術。七天之後學成，老頭和屋子都消失不見，伊五從此過上了富足的生活。

同輩的人都讓伊五請客，有一天在酒樓吃喝，五、六個人花了七千兩百文，大家都沒有這麼多錢，正在為難時，忽然看見一個黑臉大漢拱手出現在旁邊，說：「得知伊五爺在此請客，我的主人讓我來送酒錢。」言罷，拿出錢袋就離開了。打開，數了數，正好七千兩百文。

又有一天，伊五在街道上行走，看見一個騎白馬的人疾馳而過，伊五追上去，喝斥說：「你身上的包裹趕緊給我！」那個人惶恐不安，趕緊下馬，從懷裡掏出一個皮帶，交給伊五就跑了。

旁邊的朋友不解，問伊五。

伊五說：「這裡面裝著的是小孩的魂魄，那個騎馬的人是過往的遊神，專門偷抓人的魂魄，如果不碰到我，恐怕又要有小孩子死掉了。」

說話間，伊五等人進入一條街道，有戶人家哭聲震天，伊五拿出那個皮袋，解開，口對著門縫，從裡面冒出一股濃煙，飄入這戶人家。

過了不久，聽見裡面有人喊：「孩子醒過來了！」一家人破涕為笑。

伊五的朋友都覺得伊五真是神了。

——此怪記載於清代袁枚《子不語‧卷十五》

1042 鹽龍

龍生三卵，其中之一叫吉吊。吉吊這種東西上岸和鹿交配，或者在水邊留下精液，被枯枝、漂浮的木頭沾裹，就會生成鹽龍，可以壯陽。

宋代，蕭注跟隨狄青大敗雲南土人，收繳了很多稀奇珍寶，其中就有一條龍，長一尺多，當地人稱之為「鹽龍」，放在銀盤裡，會從鱗片中滲出鹽，如果泡酒喝，可以壯陽。

──此怪記載於明代徐應秋《玉芝堂談薈·卷三十三》

1043 鼺鼠

如同牛一樣大的老鼠，稱之為「鼺鼠」。

揚州曾經有個怪物渡江而來，長得像老鼠，大如牛，人們都不知道其名字。有個有見識的人聽說了，就說：「這是鼺鼠。我聽說一百斤的老鼠，打不過十斤的貓，為什麼不試驗一下呢？」於是，大家找了一隻十幾斤的大貓，那隻鼺鼠看到貓，嚇得趴在地上，不敢動，最後被貓咬死了。這種老鼠並不常見。有人說：「老鼠吃巴豆，可以長到三十斤。」但是沒人試驗過。

──此怪記載於明代謝肇淛《五雜俎·卷九》

1044 厭火人

厭火國的人，都長著野獸一樣的身子而且是黑色的，火從他們的口中吐出。

──此怪記載於戰國《山海經·卷六》

1045 隱形蛇

安徽舒州的某甲在灊（ㄑㄧㄢˊ）山遇到一條大蛇，殺死了之後，發現蛇長著腳，覺得十分奇怪，就捎了回來，想給人看看。

當某甲走到路邊的時候，碰到幾個縣吏。某甲就對他們說：「我剛才殺的這條蛇，長著四隻腳。」縣吏卻沒看到蛇，問他：「哪裡有蛇？」某甲說：「就在我背上，怎麼會看不見呢？」說完，他就把蛇扔在地上，大家才看到。但是，如果某甲把蛇背在身上，就看不見。大家都覺得很奇怪。

——此怪記載於五代徐鉉《稽神錄·卷二》

1046 羊毛婦

明代萬曆年間，金臺集市上有個婦女揹著羊毛賣，忽然消失不見。過了不久，金臺很多人身上長了巨大的泡瘤，其中不少人活活疼死，挑開泡瘤，裡面只有羊毛。有個道士聽說了，傳下一個藥方：用黑豆蕎麥的粉末塗抹，羊毛脫落，病就好了。

——此怪記載於清代趙起士《寄園寄所寄·卷之五》（引《名醫類案》）

1047 恙

大地的北方有一種怪獸叫「恙」，長得像獅子，吃人。如果人被牠的氣息吹到，就會得病。恙喜歡跑進人的村子，鑽進人的房舍，給人們帶來疾病，百姓為之苦惱。黃帝派人將牠流放到北方的荒野中，所以人們把沒有疾病稱之為「無恙」。

——此怪記載於漢代東方朔《神異經》、漢代應劭
《風俗通義校注·佚文》

1048 英招

丘時水從槐江山發源，向北流入泑水，山上蘊藏著豐富的石青、雄黃，還有很多的琅玕、黃金、玉石，山南面到處是粟粒大小的丹砂，而山北陰面多產帶符彩的黃金白銀。槐江山由英招主管，英招的模樣是馬

的身子、人的面孔，身上長有老虎的斑紋和禽鳥的翅膀，巡行四海而傳布天帝的旨命，發出的聲音如同用轆轤抽水。在山上向南可以望見昆侖山，那裡火光熊熊，氣勢恢宏。

——此怪記載於戰國《山海經‧卷二》

1049 嬰勺

清水從支離山發源，向南流入漢水。山中有一種禽鳥，名為「嬰勺」，身形像普通的喜鵲，卻長著紅眼睛、紅嘴巴、白色的身子，尾巴與酒勺的形狀相似。

——此怪記載於戰國《山海經》

1050 應聲蟲

永州有個人叫毛景，得了怪病，每當說話的時候，喉嚨裡就會有東西跟著說話。

有個道士讓他讀中藥藥物的名字，當毛景讀到「藍」這個字的時候，那東西就不跟著說話了。於是，道士叫毛景取來這種藥物並榨汁喝下，很快的，毛景吐出了一個二寸多長的肉塊，長得跟人一模一樣。

——此怪記載於唐代張鷟《朝野僉載‧卷一》、宋代張杲《醫說‧卷五》、
宋代洪邁《夷堅志‧夷堅甲志‧卷第十五》

1051 無路之人

大地西北海外有一個人，高兩千里，兩腳中間距離一千里，腰圍一千六百里，不吃五穀魚肉，靠喝甘露為生，每天要喝五斗。喜歡在山海間遊蕩，不侵害百姓和萬物，壽命極長，和天地同生。名為「無路之人」，也叫仁、信或神。

——此怪記載於漢代東方朔《神異經》

1052 無啟民、錄人、細人

　　無啟民沒有子嗣，住在洞穴中，吃土。他們的人死了，埋葬後，死者心臟不爛，經過一百年又變成人。錄人膝蓋不爛，埋葬後一百二十年又變成人。細人肝臟不爛，埋後八年又變成人。

——此怪記載於戰國《山海經·卷八》、晉代張華《博物志·卷二》、
唐代段成式《酉陽雜俎·前集卷四》

1053 無腸人

　　無腸國那裡的人，身體高大而肚子裡卻沒有腸子。

——此怪記載於戰國《山海經·卷八》

1054.1055 無手、無頸

　　南北朝梁時代，楊思達任西陽郡太守，正趕上侯景作亂，又加上旱災歉收，飢民就偷盜田裡的麥子。楊思達派個家兵去看守，一抓到偷麥子的人就截斷人家的手腕，一共截了十多個人。這個家兵後來生下一個男孩，天生就沒有手。

　　隋煬帝大業年間，京兆有個獄卒，不知道他叫什麼名字。這個人殘酷兇暴地對待囚犯，囚犯不能忍受這種痛苦，而獄卒卻以此為樂。後來他生了一個兒子，腮下肩上好像有肉枷，沒有脖子，都好幾歲了也不能行走，後來就死掉了。

——此二怪記載於南北朝顏之推《冤魂志》、宋代李昉等《太平廣記·
卷第一百二十》（引《廣古今五行記》）

1056 無損之獸

　　大地的南方有一種怪獸，長得似鹿，卻有豬的腦袋，獠牙尖利，喜歡找人要五穀，名為「無損之獸」。割掉牠身上的肉，肉會自動長出來。

牠的肉可以用來做鮓（ㄓㄚˇ，註：魚類醃製品）的調味料，放入的肥肉不會腐爛變質，吃完了再添肥肉，味道更鮮美。

——此怪記載於漢代東方朔《神異經》

1057 五道將軍

北齊時代，有個人叫崔季舒，做官做到了侍中特進，位高權重。

有一天，他家池子裡的蓮花全變成了戴著帽子的鮮卑人的模樣。他妻子睡覺時，還夢見一個身高一丈多、全身黑毛的怪物，前來逼迫自己。

崔季舒趕緊請來巫師，請對方想辦法。

巫師說：「那個怪物是五道將軍，家裡出現的怪異都和他有關，他出現在家裡，很不吉祥。」

沒多久，院子裡忽然流出血水，有一個像斛（註：一種古代的量器，當時十斗為一斛）那麼大的白色東西，從天而降。崔季舒還看到他家的內廳中有一隻大手，一丈多長，從地裡伸出來，滿屋光亮。他問左右的人看見什麼了，左右都說什麼都沒看見。

不久，崔季舒就被殺了。

——此怪記載於宋代李昉等《太平廣記·卷第三百六十一》
（引《北史》）

1058 餵棗小兒

太原王仲德年少的時候，遭遇盜賊作亂，藏在草叢裡，三天沒吃飯，快要餓死時，有人扶著他的頭說：「起來吃棗。」

王仲德起來，看見一個小孩，高四尺，很快就消失不見了。他再看時，有一包乾棗放在自己面前。

王仲德吃了棗子，身體有了氣力，就趕緊起來逃命了。

——此怪記載於南北朝劉義慶《幽明錄·卷五》

1059 蜼

又高又深的大山之中，有一種怪獸長得如同豹子，經常抬頭看天，如果下雨，就用尾巴遮住鼻子，所以南方的人稱之為「倒鼻猨」。如果捕捉到這種怪獸，用牠的皮當褥子，就十分溫暖舒適。這種怪獸就是冕服上所畫的「蜼」（ㄨㄟˋ）。

——此怪記載於宋代周去非《嶺外代答·卷九》

1060 宛渠民

秦始皇喜歡神仙之術，有宛渠民乘坐著螺舟現身。這種船形狀如同螺殼，沉入海底而水不進入，十分奇異。宛渠民身高都有十丈，知道天地初開時候的事情，能夠攝虛而行，日遊萬里。宛渠國以一萬年為一天，經常陰天，升起雲霧。遇到晴天，天空就會豁然開裂，有黑龍、黑鳳飛下。

——此怪記載於晉代王嘉《拾遺記》

1061 文鰩魚

觀水從泰器山發源，向西流入流沙。觀水中有很多文鰩魚，身形像普通的鯉魚，長著魚一樣的身子和鳥一樣的翅膀，渾身是灰綠色的斑紋，卻是白腦袋和紅嘴巴，常常在西海行走，在東海暢遊，在夜間飛行。牠發出的聲音如同鸞雞啼叫，而肉味酸中帶甜，人吃了牠的肉就可治好癲狂病。牠一出現，天下就會五穀豐登。

安徽歙州的赤嶺山有條大溪水，世俗傳說從前有人橫著溪水架設了捕魚的魚梁，魚不能順流而下，便在半夜時從這個山嶺飛過去，那個造橋的人就在嶺上架網來捕捉魚。有的魚越過網飛過山嶺，有的魚飛不過去就變成了石頭。現在每當下雨時，那些石頭就變成紅色，因而叫它「赤嶺」，浮梁縣也因此而得名。〈吳都賦〉上說「文鰩夜飛而觸綸」，大概指的就是這件事。

——此怪記載於戰國《山海經·卷二》、清代陳夢雷《古今圖書集成·博物彙編·禽蟲典》（引《歙州圖經》）

1062 文文

明水從放皋山發源，向南流入伊水，水中有很多蒼玉。山中有一種野獸，身形像蜜蜂，長著分叉的尾巴和倒轉的舌頭，擅長呼叫，名為「文文」。

——此怪記載於戰國《山海經‧卷五》

1063 聞獜

杏山往東三百五十里有座山，山中有一種野獸，身形像普通的豬，卻是黃色身子、白色腦袋、白色尾巴，名為「聞獜（ㄌㄧㄣˊ）」。牠一出現，天下就會刮起大風。

——此怪記載於戰國《山海經‧卷五》

1064 魚火

清代，會稽有個叫曹�山的人，在集市上買了一條大魚回來，用刀一劈兩半，一半做了菜，一半放在櫥櫃裡。到了晚上，廚房忽然發出光，整個屋子都亮如白晝。曹峑山走進去查看，發現光是從那半條魚的魚鱗上發出來的，十分明亮。

曹峑山很害怕，將那半條魚放在盤中，送入河裡。那光散在水裡，隨波漂動，原先的半條魚變成一條完整的魚，游走了。

曹峑山回來後，家裡發生了大火，這邊澆滅了，那邊就重新燃起，最後衣服、蚊帳、被子都被燒毀，房舍、梁柱卻沒事。大火一連燒了好幾個晚上。

說來也奇怪，吃魚的人都安然無恙。

——此怪記載於清代袁枚《子不語‧卷二十四》

1065 羽民人

羽民國的人都長著長長的腦袋，全身生滿羽毛。

——此怪記載於戰國《山海經·卷六》

1066 雨師妾

雨師妾在湯谷的北面，那裡的人全身黑色，兩隻手各握著一條蛇，左邊耳朵上掛有青色蛇，右邊耳朵掛有紅色蛇。

——此怪記載於戰國《山海經·卷九》

1067 寓鳥

虢（ㄍㄨㄛˊ）山上是茂密的漆樹，山下是茂密的梧桐樹和椐樹，山南陽面盛產玉石，山北陰面盛產鐵。伊水從這座山發源，向西流入黃河。山中有一種鳥名為「寓鳥」，身形與一般的老鼠相似，卻長著鳥一樣的翅膀，發出的聲音像羊叫，人飼養牠，可以辟兵器。

——此怪記載於戰國《山海經·卷三》

1068 蚖

南朝梁時代，南郡臨沮人鄧差在麥城耕田，挖出了好幾斛古銅，因而大富。

有一次，他走路遇到下雨，在一棵皂莢樹下避雨，遇見一個老者。老者對鄧差說：「雖然你富裕了，但明年你家會出現妖怪，很快就會衰敗下去，而且還會發生火災。」鄧差認為這老人是在嚇唬他，想用邪術騙他的錢，就沒理睬。

第二年，鄧差在家裡看見一個東西，有點像鱉，青黑色，有二尺多長，爬進爬出，時隱時現，伸頭縮腦。狗看見後，都圍著牠狂叫。狗一叫，牠就縮頭，家裡人都不敢碰牠。

這樣過了一百多天，有一個農人看見那怪物，說是「蚖」（ㄩㄢˊ）。鄧差用鐮刀砍傷了牠的腳，然後把牠扔到稻子堆下，後來怪物就不見了。接著家裡就著了火，損失慘重。

不久後，鄧差的兒子和侄子先後死去，官府又接連向鄧差派勞役，家裡果然衰敗了下去。

——此怪記載於宋代李昉等《太平廣記·卷第三百六十》

（引《廣古今五行記》）

1069 娾胡

尸胡山上有豐富的金屬礦物和玉石，山下有茂密的酸棗樹。山中有一種野獸，身形像麋鹿，卻長著魚一樣的眼睛，名為「娾（ㄩㄢˇ）胡」。

——此怪記載於戰國《山海經·卷四》

1070 雲蟲

清代，中州的山嶺間，有種怪物長得如同蜥蜴，每當天快下雨的時候，就會從石縫裡出來，密密麻麻來到高處，昂起頭，張開嘴，呼出來的氣息如同珠子，有的青色，有的白色，能湧出幾丈高，逐漸變大，如同陶甕，很快就能變成密雲。山裡的人都將這種怪物稱為「雲蟲」。

——此怪記載於清代鈕琇《觚賸·卷五》

1071 雍和

豐山中有一種野獸，身形像猿猴，卻長著紅眼睛、紅嘴巴、黃色的身子，名為「雍和」，牠出現的國家會發生大動亂。

——此怪記載於戰國《山海經·卷五》

1072 顒

令丘山沒有花草樹木，到處是野火。山的南邊有一峽谷，叫作中谷，東北風就是從這裡吹出來的。山中有一種禽鳥，身形像貓頭鷹，卻長著一副人臉和四顆眼睛，有耳朵，名為「顒（ㄩㄥˊ）」。牠一出現，天下就會大旱。

——此怪記載於戰國《山海經·卷一》

1073 屙彈

永昌郡不韋縣有條河流被當地人列為禁水。河裡面有毒氣，只有十一月、十二月兩個月才能渡過去，從正月到十月，如果有人過河，就會生病死掉。毒氣裡有怪物，看不見牠的形體，只能聽到牠發出來的聲音。這東西往往會從水中投射東西出來，打到木頭上，木頭折斷，打在人身上，人就會受到傷害。當地人稱這種怪物為「屙（ㄜ）彈」。

——此怪記載於晉代干寶《搜神記·卷十二》、晉代魏完《南中八郡志》

1074 訛獸

大地的西南荒生存著一種叫「訛獸」的怪物，身形像兔子，但長著人的臉，而且能說話。牠經常欺騙人，說東其實是西，說惡其實是善。如果人吃了牠的肉，以後就無法說真話了。

——此怪記載於漢代東方朔《神異經》

1075.1076 媼、雞寶

秦穆公的時候，陳倉的一個人挖地，發現一個東西，長得像羊又不是羊，像豬又不是豬，於是便牽著牠，準備去獻給秦穆公。

路上，陳倉人遇到了兩個童子，童子對他說：「你挖到的這個東西，

叫媼（ㄠˇ），生活在地下，吃死人的腦子，如果想要殺牠，可以用柏樹枝插進牠的頭裡。」

這時候，媼突然說話了。牠對陳倉人說：「這兩個童子名叫雞寶，如果你捉到雄的，就能成為王，捉到雌的，就能成為伯。」

陳倉人就捨掉媼，去追趕兩個童子。兩個童子變成野雞，飛進樹林。陳倉人把事情告訴秦穆公，秦穆公派人捕獵，捉到那隻雌的，但是牠變成了一塊石頭。秦文公時代，為這塊石頭建了祠堂，稱之為「陳寶」。至於那隻雄雞，據說飛到了南陽，後來就不知道哪裡去了。

——此二怪記載於三國曹丕《列異傳》、晉代干寶《搜神記·卷八》

1077 傲因

三危山，方圓百里。山上有一種野獸，身形像普通的牛，卻長著白色身子和四隻角，身上的硬毛又長又密，好像披著蓑衣，名為「傲因」，能吃人。

——此怪記載於戰國《山海經·卷二》

1078 耳中人

譚晉玄是縣裡的秀才，特別信奉道術，無論天氣寒冷還是酷熱，都修練不停。修練進行了好幾個月，似乎有點進展。

有一天，譚晉玄正在打坐的時候，突然聽到耳朵裡有人說話，那聲音就像蒼蠅的嗡嗡聲一樣細微，說：「可以看了。」但他一睜開眼就聽不到了，而再閉上眼又能聽到，就像一開始那樣。他以為是腹中的內丹就要修練成了，心中暗暗高興。從此之後，他每次打坐時都能聽到那個聲音，因此，他決定等再次聽到的時候，回應並把話寫下來驗證。

有一天，耳朵裡面又說話了，他就輕輕地回答說：「可以看了。」一會兒工夫，就感覺耳朵裡癢癢的，似乎有東西鑽出來。他稍微斜著眼睛看了一下，是一個三寸高的小人，容貌猙獰，就像夜叉鬼一樣，頃刻

之後就轉移到地上去了。他心中暗暗吃驚，屏氣凝神地觀察那個東西的動靜。此時，鄰居突然來借東西，一邊敲門一邊叫他的名字。小人聽到後，樣子很慌張，繞屋子瞎轉，就像老鼠找不到洞一樣。

譚晉玄感覺魂飛魄散，再也不知道小人到什麼地方去了。於是他就得了瘋病，叫喊不停，請醫吃藥休養了半年，身體才漸漸康復。

——此怪記載於清代蒲松齡《聊齋志異·卷一》

1079 耳翅兒

唐代，葉縣有一個人叫梁仲朋，家住汝州西郭的街南。渠西有個小村莊，他常常早晨去那裡，晚上就回來。

大曆初年，八月十五，夜空澄澈。梁仲朋離開村子，走了十五、六里，來到一個大家族的墓地。墓地周圍栽種的全是白楊樹，此時已經是秋天，落葉紛紛。

二更時分，梁仲朋經過樹林時，聽到林子裡發出怪聲，忽然有一個東西飛了出來。梁仲朋起初以為是驚起來的棲鳥，不一會兒，那東西飛到梁仲朋懷中，坐到了馬鞍上。

月光之下，梁仲朋見牠就像能裝五斗米的籮筐那麼大，毛是黑色的，頭像人，身上有濃重的膻味，眼睛鼓起像個圓球。

怪物對梁仲朋說：「老弟不要怕。」並沒有傷害他，一直跟著梁仲朋走到汝州城門外，忽然向東南飛去了。

梁仲朋回到家好多天，也不敢向家裡人講這件事。

有一天夜裡，梁仲朋和家人在院子裡喝酒，喝得興起，就講了那怪物。沒想到，那怪物忽然從屋頂上飛下來，對梁仲朋說：「老弟說我什麼事啊？」一家老少嚇得一哄而散，只有梁仲朋留了下來。

那怪物說：「今天高興，我就來做個東吧。」牠嘴上這麼說，但也沒看到牠拿出什麼酒菜，反而不停地要酒。

梁仲朋仔細地看了看牠，見牠脖子下面有個瘤，像瓜那麼大，飛起來的時候，兩個耳朵就是兩個翅膀。牠的鼻子大如鵝蛋，長滿了黑毛。

怪物喝了很多酒，醉倒在桌子上。梁仲朋悄悄起來，拿了一把刀，狠狠地砍向怪物，血流滿地。

怪物起來後，說：「老弟，你會後悔的！」說完，就飛走了。

從那以後，梁家就開始死人，三年內，三十口人全都死光了。

——此怪記載於宋代李昉等《太平廣記·卷第三百六十二》

（引《乾子》）

1080 耳鼠

丹熏山上有茂密的臭椿樹和柏樹，在眾草中以野韭菜和野蘘菜最多，還盛產丹臛。熏水從這座山發源，向西流入棠水。山中有一種野獸，身形像一般的老鼠，卻長著兔子的腦袋和麋鹿的耳朵，發出的聲音如同狗嗥叫，用尾巴飛行，名為「耳鼠」。人吃了牠的肉，就不會生腹部鼓脹病，還可以辟百毒之害。

——此怪記載於戰國《山海經·卷三》

部分參考文獻

1、《白澤圖》（敦煌殘卷，法國國家圖書館藏）

2、春秋《詩經》（中華書局，2015）

3、春秋・左丘明《左傳》（中華書局，2012）

4、戰國《管子》（中華書局，2019）

5、戰國《山海經》（中華書局，2011）

6、戰國《周禮》（中華書局，2014）

7、戰國・穀梁赤《春秋穀梁傳》（中華書局，2016）

8、戰國・韓非《韓非子》（中華書局，2010）

9、戰國・屈原等《楚辭》（中華書局，2010）

10、戰國・尸佼《尸子》（華東師範大學出版社，2009）

11、戰國・孫武《孫子兵法》（中華書局，2011）

12、戰國・莊周《莊子》（中華書局，2007）

13、先秦《孔子家語》（中華書局，2011）

14、秦代・呂不韋《呂氏春秋》（上海古籍出版社，2014）

15、漢代《爾雅》（上海古籍出版社，2015）

16、漢代《禮緯》（見安居香山、中村璋八輯《緯書集成》，河北人民出版社，1994）

17、漢代・《尚書中候》（見安居香山、中村璋八輯《緯書集成》，河北人民出版社，1994）

18、漢代・班固《漢書》（中華書局，2007）

19、漢代・伏勝《尚書大傳》（商務印書館，1937）

20、漢代・東方朔《海內十洲記》（上海古籍出版社，1990）

21、漢代・東方朔《神異經》（見程榮輯刻《漢魏叢書》，吉林大學出版社，1992）

22、漢代・董仲舒《春秋繁露》（上海書店出版社，2012）

23、漢代・郭憲《別國洞冥記》（見程榮輯刻《漢魏叢書》，吉林大學出版社，1992）

24、漢代・劉安《淮南子》（中華書局，2011）

25、漢代・劉向《列仙傳》（上海古籍出版社，1990）

26、漢代・劉歆《西京雜記》（上海古籍出版社，2012）

27、漢代・劉珍等《東觀漢記校注》（中華書局，2008）

28、漢代・司馬遷《史記》（中華書局，1982）

29、漢代・辛氏《三秦記》（三秦出版社，2000）

30、漢代・許慎《說文解字》（中華書局，2013）

31、漢代・楊孚《異物志》（中華書局，1985）

32、漢代・應劭《風俗通義校注》（中華書局，1981）

33、漢代・趙曄《吳越春秋》（江蘇古籍出版社，1999）

34、三國・曹丕《列異傳》（文化藝術出版社，1988）

35、三國・沈瑩《臨海異物志》（中華書局，1991）

36、晉代《太上洞淵神咒經》（見《道藏》，上海書店，1988）

37、晉代・崔豹《古今注》（中華書局，1985）

38、晉代・戴祚《甄異傳》（見魯迅校錄《古小説鉤沉》，齊魯書社，1997）

39、晉代・干寶《搜神記》（中華書局，2012）

40、晉代・葛洪《抱朴子》（中華書局，2011）

41、晉代・葛洪《神仙傳》（中華書局，2017）

42、晉代・葛洪《枕中書》（中華書局，1991）

43、晉代・郭璞《玄中記》（見魯迅校錄《古小説鉤沉》，齊魯書社，1997）

44、晉代・皇甫謐《帝王世紀》（齊魯書社，2010）

45、晉代・江微《陳留風俗傳》（見陶宗儀《説郛》，中國書店，1986）

46、晉代・羅含《湘中記》（見陶宗儀《説郛》，中國書店，1986）

47、晉代・陶潛《續搜神記》（上海古籍出版社，2012）

48、晉代・王嘉《拾遺記》（中華書局，2019）

49、晉代・魏完《南中八郡志》（見王叔武輯著《雲南古佚書鈔》，雲南人民出版社，1996）

50、晉代・荀氏《靈鬼志》（中華書局，1985）

51、晉代・張華《博物志》（上海古籍出版社，2012）

52、晉代・祖台之《志怪》（見魯迅校錄《古小説鉤沉》，齊魯書社，1997）

53、南北朝《錄異傳》（見魯迅校錄《古小説鉤沉》，齊魯書社，1997）

54、南北朝《三輔黃圖校釋》（中華書局，2012）

55、南北朝《周地圖記》（見王謨《漢唐地理書鈔》，中華書局，1961）

56、南北朝・東陽無疑《齊諧記》（見魯迅校錄《古小説鉤沉》，齊魯書社，1997）

57、南北朝・范曄《後漢書》（中華書局，2007）

58、南北朝・雷次宗《豫章古今記》（見陶宗儀《説郛》，中國書店，1986）

59、南北朝・酈道元《水經注校證》（中華書局，2007）

60、南北朝・劉敬叔《異苑》（中華書局，1996）

61、南北朝・劉義慶《幽明錄》（文化藝術出版社，1988）

62、南北朝・任昉《述異記》（中華書局，1991）

63、南北朝・沈懷遠《南越志》（見陶宗儀《説郛》，中國書店，1986）

64、南北朝・沈約《宋書》（中華書局，1974）

65、南北朝・蕭子開《建安記》（見王謨《漢唐地理書鈔》，中華書局，1961）

66、南北朝・吳均《續齊諧記》（上海古籍出版社，2012）

67、南北朝・顏之推《冤魂志校注》（巴蜀書社，2001）

68、南北朝・顏之推《顏氏家訓》（中華書局，2011）

69、南北朝・楊衒之《洛陽伽藍記》（中華書局，2012）

70、南北朝・宗懍《荊楚歲時記》（山西人民出版社，1987）

71、南北朝・祖沖之《述異記》（見魯迅校錄《古小説鉤沉》，齊魯書社，1997）

72、隋代・智者大師《釋禪波羅蜜次第法門》（宗教文化出版社，2005）

73、唐代《會昌解頤錄》（《中華野史》第二冊，泰山出版社，2000）

74、唐代・戴孚《廣異記》（中華書局，1992）

75、唐代・丁用晦《芝田錄》（見陶宗儀《說郛》，中國書店，1986）

76、唐代・段成式《酉陽雜俎》（上海古籍出版社，2012）

77、唐代・段公路《北戶錄》（中華書局，1985）

78、唐代・房千里《投荒雜錄》（見陶宗儀《說郛》，中國書店，1986）

79、唐代・房玄齡《晉書》（中華書局，1996）

80、唐代・馮贄《雲仙雜記校注》（西南師範大學出版社，1990）

81、唐代・谷神子《博異志》（中華書局，1980）

82、唐代・皇甫枚《三水小牘》（中華書局，1958）

83、唐代・康駢《劇談錄》（四庫全書本）

84、唐代・李大師、李延壽《北史》（中華書局，1974）

85、唐代・李公佐《古岳瀆經》（見魯迅校錄《唐宋傳奇集》，齊魯書社，1997）

86、唐代・李冗《獨異志》（中華書局，1983）

87、唐代・李泰《括地志輯校》（中華書局，1980）

88、唐代・李延壽《南史》（中華書局，1975）

89、唐代・李肇《唐國史補》（古典文學出版社，1957）

90、唐代・劉恂《嶺表錄異》（廣陵書社，2003）

91、唐代・柳祥《瀟湘錄》（中華書局，1985）

92、唐代・莫休符《桂林風土記》（廣西師範大學出版社，2014）

93、唐代・牛僧孺《玄怪錄》（中華書局，1982）

94、唐代・牛肅《紀聞輯校》（中華書局，2018）

95、唐代・裴鉶《傳奇》（上海古籍出版社，2012）

96、唐代・丘悅《三國典略輯校》（東大圖書公司，1987）

97、唐代・釋道世《法苑珠林校注》（中華書局，2003）

98、唐代・蘇鶚《杜陽雜編》（見《筆記小說大觀》，江蘇廣陵古籍刻印社，1984）

99、唐代・蘇輯《蘇氏演義》（中華書局，2012）

100、唐代・魏征《隋書》（中華書局，1997）

101、唐代・薛用弱《集異記》（中華書局，1980）

102、唐代・余知古《渚宮舊事譯注》（湖北人民出版社，1999）

103、唐代・袁郊《甘澤謠》（見《筆記小說大觀》，江蘇廣陵古籍刻印社，1984）

104、唐代・張讀《宣室志》（上海古籍出版社，2012）

105、唐代・張鷟《朝野僉載》（中華書局，1979）

106、唐代・鄭常《洽聞記》（見陶宗儀《說郛》，中國書店，1986）

107、唐代・鄭處海《明皇雜錄》（中華書局，1994）

108、唐代・鄭綮《開天傳信記》（中華書局，2012）

109、五代・陳蓋《葆光錄》（見傅璇琮編《五代・史書彙編》，杭州出版社，2004）

110、五代・杜光庭《錄異記》（中華書局，2013）

111、五代・耿煥《野人閒話》（見傅璇琮編《五代・史書彙編》，杭州出版社，2004）

112、五代・何光遠《鑑戒錄》（見傅璇琮編《五代・史書彙編》，杭州出版社，2004）

113、五代・劉崇遠《金華子雜編》（山東人民出版社，2018）

114、五代・孫光憲《北夢瑣言》（中華書局，2002）

115、五代・王仁裕《玉堂閒話》（見傅璇琮編《五代・史書彙編》，杭州出版社，2004）

116、五代・徐鉉《稽神錄》（中華書局，1996）

117、宋代《采蘭雜誌》（見陶宗儀《説郛》，中國書店，1986）

118、宋代《異聞總錄》（見《筆記小説大觀》，江蘇廣陵古籍刻印社，1984）

119、宋代《致虛雜俎》（見陶宗儀《説郛》，中國書店，1986）

120、宋代・蔡絛《鐵圍山叢談》（中華書局，1983）

121、宋代・程大昌《演繁露續集》（中華書局，2019）

122、宋代・范成大《吳船錄》（中華書局，2002）

123、宋代・方勺《泊宅編》（中華書局，1983）

124、宋代・郭彖《睽車志》（上海古籍出版社，2012）

125、宋代・洪邁《夷堅志》（中華書局，2006）

126、宋代・黃朝英《靖康緗素雜記》（中華書局，2014）

127、宋代・黃休復《茅亭客話》（上海古籍出版社，2012）

128、宋代・樂史《太平寰宇記》（中華書局，2007）

129、宋代・李昉等《太平廣記》（中華書局，1961）

130、宋代・李昉等《太平御覽》（河北教育出版社，1994）

131、宋代・李石《續博物志》（中華書局，1985）

132、宋代・廉布《清尊錄》（見陶宗儀《説郛》，中國書店，1986）

133、宋代・魯應龍《閒窗括異志》（中華書局，1985）

134、宋代・馬純《陶朱新錄》（中華書局，1991）

135、宋代・梅堯臣《梅堯臣集編年校注》（上海古籍出版社，2006）

136、宋代・龐元英《文昌雜錄》（中華書局，1958）

137、宋代・彭乘《墨客揮犀》（中華書局，2002）

138、宋代・錢儼《吳越備史》（見傅璇琮編《五代史書彙編》，杭州出版社，2004）

139、宋代・錢易《南部新書》（中華書局，2002）

140、宋代・邵博《邵氏聞見後錄》（中華書局，1983）

141、宋代・沈括《夢溪筆談》（中華書局，2016）

142、宋代・蘇軾《蘇軾詩集》（中華書局，1982）

143、宋代・陶穀《清異錄》（上海古籍出版社，2012）

144、宋代・王明清《投轄錄》（上海古籍出版社，2012）

145、宋代・邢凱《坦齋通編》（上海古籍出版社，1992）

146、宋代・曾公亮等《武經總要》（商務印書館，2017）

147、宋代・張杲《醫説》（中醫古籍出版社，2012）

148、宋代・張君房《雲笈七籤》（中華書局，2003）

149、宋代・張耒《明道雜誌》（中華書局，1985）

150、宋代・張師正《括異志》（中華書局，1996）

151、宋代・章炳文《搜神秘覽》（中華書局，1985）

152、宋代・趙溍《養痾漫筆》（中華書局，1991）

153、宋代・周密《齊東野語》（中華書局，1983）

154、宋代·周去非《嶺外代答校注》（中華書局，1999）

155、宋代·周應合《景定建康志》（南京出版社，2009）

156、金代·韓道昭《五音集韻》（明刻本）

157、金代·元好問《續夷堅志》（中華書局，1986）

158、元代《湖海新聞夷堅續志》（中華書局，1986）

159、元代·林坤《誠齋雜記》（見陶宗儀《説郛》，中國書店，1986）

160、元代·陶宗儀《南村輟耕錄》（上海古籍出版社，2012）

161、元代·陶宗儀《説郛》（中國書店，1986）

162、元代·楊瑀《山居新語》（上海古籍出版社，2012）

163、元代·周致中《異域志》（四庫全書本）

164、明代·陳繼儒《偃曝談餘》（中華書局，1985）

165、明代·陳繼儒《珍珠船》（中華書局，1985）

166、明代·董斯張《廣博物志》（上海古籍出版社，1992）

167、明代·方以智《通雅》（中國書店，1990）

168、明代·顧岕《海槎餘錄》（中華書局，1991）

169、明代·侯甸《西樵野記》（清刻本）

170、明代·胡爌《拾遺錄》（四庫全書本）

171、明代·鄺露《赤雅》（中華書局，1985）

172、明代·郎瑛《七修類稿》（上海書店出版社，2001）

173、明代·李時珍《本草綱目》（人民衛生出版社，2005）

174、明代·劉玉《巳瘧編》（明刻本）

175、明代·陸粲《庚巳編》（中華書局，1987）

176、明代·陸容《菽園雜記》（上海古籍出版社，2012）

177、明代·閔文振《涉異志》（中華書局，1985）

178、明代·莫是龍《筆塵》（商務印書館，1936）

179、明代·彭大翼《山堂肆考》（上海古籍出版社，1987）

180、明代·錢希言《獪園》（文物出版社，2014）

181、明代·沈德符《敝帚軒剩語》（中華書局，1985）

182、明代·田藝蘅《留青日札》（上海古籍出版社，1992）

183、明代·王圻、王思義《三才圖會》（上海古籍出版社，1988）

184、明代·王圻《稗史彙編》（北京出版社，1993）

185、明代·王兆雲《白醉瑣言》（明刻本）

186、明代·吳敬所《國色天香》（吉林文史出版社，2006）

187、明代·謝肇淛《滇略》（四庫全書本）

188、明代·謝肇淛《五雜俎》（中國書店，2019）

189、明代·徐樹丕《識小錄》（商務印書館，1916）

190、明代·徐應秋《玉芝堂談薈》（上海古籍出版社，1993）

191、明代·楊慎《丹鉛續錄》（中華書局，1985）

192、明代·楊慎《滇程記》（四庫全書存目叢書本）

193、明代·楊儀《高坡異纂》（明刻本）

194、明代・張岱《夜航船》（中華書局，2012）

195、明代・鄭仲夔《耳新》（中華書局，1985）

196、明代・朱孟震《浣水續談》（明刻本）

197、明代・朱孟震《西南夷風土記》（廣文書局，2005）

198、明代・祝允明《語怪》（見《祝允明集》，上海古籍出版社，2016）

199、明代・祝允明《志怪錄》（四庫全書存目叢書本）

200、清代・采蘅子《蟲鳴漫錄》（見《筆記小説大觀》，江蘇廣陵古籍刻印社，1984）

201、清代・長白浩歌子《螢窗異草》（人民文學出版社，2006）

202、清代・陳恆慶《諫書稀庵筆記》（小説叢報社印本，1922）

203、清代・陳夢雷《古今圖書集成》（中華書局，1985）

204、清代・陳祥裔《蜀都碎事校注》（西南交通大學出版社，2017）

205、清代・陳元龍《格致鏡原》（上海古籍出版社，1992）

206、清代・儲大文《山西通志》（四庫全書本）

207、清代・褚人獲《堅瓠集》（上海古籍出版社，2012）

208、清代・東軒主人《述異記》（上海書店，1994）

209、清代・董含《三岡識略》（遼寧教育出版社，2000）

210、清代・富察敦崇《燕京歲時記》（北京古籍出版社，2000）

211、清代・龔自珍《龔自珍全集》（上海人民出版社，1975）

212、清代・傅恒等《欽定皇輿西域圖志》（清刻本）

213、清代・和邦額《夜譚隨錄》（重慶出版社，2005）

214、清代・黃漢《貓苑》（浙江人民美術出版社，2016）

215、清代・紀昀《閱微草堂筆記》（中華書局，2014）

216、清代・解鑑《益智錄》（人民文學出版社，1999）

217、清代・樂鈞《耳食錄》（齊魯書社，2004）

218、清代・李鶴林《集異新抄》（文物出版社，2017）

219、清代・李慶辰《醉茶志怪》（齊魯書社，2004）

220、清代・李調元《南越筆記》（廣陵書社，2003）

221、清代・梁恭辰《北東園筆錄》（中華書局，1985）

222、清代・梁紹壬《兩般秋雨盦隨筆》（上海古籍出版社，2012）

223、清代・劉獻廷《廣陽雜記》（中華書局，1957）

224、清代・陸次雲《八紘荒史》（中華書局，1985）

225、清代・陸祚蕃《粵西偶記》（中華書局，1985）

226、清代・鈕琇《觚賸》（重慶出版社，1999）

227、清代・蒲松齡《聊齋志異》（中華書局，1962）

228、清代・乾隆官修《續通志》（浙江古籍出版社，2000）

229、清代・錢泳《履園叢話》（中華書局，1979）

230、清代・青城子《志異續編》（見《筆記小説大觀》，江蘇廣陵古籍刻印社，1984）

231、清代・屈大均《廣東新語》（中華書局，1997）

232、清代・沈起鳳《諧鐸》（重慶出版社，2005）

233、清代・沈雲駿、劉玉森《光緒歸州志》（海南出版社，2001）

234、清代・談遷《棗林雜俎》（中華書局，2006）

235、清代・湯用中《翼駉稗編》（文物出版社，2017）

236、清代・王士禛《池北偶談》（中華書局，1982）

237、清代・王士禛《居易錄談》（齊魯書社，2007）

238、清代・王士禛《隴蜀餘聞》（齊魯書社，2007）

239、清代・王士禛《香祖筆記》（齊魯書社，2007）

240、清代・吳之振、呂留良、吳自牧《宋詩鈔》（中華書局，1986）

241、清代・吳熾昌《續客窗閒話》（文化藝術出版社，1988）

242、清代・吳震方《嶺南雜記》（商務印書館，1936）

243、清代・徐時棟《煙嶼樓筆記》（清刻本）

244、清代・許奉恩《里乘》（齊魯書社，2004）

245、清代・許纘曾《東還紀程》（中華書局，1985）

246、清代・宣鼎《夜雨秋燈錄》（重慶出版社，2005）

247、清代・薛福成《庸庵筆記》（重慶出版社，1999）

248、清代・姚元之《竹葉亭雜記》（中華書局，1982）

249、清代・慵訥居士《咫聞錄》（重慶出版社，2005）

250、清代・俞樾《右台仙館筆記》（上海古籍出版社，1986）

251、清代・郁永河《海上紀略》（清刻本）

252、清代・袁枚《子不語》（浙江古籍出版社，2017）

253、清代・曾衍東《小豆棚》（齊魯書社，2004）

254、清代・張澍《蜀典》（清刻本）

255、清代・趙起士《寄園寄所寄》（黃山書社，2008）

256、清代・趙翼《簷曝雜記》（上海古籍出版社，2012）

257、清代・照乘《天妃顯聖錄》（見《臺灣文獻彙刊》第五輯，九州出版社，2004）

258、清代・朱翊清《埋憂集》（重慶出版社，2005）

259、清末民初・況周頤《眉廬叢話》（山西古籍出版社，1995）

260、當代・柴小梵《梵天廬叢錄》（故宮出版社，2013）

261、當代・欒保群《中國神怪大辭典》（人民出版社，2009）

262、當代・徐華龍《中國鬼文化大辭典》（廣西民族出版社，1994）

跋

　　我自幼在鄉村長大，那時娛樂不多，所以閒談盛行。

　　直到如今，我還能清楚記得，停電的夜晚躺在床上聽奶奶講給我聽的妖怪故事，抑或是農閒時節的橋頭、牆根邊那些鬚髮皆白的老者說的奇談怪論。

　　那時，我不過是個大腦袋的小兒，聽得津津有味，想入非非。

　　從這些奇妙的故事裡，我懂得了許多做人的道理，比如要講誠信、要善良，等等。

　　後來年歲漸長，上學讀書，在正史典籍之外，我格外喜歡那些志怪筆記、稗官野史。那是一個有趣的世界，裡面時不時會蹦出讓我喜歡的妖怪。

　　中國的妖怪文化源遠流長，五千年從未斷絕。古人寫妖、寫怪，除了博物、志趣，其實更關注的是人的世界。

　　我從小熟悉很多妖怪，很多年後才開始研究它／牠們，當作個人的愛好。除此之外，別無他想。

　　促使我完成本書的是一件小事。好多年前，我去參觀一群孩子的動漫展，看到他們穿著各式各樣的漂亮衣服，興高采烈，其中就有不少打扮成妖怪的。我問其中一個孩子，知道他裝扮的是什麼妖怪嗎？他說：「當然知道，這是日本的妖怪，叫姑獲鳥。我們裝扮的都是日本的妖怪。」

　　那一刻，我如遭雷擊，愣在原地。

　　那群孩子裝扮的，除了姑獲鳥，還有天狗、饕餮等，幾乎全是中華祖先創造並且書於典籍的妖怪。而在他們眼裡，這些全是日本的。

　　妖怪學在日本是一門顯學，經過水木茂等人的努力，成為日本文化的一張名片，廣受世界人民喜愛，也影響到了中國。

　　這是好事，但不知道為什麼，那一刻，當看到這群孩子把中國妖怪

認定是日本妖怪時，我的心被刺痛了。

也是那一次，讓我萌生了撰寫本書的想法。從那時起，我開始有意識地收集妖怪故事。

這過程漫長而艱苦。我就像一個淘金者，從無數的典籍中，一點一點淘取那一顆顆金沙，積土成山。

我已經記不清自己翻閱了多少資料，為了尋找一個妖怪，奔波於各家圖書館之間。一旦有所得，欣喜若狂。

本書的 1080 種妖怪花費了我七、八年的時間，然後我把文言文翻譯成白話文，分類整理，修改近二十次稿，可以說字字皆是心血。

寫作本書的日夜，我始終都覺得這些妖怪熙熙攘攘來往於我身邊。它們之中，許多已經被人遺忘得太久，它們看著我，看著我把它們的名字寫下來，盼望著我把屬於它們的故事告訴給更多人。

前後差不多十年，本書終於完成。當我敲完最後一個字的時候，彷彿聽到它們在我身後的歡呼聲。

我希望，有越來越多人關注中華的妖怪文化，把其發揚光大。

我希望，我的孩子有一天會把這些妖怪的故事娓娓道來，並且告訴夥伴：「這是我們中華的妖怪，我們的祖先創造的妖怪。」

是的，五千年文明源遠流長，它們一直都活著，活在我們的血液中。

張雲
2019 年 4 月 20 日於北京搜神館

中國妖怪百科

作　　　者 ——— 張雲
封面繪圖 ——— 張季雅
封面設計 ——— ayen
內文設計 ——— 劉好音
執行編輯 ——— 洪禎璐
責任編輯 ——— 劉文駿
行銷業務 ——— 王綬晨、邱紹溢、劉文雅
行銷企劃 ——— 黃羿潔
副總編輯 ——— 張海靜
總 編 輯 ——— 王思迅
發 行 人 ——— 蘇拾平
出　　版 ——— 如果出版
發　　行 ——— 大雁出版基地
地　　址 ——— 231030 新北市新店區北新路三段 207-3 號 5 樓
電　　話 ——— （02）8913-1005
傳　　真 ——— （02）8913-1056
讀者傳真服務 —（02）8913-1056
讀者服務 E-mail —— andbooks@andbooks.com.tw
劃撥帳號　19983379
戶　　名　大雁文化事業股份有限公司
出版日期　2023 年 5 月　初版
定　　價　800 元
I S B N　978-626-7045-86-2
有著作權 • 翻印必究

《中國妖怪故事（全集）》
作者：張雲
本書由廈門外圖凌零圖書策劃有限公司代理，經北京科學技術出版社有限公司授權，同意由如果出
版出版中文繁體字版本。非經書面同意，不得以任何形式任意改編、轉載。

國家圖書館出版品預行編目資料

中國妖怪百科／張雲著－初版 . －臺北市：
如果出版：大雁出版基地發行，2023. 05
面；公分
ISBN 978-626-7045-86-2（平裝）

1. 妖怪　2. 中國

298.6　　　　　　　　　　112002468

圖書許可發行核准字號：文化部部版臺陸字第 112017 號
出版說明：本書係由簡體版圖書《中國妖怪故事（全集）》以正體字在臺灣重製發行，期能藉引進
華文好書以饗臺灣讀者。